首批河北省珍貴古籍名録圖録

《首批河北省珍貴古籍名録圖録》編委會　編

國家圖書館出版社

圖書在版編目（CIP）數據

首批河北省珍貴古籍名録圖録／《首批河北省珍貴古籍名録圖録》編委會編.—北京：國家圖書館出版社，2014.12
ISBN978-7-5013-5501-3

Ⅰ.①首… Ⅱ. ①首… Ⅲ.①古籍—圖書目録—河北省 Ⅳ.①Z838

中國版本圖書館CIP數據核字（2014）第268368號

書　　名　首批河北省珍貴古籍名録圖録

編　　者　《首批河北省珍貴古籍名録圖録》編委會　編
責任編輯　許海燕　景　晶
裝幀設計　九雅工作室

出　版　國家圖書館出版社（100034　北京市西城區文津街7號）
（原書目文獻出版社　北京圖書館出版社）
發　行　（010）66114536　66126153　66151313　66175620
66121706（傳真），66126156（門市部）
E-mail　cbs@nlc.gov.cn（郵購）
Website　www.nlcpress.com→投稿中心
經　銷　新華書店
印　裝　北京信彩瑞禾印刷廠
版　次　2014年12月第1版　2014年12月第1次印刷

開　本　889×1194毫米　1/16
印　張　31.5
印　數　1—1500册

書　號　ISBN978-7-5013-5501-3
定　價　480.00圓

河北省人民政府

冀政函〔2011〕84号

河北省人民政府
关于公布首批河北省珍贵古籍名录和首批河北省古籍重点保护单位名单的通知

各设区市人民政府，省政府有关部门：

现将首批河北省珍贵古籍（159部）名录和首批河北省古籍重点保护单位（5个）名单公布。全省各级各有关部门要认真贯彻“保护为主、抢救第一、合理利用、加强管理”的指导方针，认真总结经验，进一步做好珍贵古籍的保护、管理和合理利用工作。

河北省人民政府

二〇一一年六月八日

編纂委員會

前　言

河北省擁有悠久的歷史和燦爛的文化。作爲中華文明的重要發祥地之一，早在兩百萬年前，河北陽原縣泥河灣一帶就有古人類在此繁衍生息。五千年前，中華民族的祖先黄帝、炎帝、蚩尤在涿鹿周圍征戰、融合，開啓了中華文明的新紀元。春秋戰國時期，河北全境已是当时經濟、文化最發達的地區之一。戰國七雄中，河北大地南有趙國，北有燕國。燕趙文化隨之逐漸形成，持續演進，不斷豐富而獨樹一幟。憑借中原與草原交接帶的優勢，燕趙文化吸納了中原文化與草原文化的精華，形成了自身的固有特質：既有中原文化的人倫秩序和中庸之道，又有草原文化的粗獷豪放和縱横風格，構成了“慷慨悲歌”的區域情致和浩氣長存的内在神韻，成爲中華文化的重要組成部分。

源遠流長的中華文化，是世界上唯一未曾中斷的文化。其傳承不息的重要原因之一，便是中國各歷史階段流傳的古籍文獻對這種文化的承載和傳揚。從甲骨文、青銅器銘文、石刻文字到簡帛，再到紙質書籍，其歷時之久遠、數量之繁多，世所罕見。這些人類文明的瑰寶,無不彰顯着中華民族的精神價值、思維方式和想像力、創造力。燕趙文化作爲其重要組成，也是如此。俯視燕趙五千年歷史，其間所留存的古籍文獻汗牛充棟，這既是中華文明持續發展的重要結晶，也是燕趙文化薪火相傳的重要途徑。因而做好古籍文獻的保護和利用工作，對燕趙文化和中華文明的傳承與弘揚，具有獨特的意義。

中華文化之所以綿延不斷，浩瀚的古籍文獻之所以能夠留存至今，源於中華民族珍愛和保護古籍文獻的優良傳統。縱觀中華民族發展史，無論政府還是民間，一直延續着保護、整理和搶救古籍文獻的傳統。新中國成立以來，在黨中央和國務院的重視與關懷下，更對古籍文獻採取了積極搶救和保護的一系列舉措。諸如徵集散落在民間的古籍，修復珍貴古籍，對珍本、善本進行縮微複製，實施“中華再造善本工程”等，取得了巨大成就。河北省各級政府也對古籍保护予以高度重視，除對全省古籍進行初步摸底統計外，還在許多圖書館、博物館建立了古籍專藏書庫。在各級政府的支持下，各收藏單位針對古籍保護工作，制訂了嚴密的保護和管理制度，配備了管理人才、修復人才，搶救修復了一批珍貴古籍。爲了妥善解决古籍“藏”與“用”的矛盾，一些單位還組織專家對部分頗有價值的古籍進行整理和出版，并利用縮微和複製技術展開古籍再生性保護工作，取得了較爲突出的成績。

經過多年的努力，河北省的古籍保護工作儘管成績喜人，但仍有一些問題亟待解决。一是展開更加全面系統的全省古籍普查，編製總目録，以摸清家底；二是改善古籍保護環境，防止古籍酸化、老化程度加劇；三是扭轉古籍修復技術相對落後、古籍保護人才相對缺乏的現象。這表明，河北省的古籍保護工作依然任重而道遠。

2007年，國務院辦公廳下發了《關於進一步加强古籍保護工作的意見》的通知，全國的古籍保護工作進入了一個新階段。河北省亦於2007年年底，建立了古籍保護工作廳際聯席會議制度。至2008年6月，成立了河北省古籍保護中心；到2009年，又組建了河北省古籍保護工作專家委員會。并於2008年、2011年先後召開全省古籍保護工作會議，對古籍保護工作進行了階段性總結和任務部署。與此同時，制定和下發了《河北省古籍普查方案》《〈河北省珍貴古籍名録〉評審評定暫行辦法》《“河北省古籍重點保護單位”評審評定暫行辦法》《河北省古籍普查登記方案》等一系列古籍保護工作文件。在强有力的保護政策和措施的推動下，全省古籍收藏單位的硬件環境得到了很大改善，省圖書館、石家莊市圖書館、河北師範大學圖書館等依照文化行業標準《特藏書庫基本要求》新建了古籍書庫；全省古籍普查登記工作也進展迅速，部分重點收藏館業已完成此項工作；與普查工作相同步，全省完成了五批《國家珍貴古籍名録》和“全國古籍重點保護單位”的申報工作；完成了兩批《河北省珍貴古籍名録》與“河北省古籍重點保護單位”的申報和評審工作，并由省政府正式予以公佈。全省有六個收藏單位躋身“河北省古籍重點保護單位”，304部古籍入選《河北省珍貴古籍名録》，其中入選第一批《名録》爲159部，第二批《名録》爲145部。爲加强古籍保護隊伍建設，舉辦了五期全省和全國規模的古籍普查和編目培訓班，培養出一批專業人才；古籍的修復工作和再生性保護工作也在順利推進。

爲了展示河北省古籍保護的代表性成果，弘揚燕趙傳統文化，此次擇取首批《河北省珍貴古籍名録》中的159部古籍書影，配以基本文字説明，加以彙編出版。首批《河北省珍貴古籍名録》從全省15家收藏單位和個人申報的323種古籍中擇優選定。選定過程中，以省文化廳頒佈的《〈河北省珍貴古籍名録〉評審評定暫行辦法》爲準則，參考國家第一、二、三批珍貴古籍的入選情況以及《中國古籍善本書目》的收藏情况，同時也借鑒了其他省份有關省名録的評審方法，確定了九條標準：一是明隆慶六年（1572）之前的刻本、抄本、稿本一概入選；二是明晚期至清初的朱墨套印本、抄本、稿本、活字本一概入選；三是明末清初精刻精印本，或帶有精美插圖的戲曲、小說等一概入選；四是清代附有著名藏書家批校題跋的重要刻本、抄本、稿本一概入選；五是存世極少的明清刻本一概入選；六是在歷代行用較短的年號內，如明代洪熙、泰昌，南明弘光、隆武，清代祺祥等，或於特殊歷史年代內，如大順、太平天國及其他農民政權所刻印、抄寫的書本，一般均入選；七是已入選《國家珍貴古籍名録》的河北古籍直接入選；八是明萬曆之後的刻本、抄本、稿本則視其版本精粗優劣而定；九是具有河北地方特色的古籍，上調等級，細加篩選。依照上述九條標準，經過原書原件辨析，相關資料考證和實地考察，又特邀國內著名版本學家把關驗核，省古籍保護中心專家委員會集中評審，確定入選《河北省珍貴古籍名録》推薦名單。推薦名單先經網站公示，復由省古籍保護工作廳際聯席會議進行總體審議，最後上報省政府審批，於2011年6月由省政府正式公佈。

首批《河北省珍貴古籍名録》收録珍貴古籍159部，均屬漢文古籍。在編排體例上，既充分體現科學性，又盡力尊重學術傳統。其顯示亮點則集中在歷史文物性、學術資料性、藝術代表性的統一上，或諸項皆具，或具其一、二，均爲年代久遠、傳世稀少、文獻價值或版本價值非同尋常者。就版本類型而言，既有稿本、抄本、刻本，又有活字本、套印本等；就出版者而言，既有內府刻本、藩刻本等官刻本，又有家刻本、坊刻本、寺院本等；就裝幀形式而言，既有綫裝，又有卷軸裝、蝴蝶裝等。可以說，這批《名録》所囊括的珍貴古籍，基本上代表了河北省古籍的收藏水準和顯著特色，構成了燕趙歷史和文明發展的實物見證，已經并將繼續爲燕趙文化的薪火相傳發揮着不可替代的作用。

首批《河北省珍貴古籍名録》和古籍重點保護單位的公佈，在我省歷史上尚屬首次，堪稱全省古籍普查、保護和利用的開創性成果。爲紀念我省古籍保護史上這一具有里程碑意義的事件，客觀反映黨和政府對古籍保護工作的重視和支持力度，彰顯與弘揚優秀的燕趙傳統文化，提高全社會對古籍保護重要性的認識，河北省古籍保護中心特將入選首批《河北省珍貴古籍名録》的珍貴古籍圖録集於一編，配以文字介紹，正式出版，爲社會和學界服務。

古籍文獻作爲中華文明的重要載體，無疑是中華民族數千年歷史和文化的積澱與結晶。對其進行科學保護、開發和利用，本身便是對優秀傳統文化的直接傳承和弘揚，也是對民族文化根脈的多方維繫與鞏固。從延續并保持民族精神和民族基因、推進國家整體文明和各個區域的文化建設來講，意義尤顯重大。我們有幸參與古籍保護大業和古籍利用盛舉，既是時代賦予我們的一項光榮而神聖的使命，也是我們義不容辭的歷史責任。我們將繼續堅持“保護爲主、搶救第一、合理利用、加强管理”的方針，推動《河北省珍貴古籍名録》和“河北省古籍重點保護單位”的申報、評審和命名工作，不斷改善古籍保管條件，提高古籍修復和開發利用的效率，加强古籍保護隊伍的建設，逐步健全科學、規範、有效的古籍保護制度，使中華文獻、河北古籍永澤後世，燕趙文明發揚光大。

《首批河北省珍貴古籍名録圖録》編委會

2014年10月

凡　例

一、本書的編纂和出版，以國務院辦公廳《關於進一步加强古籍保護工作的意見》（國辦發[2007]6號）和河北省文化廳《關於進一步加强古籍保護工作的意見》（冀文字[2008]23號）爲指導，旨在加强對珍貴古籍的重點保護和利用，展示河北省古籍保護工作的主要成果，弘揚中國傳統文化。

二、本書所録古籍爲河北省人民政府於2011年6月公佈的首批《河北省珍貴古籍名録》所列古籍，共計159部。首批《河北省珍貴古籍名録》是對全省古籍收藏單位和個人進行普查的基礎上，經各單位審報，由省古籍保護工作專家委員會分析、論證、評審，特予公示，復經省古籍保護工作廳際聯席會議審議，最後由省人民政府正式公佈的。

三、本書按照經、史、子、集、叢分類，具體參照河北省人民政府公佈的首批《河北省珍貴古籍名録》順序進行編排。

四、本書的書影甄選，均以確能反映該書版本特徵與内容特色爲原則，包括卷端、牌記、名人批校題跋、名人藏書印等。所選書影數量，則視所録古籍的具體情況而定。

五、本書所録古籍的著録項目有：入選《河北省珍貴古籍名録》編號、卷端題名、卷數、責任者、版本、册數、版式行款、重要批校題跋和藏書印、入選《國家珍貴古籍名録》批次及編號、現藏單位及卷帙存缺情況。缺項則不録。

六、本書對個別古籍名稱和版本完全相同者，因其各有歧異之處，故而不作併項處理而特予分列，以便反映該古籍的特色與價值所在。

目　録

首批《河北省珍貴古籍名録》名單

經　部

0001　周易二卷　明刻本　保定市圖書館

五十一、五十二、九十三葉爲手抄配葉

0002　周易傳義十卷　（宋）程頤　朱熹撰　上下篇義一卷　（宋）程頤撰　易圖集録一卷易説綱領一卷　（宋）朱熹撰　明内府刻本　保定市圖書館

0003　周易傳義大全二十四卷　（明）胡廣等輯　明弘治四年（1491）羅氏竹坪書堂刻本　石家莊市圖書館

存十卷（卷一至七、十六至十七、二十四）

0004　丘方二太史硃訂秘笥易經講義綱目集註四卷　（明）李光祚輯　明天啓五年（1625）吴郡周鳴岐啓新齋刻三色套印本　石家莊市圖書館

0005　書傳會選六卷　（明）劉三吾等撰　明嘉靖趙府味經堂刻本　河北大學圖書館

0006　詩緝三十六卷　（宋）嚴粲撰　明嘉靖趙府味經堂刻本　保定市圖書館

0007　詩傳大全二十卷詩序一卷綱領一卷圖一卷　（明）胡廣纂修　明永樂内府刻本　張家口市圖書館

存十八卷（卷三至二十）

0008　批點詩經振雅六卷　（明）張元芳　魏浣初撰　明天啓版築居刻朱墨套印本　保定市圖書館

0009　禮經會元四卷　（宋）葉時撰　明嘉靖五年（1526）刻本　河北大學圖書館

0010　大戴禮記十三卷　（漢）戴德撰　（明）蔡文範校　明萬曆蔡文範刻本　保定市圖書館

0011　春秋左傳十五卷　（明）孫鑛批點　明萬曆四十四年（1616）閔齊伋刻朱墨套印本　保定市圖書館

0012　春秋左傳十五卷　（明）孫鑛批點　明萬曆四十四年（1616）閔齊伋刻朱墨套印本　石家莊市圖書館

0013　春秋左傳類解二十卷地譜世系一卷　（明）劉績撰　明嘉靖七年（1528）崇藩寶賢堂刻本　保定市圖書館

0014　春秋穀梁傳註疏二十卷　（周）穀梁赤撰　（晉）范甯集解　（唐）楊士勛

疏　明嘉靖刻本　武安市圖書館

0015　春秋胡傳三十卷綱領一卷正經音訓一卷提要一卷諸國興廢說一卷列國東坡圖說一卷　（宋）胡安國撰　（宋）林堯叟音注　明成化刻本　河北大學圖書館

0016　春秋集註三十卷首一卷　（宋）胡安國撰　（宋）林堯叟音注　明嘉靖刻萬曆修補本　河北大學圖書館

0017　春秋集傳大全三十七卷序論一卷春秋二十國年表一卷諸國興廢說一卷春秋列國東坡圖說一卷東坡指掌春秋列國圖一卷　（明）胡廣等輯　明內府刻本　保定市圖書館

0018　論語　西漢竹簡　河北省文物研究所

0019　四書或問三十六卷　（宋）朱熹撰　明正德閔聞刻本　河北大學圖書館

0020　監本四書十九卷　（宋）朱熹撰　清刻本　河北大學圖書館

0021　重刊許氏說文解字五音韻譜十二卷　（宋）李燾撰　明天啓七年（1627）世裕堂刻本　保定市圖書館

0022　漢隸字源五卷碑目一卷附字一卷　（宋）婁機撰　明末虞山毛氏汲古閣影宋刻本　石家莊市圖書館

0023　六書精藴六卷　（明）魏校撰　音釋舉要一卷　（明）徐官撰　明嘉靖十九年（1540）魏希明刻本　保定市圖書館

0024　六書精藴六卷　（明）魏校撰　音釋舉要一卷　（明）徐官撰　明嘉靖十九年（1540）魏希明刻本　保定市圖書館

0025　六書索隱五卷　（明）楊慎著　明嘉靖刻本　武安市圖書館

0026　隸辨八卷　（清）顧靄吉撰　清康熙五十七年（1718）項氏玉淵堂刻本　張家口市圖書館

0027　大明成化丁亥重刊改併五音類聚四聲篇十五卷　（金）韓道昭撰　新編經史正音切韻指南一卷　（元）劉鑒撰　明弘治九年（1496）金臺釋子思宜刻本　保定市圖書館

0028　大明成化庚寅重刊改併五音集韻十五卷　（金）韓道昭撰　明正德十年（1515）刻本　保定市圖書館

0029　新編篇韻貫珠集八卷附直指玉鑰匙門法一卷　（明）釋真空編　明正德十一年（1516）刻本　武安市圖書館

史　部

0030　二十一史　明崇禎六年（1633）據明萬曆二十三至三十四年（1595—1606）北京國子監刻本重印本　秦皇島市圖書館

0031　史記一百三十卷　（漢）司馬遷撰　（南朝宋）裴駰集解　（唐）司馬貞索隱　（唐）張守節正義　明嘉靖南京國子監刻本　河北大學圖書館

0032　史記一百三十卷　（漢）司馬遷撰　（南朝宋）裴駰集解　（唐）司馬貞索隱　（唐）張守節正義　明嘉靖十三年（1534）秦藩朱惟焯刻二十九年（1550）重修本　河北大學圖書館

0033　史記一百三十卷　（漢）司馬遷撰　（南朝宋）裴駰集解　（唐）司馬貞索隱　（唐）張守節正義　明嘉靖四至六年（1525—1527）王延喆刻本　石家莊市圖書館

0034　史記一百三十卷　（漢）司馬遷撰　（明）鍾惺批評　明天啓五年（1625）沈國元大來堂刻本　石家莊市圖書館

0035　史記評林一百三十卷　（明）凌稚隆輯校　明萬曆五年（1577）刻本　河北師範大學圖書館

0036　御批資治通鑑綱目五十九卷首一卷　（宋）朱熹撰　前編十八卷舉要三卷　（宋）金履祥撰　外紀一卷　（明）陳桱撰　續綱目二十七卷　（明）商輅撰　清康熙四十六年（1707）内府刻本　保定學院圖書館

0037　歷代通鑑纂要九十二卷　（明）李東陽　劉機撰　明正德二年（1507）内府刻本　武安市圖書館

存四十七卷（卷一、五至八、十至十一、二十一至二十二、二十五至二十六、五十至五十六、五十九至七十九、八十二、八十四至八十五、八十八至九十二）

0038　甲子會紀五卷　（明）薛應旂撰　明嘉靖三十八年（1559）刻本　保定市圖書館

0039　秘閣元龜政要十六卷　（明）佚名撰　清康熙抄本（四庫底本）　河北大學圖書館

0040　三朝北盟會編二百五十卷　（宋）徐夢莘編　清初抄本　保定市圖書館

0041　貞觀政要十卷　（唐）吴兢撰　（元）戈直集論　明成化内府刻本　河北大學圖書館

0042　貞觀政要十卷　（唐）吴兢撰　（元）戈直集論　明成化崇府刻本　河北大學圖書館

0043　楚紀六十卷　（明）廖道南撰　明萬曆二十四年（1596）刻本　保定市圖書館

0044　弇州史料前集三十卷後集七十卷　（明）王世貞撰　（明）董復表編　明萬曆四十二年（1614）刻本　保定市圖書館

0045　弇州史料前集三十卷後集七十卷　（明）王世貞撰　（明）董復表編　明萬曆四十二年（1614）刻本　張家口市圖書館

0046　皇明疏議輯畧三十七卷　（明）張瀚輯　明萬曆王汝訓、萬世德刻本　保定市圖書館

0047　懷賢録不分卷附龍洲詞一卷　（宋）劉過撰　（明）沈愚編集　明正統刻弘治增修本　河北大學圖書館

0048　古今列女傳三卷　（明）解縉等撰　明永樂内府刻本　河北大學圖書館

0049　續吴先賢讃十五卷　（明）劉鳳撰　明萬曆刻本　保定市圖書館

0050　蘇長公外紀十二卷　（明）王世貞輯　（明）璩之璞校補　明萬曆二十三年（1595）刻本　河北師範大學圖書館

0051　崇厚使法日記不分卷　（清）崇厚撰　清同治稿本　河北省圖書館

0052　史記鈔九十一卷　（明）茅坤輯　明刻朱墨套印本　河北大學圖書館

0053　史記鈔九十一卷　（明）茅坤輯　明刻朱墨套印本　河北大學圖書館

0054　史記纂二十四卷　（明）凌稚隆輯　明萬曆烏城凌稚隆刻朱墨套印本　石家莊市圖書館

0055　史記纂二十四卷　（明）凌稚隆評　明刻朱墨套印本　河北大學圖書館

0056　史記抄　（漢）司馬遷撰　清順治抄本　張家口市圖書館

0057　歐陽文忠公五代史抄二十卷　（宋）歐陽修撰　（明）茅坤輯　明刻朱墨套印本　河北大學圖書館

0058　大明一統志九十卷　（明）李賢等纂修　明天順五年（1461）内府刻本　保定市圖書館

0059　［嘉靖］山東通志四十卷　（明）陸釴等纂修　明嘉靖刻本　河北大學圖書館

0060　經略復國要編十四卷附圖說一卷朝鮮國乞援疏一卷後附一卷　（明）宋應昌撰　明萬曆刻本　石家莊市圖書館

0061　水經山海經合刻五十八卷　（漢）桑欽撰　（北魏）酈道元注　（晉）郭璞注　明嘉靖十三年（1534）吴縣黄省曾刻本　河北博物院

0062　石湖志略文略二卷　（明）盧襄撰　明嘉靖刻本　河北大學圖書館

0063　大唐六典三十卷　（唐）李隆基撰　（唐）李林甫等注　明正德刻本　河北大學圖書館

0064　御製人臣儆心録不分卷　（清）世祖福臨撰　清順治十二年（1655）刻本　保定市圖書館

0065　明倫大典二十四卷　（明）楊一清　熊浹等纂修　明嘉靖内府刻本　河北大學圖書館

0066　國學禮樂録二十卷　（清）李周望　謝履忠編輯　清康熙五十八年（1719）國子監刻本　保定市圖書館

0067　兩漢金石記二十二卷　（清）翁方綱撰　清乾隆刻本　河北博物院

0068　學史十三卷　（明）邵寶撰　明嘉靖刻本　河北大學圖書館

子　部

0069　子彙二十四種三十四卷　（明）周子義編　明萬曆刻本　河北博物院

0070　儒家者言　西漢竹簡　河北省文物研究所

0071　纂圖互註揚子法言十卷　（漢）揚雄撰　（晉）李軌　（唐）柳宗元　（宋）宋咸等注　明刻本　河北博物院

存八卷（卷三至十）

0072　纂圖互註荀子二十卷　（唐）楊倞注　明初刻本　河北大學圖書館

0073　程志十卷　（明）崔銑校編　明嘉靖刻本　河北大學圖書館

0074　聖祖仁皇帝庭訓格言一卷　（清）世宗胤禛撰　清雍正八年（1730）内府刻本　張國玲

0075　孫子參同五卷　（明）閔于忱輯　明刻朱墨套印本　河北大學圖書館

0076　淮南鴻烈解二十一卷　（漢）劉安撰　明刻朱墨套印本　武安市圖書館

0077　老學庵筆記十卷家世舊聞一卷　（宋）陸游撰　明崇禎毛氏汲古閣刻本　張家口市圖書館

0078　紺珠集十三卷　佚名撰　明天順刻本　河北大學圖書館

0079　世說新語三卷　（南朝宋）劉義慶撰　（南朝梁）劉孝標注　明嘉靖刻本　河北大學圖書館

0080　世說新語三卷　（南朝宋）劉義慶撰　（南朝梁）劉孝標注　明嘉靖刻本　唐山市圖書館

0081　何氏語林三十卷　（明）何良俊撰并注　明嘉靖二十九年（1550）何氏清森閣刻本　石家莊市圖書館

0082　古今合璧事類備要前集六十九卷後集八十一卷續集五十六卷别集九十四卷外集六十六卷　（宋）謝維新　虞載輯　明嘉靖刻本　河北大學圖書館

0083　玉海二百卷辭學指南四卷詩考一卷詩地理考六卷漢藝文志考證十卷通鑑地理通釋十四卷周書王會補註一卷漢制考四卷踐阼篇集解一卷急就篇補註四卷小學紺珠十卷姓氏急就篇二卷六經天文篇二卷周易鄭康成註一卷通鑑答問五卷　（宋）王應麟撰　元後至元六年（1340）慶元路儒學刻明修本　河北大學圖書館

0084　修辭指南十卷　（明）浦南金編　明嘉靖三十六年（1557）浦氏五樂堂刻本　張家口市圖書館

0085　金光明最勝王經十卷　（唐）釋義净譯　遼清寧五年（1059）刻本　唐山市豐潤區文物管理所

0086　梵本诸經咒　遼刻本　唐山市豐潤區文物管理所

0087　佛說阿弥陁經一卷　（後秦）釋鳩摩羅什譯　遼刻本　唐山市豐潤區文物管理所

0088　佛說大乘聖無量壽決定光明王如來陁羅尼經一卷　（宋）釋法天譯　遼刻本　唐山市豐潤區文物管理所

0089　佛頂心觀世音經三卷　遼刻本　唐山市豐潤區文物管理所

0090　大乘本生心地觀經八卷　（唐）釋般若譯　遼咸雍六年（1070）刻本　唐山市豐潤區文物管理所

0091　妙法蓮華經八卷　（後秦）釋鳩摩羅什譯　遼咸雍五年（1069）燕京弘法寺刻本　唐山市豐潤區文物管理所

0092　金剛般若波羅蜜經　（後秦）釋鳩摩羅什譯　遼重熙八年（1039）刻本　唐山市豐潤區文物管理所

0093　諸佛菩薩名集　（遼）釋思孝撰　遼重熙二十二年（1053）刻本　唐山市豐潤區文物管理所

0094　大方廣佛花嚴經八十卷　（唐）釋實叉難陁譯　遼重熙十一年（1042）燕京刻本　唐山市豐潤區文物管理所

0095　大方廣佛華嚴經八十卷　（唐）釋實叉難陁譯　明永樂十八年（1420）刻本　武安市圖書館

存五十六卷（卷二、六至十、十二至十五、二十四、二十七至三十九、四十一至四十六、四十九至五十四、五十六至七十五）

0096　香嚴古溪和尚語録十二卷　（明）沙門明炬編集　明成化九年（1473）刻本　武安市圖書館

存六卷（卷一至三、七至九）

0097　緇門警訓二卷　明成化十年（1474）刻本　武安市圖書館

0098　三子合刊十三卷　（明）閔齊伋輯　明閔齊伋刻朱墨套印本　保定市圖書館

0099　三子口義十五卷　（宋）林希逸撰　明嘉靖刻本　河北大學圖書館

0100　文子　西漢竹簡　河北省文物研究所

集　部

0101　楚辭十七卷附録一卷　（漢）王逸叙次　（明）陳深批點　明萬曆刻朱墨套印本　河北大學圖書館

0102　唐駱先生集八卷　（唐）駱賓王撰　（明）王衡批釋　明萬曆刻朱墨套印本　河北大學圖書館

0103　集千家註分類杜工部詩二十五卷　（唐）杜甫撰　（宋）徐居仁編　（宋）黄鶴補注　明初刻本　河北博物院

存一卷（卷十六）

0104　韋蘇州集十卷拾遺一卷　（唐）韋應物撰　明弘治九年（1496）李瀚、劉玘刻遞修本　保定市圖書館

0105　韋蘇州集十卷拾遺一卷　（唐）韋應物撰　明刻朱墨套印本　河北大學圖書館

0106　孟東野詩集十卷　（唐）孟郊撰　（宋）國材評　（宋）劉辰翁附評　明刻朱墨套印本　河北大學圖書館

0107　韓文四十卷外集十卷遺集一卷集傳一卷　（唐）韓愈撰　（明）何鏜校　明嘉靖刻本　河北大學圖書館

0108　朱文公校昌黎先生文集四十卷外集十卷遺文一卷附傳一卷　（唐）韓愈撰　（宋）朱熹考異　（宋）王伯大音釋　明正統刻本　河北大學圖書館

0109　白香山詩集四十卷年譜舊本一卷年譜一卷本傳一卷　（唐）白居易撰　（清）汪立名編訂　清康熙四十二年（1703）一隅草堂刻本　張家口市圖書館

0110　白香山詩長慶集二十卷後集十七卷別集一卷補遺二卷年譜一卷年譜舊本一卷　（唐）白居易撰　（清）汪立名編訂　清康熙四十二年（1703）一隅草堂刻本　石家莊市圖書館

0111　河東先生集四十五卷外集二卷龍城録二卷附録二卷傳一卷　（唐）柳宗元撰　明嘉靖郭雲鵬濟美堂刻本　石家莊市圖書館

0112　增廣註釋音辯唐柳先生集四十三卷別集二卷外集二卷年譜一卷附録一卷　（唐）柳宗元撰　（宋）童宗説注釋　（宋）張敦頤音辯　（宋）潘緯音義　明正統刻本　河北大學圖書館

存四十三卷（卷一至四十三）

0113　新刻石室先生丹淵集四十卷拾遺二卷年譜一卷續編諸公書翰詩文一卷雜紀一卷　（宋）文同　家誠之撰　明萬曆四十年（1612）蒲以懌刻本　保定市圖書館

0114　欒城後集二十四卷　（宋）蘇轍撰　明活字印本　河北大學圖書館

0115　晦庵先生朱文公文集一百二十三卷　（宋）朱熹撰　宋咸淳元年（1265）建安書院刻宋元明遞修本　趙俊傑

存四卷（卷三十九、八十二、九十三、九十八）

0116　羅鄂州小集五卷逸文一卷　（宋）羅願撰　明洪武二年（1369）刻本　河北大學圖書館

存三卷（卷一至三）

0117　海瓊玉蟾先生文集六卷續集二卷　（宋）葛長庚撰　（明）朱權重編　明萬

曆何繼高刻本　保定市圖書館

存六卷（文集卷一至六）

0118　蛟峯先生文集十卷外集三卷山房先生遺文一卷　（宋）方逢辰撰　明活字印本　保定市圖書館

0119　王忠文公文集二十四卷　（明）王禕撰　明嘉靖刻本　保定市圖書館

0120　商文毅公集十卷　（明）商輅撰　明萬曆三十一年（1603）劉體元刻本　保定市圖書館

0121　戴氏集十二卷　（明）戴冠撰　明嘉靖二十七年（1548）張魯刻本　石家莊市圖書館

0122　王文恪公集三十六卷　（明）王鏊撰　（明）朱國禎訂　白社詩草一卷鶡音一卷　（明）王禹聲撰　明萬曆王氏三槐堂刻本　張家口市圖書館

0123　篁墩程先生文集九十三卷拾遺一卷　（明）程敏政撰　明正德二年（1507）何歆刻本　保定市圖書館

0124　陽明先生文録五卷外集九卷别録十卷　（明）王守仁撰　明刻本　河北博物院

存二十一卷（文録卷四至五、外集一至九、别録一至十）

0125　何文定公文集十八卷　（明）何孟春撰　明萬曆郭崇嗣邵城刻本　保定市圖書館

0126　儼山外集四十卷陸文裕公續集十卷　（明）陸深撰　明嘉靖三十年（1551）陸楫刻本　保定市圖書館

0127　可泉辛巳集十二卷　（明）胡纘宗撰　明嘉靖四年（1525）刻本　保定市圖書館

0128　莊渠先生遺書十六卷　（明）魏校撰　明嘉靖四十二年（1563）刻本　保定市圖書館

0129　端溪先生集八卷　（明）王崇慶撰　明嘉靖三十一年（1552）張蘊刻本　武安市圖書館

0130　方山薛先生全集六十八卷　（明）薛應旂撰　明嘉靖刻本　保定市圖書館

0131　唐荊川先生文集十二卷　（明）唐順之撰　明嘉靖十六年（1537）唐國達刻本　河北師範大學圖書館

0132　念菴羅先生集十二卷　（明）羅洪先撰　明嘉靖四十二年（1563）刻本　保定市圖書館

0133　蒲石山房集五卷　（明）李愈撰　明萬曆三十九年（1611）李棨刻本　保定市圖書館

0134　湟中牘七卷家食藁一卷　（明）萬世德撰　明萬曆二十二年（1594）刻本　石家莊市圖書館

0135　東洲初稿十四卷　（明）夏良勝撰　（明）羅江輯　明正德嘉靖刻本　保定市圖書館

0136　藏甲巘稿六卷　（明）吴國倫撰　明萬曆二年（1574）唐汝禮刻本　保定市圖書館

0137　樂善堂全集四十卷目録四卷　（清）高宗弘曆撰　清乾隆元年（1736）內府刻本　河北大學圖書館

0138　板橋集六編七卷　（清）鄭燮著　清乾隆清暉書屋刻本　秦皇島市圖書館

0139　選賦六卷附名人世次爵里一卷　（南朝梁）蕭統選　（明）郭正域評點　明萬曆刻朱墨套印本　河北博物院

存六卷（卷一、三至六，附一卷）

0140　選賦六卷附名人世次爵里一卷　（南朝梁）蕭統選　（明）郭正域評點　明刻朱墨套印本　河北大學圖書館

0141　選詩七卷附詩人世次爵里一卷　（南朝梁）蕭統輯　（明）郭正域批點　（明）凌濛初輯評　明刻朱墨套印本　河北大學圖書館

0142　文苑英華一千卷　（宋）李昉等輯　明隆慶元年（1567）胡維新、戚繼光刻隆慶六年（1572）萬曆六年（1578）三十六年（1608）遞修本　保定市圖書館

0143　文苑英華一千卷　（宋）李昉等輯　明隆慶六年（1572）刻本　保定市圖書館

卷二百七十一至二百七十九配清抄本

0144　西山先生真文忠公文章正宗二十四卷　（宋）真德秀輯　明嘉靖四十三年（1564）刻本　保定市圖書館

0145　古樂府十卷　（元）左克明編次　明嘉靖二十三年（1544）蕭一中刻本　河北師範大學圖書館

0146　文致不分卷　（明）劉士鏻選　（明）閔無頗　閔昭明集評　明刻朱墨套印本　河北大學圖書館

0147　古文淵鑒六十四卷　（清）徐乾學等輯　清康熙內府刻五色套印本　石家莊市圖書館

0148　佩文齋詠物詩選四百八十六卷　（清）高輿等輯　清康熙四十六年（1707）內府刻本　石家莊市圖書館

0149　重校正唐文粹一百卷　（宋）姚鉉輯　明嘉靖六年（1527）張大輪刻本　石家莊市圖書館

0150　新刻三蘇論策選粹八卷　（明）李時漸輯　明萬曆五年（1577）刻本　石家莊市圖書館

0151　國朝文類七十卷目録三卷　（元）蘇天爵輯　元至元至正西湖書院刻明修本　河北大學圖書館

0152　元文類七十卷目録三卷　（元）蘇天爵輯　明嘉靖十六年（1537）晉藩刻本　保定市圖書館

0153　畿輔七名家詩鈔四十六卷　（清）王企埥輯　清康熙敬事堂刻本　保定市圖書館

0154　國朝山左詩鈔六十卷　（清）盧見曾纂　清乾隆刻本　保定學院圖書館

0155　劉子文心雕龍二卷　（南朝梁）劉勰撰　（明）楊慎批評　注二卷　（明）梅慶生音注　明閔繩初刻五色套印本　河北博物院

0156　花間集四卷　（後蜀）趙崇祚輯　（明）湯顯祖評　明刻朱墨套印本　河北大學圖書館

0157　清音閣集六卷　（明）顧大典著　（明）龍宗武校　明萬曆刻本　張家口市圖書館

叢書部

0158　王氏家藏集六十五卷　（明）王廷相撰　明嘉靖隆慶刻本　石家莊市圖書館

0159　雅雨堂叢書一百三十八卷　（清）盧見曾輯　清乾隆二十一年（1756）刻本　保定學院圖書館

首批河北省珍貴古籍圖録

經部

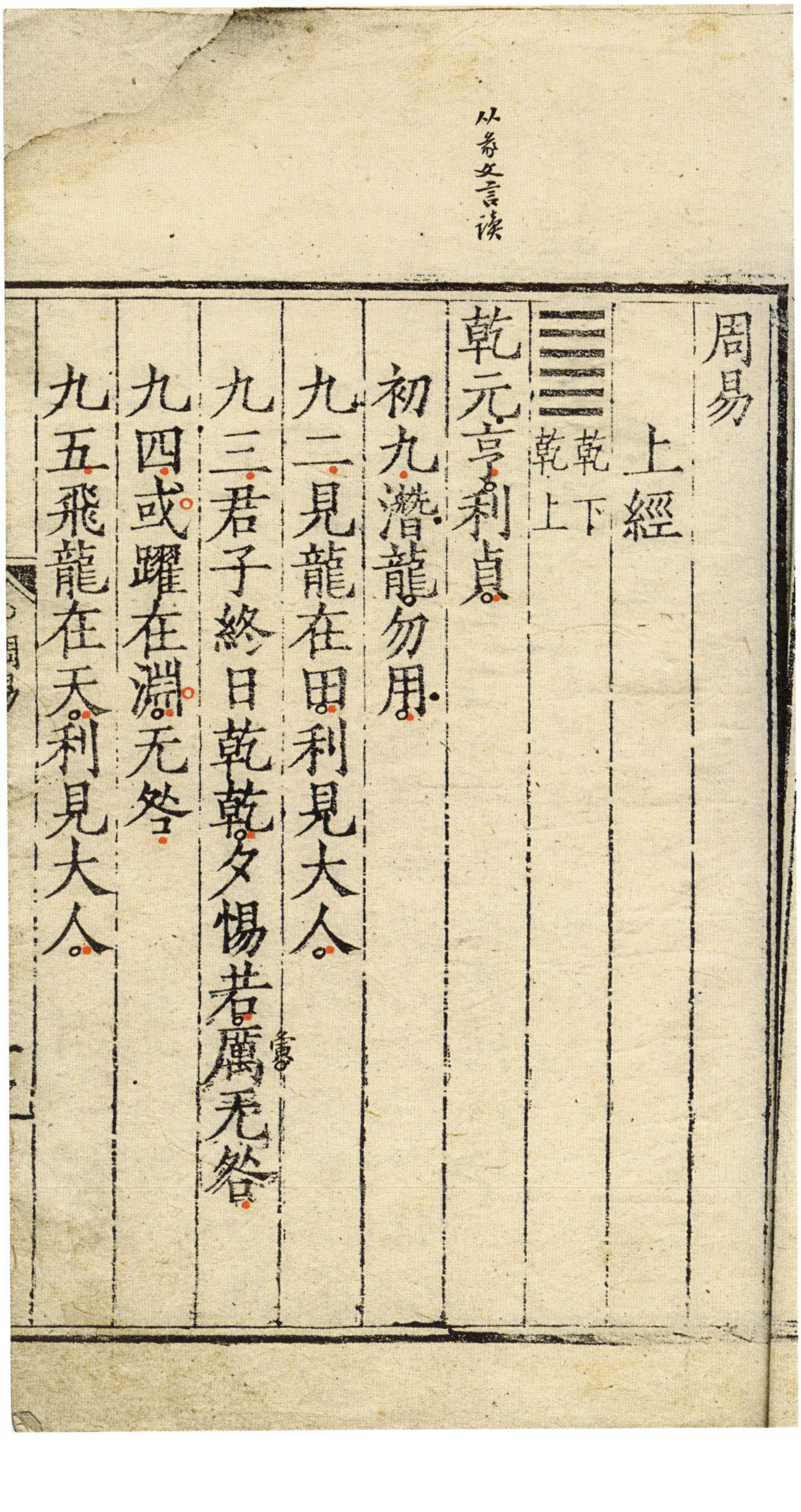

周易 上經

☰ 乾下乾上

乾元亨利貞

初九潛龍勿用

九二見龍在田利見大人

九三君子終日乾乾夕惕若厲无咎

九四或躍在淵无咎

九五飛龍在天利見大人

0001　周易二卷　明刻本　四册

匡高20.2厘米，寬14.8厘米。半葉九行，行十七字，白口，四周雙邊，單黑魚尾。保定市圖書館藏，五十一、五十二、九十三葉爲手抄配葉。

泰象以實韵願亂疑古人此字有兩音以其从貫得聲故又与順巽願亂爲韵

用从蔡邕

六三勿用取女見金夫不有躬无攸利

象曰勿用取女行不順也

六四困蒙吝

象曰困蒙之吝獨遠實也

六五童蒙吉

象曰童蒙之吉順以巽也

上九擊蒙不利爲寇利禦寇

象曰利用禦寇上下順也

乾下坎上

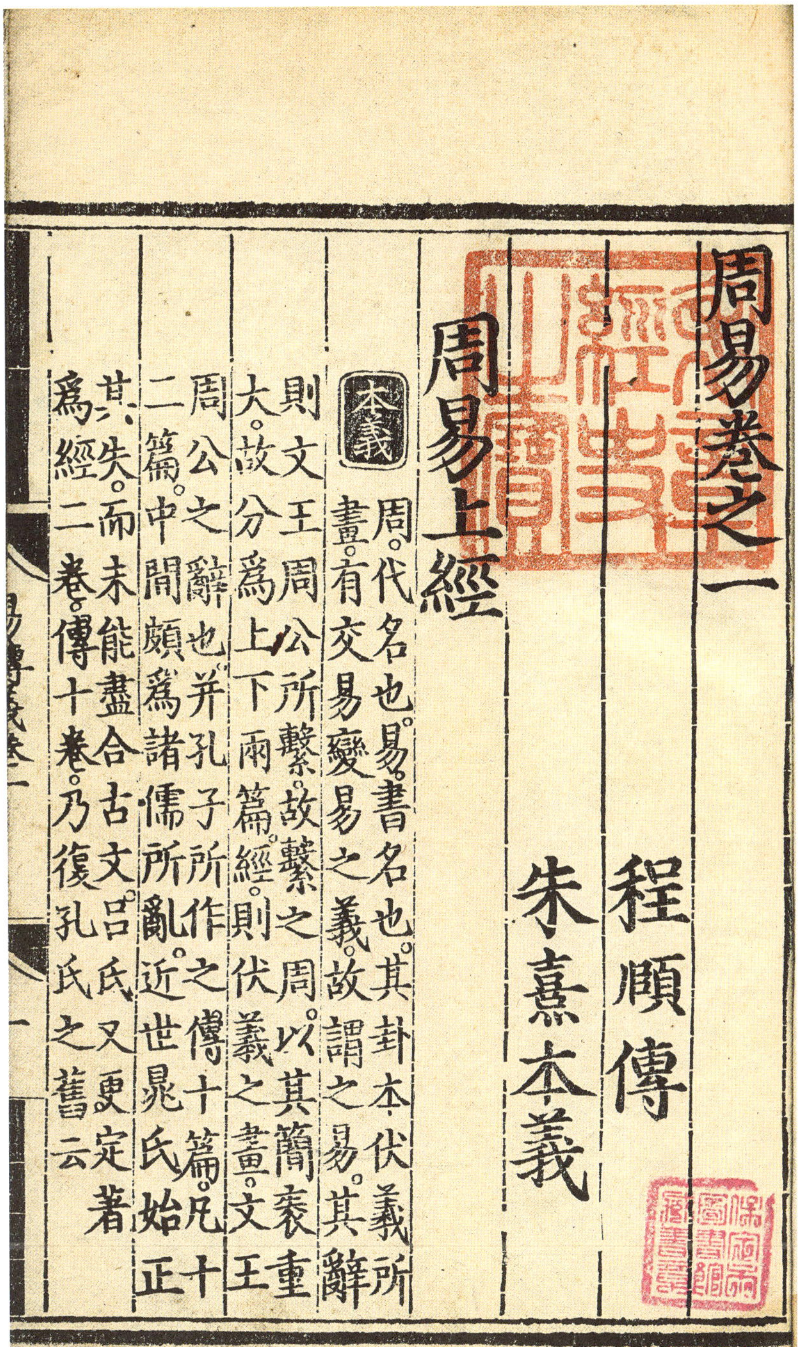
周易卷之一
程頤傳
朱熹本義
周易上經
本義 周代名也易書名也其卦本伏羲所畫有交易變易之義故謂之易其辭則文王周公所繫故繫之周以其簡袠重大故分為上下兩篇經則伏羲之畫文王周公之辭也并孔子所作之傳十篇凡十二篇中間頗為諸儒所亂近世晁氏始正其失而未能盡合古文呂氏又更定著為經二卷傳十卷乃復孔氏之舊云
周易傳義卷一　一

0002　周易傳義十卷　（宋）程頤 朱熹撰　上下篇義一卷　（宋）程頤撰　易圖集録一卷易說綱領一卷　（宋）朱熹撰　明内府刻本　十册

匡高23厘米，寬16.5厘米。半葉八行，行十四字，小字雙行十八字，黑口，四周雙邊，雙順黑魚尾。卷端鈐有“表章經史之寶”藏書印。入選第二批《國家珍貴古籍名録》（名録號03217）。保定市圖書館藏。

上下篇義

乾坤天地之道陰陽之本故爲上篇之首坎離陰陽之成質故爲上篇之終咸恒夫婦之道生育之本故爲下篇之首未濟坎離之合既濟坎離之交合而交則生物陰陽之成功也故爲下篇之終二篇之卦既分而後推其義以爲之次序卦是也卦之分則

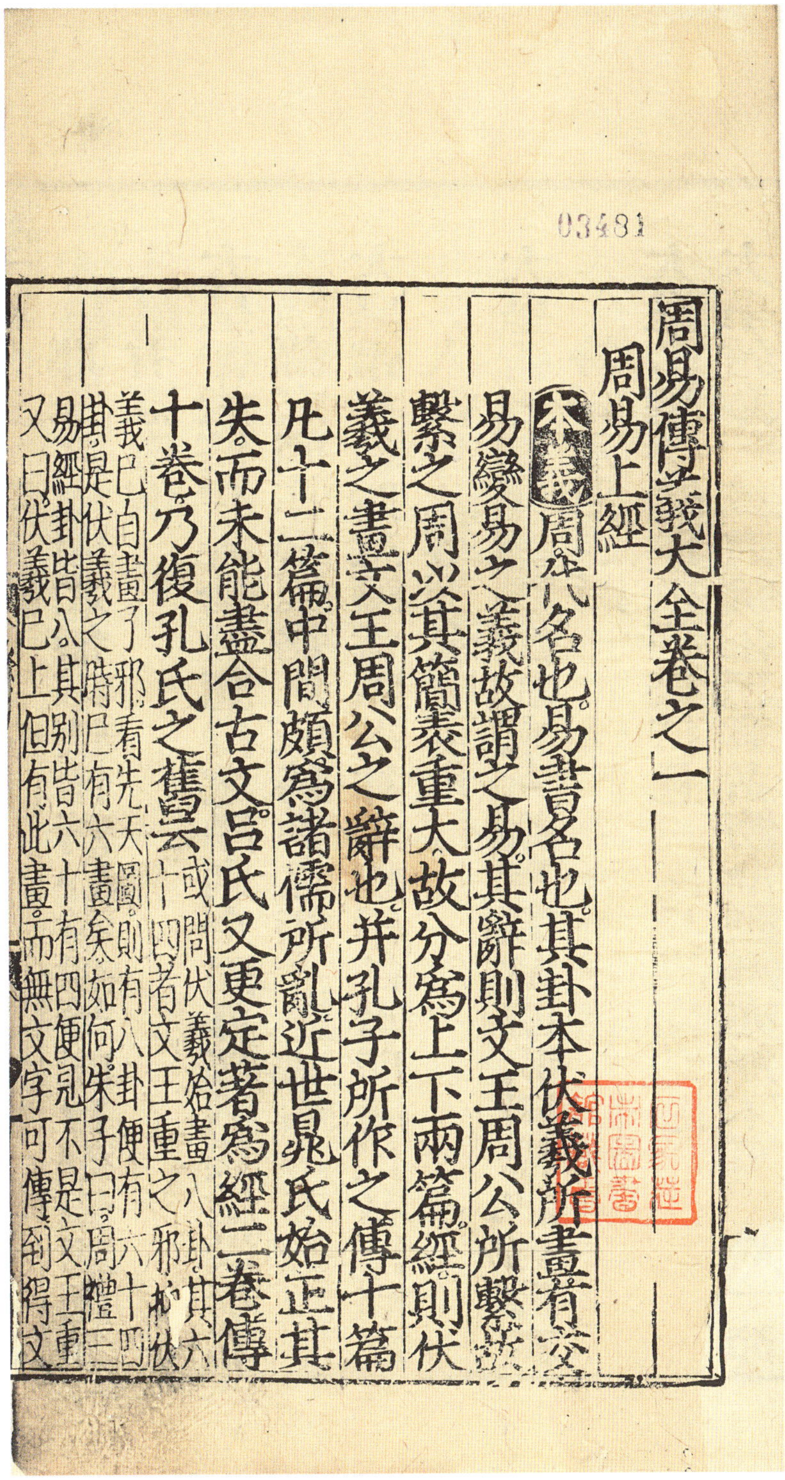
周易傳義大全卷之一

周易上經

本義 周代名也易書名也其卦本伏羲所畫有交易變易之義故謂之易其辭則文王周公所繫故繫之周以其簡袠重大故分爲上下兩篇經則伏羲之畫文王周公之辭也并孔子所作之傳十篇凡十二篇中間頗爲諸儒所亂近世晁氏始正其失而未能盡合古文吕氏又更定著爲經二卷傳十卷乃復孔氏之舊云 或問伏羲始畫八卦其六十四者文王重之邪抑伏羲已自畫了邪看先天圖則有八卦便有六十四卦是伏羲之時已有六畫矣如何朱子曰周禮三易經卦皆八其別皆六十有四便見不是文王重又曰伏羲已上但有此畫而無文字可傳到得文

0003　周易傳義大全二十四卷　（明）胡廣等輯　明弘治四年（1491）羅氏竹坪書堂刻本　八册

匡高19.6厘米，寬12.7厘米。半葉十一行，行十九至二十一字，黑口，四周雙邊，雙順黑魚尾。入選第三批《國家珍貴古籍名録》（名録號07266）。石家莊市圖書館藏，存十卷（卷一至七、十六至十七、二十四）。

書林程朱易傳本義等書行之久矣我
朝復旁搜諸家之說而詳釋焉斯謂
大全須降學校惠慮山林之士艱於覩
覽乃謄原本捐貲命工鋟梓庶山林士
子皆得鑑焉

弘治四年　月　日　羅氏竹坪堂

易序

弘治辛亥羅氏
竹坪書堂新刊

周易傳義大全總目 畢

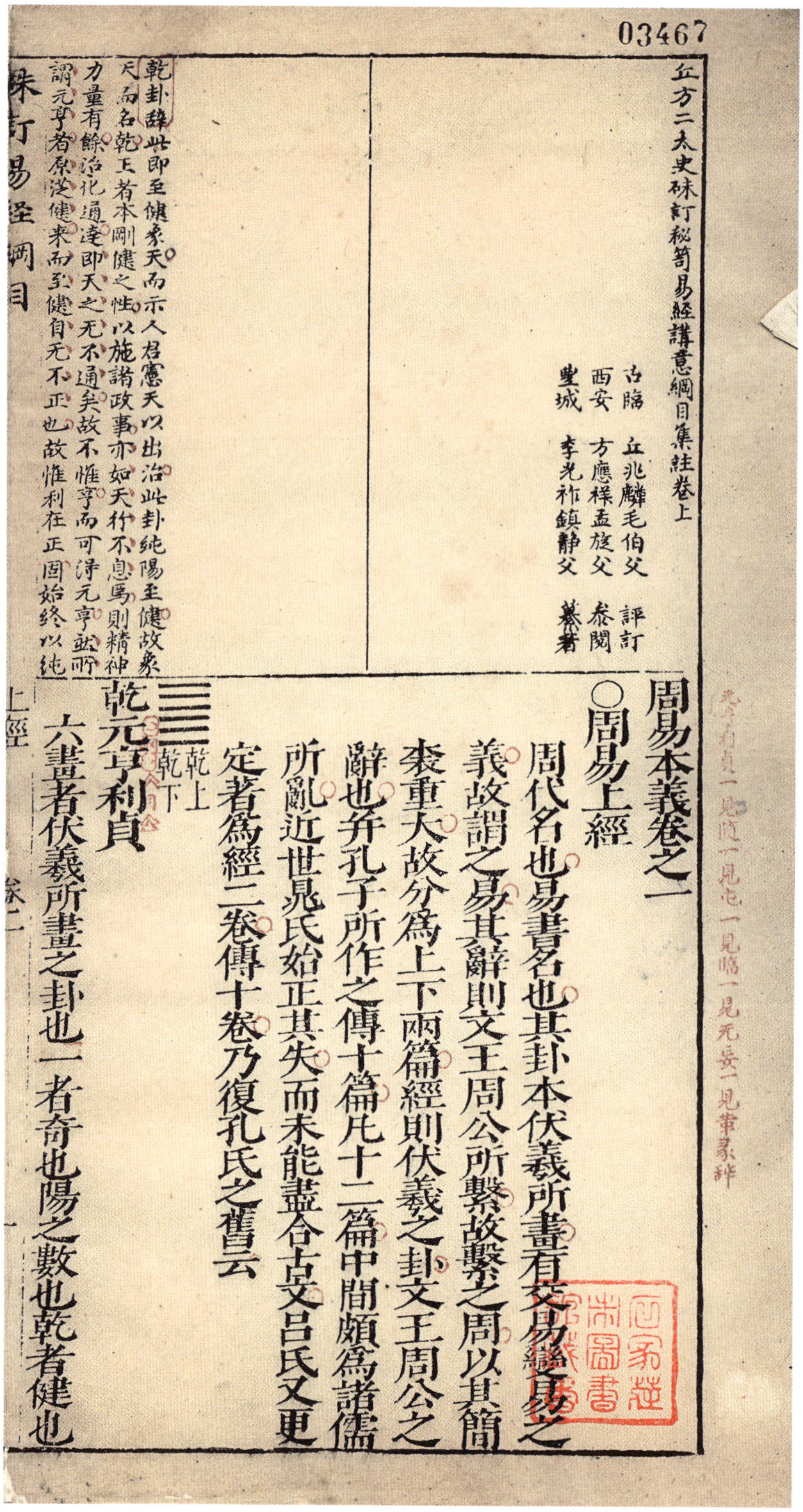
03467

丘方二太史硃訂秘笥易經講意綱目集註卷上

古臨　丘兆麟毛伯父　評訂
西安　方應棌孟旋父　叅閱
豐城　李光祚鎮靜父　纂著

乾卦辭此即至健象天而示人君憲天以出治此卦純陽至健故象天而名乾王者本剛健之性以施諸政事亦如天行不息焉則精神力量有餘治化通達即天之无不通矣故不惟亨而可得元亨然所謂元亨者原從健來而又健自无不正也故惟利在正固始終以純

周易本義卷之一

○周易上經

周代名也易書名也其卦本伏羲所畫有交易變易之義故謂之易其辭則文王周公所繫故繫之周以其簡袠重大故分爲上下兩篇經則伏羲之卦文王周公之辭也并孔子所作之傳十篇凡十二篇中間頗爲諸儒所亂近世晁氏始正其失而未能盡合古文呂氏又更定著爲經二卷傳十卷乃復孔氏之舊云

☰☰ 乾下乾上

乾元亨利貞

六畫者伏羲所畫之卦也一者奇也陽之數也乾者健也

硃訂易經綱目　上經　卷一　一

0004　丘方二太史硃訂秘笥易經講義綱目集註四卷　（明）李光祚輯　明天啓五年（1625）吴郡周鳴岐啓新齋刻三色套印本　四册

匡高25.5厘米，寬12.6厘米。半葉上節小字二十行，行二十六字；下節大字十一行，行二十三字，白口，四周單邊。石家莊市圖書館藏。

丘方二先生硃訂

易經主意綱目

吳郡周鳴岐編撰

余曰似此奇特諸書大足爲君生色即千金安得酬其勞也何用瑣瑣煩瀆哉詎意余再三辭而周君且再四懇之故復殫精畢力捜奇拔粹自壬戌冬出四書綱目以後迄經三周星矣而始得成帙自信心力既竭洵稱垂世雙璧但當鋟梓愈精庶使色色俱工无負余一片苦衷也周君曰生家素好工緻海内士亦共知之矣不敢勞尊慮余遂喜而爲之顔其編

豐城賛廷李光祚識

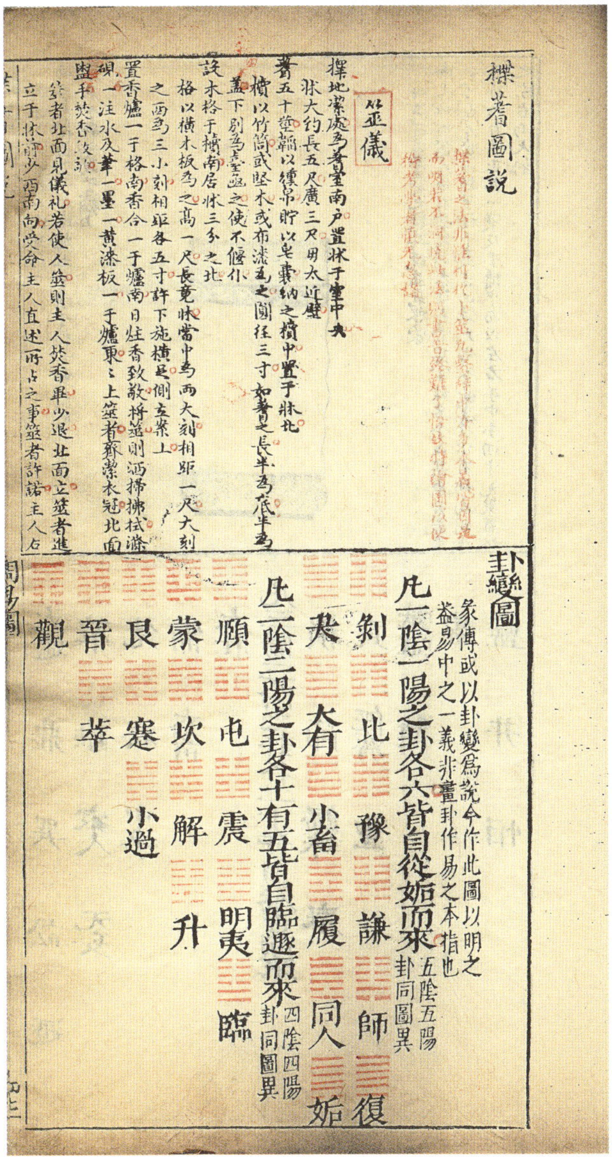

揲蓍圖說

筮儀

擇地潔處為蓍室南戶置牀于室中央
牀大約長五尺廣三尺毋太近壁
蓍五十莖韜以纁帛貯以皂囊納之櫝中置于牀北
櫝以竹筒或堅木或布漆為之圓徑三寸如蓍之長半為底半為
蓋下別為臺函之使不偃仆
設木格于櫝南居牀二分之北
格以橫木板為之高一尺長竟牀當中為兩大刻相距一尺大刻
之西為三小刻相距各五寸許下施橫足側立案上
置香爐一于格南香合一于爐南日炷香致敬將筮則灑掃拂拭滌
硯一注水及筆一墨一黃漆板一于爐東東上筮者齊潔衣冠北面
盥手焚香致敬
筮者北面見儀禮若使人筮則主人焚香畢少退北面立筮者進
立于牀前少西南向受命主人直述所占之事筮者許諾主人右

卦變圖

彖傳或以卦變為說今作此圖以明之
蓋易中之一義非畫卦作易之本指也

凡一陰一陽之卦各六皆自復姤而來五陰五陽卦同圖異

剝 比 豫 謙 師 復
夬 大有 小畜 履 同人 姤

凡二陰二陽之卦各十有五皆自臨遯而來四陰四陽卦同圖異

頤 屯 震 明夷 臨
蒙 坎 解 升
艮 蹇 小過
晉 萃
觀

周易圖

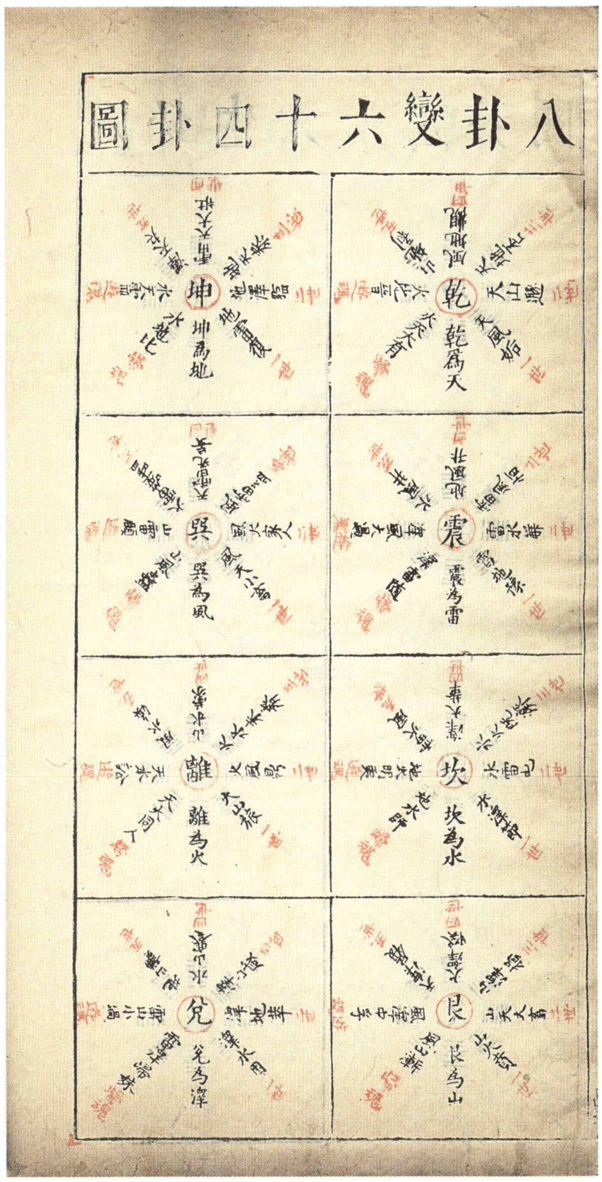

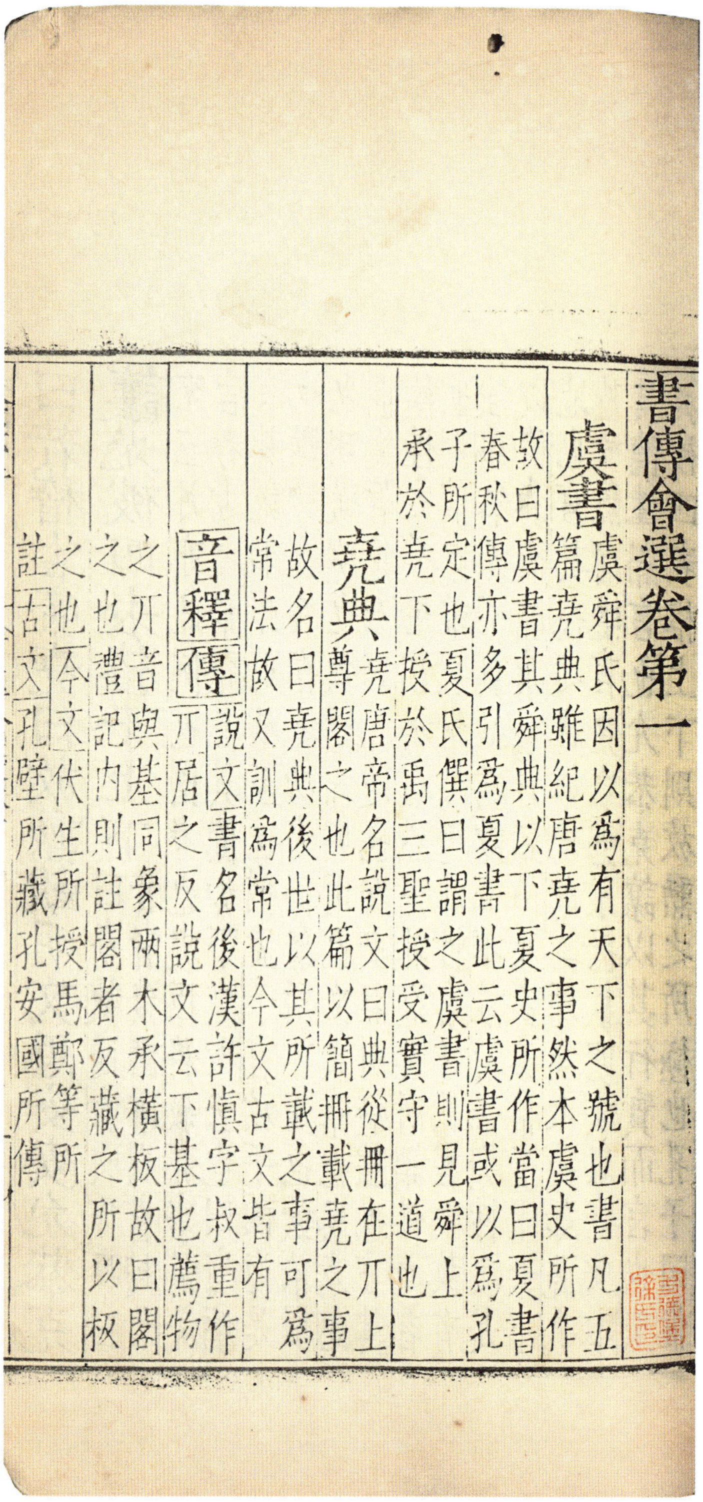

書傳會選卷第一

虞書虞舜氏因以爲有天下之號也書凡五篇堯典雖紀唐堯之事然本虞史所作故曰虞書其舜典以下夏史所作當曰夏書春秋傳亦多引爲夏書此云虞書或以爲孔子所定也夏氏僎曰謂之虞書則見舜上承於堯下授於禹三聖授受實守一道也

堯典堯唐帝名說文曰典從冊在丌上尊閣之也此篇以簡冊載堯之事故名曰堯典後世以其所載之事可爲常法故又訓爲常也今文古文皆有

音釋傳說文書名後漢許慎字叔重作丌居之反說文云下基也薦物之丌音與基同象兩木承橫板故曰閣之也禮記內則註閣者庋藏之所以板之也今文伏生所授馬鄭等所註古文孔壁所藏孔安國所傳

0005　書傳會選六卷　（明）劉三吾等撰　明嘉靖趙府味經堂刻本　二册

匡高20厘米，寬14.3厘米。半葉九行，行十八字，小字雙行同，白口，四周雙邊，單白魚尾。河北大學圖書館藏。

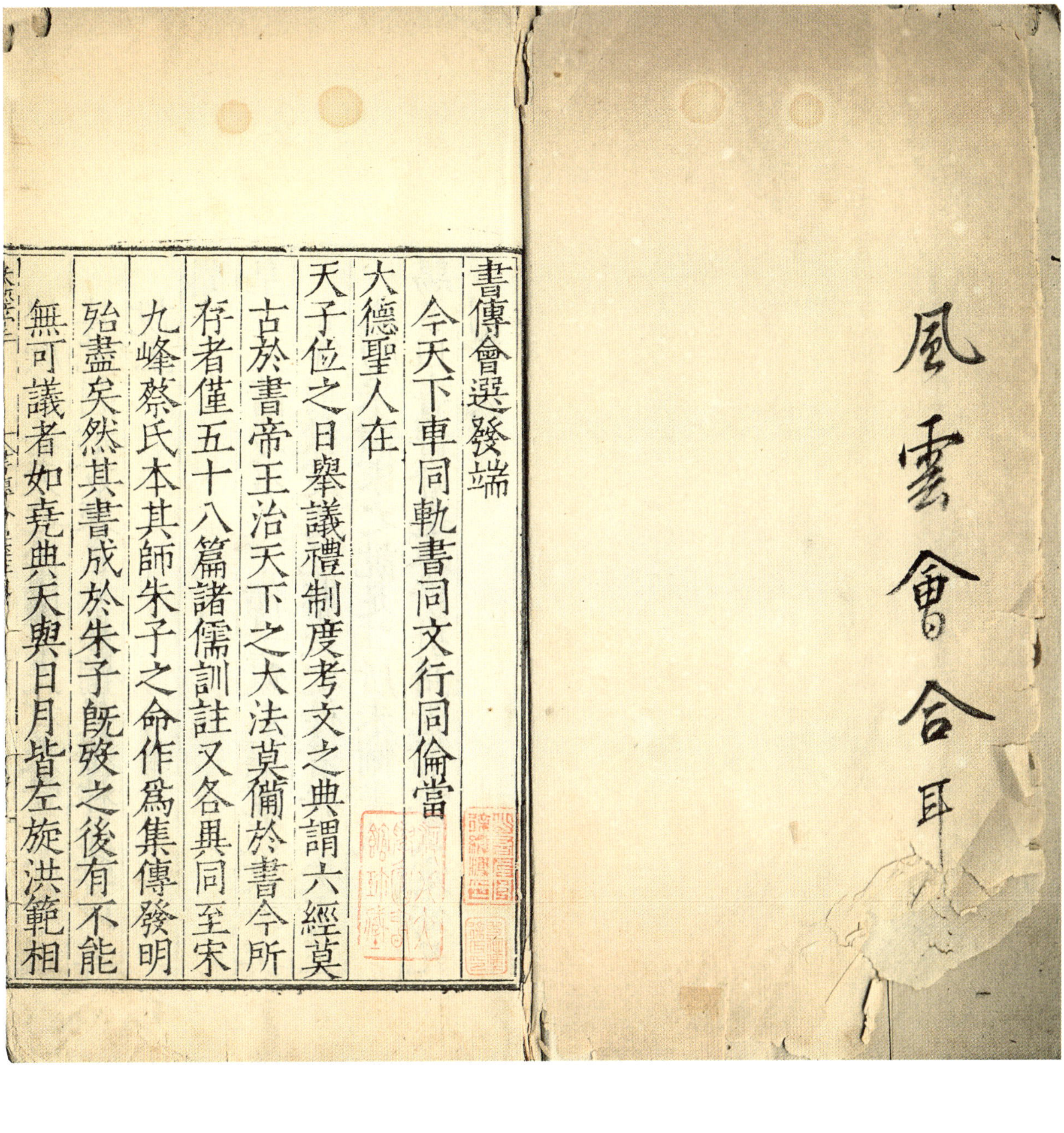
書傳會選發端

今天下車同軌書同文行同倫當

大德聖人在

天子位之日舉議禮制度考文之典謂六經莫

古於書帝王治天下之大法莫備於書今所

存者僅五十八篇諸儒訓註又各異同至宋

九峰蔡氏本其師朱子之命作爲集傳發明

殆盡矣然其書成於朱子既歿之後有不能

無可議者如堯典天與日月皆左旋洪範相

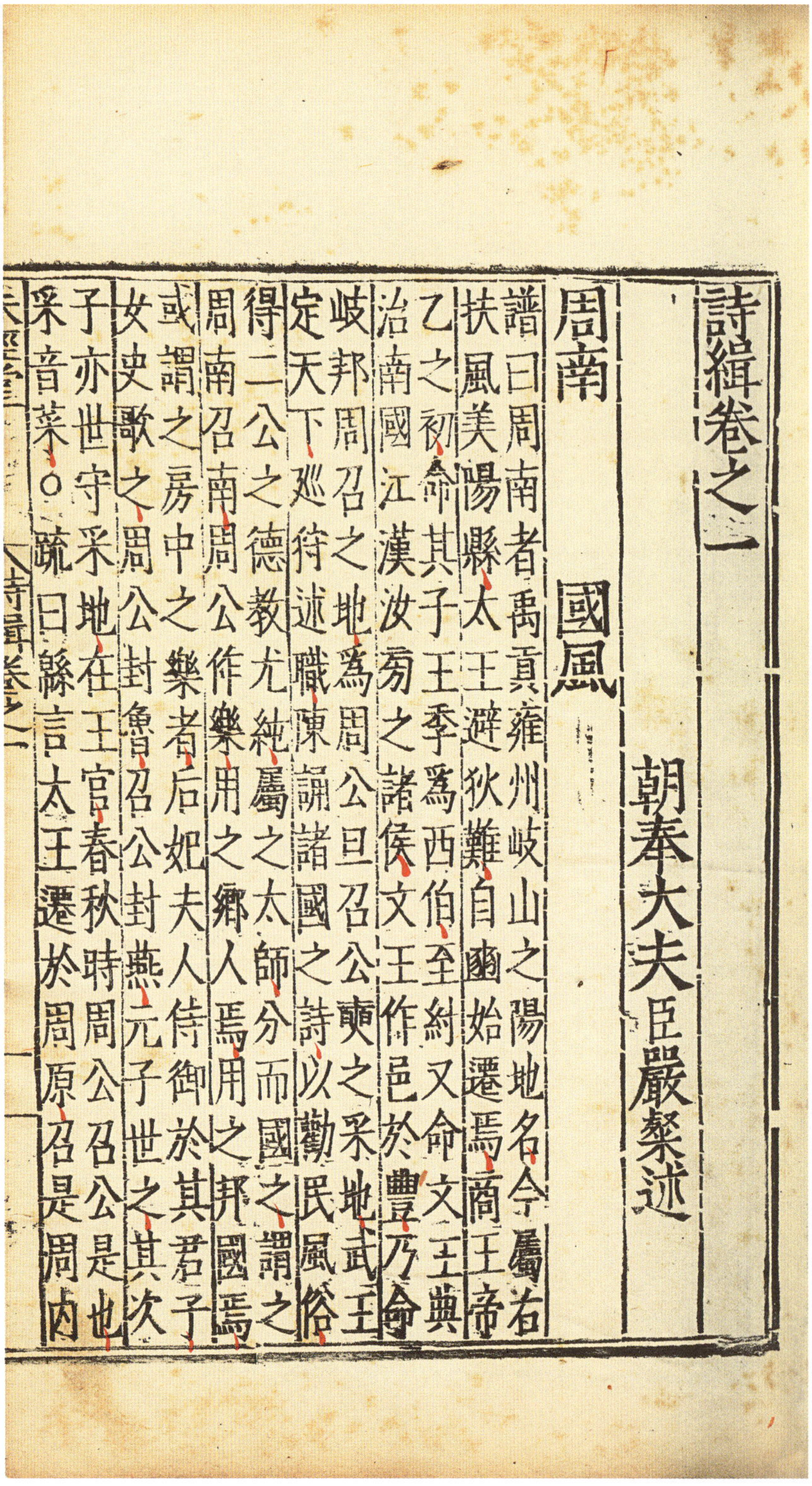
詩緝卷之一
朝奉大夫臣嚴粲述
周南　國風
譜曰周南者禹貢雍州岐山之陽地名今屬右
扶風美陽縣太王避狄難自豳始遷焉商王帝
乙之初命其子王季爲西伯至紂又命文王典
治南國江漢汝旁之諸侯文王作邑於豐乃命
岐邦周召之地爲周公旦召公奭之采地武王
定天下巡狩述職陳誦諸國之詩以觀民風俗
得二公之德教尤純屬之太師分而國之謂之
周南召南周公作樂用之鄉人焉用之邦國焉
或謂之房中之樂者后妃夫人侍御於其君子
女史歌之周公封魯召公封燕元子世之其次
子亦世守采地在王官春秋時周公召公是也
采音菜○疏曰緜言太王遷於周原召是周內

0006　詩緝三十六卷　（宋）嚴粲撰　明嘉靖趙府味經堂刻本　十二册

匡高20厘米，寬14.5厘米。半葉九行，行十八字，小字雙行同，白口，四周雙邊，單白魚尾。書前鈐有“直隸圖書館收藏記”“蓮池書院收藏書籍印”。有佚名朱筆批校。保定市圖書館藏。

嚴氏詩緝序

敘曰六經皆厄於傳疏詩爲甚我朝歐蘇王劉諸鉅儒雖擺落毛鄭舊說爭出新意而得失互有之東萊呂氏始集百家所長極意條理頗見詩人趣味然疎缺渙散要未爲全書蓋詩於人學自爲一宗筆墨蹊徑或不可尋逐非若他經然其流既爲騷爲選爲唐古律而吾聖人所謂可以興觀羣怨孟子所謂以意逆志者悉付之闕經家艾軒林先生嘗曰鄭康成以三禮之學

以上之類並是上聲全濁讀如去聲
温公指掌圖又有蹤摐從嵩松五音内嵩
爲全清松爲半清半濁今圖止爲辯上聲
全濁故但取四音言之

趙府栞于居敬堂

趙府居敬堂章

詩緝清濁音圖

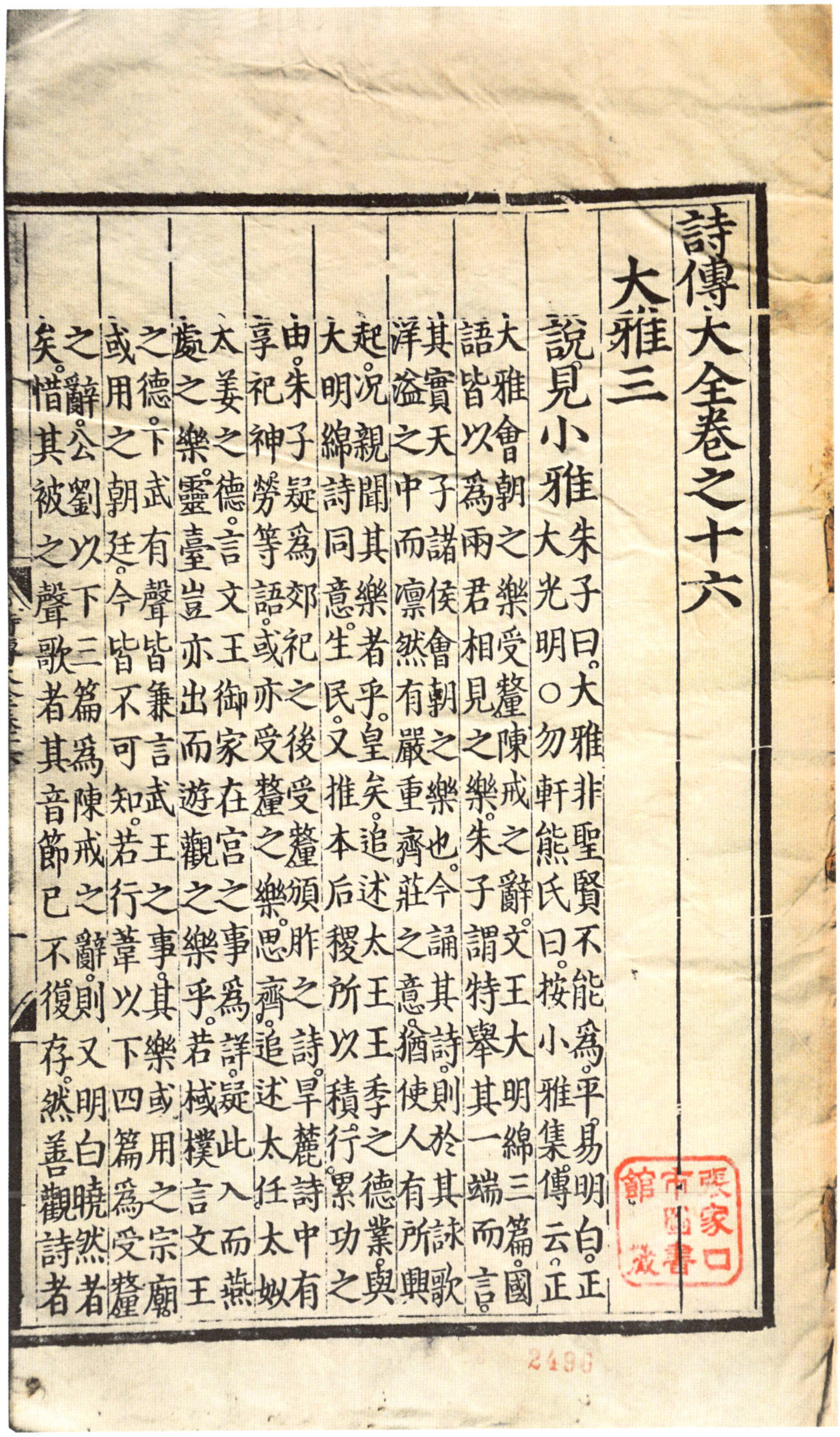
詩傳大全卷之十六
大雅三
說見小雅朱子曰大雅非聖賢不能爲平易明白正大光明○勿軒熊氏曰按小雅集傳云正大雅會朝之樂受釐陳戒之辭文王大明緜三篇國語皆以爲兩君相見之樂朱子謂特舉其一端而言其實天子諸侯會朝之樂也今誦其詩則於其詠歌洋溢之中而凜然有嚴重齊莊之意猶使人有所興起況親聞其樂者乎皇矣追述太王王季之德業與大明緜詩同意生民又推本后稷所以積行累功之由朱子疑爲郊祀之後受釐頒胙之詩旱麓詩中有享祀神勞等語或亦受釐之樂思齊追述太任太姒太姜之德言文王御家在宮之事爲詳疑此入而燕處之樂靈臺豈亦出而遊觀之樂乎若棫樸言文王之德下武有聲皆兼言武王之事其樂或用之宗廟或用之朝廷今皆不可知若行葦以下四篇爲受釐之辭公劉以下三篇爲陳戒之辭則又明白曉然者矣惜其被之聲歌者其音節已不復存然善觀詩者

0007　詩傳大全二十卷詩序一卷綱領一卷圖一卷　（明）胡廣纂修　明永樂內府刻本　十五册

匡高26厘米，寬17.8厘米。半葉十行，行二十二字，小字雙行同，黑口，四周雙邊，雙對黑魚尾。張家口市圖書館藏，存十八卷（卷三至二十）。

詩傳序

或有問於予曰詩何爲而作也予應之曰人生而靜天之
性也感於物而動性之欲也（朱子曰其未感也純粹至善萬理具焉所謂性也感於物
而動則性之欲出焉而善惡於是乎分矣性之欲即所謂情也）夫既有欲矣則不能無思
既有思矣則不能無言既有言矣則言之所不能盡而發
於咨嗟咏歎之餘者必有自然之音響節族（音奏）而不能已
焉此詩之所以作也曰然則其所以教者何也曰詩者人
心之感物而形於言之餘也心之所感有邪正故言之所
形有是非惟聖人在上則其所感者無不正而其言皆足
以爲教其或感之之雜而所發不能無可擇者則上之人

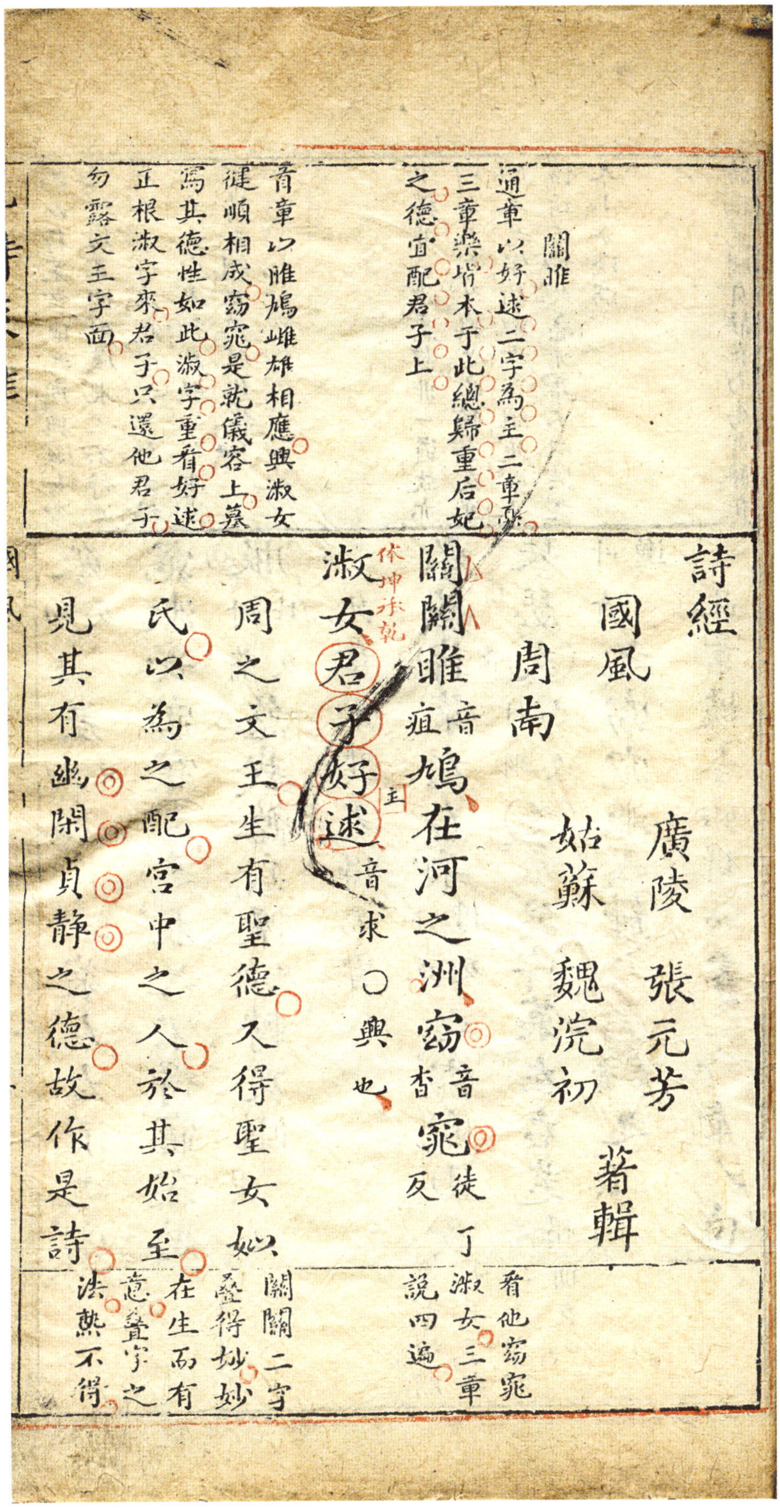
關雎
通章以好逑二字為主二章三
三章樂皆本于此總歸重后妃
之德宜配君子上
首章以雎鳩雌雄相應興淑女
健順相成窈窕是說儀容上纂
寫其德性如此淑字重看好逑
正根淑字來君子只還他君子
勿露文王字面

詩經
國風
周南
廣陵　張元芳
姑蘇　魏浣初　著輯
關關雎音疽鳩在河之洲窈音杳窕徒了反
淑女君子好逑音求○興也
周之文王生有聖德又得聖女姒
氏以為之配宮中之人於其始至
見其有幽閒貞靜之德故作是詩

看他窈窕淑女三章說四遍
關關二字叠得妙妙在生而有意叠字之法熟不得

0008　批點詩經振雅六卷　（明）張元芳　魏浣初撰　明天啓版築居刻朱墨套印本　四册

匡高22.5厘米，寬14厘米。半葉八行，行十四字，白口，四周單邊。書前鈐有“樾山堂藏書印”。保定市圖書館藏。

張完樸
魏仲雪　二先生著輯

毛詩振雅

既業居藏板

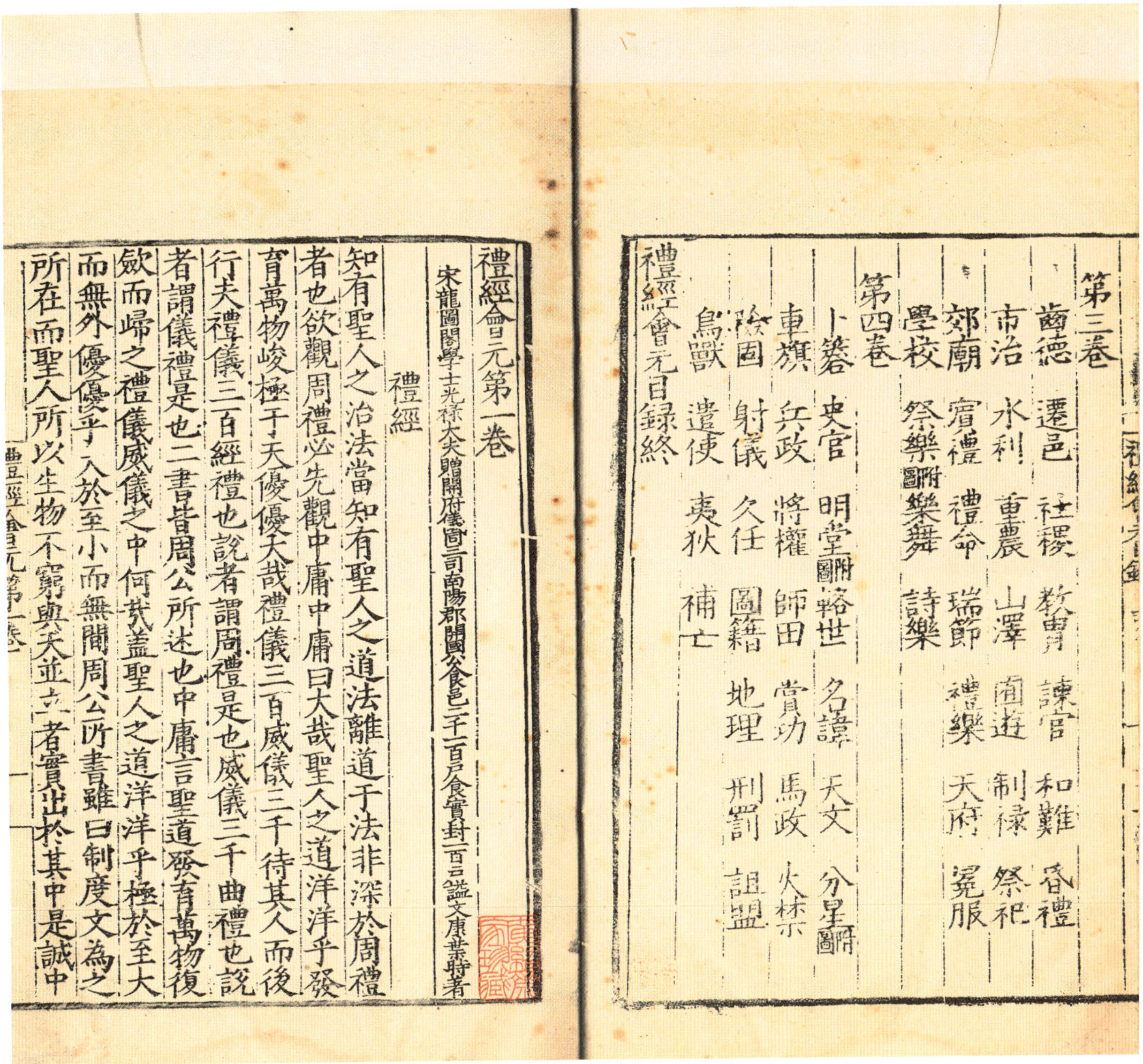

第三卷
齒德　遷邑　社稷　教冑　諫官　和難　昏禮
市治　水利　重農　山澤　囿遊　制祿　祭祀
郊廟　賓禮　禮命　瑞節　禮樂　天府　冕服
學校　祭樂附樂舞　詩樂
第四卷
卜筮　史官　明堂附圖輅世　名諱　天文　分星附圖
車旗　兵政　將權　師田　賞功　馬政　火禁
險固　射儀　久任　圖籍　地理　刑罰　詛盟
鳥獸　遣使　夷狄　補亡
禮經會元目録終

禮經會元第一卷
宋龍圖閣學士光祿大夫贈開府儀同三司南陽郡開國公食邑二千一百戶食實封一百戶謚文康葉時著
禮經
知有聖人之治法當知有聖人之道法離道于法非深於周禮者也欲觀周禮必先觀中庸中庸曰大哉聖人之道洋洋乎發育萬物峻極于天優優大哉禮儀三百威儀三千待其人而後行夫禮儀三百經禮也說者謂周禮是也威儀三千曲禮也說者謂儀禮是也二書皆周公所述也中庸言聖道發育萬物復斂而歸之禮儀威儀之中何哉蓋聖人之道洋洋乎極於至大而無外優優乎入於至小而無間周公所書雖曰制度文為之所在而聖人所以生物不窮與天並立者實出於其中是誠中

禮經會元第一卷　一

0009　禮經會元四卷　（宋）葉時撰　明嘉靖五年（1526）刻本　四册

匡高20.5厘米，寬14.3厘米。半葉十一行，行二十四字，白口，左右雙邊。卷端鈐有“黄紹齋家珍藏”藏書印。河北大學圖書館藏。

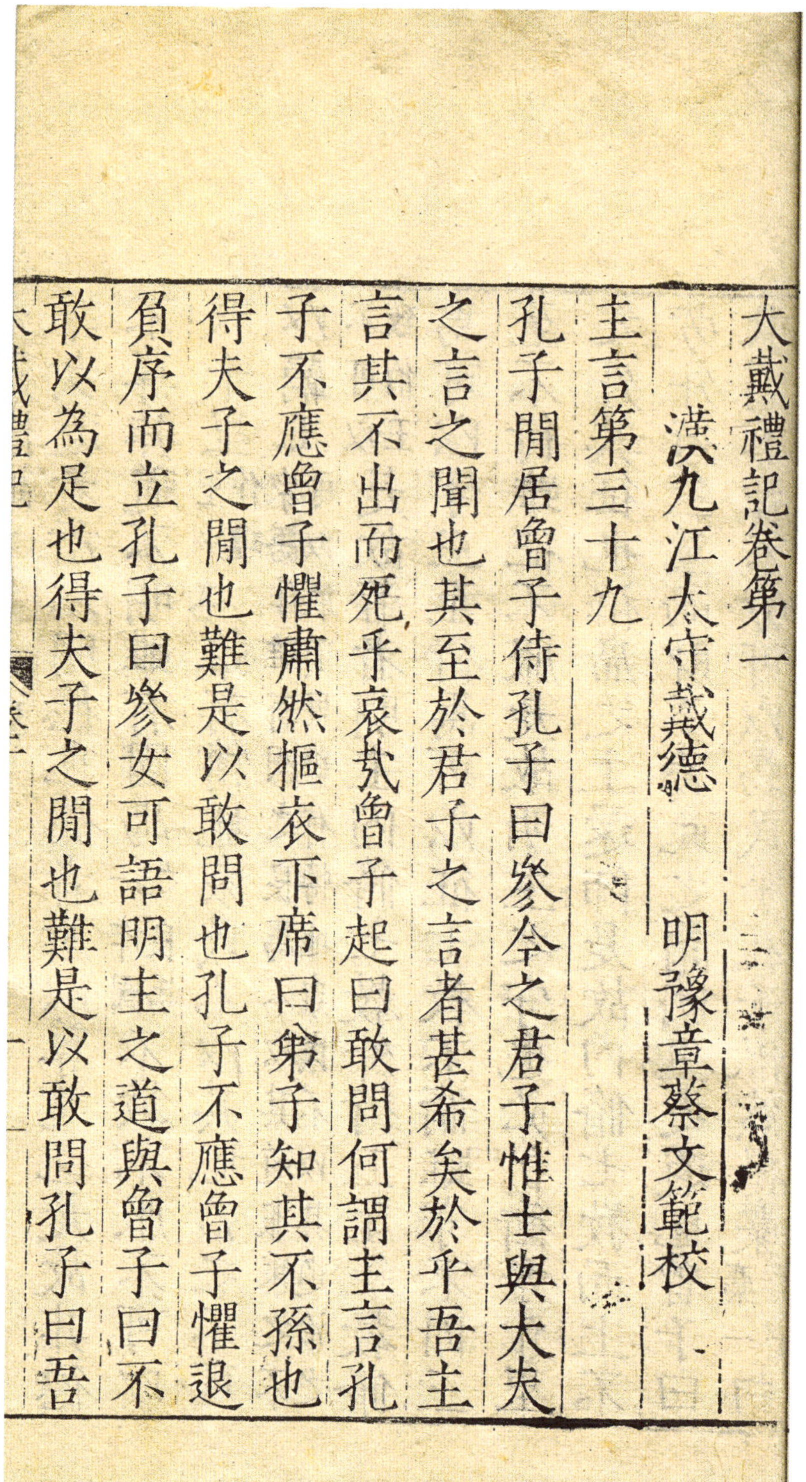
大戴禮記卷第一

漢九江太守戴德　明豫章蔡文範校

主言第三十九

孔子閒居曾子侍孔子曰參今之君子惟士與大夫之言之聞也其至於君子之言者甚希矣於乎吾主言其不出而死乎哀哉曾子起曰敢問何謂主言孔子不應曾子懼肅然摳衣下席曰弟子知其不孫也得夫子之閒也難是以敢問也孔子不應曾子懼退負序而立孔子曰參女可語明主之道與曾子曰不敢以為是也得夫子之閒也難是以敢問孔子曰吾

大戴禮記　卷一　一

0010　大戴禮記十三卷　（漢）戴德撰　（明）蔡文範校　明萬曆蔡文範刻本　二册

匡高21.1厘米，寬15厘米。半葉十行，行二十字，白口，左右雙邊，單黑魚尾。書前鈐有“直隸圖書館收藏記”“蓮池書院收藏書籍印”。保定市圖書館藏。

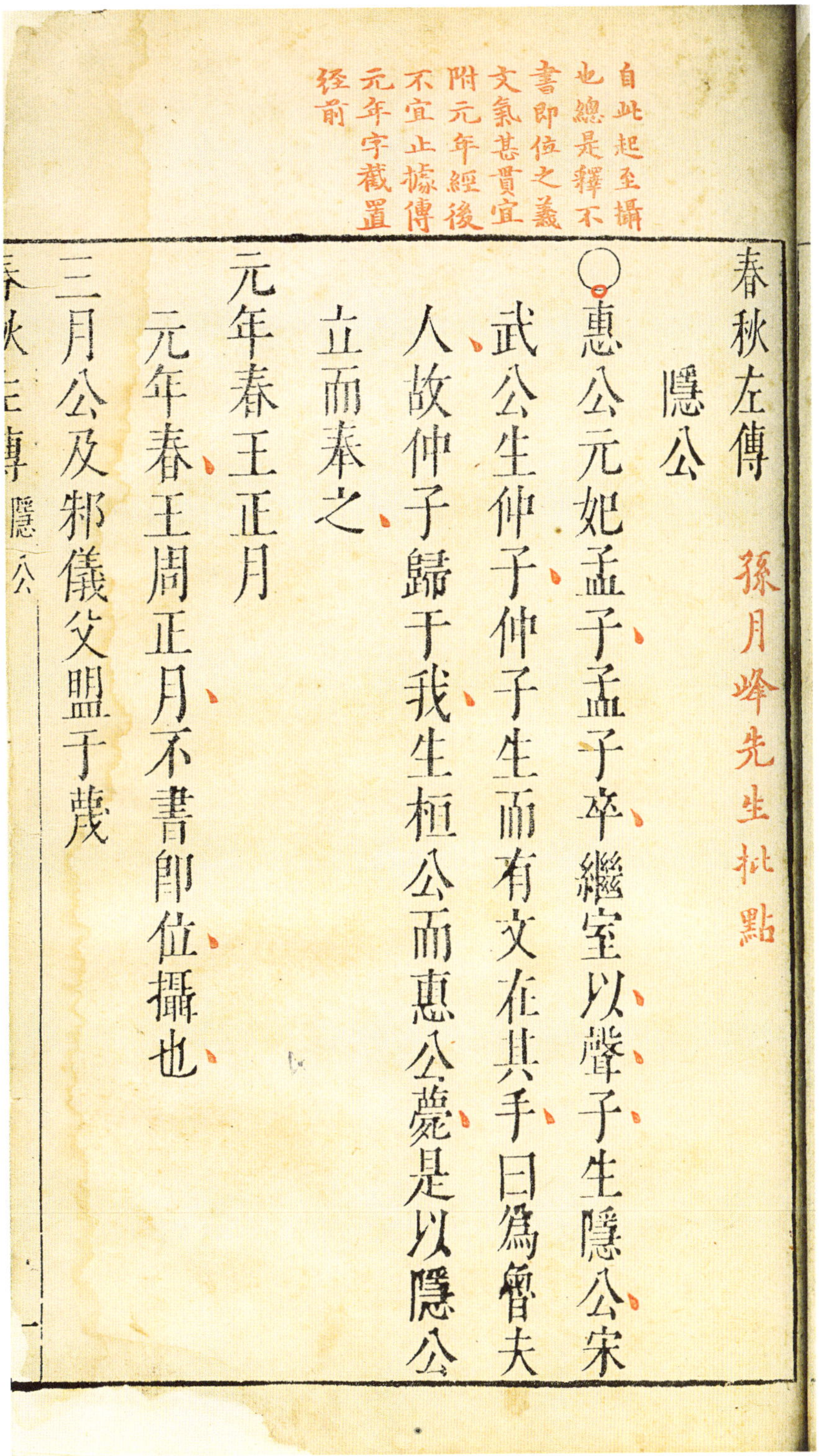
自此起至攝也總是釋不書即位之義文氣甚貫宜附元年經後不宜止據傳元年字截置經前

春秋左傳

隱公　孫月峰先生批點

○惠公元妃孟子孟子卒繼室以聲子生隱公宋武公生仲子仲子生而有文在其手曰為魯夫人故仲子歸于我生桓公而惠公薨是以隱公立而奉之

元年春王正月

元年春王周正月不書即位攝也

三月公及邾儀父盟于蔑

春秋左傳　隱公　一

0011　春秋左傳十五卷　（明）孫鑛批點　明萬曆四十四年（1616）閔齊伋刻朱墨套印本　十二册

匡高22厘米，寬14.9厘米。半葉九行，行十九字，白口，四周單邊。保定市圖書館藏。

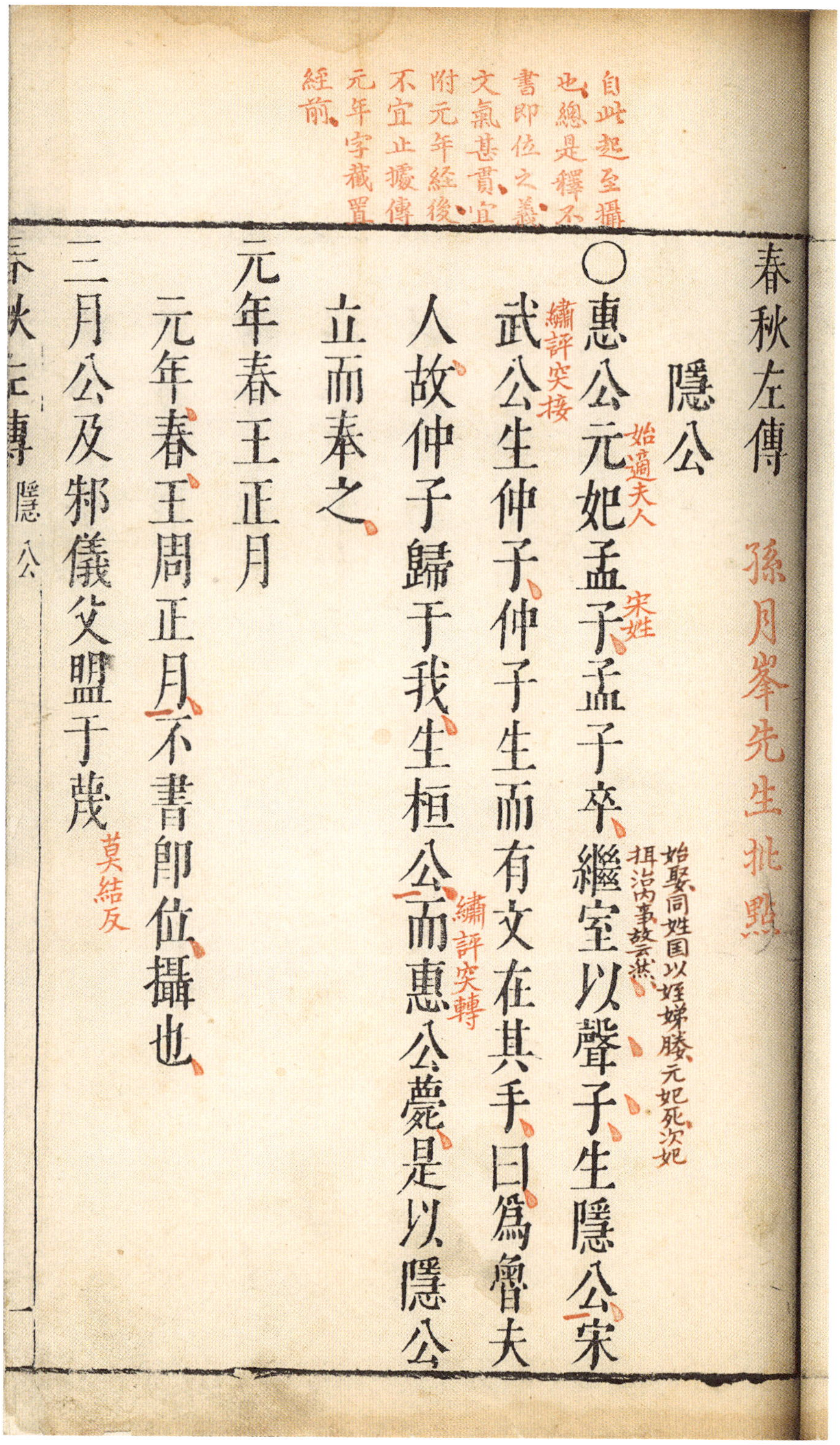
自此起至攝也總是釋不書即位之義文氣甚貫宜附元年經後不宜止據傳元年字截置經前

春秋左傳　孫月峯先生批點

隱公

○惠公元妃始適夫人孟子宋姓孟子卒繼室以聲子生隱公宋始娶同姓国以姪娣媵元妃死次妃攝治内事故云然

武公繡評突接生仲子仲子生而有文在其手曰爲魯夫

人故仲子歸于我生桓公繡評突轉而惠公薨是以隱公

立而奉之

元年春王正月

元年春王周正月不書卽位攝也

三月公及邾儀父盟于蔑莫結反

春秋左傳　隱公　一

0012　春秋左傳十五卷　（明）孙鑛批點　明萬曆四十四年（1616）閔齊伋刻朱墨套印本　十六册

匡高21.3厘米，寬15.1厘米。半葉九行，行十九字，白口，四周單邊。石家莊市圖書館藏。

孫月峰先生左評分次經傳序

春秋志憤也。經何言乎志憤也。憤莫大於刑。刑莫大於亂臣賊子。故以萬六千六百七十二字。

蔑莫結切地名又作眛又通滅

費父沸切扉姓也兵媚切祕邑名又芳未切沸散財用也又分物切弗用之垂廣也

平平敘去不弄奇然濃色可掬盖只是淨鍊

用修謂生子而開目者爲寤生或近是巖邑是佳字然在今時則

三月公及邾儀父盟于蔑魯地卞縣南邾子克也儀父名未王命故不書爵曰儀父貴之也公攝位而欲求好於邾故爲蔑之盟

○夏四月費伯魯大夫帥師城郎魯邑高平方與縣東南不書非公命也

夏五月鄭熒陽宛陵縣西南伯克段于鄢潁川鄢陵縣

初鄭武公娶于申国名南陽宛縣曰武姜生莊公及共叔段繡評明是嫡親母子兄弟莊公寤生驚姜氏故名曰寤生遂惡之愛共叔段繡評依經立傳本在鄭莊兄弟之際開手卻從姜氏偏愛釀禍叙入便令精神全聚于母子之間玩其中間結局兄弟末段單收母子與起呼應一片欲立之亟請於武公公弗許及莊公卽位爲之請制鄭邑公曰制巖邑也只一句此是巷麽好得說話虢叔死焉佗邑唯命請京鄭邑

殺周公黑肩王子克奔燕初子儀有寵於桓王
桓王屬諸周公辛伯諫曰並后匹嫡兩政耦國
亂之本也周公弗從故及

萬曆丙辰夏吳興閔齊華
閔齊伋閔象泰分次經傳

隋字

即王子克

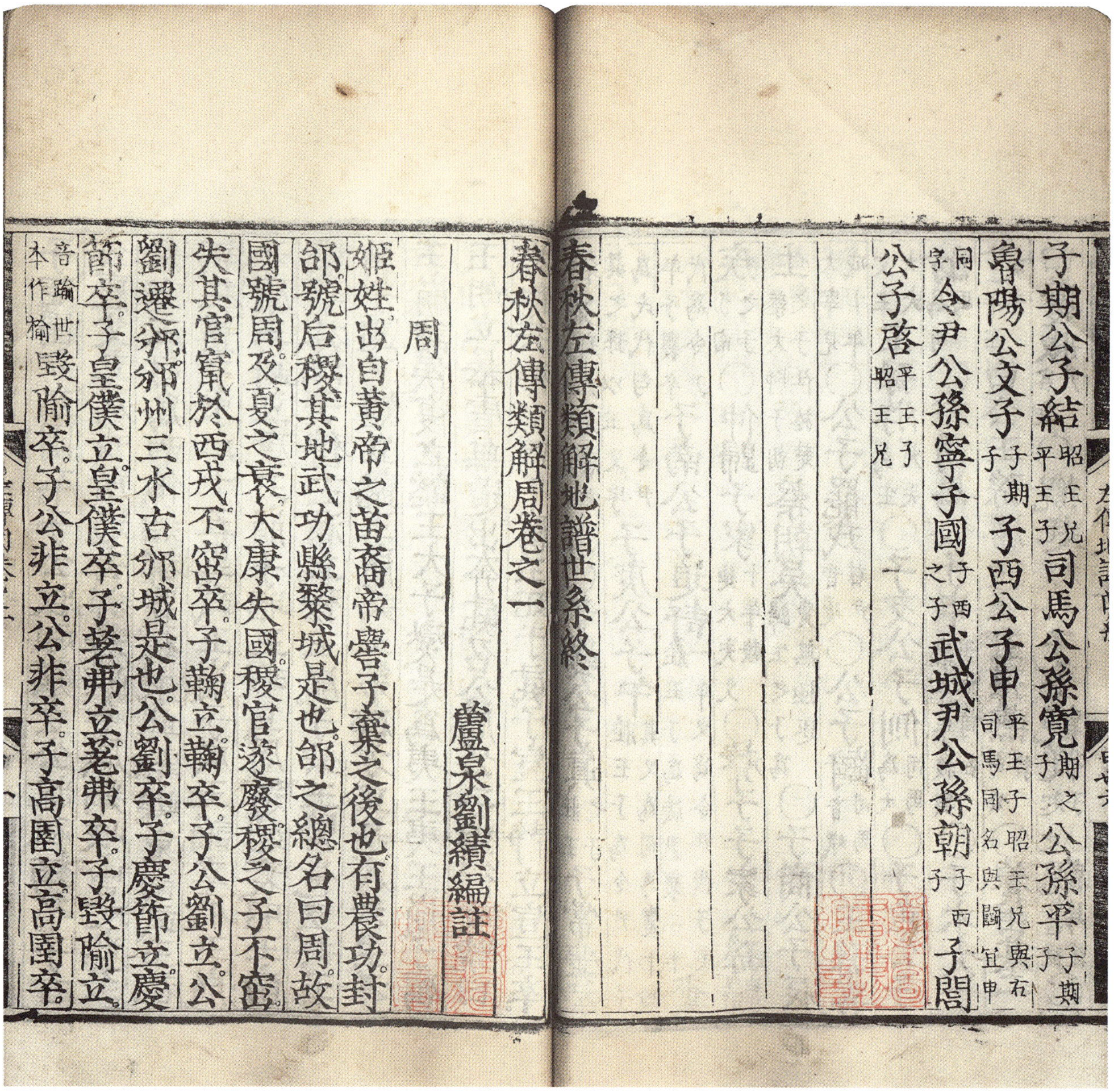

0013　春秋左傳類解二十卷地譜世系一卷　（明）劉績撰　明嘉靖七年（1528）崇藩寶賢堂刻本十册

匡高22厘米，寬15.9厘米。半葉十行，行二十字，小字雙行同，黑口，四周雙邊，雙順黑魚尾。書前書後鈐有“冀南圖書博物館之章”藏書印。入選第二批《國家珍貴古籍名録》（名録號03343）。保定市圖書館藏。

春秋左氏傳序

左丘明魯太史也受春秋於孔子親見行事故其言該而中倫其實著而寡謬雖其裁斷大義或戾聖人而其文蔚然可觀也漢初其書出於張蒼之家傳者甚鮮逮賈誼始爲訓詁建武以後博士有官而諸儒授受以擢

春秋序（此元凱所作既以釋經故依例音之本或題爲春秋左傳序者沈文何以爲釋例序今不用）

唐國子博士兼太子中允贈齊州刺史

吴縣開國男陸　德明　釋文附

春秋者魯史記之名也記事者以事繫日（繫工帝反）以日繫月以月繫時以時繫年所以紀遠近別同異也（別彼列反）故史之所記必表年以首事年有四時故錯舉以爲所記之名也（錯七各反下皆同）周禮有史官掌邦國四方之事達四方之志諸侯亦各有國史大事書之於策（策本又作冊亦作筴同初革反）小事簡牘而已（牘徒木反）孟子曰楚謂之檮杌晉謂之乘（孟子書名姓孟名軻字子輿鄒邑人與齊宣王同時人著此書檮徒刀反）

希玄子書於寶賢堂

宗國圖書

春秋左氏傳序

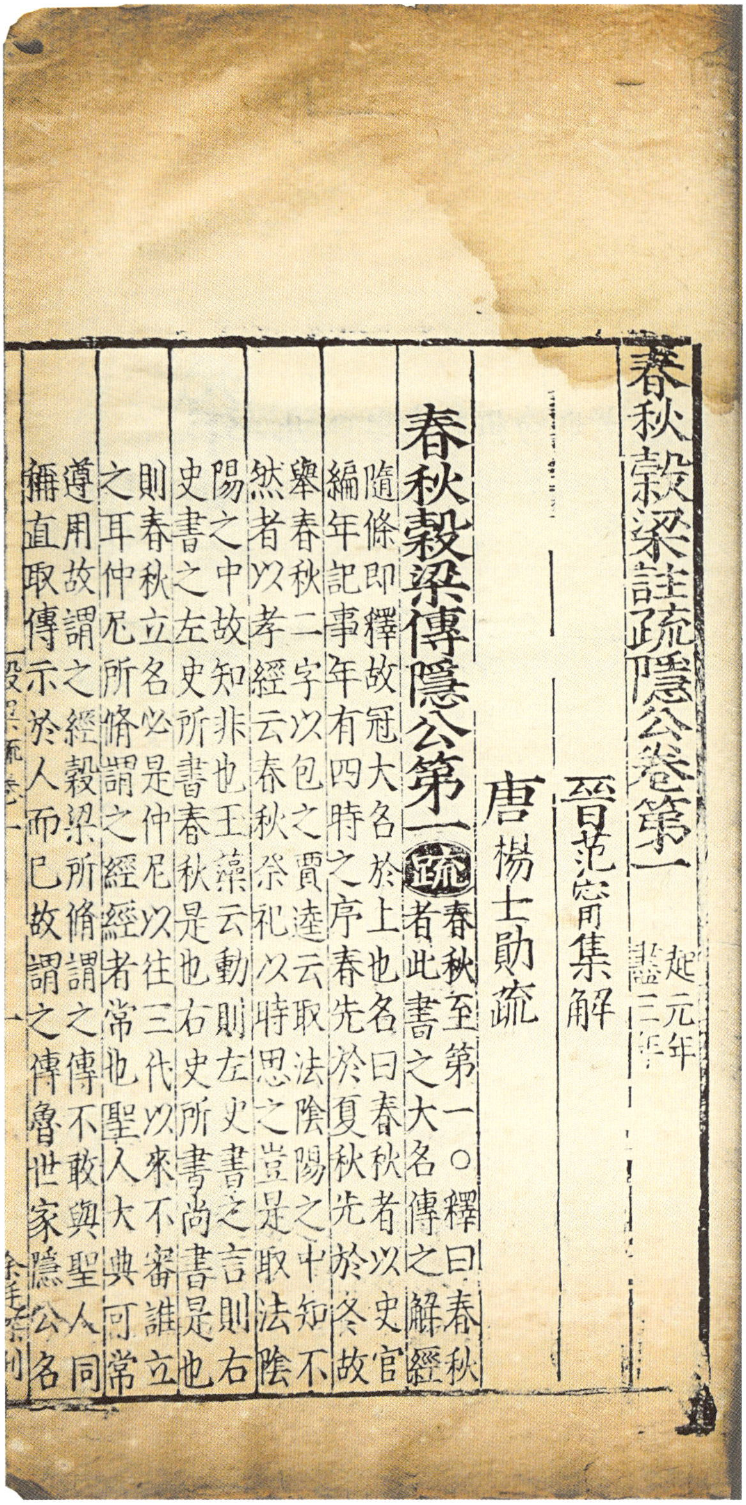

0014　春秋穀梁傳註疏二十卷　（周）穀梁赤撰　（晉）范甯集解　（唐）楊士勛疏　明嘉靖刻本　六册

匡高19.5厘米，寬13.1厘米。半葉九行，行二十一字，小字雙行同，白口，四周單邊。武安市圖書館藏。

春秋穀梁傳註疏

晉范甯集解

唐楊士勛疏

春秋穀梁傳序

（疏）釋曰此題諸本文多不同晉宋古文多云春秋穀梁傳序俗本亦有直云穀梁傳序者然春秋是此書之大名傳之解經隨事則釋亦既經傳共文題名不可單舉又此序末云名曰春秋穀梁傳集解故今依上題焉此序大畧凡有三段第一段自周道衰陵盡莫善於春秋釋仲尼修春秋所由及始隱終麟之意

夫聖哲在上動必合宜而直臣良史克施有政故能使善人勸焉淫人懼焉洎乎周德既衰彝倫失序居上者無所懲艾處下者信意愛憎致令九有之存唯祭與號八表之俗或狄或戎故仲尼就大師而正雅頌因魯史而修春秋其始隱終麟范云

穀梁疏序　一

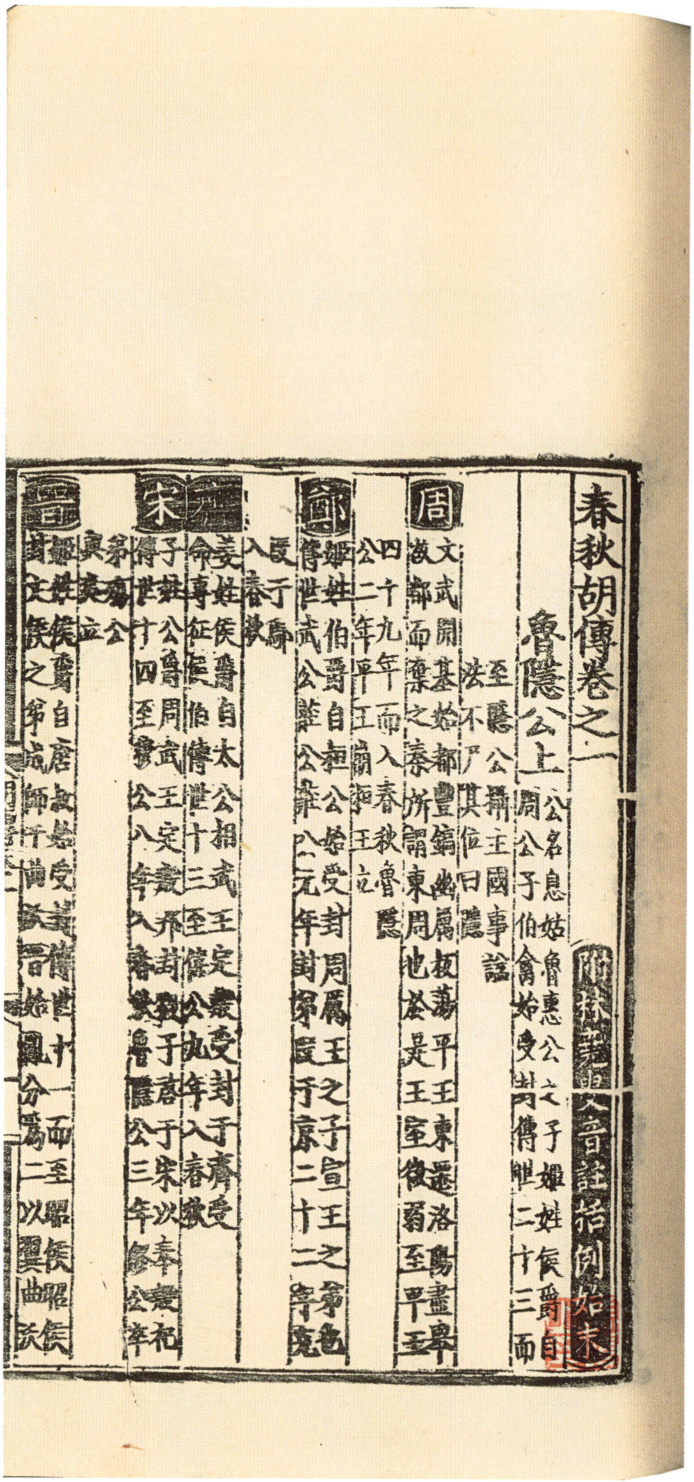
春秋胡傳卷之一

魯隱公上

0015　春秋胡傳三十卷綱領一卷正經音訓一卷提要一卷諸國興廢説一卷列國東坡圖説一卷（宋）胡安國撰　（宋）林堯叟音注　明成化刻本　四册

匡高18.2厘米，寬12.9厘米。半葉十一行，行二十一字，小字雙行同，黑口，四周雙邊，雙順黑魚尾。入選第三批《國家珍貴古籍名録》（名録號07379）。河北大學圖書館藏。

重刻春秋胡傳序

吾友上饒婁君克讓以名御史奉勑董學南畿不數年教行信孚士風翕然以變君不自假敎敷之餘輙校讎經傳謂春秋孔氏要典儒先爲

成化己亥冬十一月吉
旦刊於徽州府退思堂

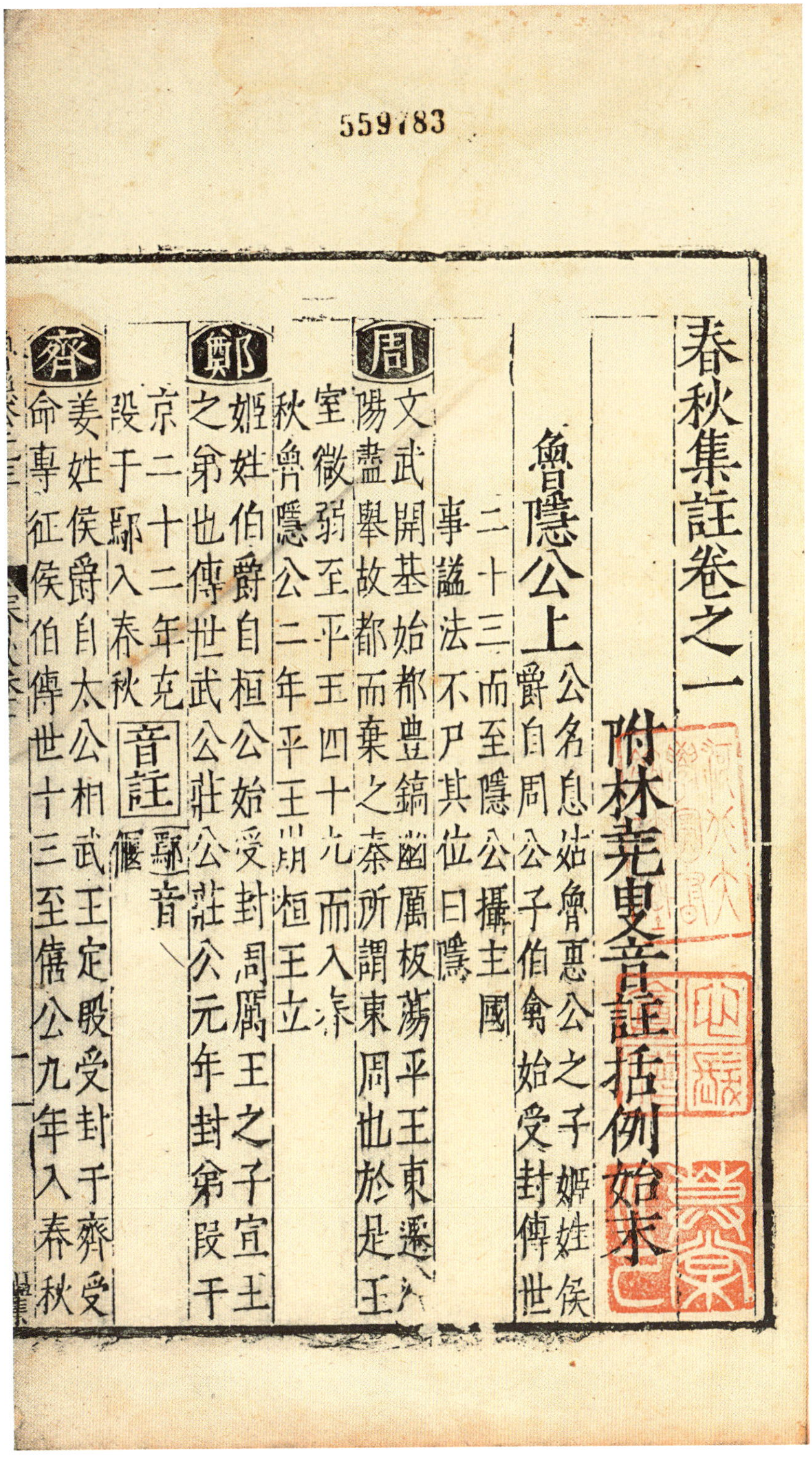
春秋集註卷之一
附林堯叟音註括例始末
魯隱公上公名息姑魯惠公之子姬姓侯爵自周公子伯禽始受封傳世二十三而至隱公攝主國事謚法不尸其位曰隱
周文武開基始都豐鎬幽厲板蕩平王東遷入陽盡舉故都而棄之秦所謂東周也於是王室微弱至平王四十九而入春秋魯隱公二年平王崩桓王立
鄭姬姓伯爵自桓公始受封周厲王之子宣王之弟也傳世武公莊公莊公元年封弟段于京二十二年克段于鄢入春秋音註鄢音偃
齊姜姓侯爵自太公相武王定殷受封于齊受命專征侯伯傳世十三至僖公九年入春秋

0016　春秋集註三十卷首一卷　（宋）胡安國撰　（宋）林堯叟音注　明嘉靖刻萬曆修補本　十二册

匡高20.2厘米，寬14.4厘米。半葉九行，行十八字，小字雙行同，白口，左右雙邊，單黑魚尾。鈐有“莫棠之印”等藏書印。河北大學圖書館藏。

重刻春秋集註序

吾友上饒婁君克讓以名
御史奉
勅董學於南畿。不數年。教行信
孚。士風翕然以變。君不自
假。敬敷之餘。輒校讎經傳。
謂春秋孔氏要典。儒先之爲

考先天而天弗違乾文言(先)悉薦反下同(後)胡豆反下同(行)下孟反(爲)于偽反(見)音現下同(遺)唯季反(徵)知陵反(數)音姤(復)扶又反(考)諸三王而不繆建諸天地而不悖質諸鬼神而無疑百世以俟聖人而不惑本中庸(繆)音謬(樂)音洛

宣統二年庚戌春二月 獨山莫棠手校畢

嘉靖辛亥歲
勅封儒林郎上海新溪倪淑刊
萬曆乙未知分水縣事不肖孫甫英
[illegible]進士曾孫家胤同修

春秋集註卷之三十終

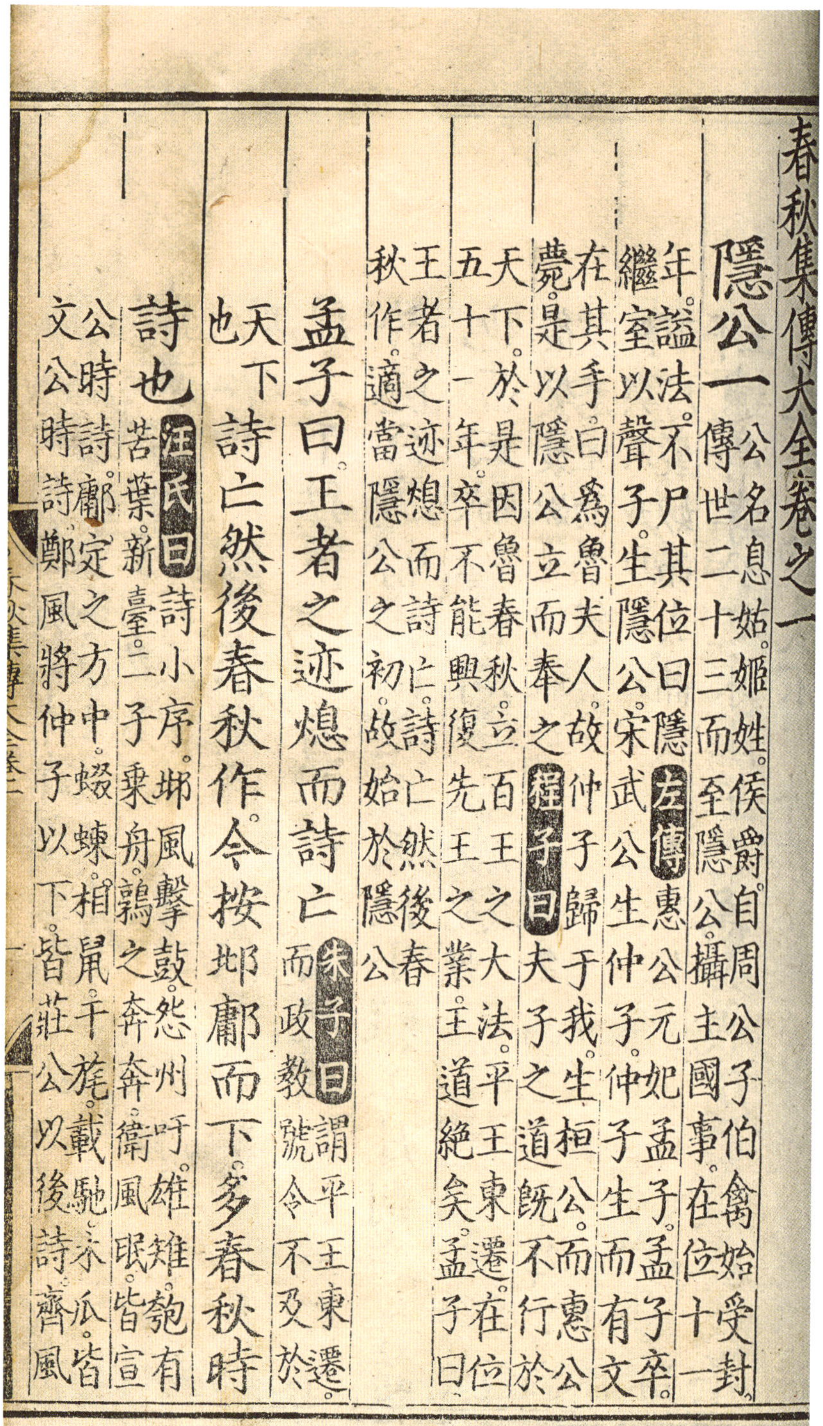

春秋集傳大全卷之一
隱公一 公名息姑姬姓侯爵自周公子伯禽始受封傳世二十三而至隱公攝主國事在位十一
年謚法不尸其位曰隱左傳惠公元妃孟子孟子卒繼室以聲子生隱公宋武公生仲子仲子生而有文
在其手曰爲魯夫人故仲子歸于我生桓公而惠公
薨是以隱公立而奉之程子曰夫子之道既不行於
天下於是因魯春秋立百王之大法平王東遷在位
五十一年卒不能興復先王之業王道絕矣孟子曰
王者之迹熄而詩亡詩亡然後春秋作適當隱公之初故始於隱公
孟子曰王者之迹熄而詩亡 朱子曰 謂平王東遷而政教號令不及於
天下也 詩亡然後春秋作今按邶鄘而下多春秋時
詩也 汪氏曰 詩小序邶風擊鼓怨州吁雄雉匏有
苦葉新臺二子乘舟鶉之奔奔衛風氓皆宣
公時詩鄘定之方中蝃蝀相鼠干旄載馳木瓜皆
文公時詩鄭風將仲子以下皆莊公以後詩齊風

0017　春秋集傳大全三十七卷序論一卷春秋二十國年表一卷諸國興廢說一卷春秋列國東坡圖說一卷東坡指掌春秋列國圖一卷　（明）胡廣等輯　明内府刻本　十八册

匡高27.3厘米，寬18厘米。半葉十行，行二十二字，小字雙行同，黑口，四周雙邊，雙對黑魚尾。書前鈐有“直隸圖書館收藏記”藏書印。保定市圖書館藏。

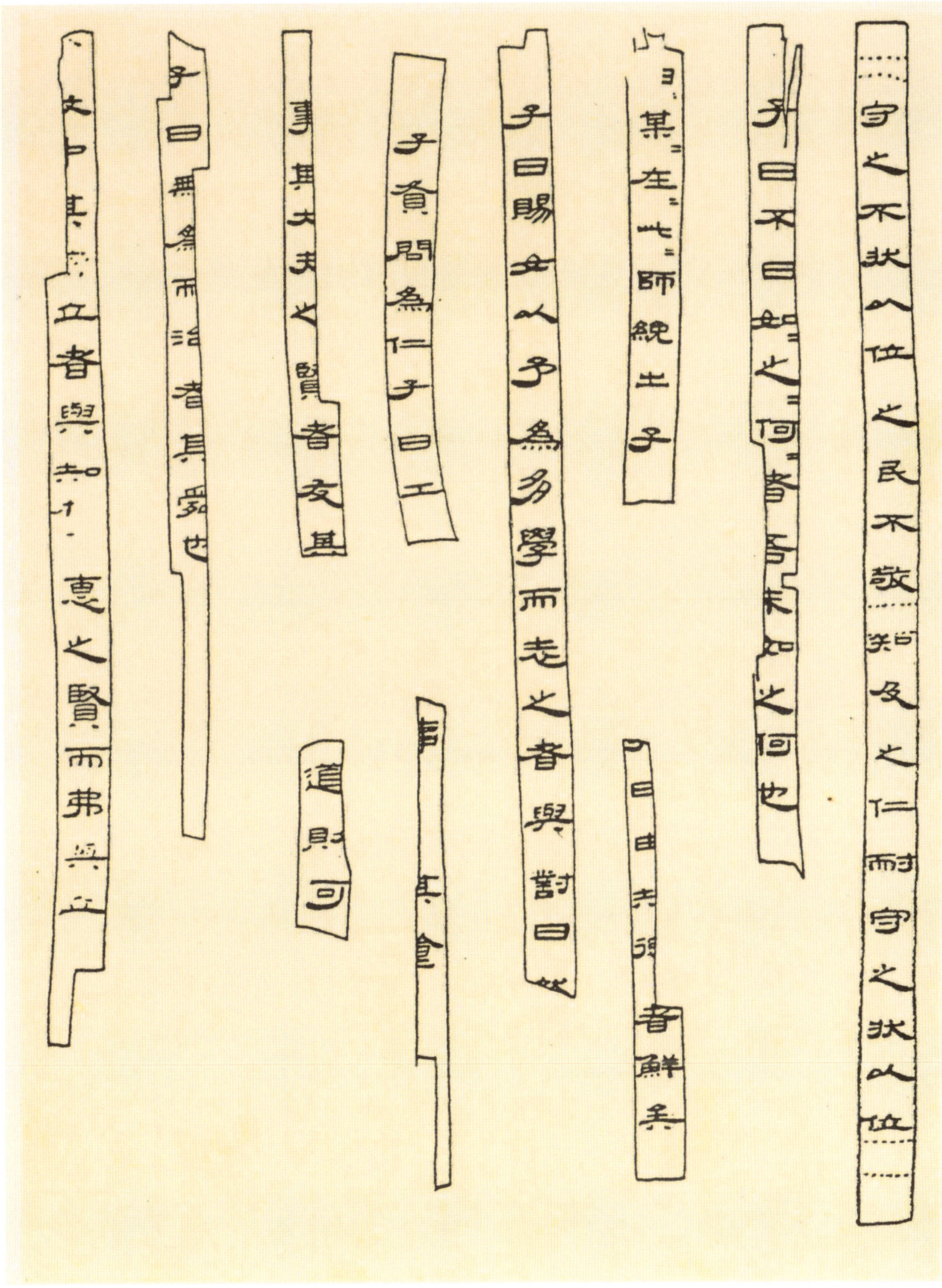

0018　論語　西漢竹簡

河北定縣八角廊40號漢墓出土。

現存600余枚，釋文7576字。入選第一批《國家珍貴古籍名録》（名録號00077）。河北省文物研究所藏。

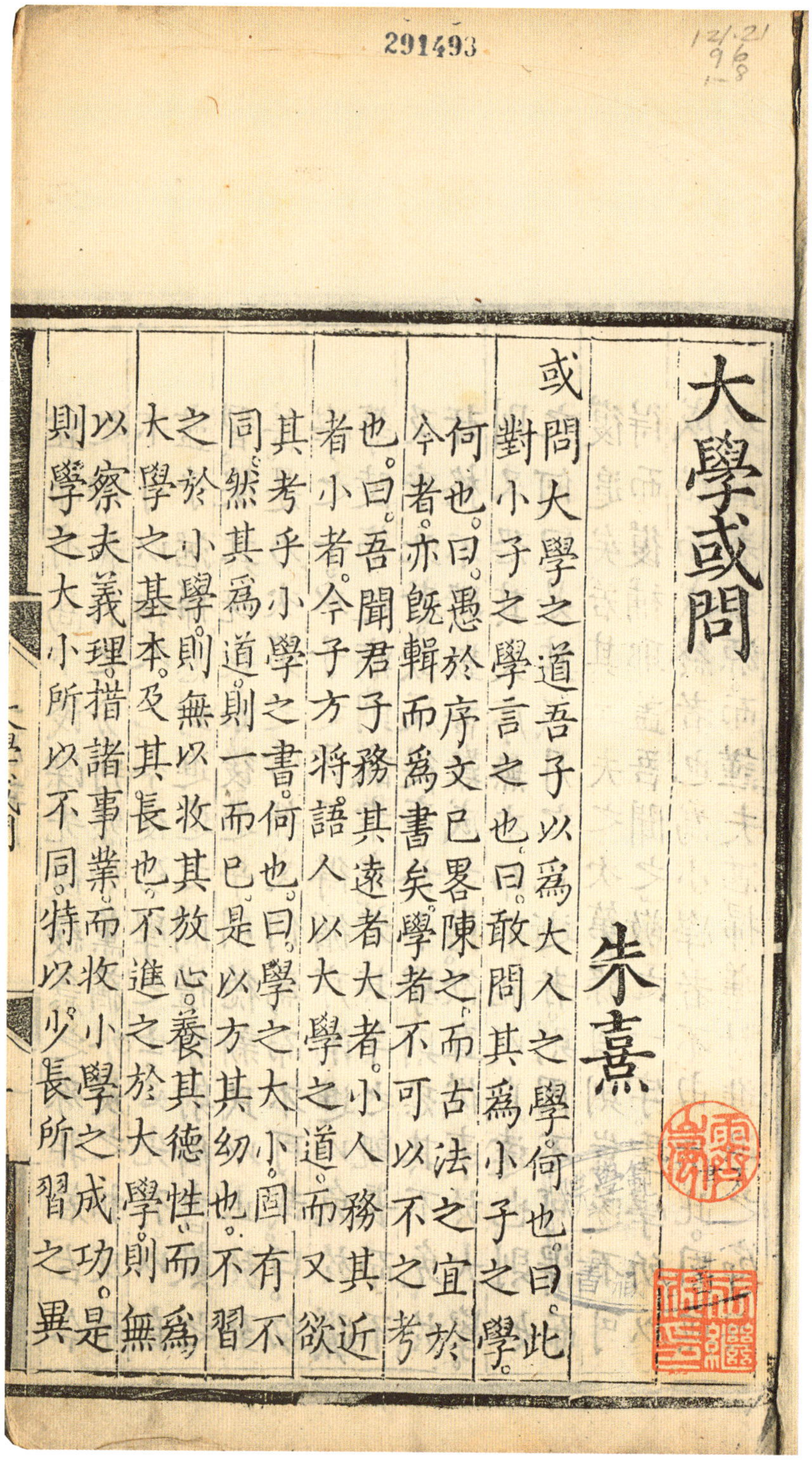

大學或問

朱熹

或問大學之道吾子以爲大人之學何也曰此對小子之學言之也曰敢問其爲小子之學何也曰愚於序文已畧陳之而古法之宜於今者亦既輯而爲書矣學者不可以不之考也曰吾聞君子務其遠者大者小人務其近者小者今子方將語人以大學之道而又欲其考乎小學之書何也曰學之大小固有不同然其爲道則一而已是以方其幼也不習之於小學則無以收其放心養其德性而爲大學之基本及其長也不進之於大學則無以察夫義理措諸事業而收小學之成功是則學之大小所以不同特以少長所習之異

0019　四書或問三十六卷　（宋）朱熹撰　明正德閔聞刻本　八册

匡高22.9厘米，寬16.3厘米。半葉八行，行十八字，小字雙行同，黑口，四周雙邊，雙順黑魚尾。卷端鈐有“霁岚”“王繼祖印”藏書印。入選第三批《國家珍貴古籍名録》（名録號07402）。河北大學圖書館藏。

曰聖人以義爲利義之所安即利之所在正謂此也孟子分別義利拔本塞源之意其傳蓋亦出於此云曰此其言菑害並至無如之何何也曰怨已結於民心則非一朝一夕之可解矣聖賢深探其實而極言之欲人有以審於未然而不爲無及於事之悔也以此爲防人猶有用桑弘羊孔僅宇文融楊矜陳京裴延齡之徒以敗其國者故陸宣公之言曰民者邦之本財者民之心其心傷則其本傷其本傷則枝幹凋瘁而根柢蹶拔矣呂正獻公之言曰小人聚斂以佐人主之欲人主不悟以爲有利於國而不知其終爲害也賞其納忠而不知其大不忠也嘉其任怨而不知其怨歸於上也嗚呼若二公之言則可謂深得此章之指者矣有國家者可不監哉○曰此章之文程子多所更定而子獨以舊文爲正者何也曰此章之義博故傳言之詳然其實則不過好惡義利之兩端而已但以欲致其詳故所言已足而復更端以廣其意是以二義相循間見層出有似於易置而錯陳耳然徐而考之則其端緒接續脉絡貫通而二寧反復爲人深切之意又自別見於言外不可易也必欲二說中判以類相從自始至終畫爲兩節則其界辨雖若有餘而意味或反不足此不可不察也

大學或問 畢

正德丁丑仲冬
吳興閔聞重刊

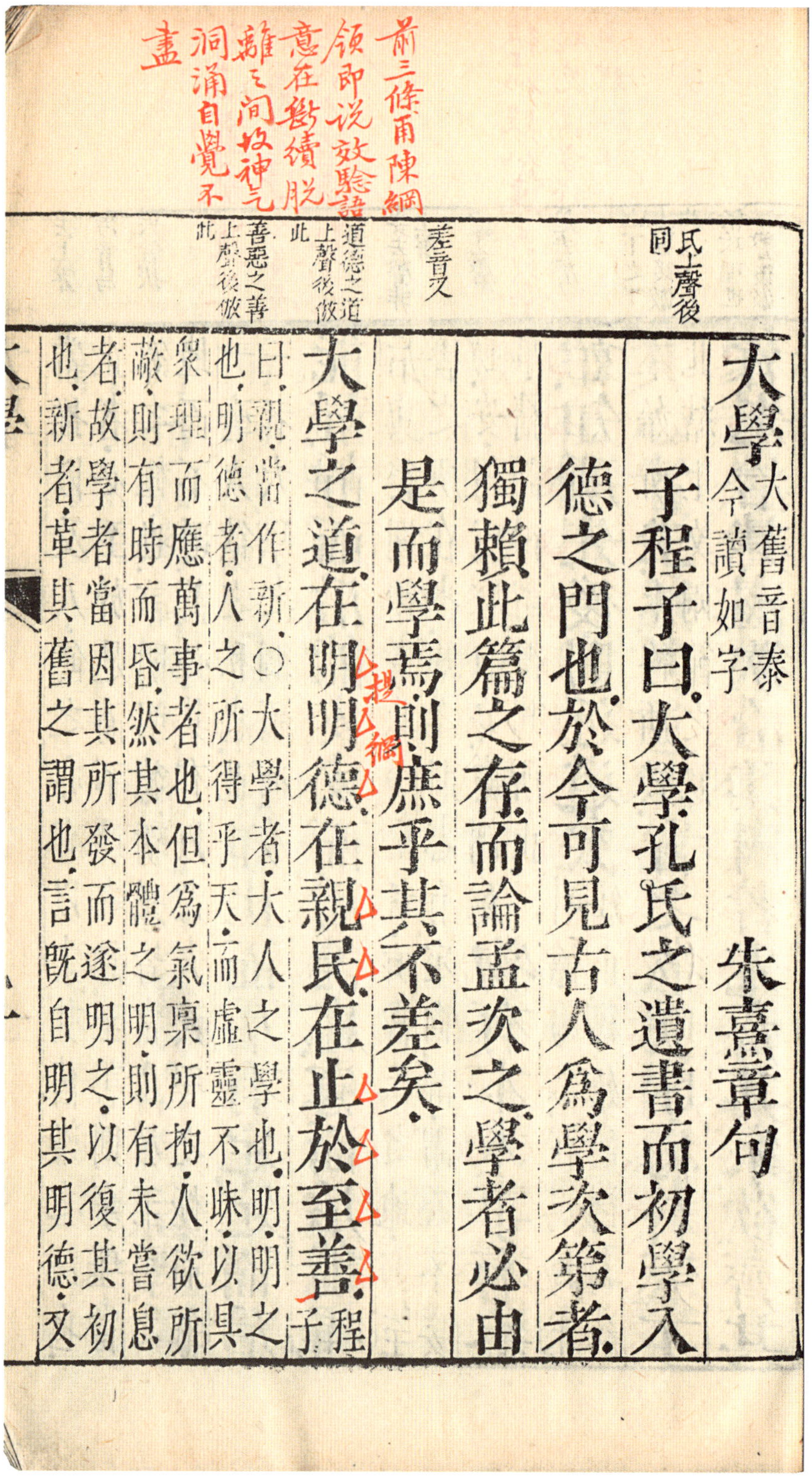

0020　監本四書十九卷　（宋）朱熹撰　清刻本　四册

匡高20.8厘米，寬14.5厘米。半葉九行，行十七字，小字雙行同，白口，左右雙邊，單黑魚尾。錢泳批校本，鈐有“錢泳”“杲溪”等藏書印。河北大學圖書館藏。

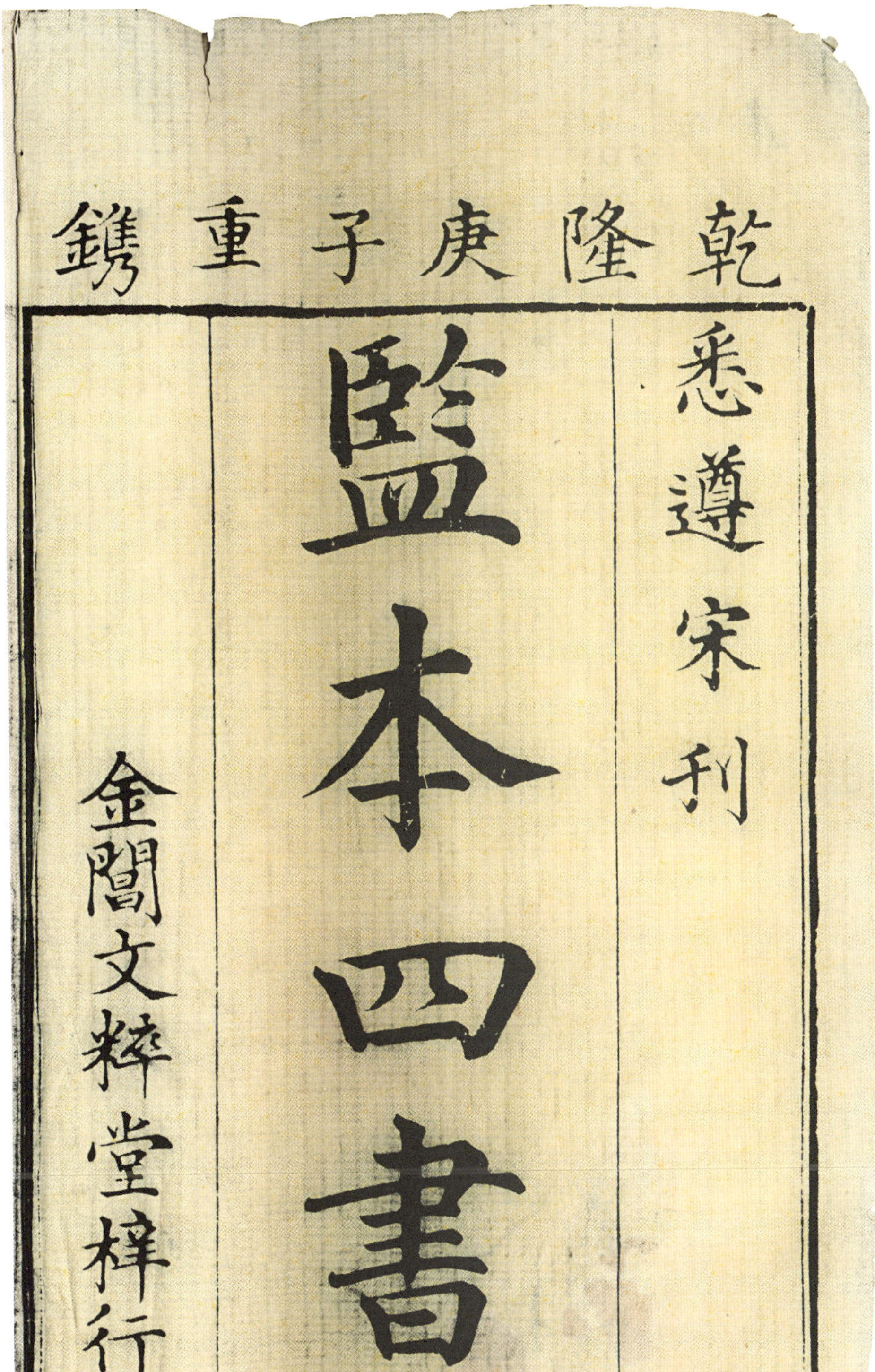

乾隆庚子重鐫

悉遵宋刊

監本四書

金閶文粹堂梓行

癸卯春日偶于潘榕皐先生齋頭獲見王虛舟澍學庸批本一帙義理脉絡無不詳盡以爲讀往〻不兼論文則義不顯不得古人用意之奧洵至言也余遂取其要領處批于讀本得以朝夕及覆庶不負前輩用心往學之義云 後學錢泳謹識

律呂圖

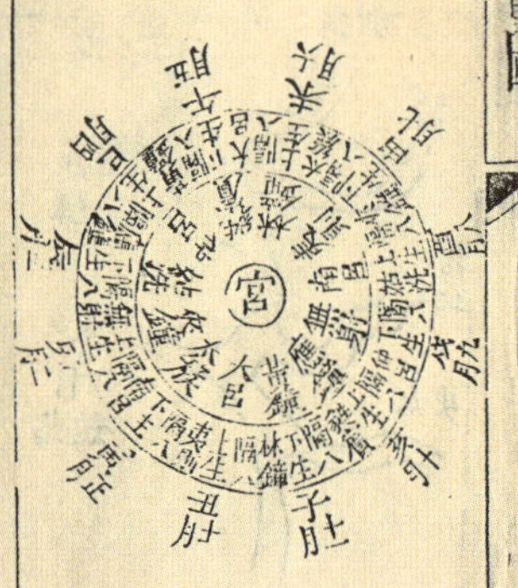

周天日至之圖

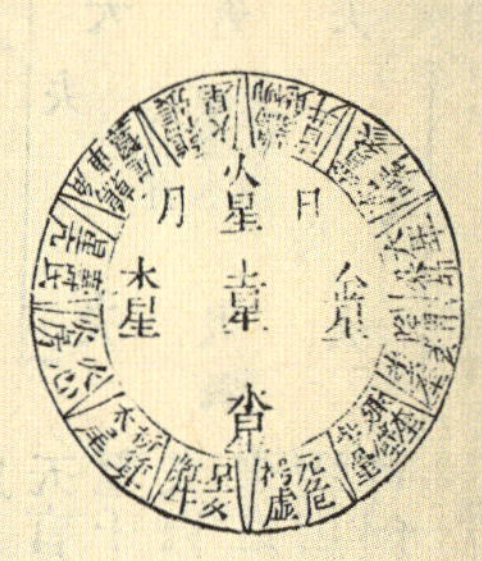

三分損益圖

黃鐘八十一 管至長
宮 二十七 二十七 二十七
損二十七得五十四 聲至濁
林鐘五十四 管次短
徵 十八 十八 十八
益十八得七十二 聲次清
太簇七十二 管次長
商 二十四 二十四 二十四
損二十四得四十八 聲次濁
南呂四十八 管至短
羽 十六 十六 十六
益十六得六十四 聲至清
姑洗六十四 管不短不長
角 二十一 二十一 二十一
一寸數有餘 聲不清不濁

周天三百六十五度四分度之一二十八宿分布于周天者爲經星各司其度日月五星爲七政運行于周天者爲緯星日一日一周天月一日不及日十三度十九分度之七金水二星一歲一周天火星二歲一周天木星十二歲一周天土星二十八歲一周天五星循二十八宿所分之度而行作曆者必求上古甲子年甲子月甲子日甲子時冬至之日爲曆元

從源從下條理精密

第三層才漢之後列敎上

序上聲非去聲 大音泰 教平聲 降去聲 與上聲 質入聲 睿音銳 閒音閑 兆上聲非去聲 治平聲 復音服 羲音希 樂音岳

大學章句序

癸卯四月十二日讀于金閣鳴秋山館

提

大學之書古之大學所以教人之法也蓋自天降生民則既莫不與之以仁義禮智之性矣然其氣質之稟或不能齊是以不能皆有以知其性之所有而全之也一有聰明睿智能盡其性者出於其閒則天必命之以爲億兆之君師使之治而敎之以復其性此伏羲神農黃帝堯舜所以繼天立極而司徒之職典樂之官所由設也三

結上

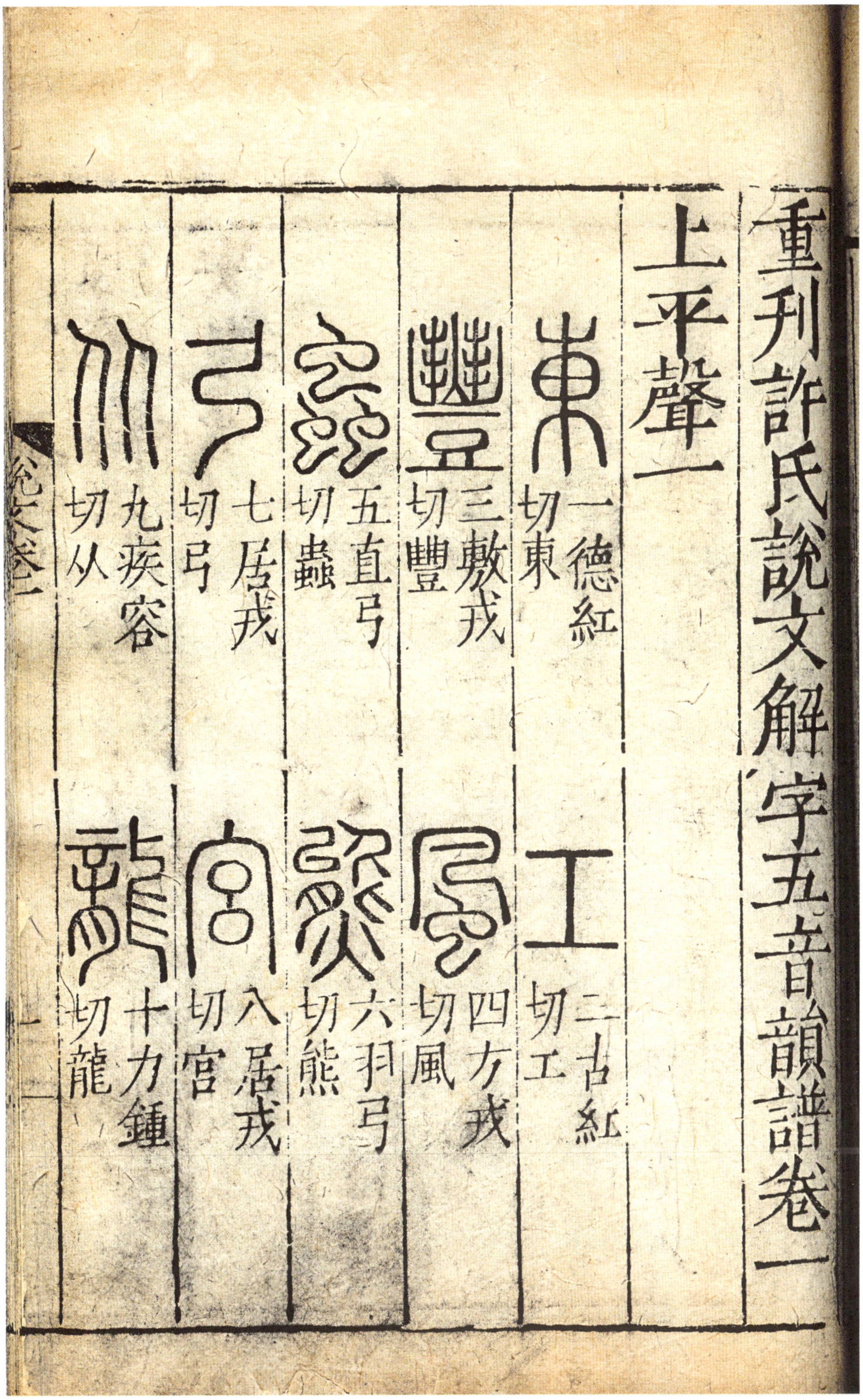

0021　重刊許氏說文解字五音韻譜十二卷　（宋）李燾撰　明天啓七年（1627）世裕堂刻本　十二册

匡高19.5厘米，寬14.7厘米。半葉七行，行十四字，小字雙行二十字，白口，左右雙邊，單黑魚尾。鈐有“文樞堂”“雁門馮緯之印”“字經堂號文園號星衢”藏書印。保定市圖書館藏。

石渠閣訂閱

許氏說文

梅墅竹韻居輯梓

寫雕造無令差錯致誤後人牒至准

敕故牒

雍熙三年十一月　日牒

給事中參知政事辛仲甫

給事中參知政事呂蒙正

中書侍郎兼工部尚書平章事李昉

天啓七年世裕堂重梓

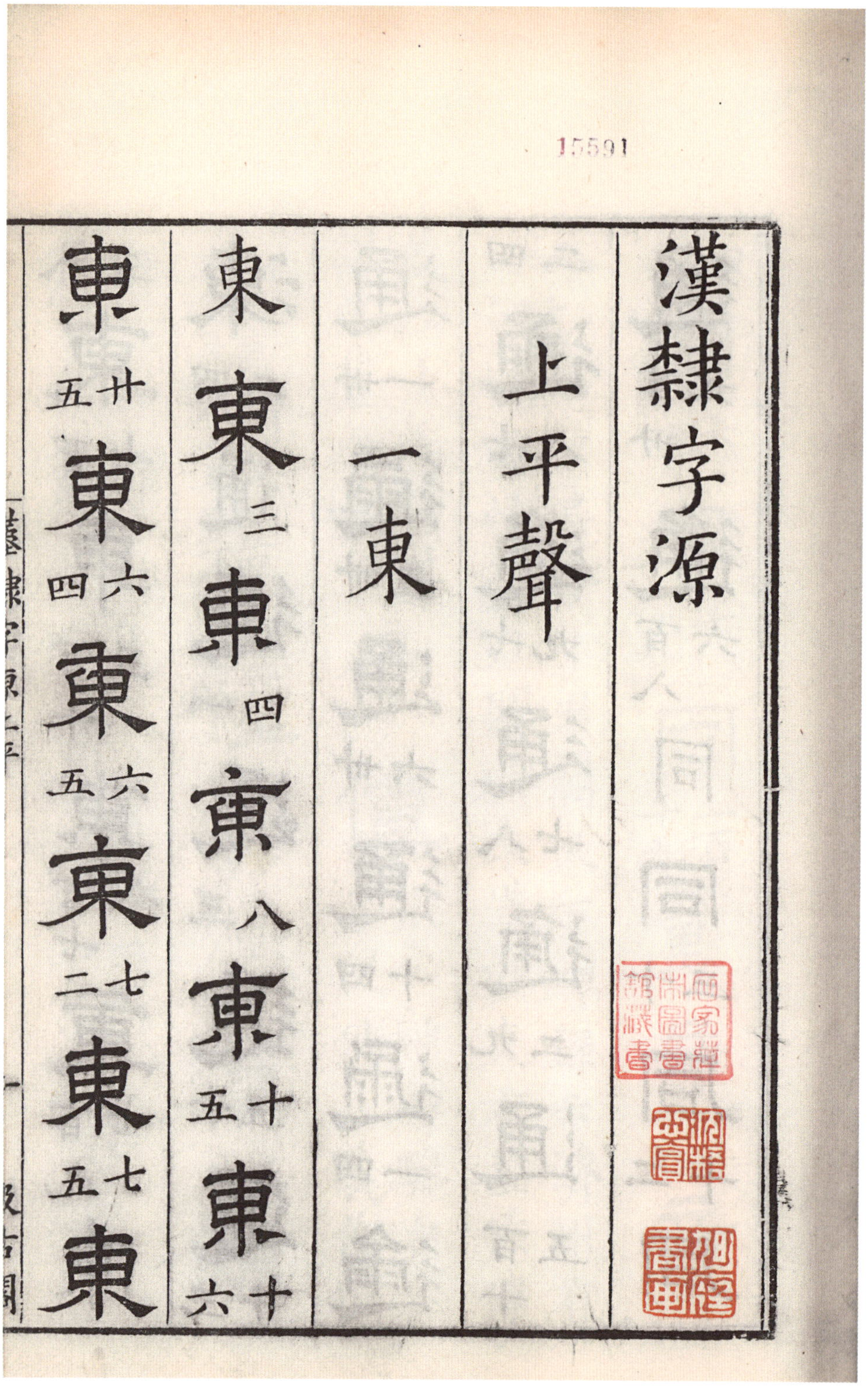

0022　漢隸字源五卷碑目一卷附字一卷　（宋）婁機撰　明末虞山毛氏汲古閣影宋刻本 六册

匡高24.1厘米，寬16.7厘米。半葉五行，行十七字，小字雙行同，白口，左右雙邊。鈐有“錫山沈梧書畫圖章”“家住江南第一山”等藏書印。石家莊市圖書館藏。

宋本重刊

漢隸字源

汲古閣藏板

漢隸字源序

漢隸字源六帙檇李婁君彥發所輯也其書甚清其抒意甚勇其考賾甚精其立說甚當其沾丐後學

宋婁機漢隸字原六卷

宋婁機漢隸字原六卷

漢隸字原

漢隸字原六卷

漢隸字原 汲古閣

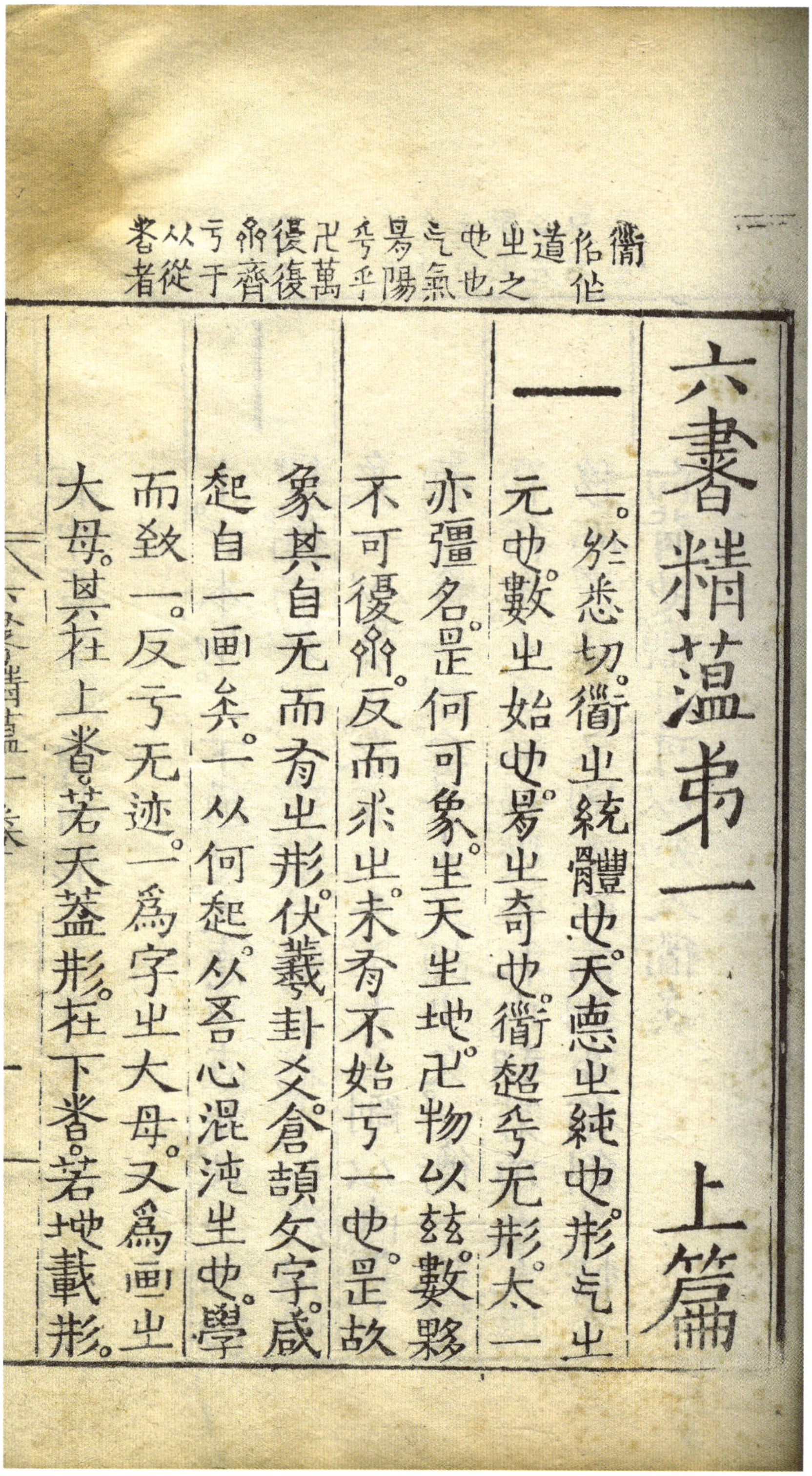

六書精蘊第一　上篇

一

一。於悉切。衜之統體也。天悳之純也。形气之元也。數之始也。奇也。衜超乎无形。太一亦彊名。是何可象。生天生地。𢀳物以兹。數夥不可復術。反而求之。未有不始于一也。是故象其自无而有之形。伏羲卦爻。倉頡文字。咸起自一画矣。一从何起。从吾心混沌之也。學而致一。反于无迹。一爲字之大母。又爲画之大母。其在上者。若天蓋形。在下者。若地載形。

0023　六書精蘊六卷　（明）魏校撰　音釋舉要一卷　（明）徐官撰　明嘉靖十九年（1540）魏希明刻本　六册

匡高18.5厘米，寬14厘米。半葉五行，行字數不等，黑口，左右雙邊，單白魚尾。眉上鐫注。鈐有“樾山堂”“樾山堂藏帖印”等藏書印。保定市圖書館藏。

嗟
俗 作
嗟
㞢 之
衰 衰
也 也
悳 德
世 世

六書精蘊叙

嗟周㞢衰。天王㞢弗攷文也久矣。秦以凶悳閏位。彊取文字而同㞢。乃後世惟李斯是師。先秦古文。則既

已所言。非有言也。將引學

者所歸諸无言也

嘉靖十有九年冬十有二

月甲子後學陸鰲譔

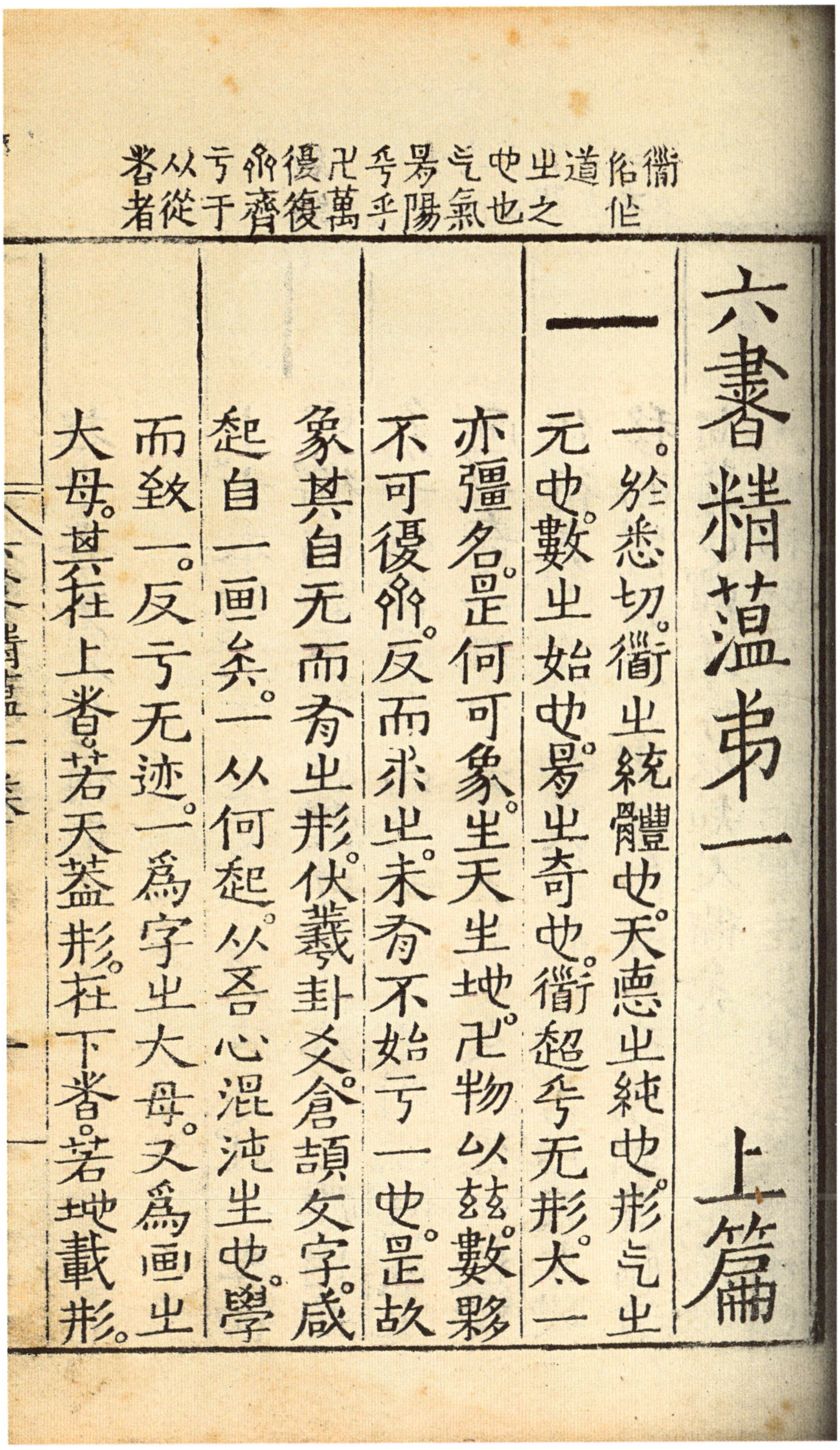

0024　六書精藴六卷　（明）魏校撰　音釋舉要一卷　（明）徐官撰　明嘉靖十九年（1540）魏希明刻本　六册

匡高18.5厘米，寬14厘米。半葉五行，行字數不等，黑口，左右雙邊，單白魚尾。眉上鐫注。保定市圖書館藏。

嗟
俗佗
嗟
㞢之
衰衰
也也
悳德
世世

六書精藴敘

嗟周㞢衰。天王㞢弗攷文也久矣。秦以凶悳閏位。彊取文字而同㞢。乃後世惟李斯是師。先秦古文。則既

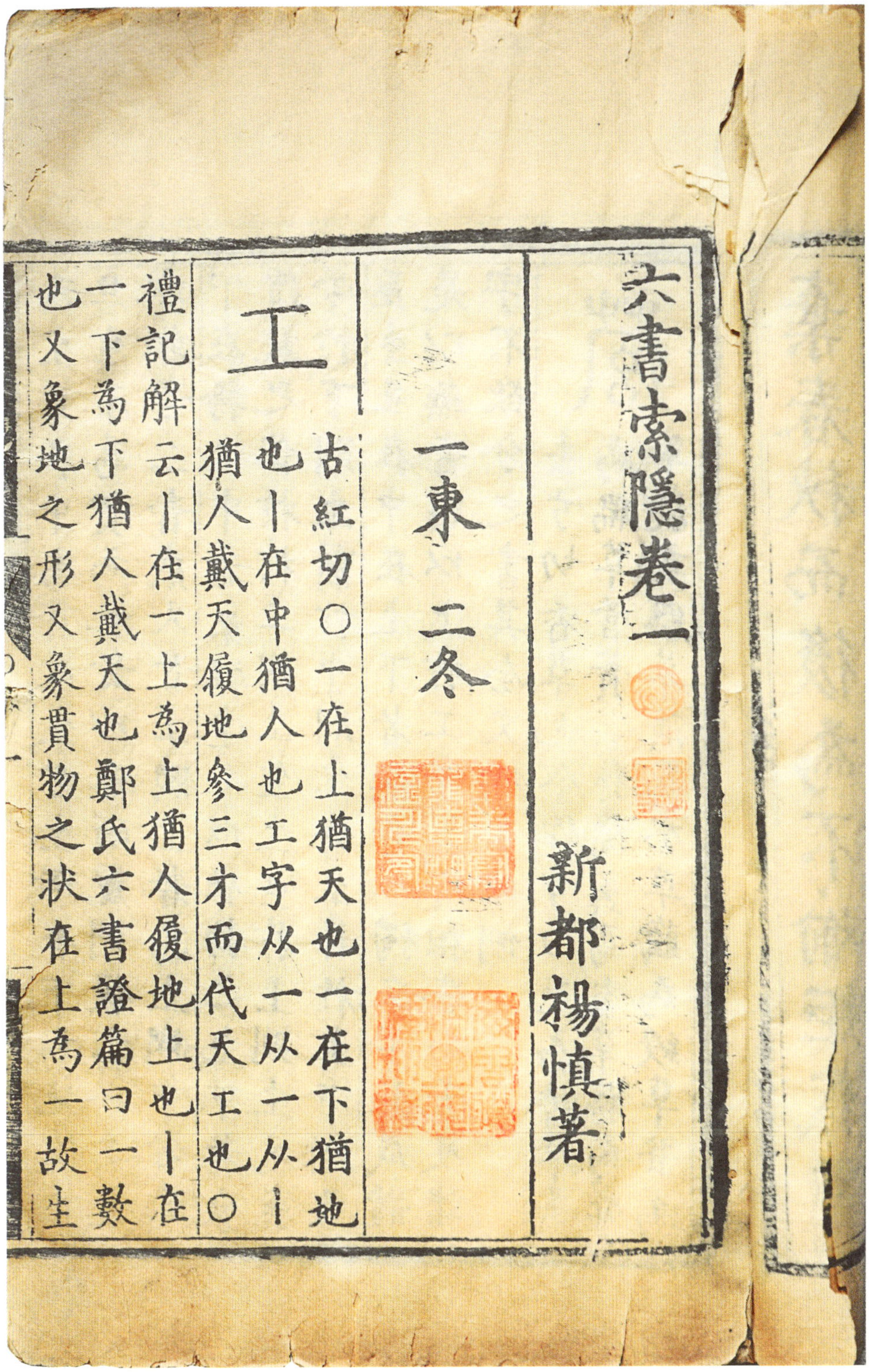

六書索隱卷一

新都楊慎著

一東 二冬

工

古紅切〇一在上猶天也一在下猶地也丨在中猶人也工字从一从一从丨猶人戴天履地參三才而代天工也〇禮記解云丨在一上為上猶人履地上也丨在一下為下猶人戴天也鄭氏六書證篇曰一數也又象地之形又象貫物之狀在上為一故生

0025　六書索隱五卷　（明）楊慎著　明嘉靖刻本　一册

匡高20厘米，寬14.5厘米。半葉十二行，行十八字，黑口，四周雙邊，單黑魚尾。入選第三批《國家珍貴古籍名録》（名録號07449）。武安市圖書館藏。

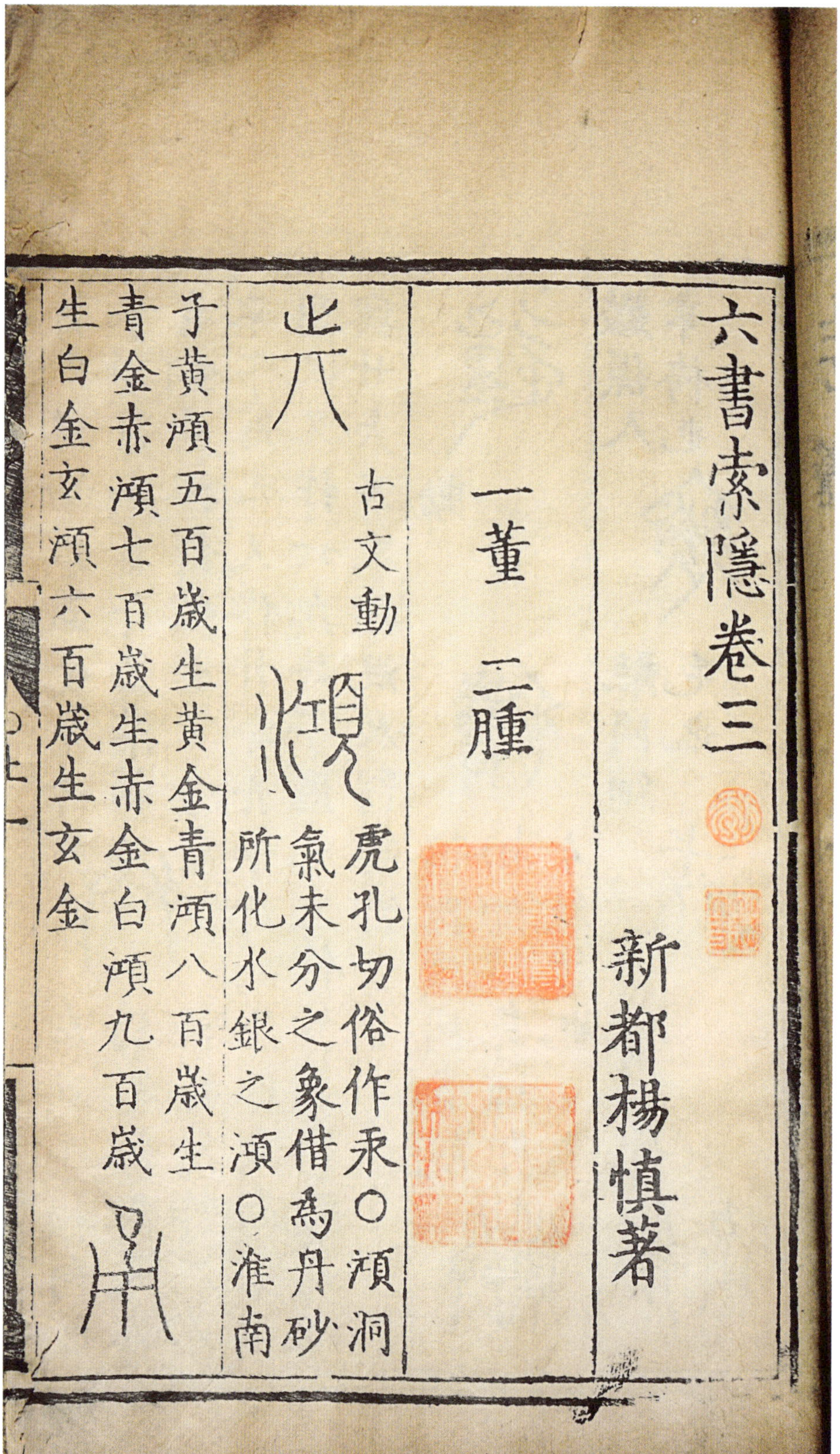

六書索隱卷三

新都楊慎著

一董 二腫

[seal form] 古文動

[seal form] 虎孔切俗作汞○澒洞氣未分之象借為丹砂所化水銀之澒○淮南子黃澒五百歲生黃金青澒八百歲生青金赤澒七百歲生赤金白澒九百歲生白金玄澒六百歲生玄金

[seal form]

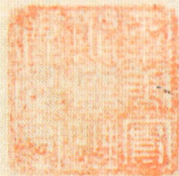

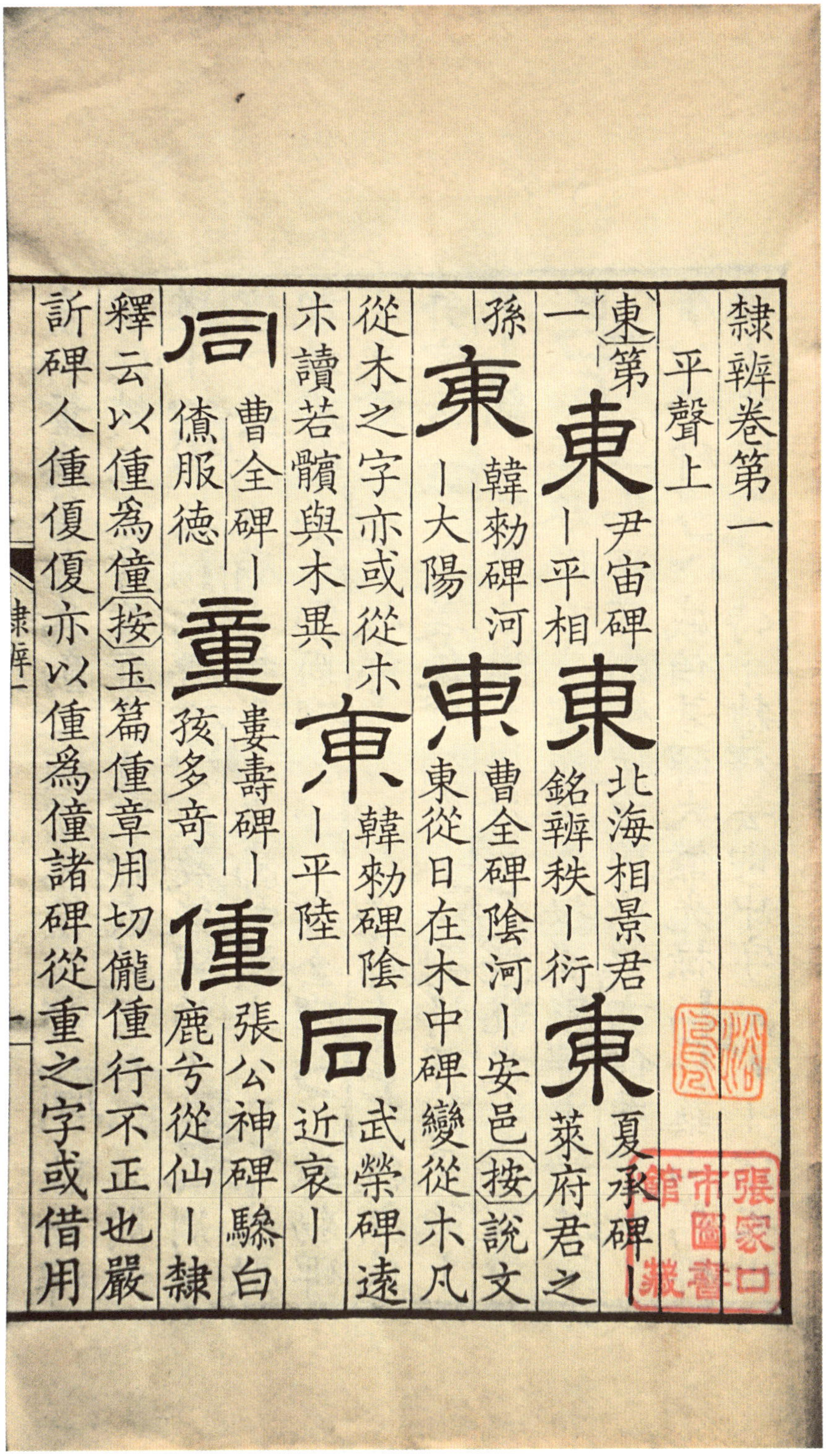
隸辨卷第一
平聲上
東第一 東 尹宙碑丨平相 東 北海相景君銘辨秩丨衍 東 夏承碑丨萊府君之
孫 東 韓勑碑河丨大陽 東 曹全碑陰河丨安邑按說文東從日在木中碑變從木凡
從木之字亦或從木木讀若髖與木異 東 韓勑碑陰丨平陸 同 武榮碑遠近哀丨
同 曹全碑丨僮服德 童 婁壽碑丨孩多奇 偅 張公神碑騄白鹿兮從仙丨隸
釋云以偅爲僮按玉篇偅章用切儱偅行不正也嚴
訢碑人偅偅偅亦以偅爲僮諸碑從重之字或借用

0026　隸辨八卷　（清）顧靄吉撰　清康熙五十七年（1718）項氏玉淵堂刻本　八册

匡高19.5厘米，寬14.8厘米。半葉十二行，行字數不等，黑口，四周單邊，單黑魚尾。張家口市圖書館藏。

顧南原撰集

隸辨

項氏玉淵堂藏

云蛇虫之虫爲蟲豸其順非有如此者他碑蟲皆用虫　**沖**　司空殘碑思丨芒甚　**沖**　韓勑

碑陰河南雒陽丨亮　**終**　景北海碑陰慎丨追遠　**終**　史晨後碑相樂丨日　**終**　夏承

碑克讓有丨　**終**　孔宙碑恭儉自丨按說文作終筆迹小異　**崇**　校官碑彗大傅潘丨之末

緒也　**崇**　孔龢碑詔書丨聖道　**崇**　華山廟碑丨冠二州　**崇**　魏孔羨碑豈所謂丨化報

功　**崇**　張遷碑君丨其寬　**崈**　表良碑勉丨協同按古文尚書崇皆作崈漢書郊祀志吕

山下戶三百封崈高爲之奉邑師古曰崈古崇字　**嵩**　魯峻碑陰尉氏胡丨　**嵩**　韓勑碑從

事魯丨張丨　**戎**　衡方碑恢魏絳之和丨按九經字樣戎說文從戈從甲今隸省　**戎**　張遷碑西

羈六丨　**戎**　魏元丕碑彝丨賓服　**戎**　孔宙碑乃擢君典丨　**弓**　韓勑碑陰薛丨奉高

躳　謁者景君墓表謙廉允丨　**躳**　張壽碑丨自菲薄　**躬**　桐柏廟碑匪丨匪力按說

文躳或作躬　**躬**　郙閣頌丨儉尚約　**躬**　北海相景君銘丨伯遜讓　**宮**　白石神君

碑遂興霻丨　**宮**　衡方碑□翼紫丨　**宮**　史晨碑飲酒畔丨按九經字樣宮隸省作宮

宮　孔龢碑奏雒陽丨　**宮**　韓勑碑俱祖紫丨　**融**　劉寬碑於穆顯丨　**融**

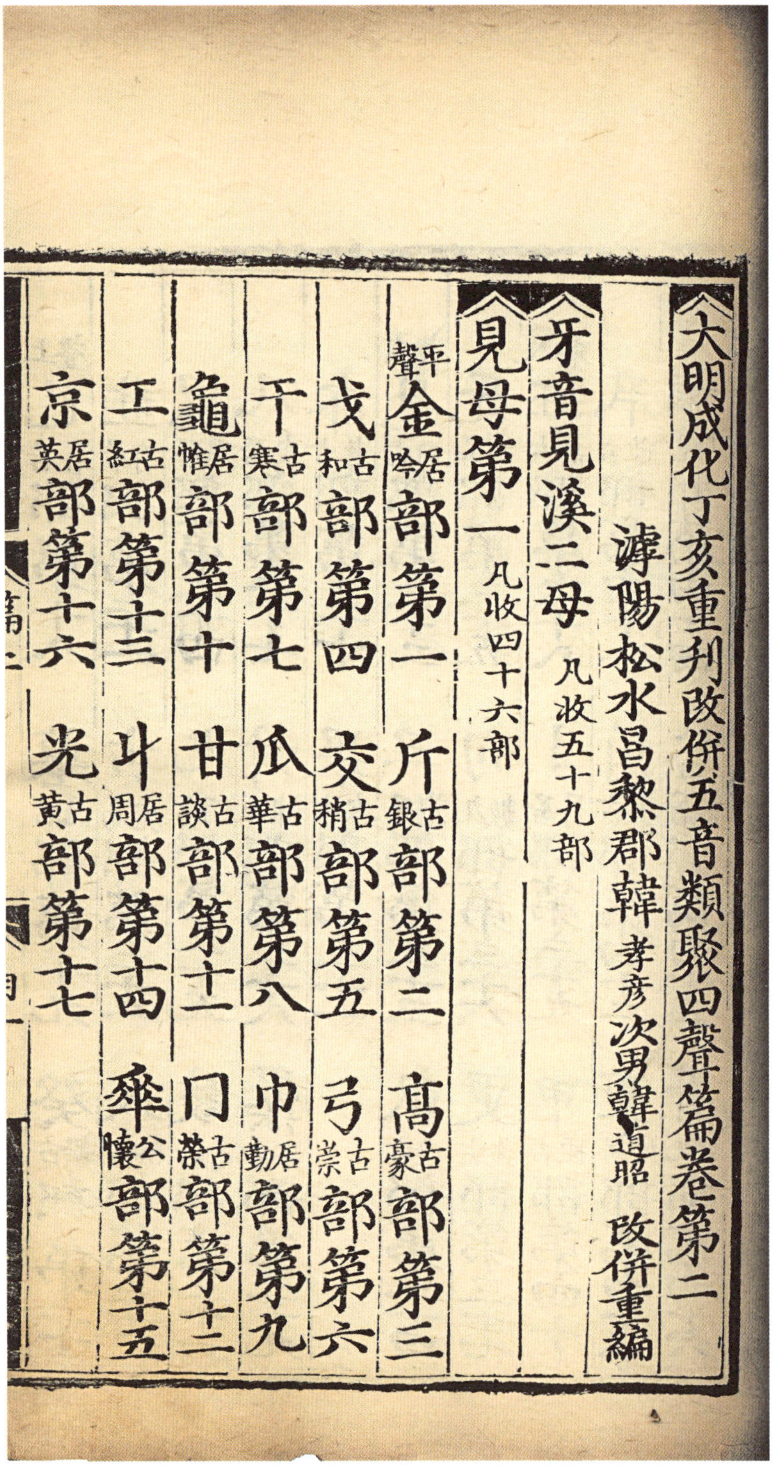

0027　大明成化丁亥重刊改併五音類聚四聲篇十五卷　（金）韓道昭撰　新編經史正音切韻指南一卷　（元）劉鑒撰　明弘治九年（1496）金臺釋子思宜刻本　六册

匡高23.3厘米，寬14.7厘米。半葉十行，行字數不等，黑口，四周雙邊，雙順黑魚尾。鈐有"蓮池書院收藏書籍印""直隸圖書館收藏記"藏書印。保定市圖書館藏。

改併五音類聚四聲篇目卷第一

匣
萈 胡官切 艸部　虤 胡犬切 虎部　瓠 胡故切 瓜部　劦 胡頰切 力部

影
𢆶 伊虯切 幺部　旁 於具切 雜部　蔫 於見切 艸部　乙 於乞切 乙部
雁 於京切 广部　丷 於雜切 丶部　益 於昔切 皿部

喻
炎 于鈐切 火部　寅 弋因切 宀部　乁 以支切 雜部　𠂆 余利切 丿部
異 餘志切 田部　燚 弋贍切 火部　易 余赤切 勿部　夜 余社切 广部

來
林 力心切 木部　厽 力委切 厶部　兩 力掌切 门部　㸚 力尔切 爻部　六 力竹切 八部　录 力木切 水部

日
壬 而林切 壬部　蓐 乳屬切 艸部　尒 兒氏切 人部

重刊考訂五音篇韻總序

字書載道之器也。然有形有聲之不同。形。母也。聲。子也。形具於未有聲之前。聲成於既有形之後。譬之人。母生而子亦因之以生。故六書始於象形。繼以諧聲。良有以夫。粵自開闢以來。卦畫書契之文生。而後篆隸行草之體出。虞廷康衢之歌謠興。而後雅頌

此乃門法之分也如是誤者豈勝道耶其雜糅齎癸稱貴菊稱韭字之類乃方言之不可憑者則不得已而姑從其俗至讀聖賢之書首貴乎知音其可不稽其本哉其或稽者非口授難明牽得傳者歸正隨謬者成風以致天下之書不能同其音也故僕於暇日因其舊制次成十六通攝作檢韻之法析繁補隙詳分門類并私述玄關六段總括諸門盡其蘊奧名之曰經史正音切韻指南與韓氏五音集韻互為體用諸韻字音皆由此韻而出也末兼附字音動靜顛與朋友共之庶為斯文之一助云爾至元二年歲在丙子良月關中劉鑑士明自序

旹大明弘治九年仲冬吉日金臺釋子思宜重刊

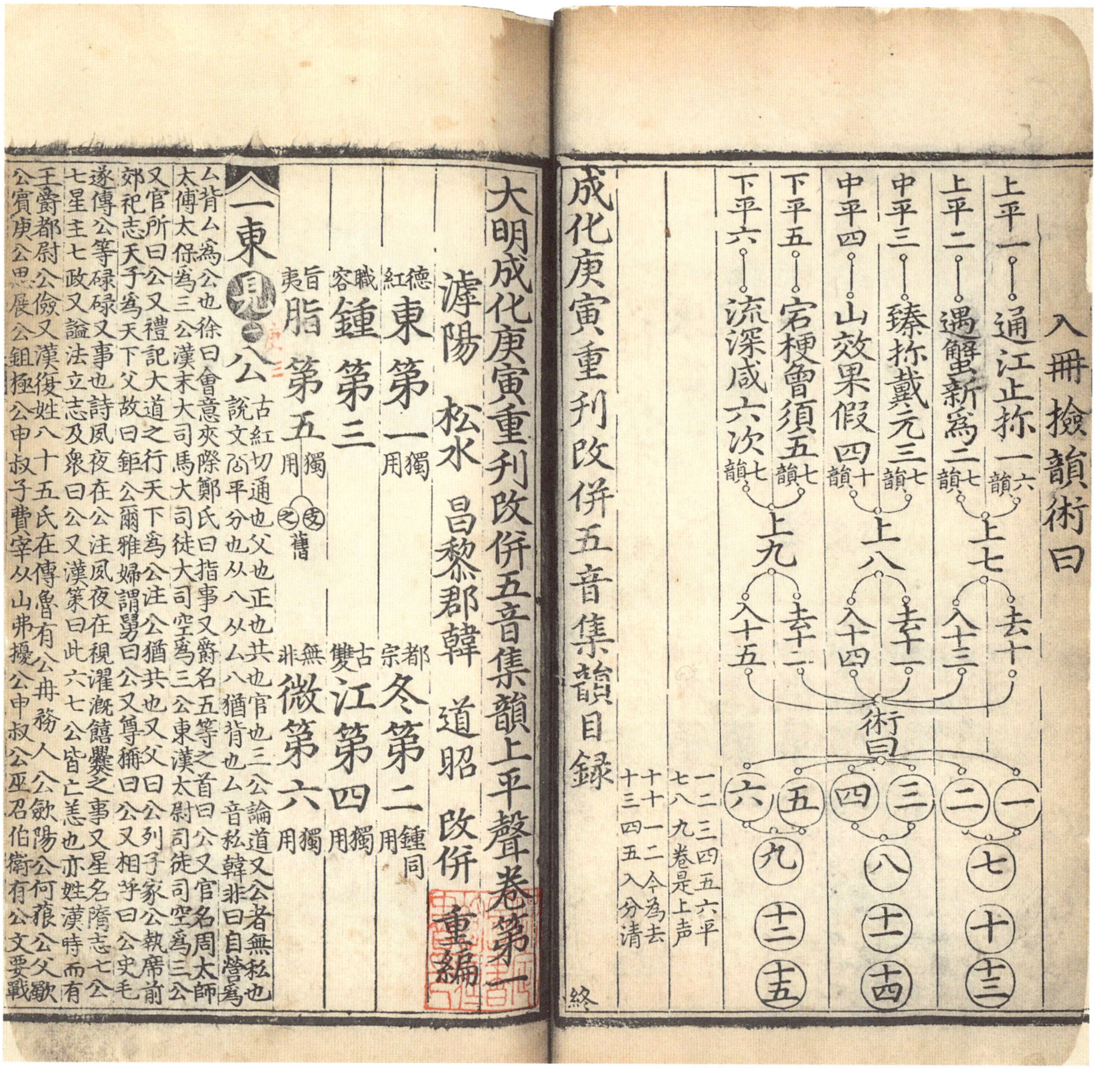
入冊撿韻術曰
上平一——通江止拆一韻六
上平二——遇蟹新爲二韻七
中平三——臻拆戴元三韻七
中平四——山效果假四韻十
下平五——宕梗曾須五韻七
下平六——流深咸六次韻七
上七 上八 上九
去十 去十一 去十二
入十三 入十四 入十五
術曰
一 二 三 四 五 六
七 八 九
十 十一 十二
十三 十四 十五
一二三四五六平
七八九卷是上声
十十一十二今爲去
十三四五入分清
成化庚寅重刊改併五音集韻目録
終

大明成化庚寅重刊改併五音集韻上平聲卷第一
滹陽 松水 昌黎郡韓 道昭 改併 重編
德紅 東第一 獨用
都宗 冬第二 鍾同用
職容 鍾第三
古雙 江第四 獨用
旨夷 脂第五 獨用 支之舊
無非 微第六 獨用
一東
公

0028　大明成化庚寅重刊改併五音集韻十五卷　（金）韓道昭撰　明正德十年（1515）刻本　八册

匡高23.6厘米，寬15.4厘米。半葉十行，行十八字，白口，四周雙邊，雙順黑魚尾。保定市圖書館藏。

至元庚寅重刊改併五音集韻序

夫聲韻之術其來尚矣證群經之義訓别使字之因由辯五音之輕重論四聲之清濁至於天地之始日月運行星辰名號人間姓氏山川草木水陸魚蟲飛禽走獸四方呼吸全憑字様豈可離於聲韻者哉嘗聞古者陸詞拁本劉臻等八人隋朝進韻抱賞歸家人皆稱歎流通於世豈不重歟又至大金皇統年間有洨川荆璞字彦寶善達聲韻幽微博覽群書奥旨特將三十六母添入韻中隨母取切致使學流取之易也

至元庚寅重刊改併五音集韻

陳州司法孫愐序

蓋聞文字聿興音韻乃作蒼頡爾雅爲首詩頌次之則有字統字林韻集韻略述作頗衆得失互分惟陸生切韻盛行於世然隋珠尚纇虹玉仍瑕注有差錯文復漏誤若無刋正何以討論我國家偃武修文大崇儒術置集賢之院召才學之流自開闢以來未有如今日之盛上行下效比屋可封輒罄謏聞敢補遺闕兼習諸書具爲訓解州縣名號亦據今時字體從木從才著

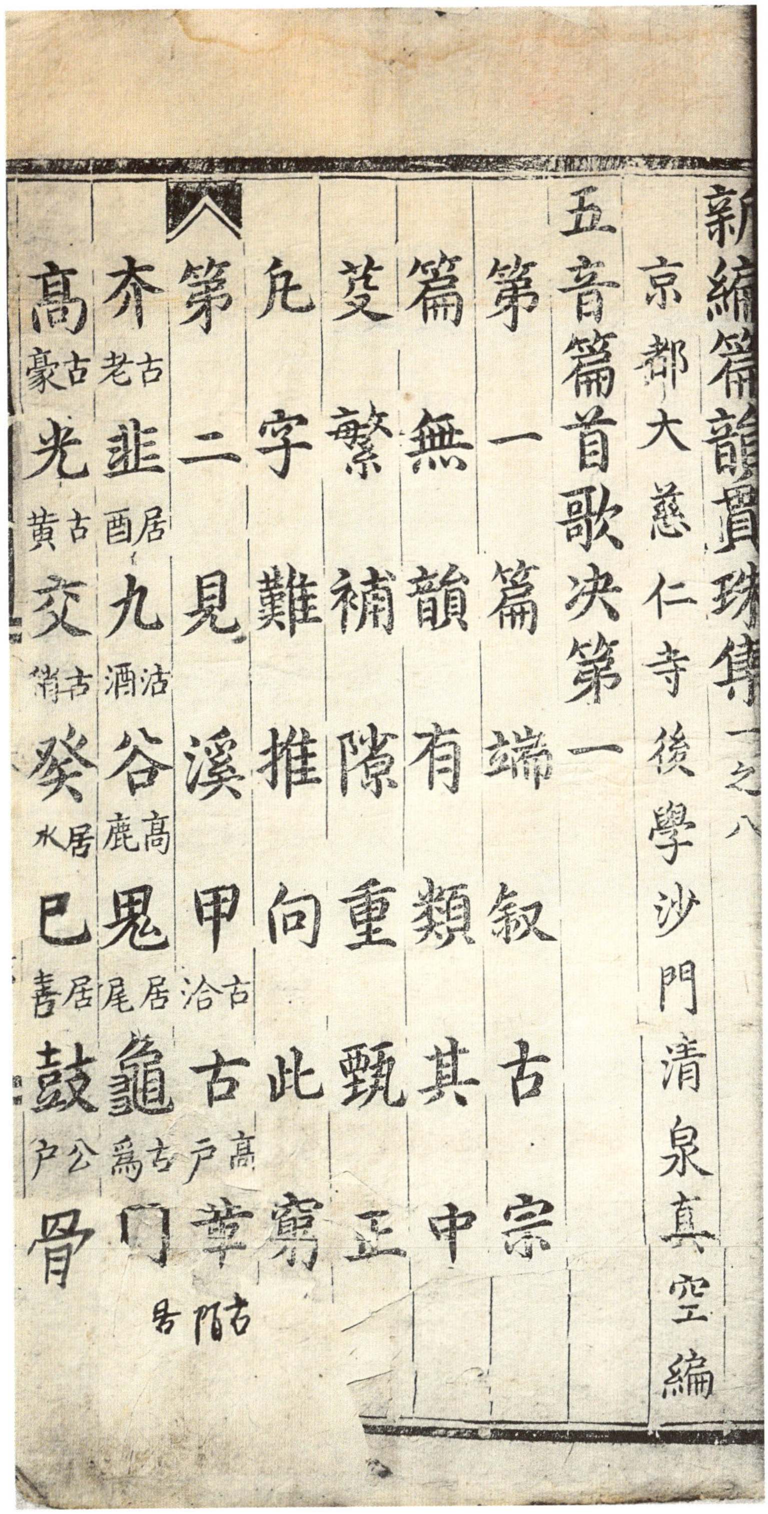

新編篇韻貫珠集卷之八
京都大慈仁寺後學沙門清泉真空編
五音篇首歌决第一
第一篇端叙古宗
篇無韻有類其中
芟繁補隙重甄正
凡字難推向此窮
第二見溪甲(古洽)古(高戶)革
夰(古老)韭(居酉)九(沽酒)谷(高鹿)鬼(居尾)龜(古爲)门
高(古豪)光(古黃)交(古肴)癸(居水)巳(居書)鼓(公戶)骨

0029　新編篇韻貫珠集八卷附直指玉鑰匙門法一卷　（明）釋真空編　明正德十一年（1516）刻本　一册

匡高30厘米，寬18.8厘米。半葉十行，行十六字，小字雙行三十二字，上黑口，四周雙邊，雙對黑魚尾。鈐有“順君城內古開元寺”“古開元寺”藏書印。武安市圖書館藏。

雙聲疊韻法

平聲 章 灼良切 章略切 先雙聲 後疊韻 章灼良略是雙聲 灼略章良是疊韻 正紐入聲為首 雙聲平聲為首 到紐平聲為首 疊韻入聲為首

上聲 掌 章兩切 掌良切 先雙聲 後疊韻 章掌良兩是雙聲 掌兩章良是疊韻 正紐平聲為首 雙聲平聲為首 到紐上聲為首 疊韻上聲為首

去聲 障 章餉切 障傷切 先雙聲 後疊韻 章障傷餉是雙聲 障餉章傷是疊韻 正紐平聲為首 雙聲平聲為首 到紐去聲為首 疊韻去聲為首

入聲 灼 章略切 灼良切 先雙聲 後疊韻 章灼良略是雙聲 灼略章良是疊韻 正紐平聲為首 雙聲平聲為首 到紐入聲為首 疊韻入聲為首

平聲 廳 剔靈切 廳歷切 先雙聲 後疊韻 廳剔靈歷是雙聲 剔歷廳靈是疊韻 正紐入聲為首 雙聲平聲為首 到紐平聲為首 疊韻入聲為首

上聲 頲 廳井切 頲精切 先雙聲 後疊韻 廳頲精井是雙聲 頲井廳精是疊韻 正紐平聲為首 雙聲平聲為首 到紐上聲為首 疊韻上聲為首

去聲 聽 剔徑切 聽擊切 先雙聲 後疊韻 聽剔徑擊是雙聲 剔擊聽徑是疊韻 正紐入聲為首 雙聲去聲為首 到紐上聲為首 疊韻入聲為首

入聲 剔 廳歷切 剔靈切 先雙聲 後疊韻 廳剔靈歷是雙聲 剔歷廳靈是疊韻 正紐平聲為首 雙聲去聲為首 到紐平聲為首 疊韻入聲為首

大明正德乙亥春日重刊五音集韻至丙子孟秋吉日完

史　部

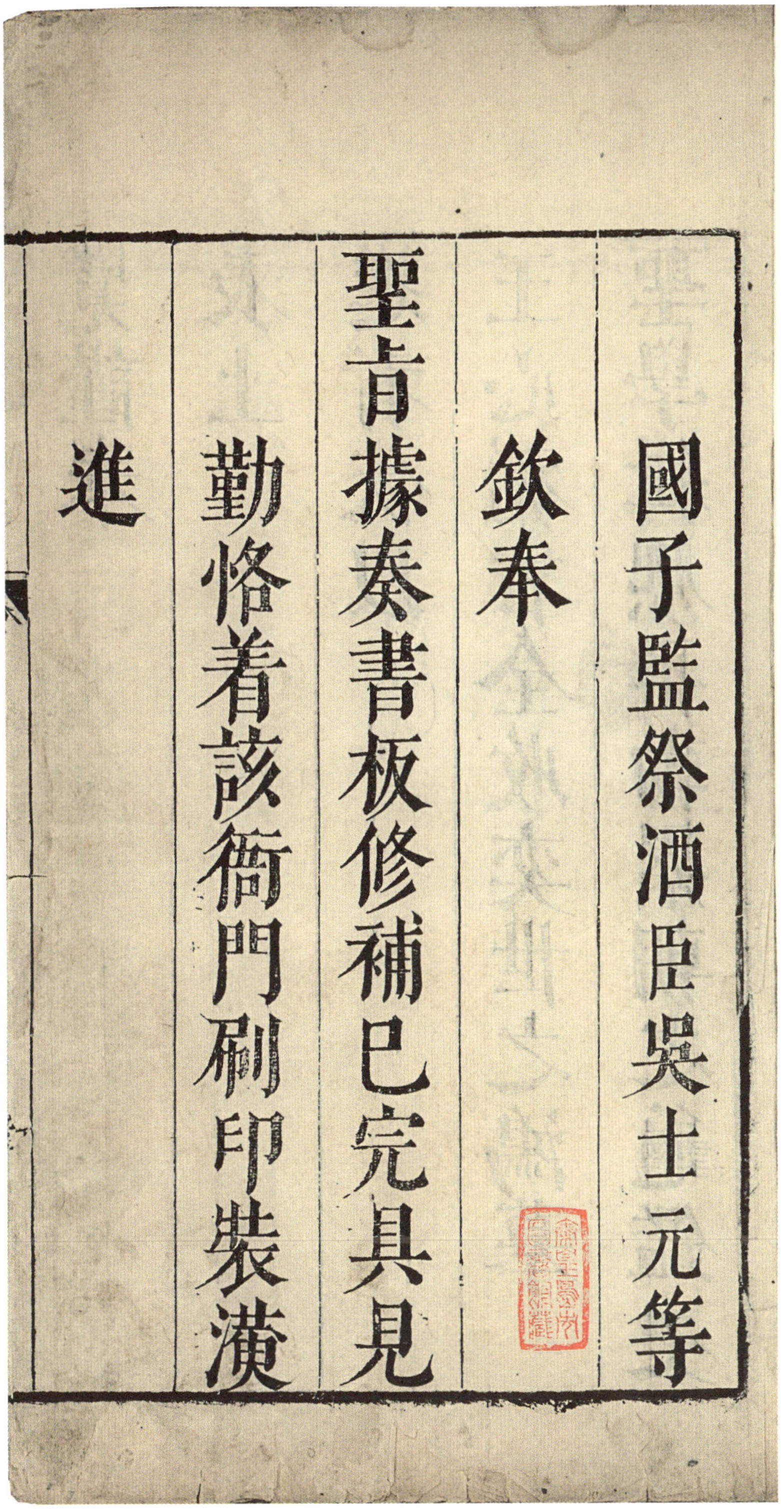
國子監祭酒臣吴士元等
欽奉
聖旨據奏書板修補已完具見
勤恪着該衙門刷印裝潢
進

0030　二十一史　明崇禎六年（1633）據明萬曆二十三至三十四年（1595—1606）北京國子監刻本重印本　二百九十四册

版匡不一。半葉十行，行二十一字，小字雙行同，白口，左右雙邊，單黑魚尾。版心上端印“萬曆某某年刊”，眉上有批。秦皇島市圖書館藏。

聞

崇禎六年十一月二十九日

奉

聖旨覽進二十一史具見悃忱

該部知道欽此

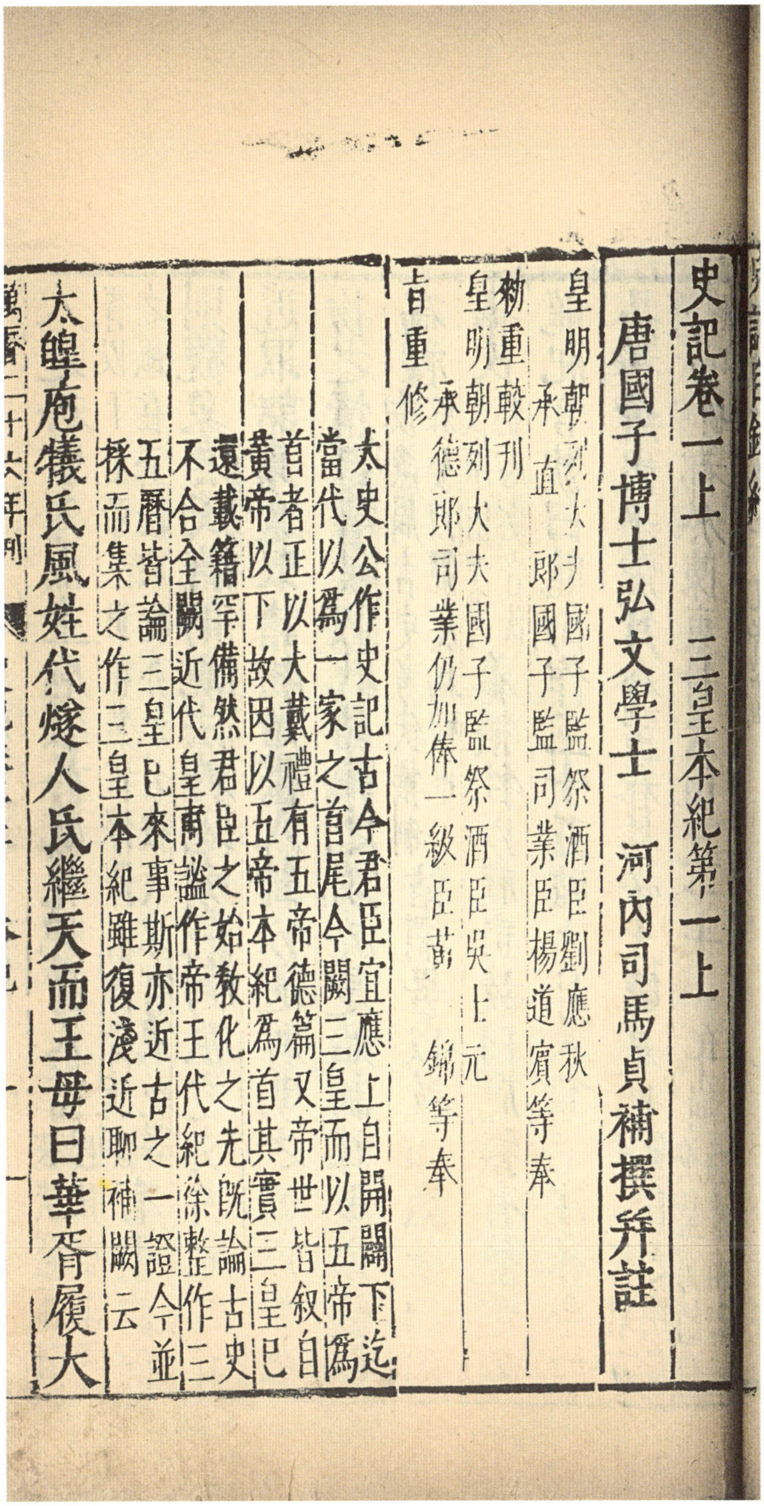
史記卷一上　　三皇本紀第一上
唐國子博士弘文學士　河內司馬貞補撰幷註
皇明朝列大夫國子監祭酒臣劉應秋
承直郎國子監司業臣楊道賓等奉
勑重較刊
皇明朝列大夫國子監祭酒臣吳士元
承德郎司業仍加俸一級臣黃錦等奉
旨重修
太史公作史記古今君臣宜應上自開闢下迄當代以爲一家之首尾今闕三皇而以五帝爲首者正以大戴禮有五帝德篇又帝世皆敘自黃帝以下故因以五帝本紀爲首其實三皇已還載籍罕備然君臣之始教化之先旣論古史不合全闕近代皇甫謐作帝王代紀徐整作三五曆皆論三皇已來事斯亦近古之一證今並採而集之作三皇本紀雖復淺近聊補闕云
太皞庖犧氏風姓代燧人氏繼天而王母曰華胥履大
萬曆二十六年刊

史記一百三十卷首一卷　（漢）司馬遷撰　（南朝宋）裴駰集解　（唐）司馬貞索隱　（唐）張守節正義　十四册

匡高22.1厘米，寬15.1厘米，版心上端印“萬曆二十六年刊”。

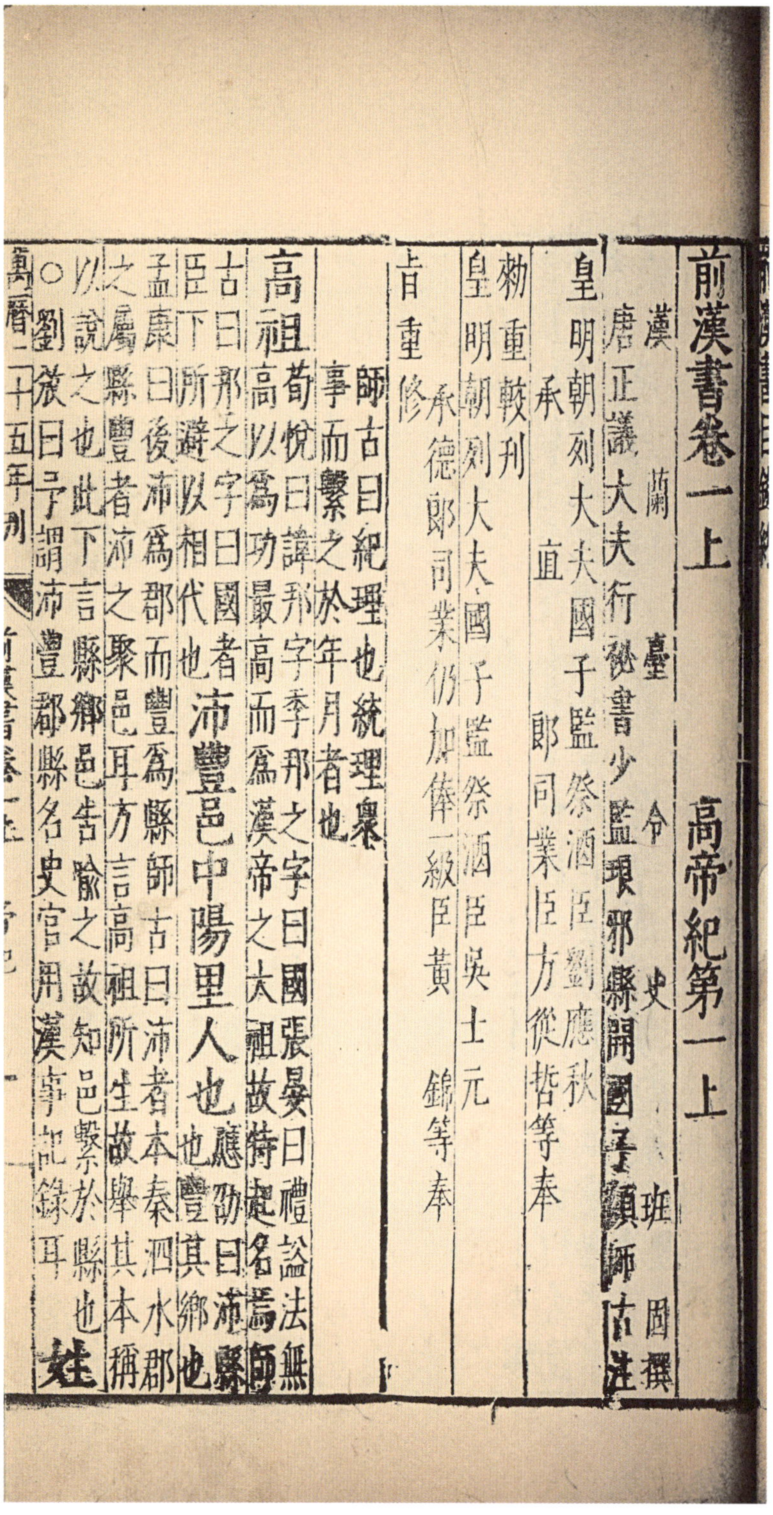
前漢書卷一上　高帝紀第一上

漢　蘭　臺　令　史　班　固撰

唐正議大夫行祕書少監琅邪縣開國子顔師古注

皇明朝列大夫國子監祭酒臣劉應秋

承　直　郎司業臣方從哲等奉

勅重較刊

皇明朝列大夫國子監祭酒臣吳士元

承德郎司業仍加俸一級臣黃　錦等奉

旨重修

師古曰紀理也統理衆事而繫之於年月者也

高祖荀悅曰諱邦字季邦之字曰國張晏曰禮謚法無高以爲功最高而爲漢帝之太祖故特起名焉師古曰邦之字曰國者臣下所避以相代也沛豐邑中陽里人也應劭曰沛縣也豐其鄉也孟康曰後沛爲郡而豐爲縣師古曰沛者本秦泗水郡之屬縣豐者沛之聚邑耳方言高祖所生故舉其本稱以說之也此下言縣鄉邑告喻之故知邑繫於縣也○劉攽曰予謂沛豐郡縣名史官用漢事記錄耳姓

萬曆二十五年刊　前漢書卷一上

前漢書一百卷　（漢）班固撰　（唐）顔師古注　十六册

匡高22.6厘米，寬15.1厘米。版心上端印“萬曆二十五年刊”。

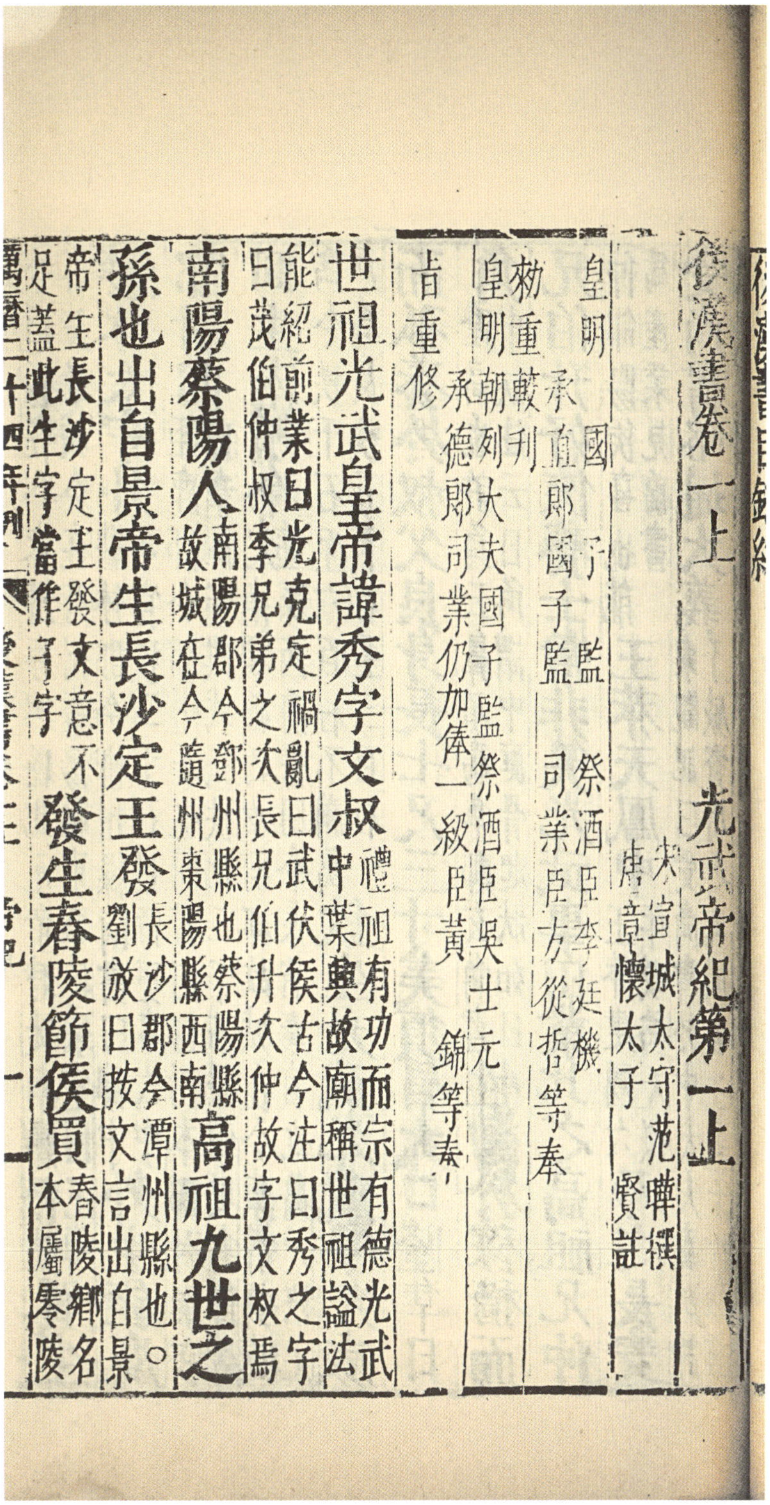

後漢書卷一上　光武帝紀第一上
宋宣城太守范曄撰
唐章懷太子賢註
皇明　國子監　祭酒臣李廷機
勑重較刊　承直郎國子監　司業臣方從哲等奉
皇明朝列大夫國子監祭酒臣吳士元
承德郎司業仍加俸一級臣黃　錦等奉
旨重修
世祖光武皇帝諱秀字文叔禮祖有功而宗有德光武中興故廟稱世祖謚法能紹前業曰光克定禍亂曰武伏侯古今注曰秀之字曰茂伯仲叔季兄弟之次長兄伯升次仲故字文叔焉
南陽蔡陽人南陽郡今鄧州縣也蔡陽縣故城在今隨州棗陽縣西南高祖九世之
孫也出自景帝生長沙定王發長沙郡今潭州縣也。劉攽曰按文言出自景帝生長沙定王發文意不足蓋此生字當作子字發生舂陵節侯買舂陵鄉名本屬零陵

萬曆二十四年刊　後漢書卷一上　紀　一

後漢書九十卷　（南朝宋）范曄撰　（唐）李賢注　志三十卷　（晉）司馬彪撰　（南朝梁）劉昭注　十四册

匡高22.8厘米，寬15.4厘米。版心上端印“萬曆二十四年刊”。

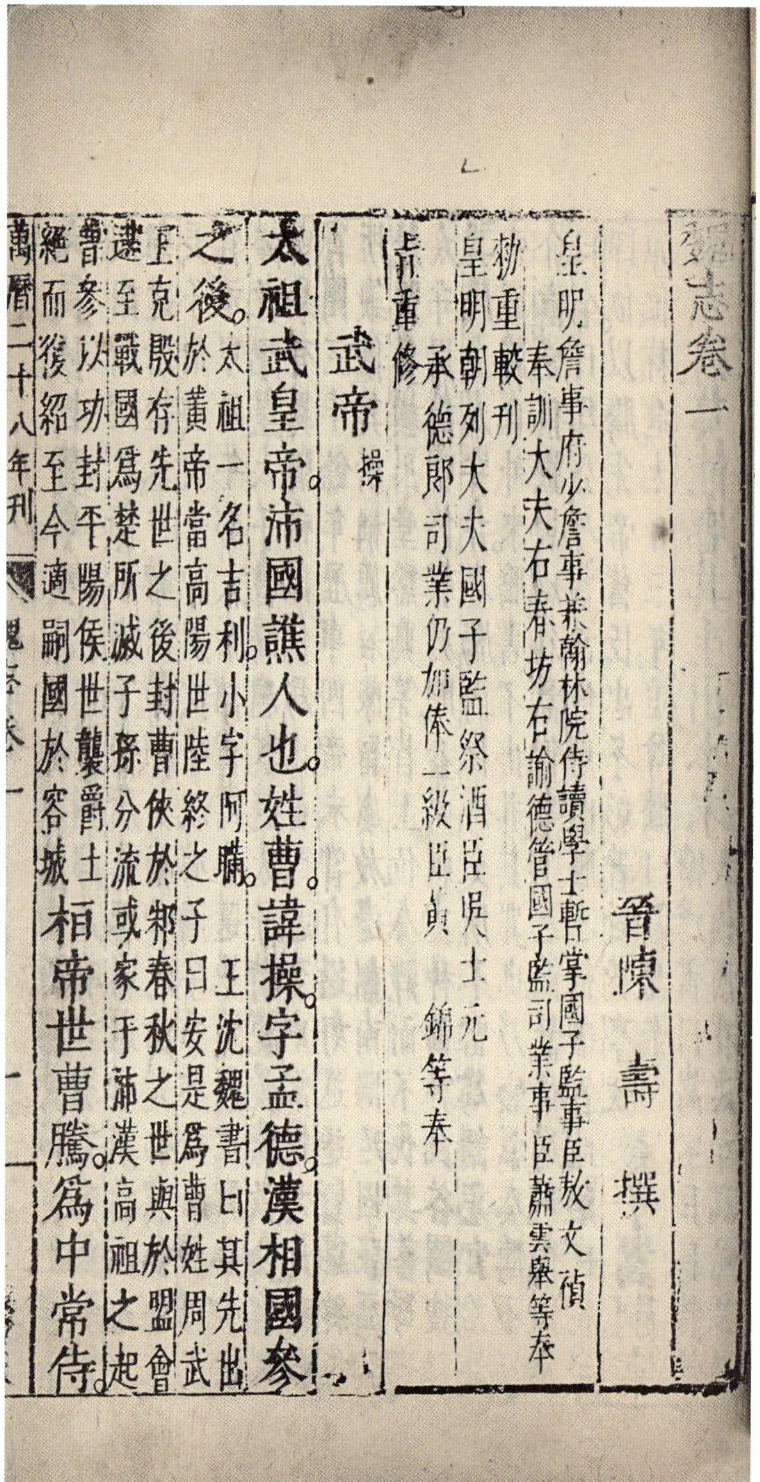
魏志卷一
晉陳壽撰
皇明詹事府少詹事兼翰林院侍讀學士暫掌國子監事臣敖文禎
奉訓大夫右春坊右諭德管國子監司業事臣蕭雲舉等奉
勑重較刊
皇明朝列大夫國子監祭酒臣吳士元
承德郎司業仍加俸一級臣黃錦等奉
旨重修
武帝 操
太祖武皇帝。沛國譙人也。姓曹。諱操。字孟德。漢相國參之後。太祖一名吉利。小字阿瞞。王沈魏書曰其先出於黃帝當高陽世陸終之子曰安是爲曹姓周武王克殷存先世之後封曹俠於邾春秋之世與於盟會逮至戰國爲楚所滅子孫分流或家于沛漢高祖之起曹參以功封平陽侯世襲爵土絕而復紹至今適嗣國於容城 桓帝世。曹騰爲中常侍

萬曆二十八年刊 魏志卷一 一

三國志六十五卷　（晉）陳壽撰　（南朝宋）裴松之注　八册
匡高23.2厘米，寬15.2厘米。版心上端印“萬曆二十八年刊”。

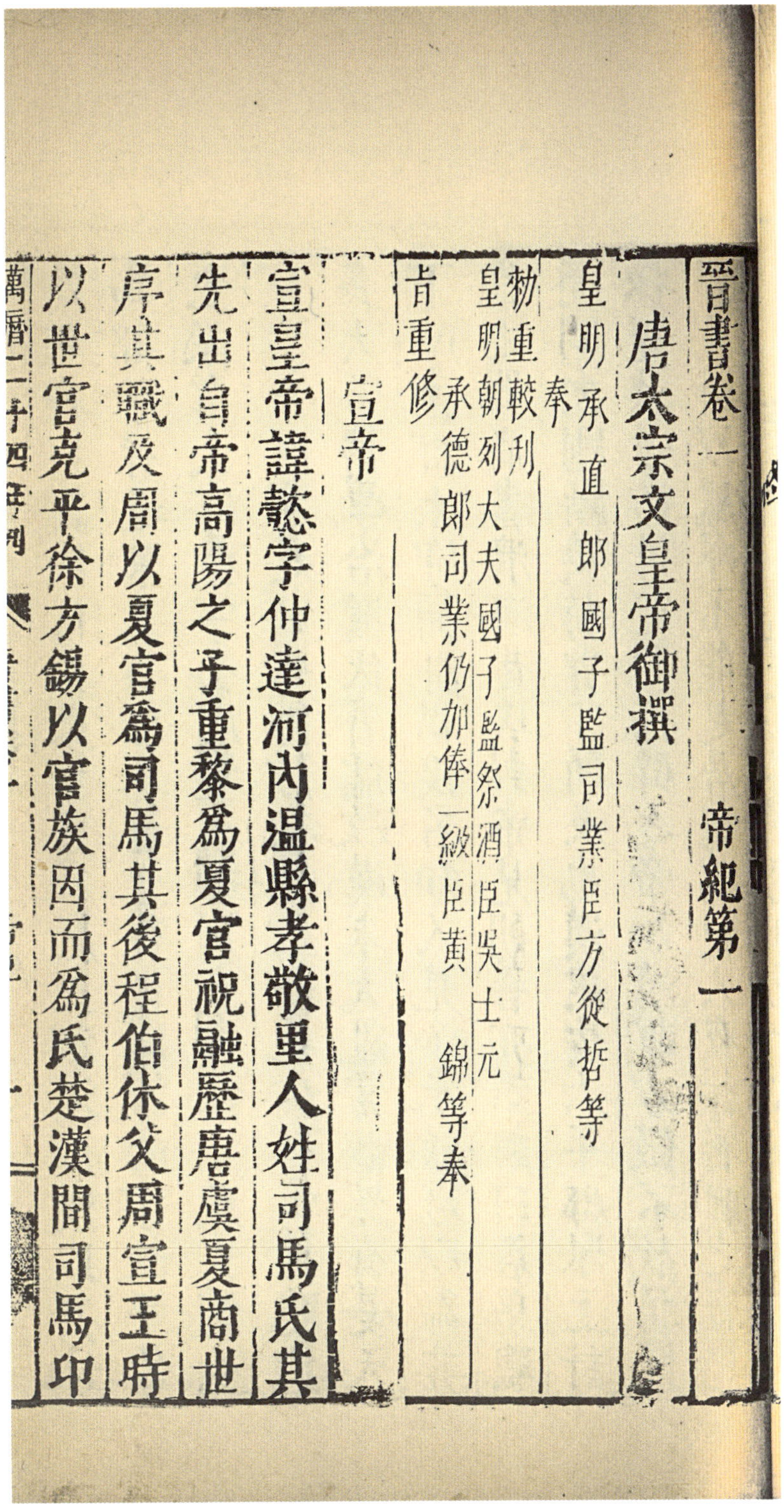

晉書卷一　帝紀第一

唐太宗文皇帝御撰

皇明承直郎國子監司業臣方從哲等奉

勅重較刊

皇明朝列大夫國子監祭酒臣吳士元

承德郎司業仍加俸一級臣黄　錦等奉

旨重修

宣帝

宣皇帝諱懿字仲達河内温縣孝敬里人姓司馬氏其

先出自帝高陽之子重黎爲夏官祝融歷唐虞夏商世

序其職及周以夏官爲司馬其後程伯休父周宣王時

以世官克平徐方錫以官族因而爲氏楚漢間司馬卬

萬曆二十四年刊

晉書一百三十卷　（唐）房玄齡等撰　音義三卷　（唐）何超撰　十八册

匡高22.5厘米，寬15.4厘米。版心上端印“萬曆二十四年刊”。

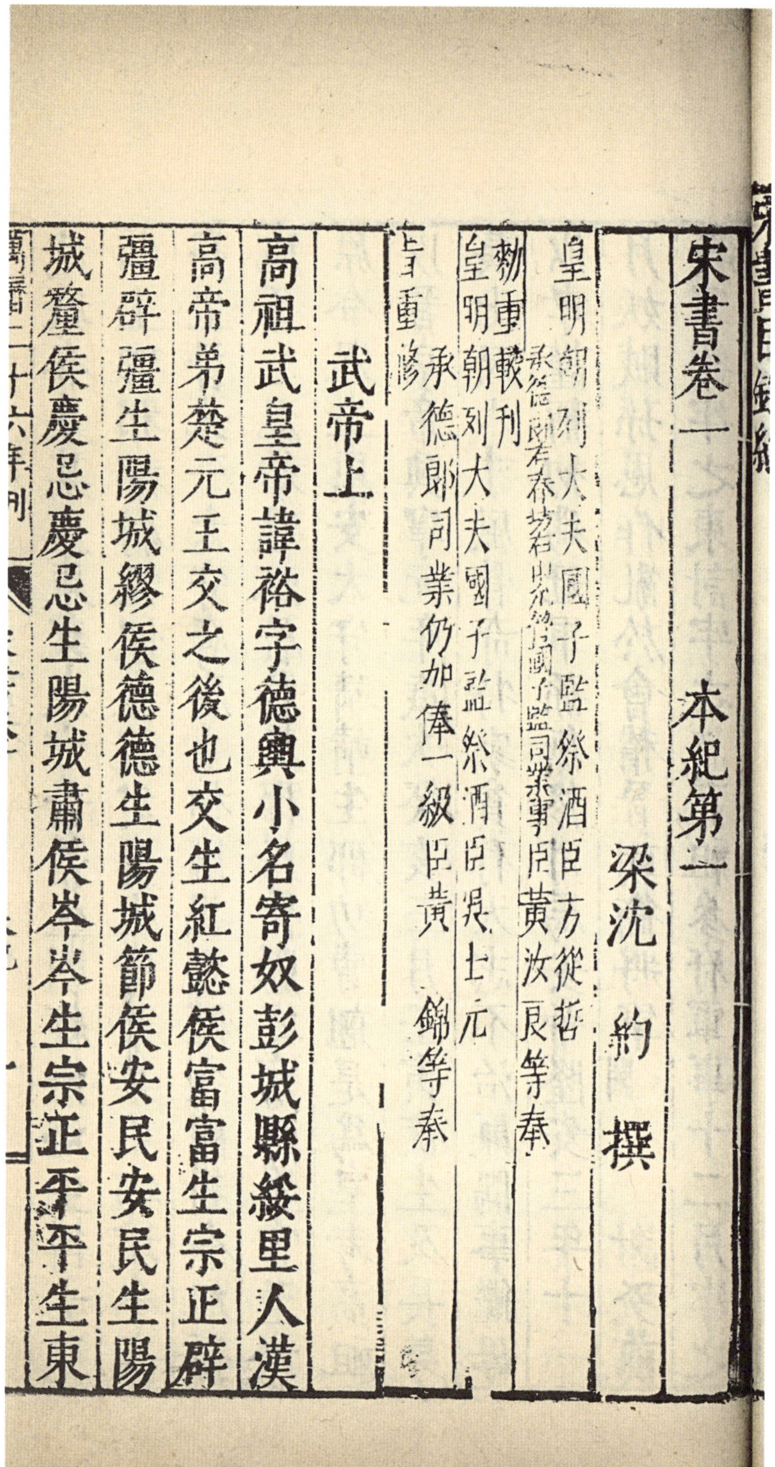

宋書卷一　本紀第一

梁沈約撰

皇明朝列大夫國子監祭酒臣方從哲
承德郎右春坊右中允管國子監司業事臣黄汝良等奉

勑重校刊

皇明朝列大夫國子監祭酒臣吳士元
承德郎司業仍加俸一級臣黄錦等奉

旨重修

武帝上

高祖武皇帝諱裕字德輿小名寄奴彭城縣綏里人漢
高帝弟楚元王交之後也交生紅懿侯富富生宗正辟
彊辟彊生陽城繆侯德德生陽城節侯安民安民生陽
城釐侯慶忌慶忌生陽城肅侯岑岑生宗正平平生東

萬曆二十六年刊

宋書一百卷　（南朝梁）沈約撰　十二册
匡高23厘米，寬15.2厘米。版心上端印“萬曆二十六年刊”。

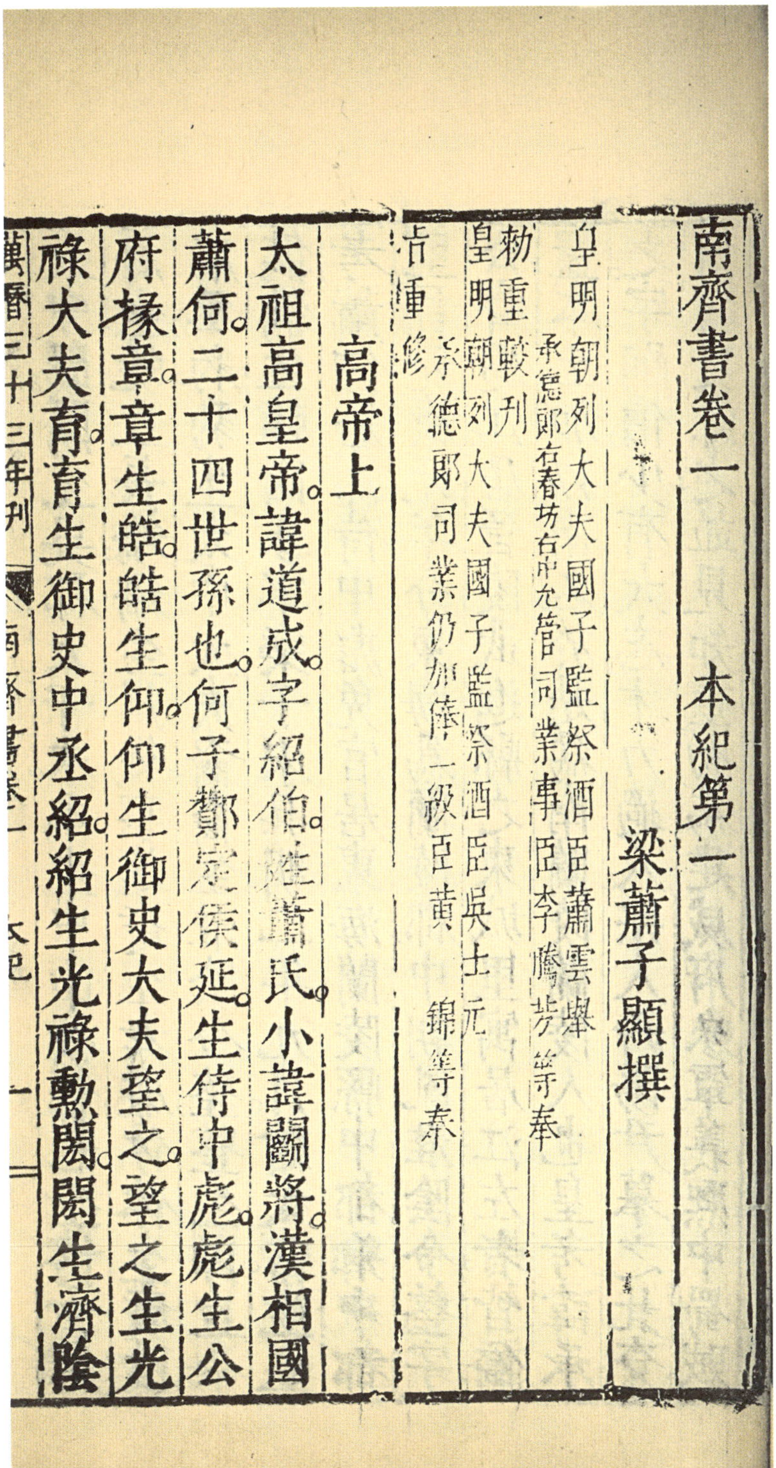
南齊書卷一　本紀第一　梁蕭子顯撰
皇明朝列大夫國子監祭酒臣蕭雲舉
承德郎右春坊右中允管司業事臣李騰芳等奉
敕重較刊
皇明朝列大夫國子監祭酒臣吳士元
承德郎司業仍加俸一級臣黃錦等奉
旨補修
高帝上
太祖高皇帝諱道成。字紹伯。姓蕭氏。小諱鬬將。漢相國
蕭何二十四世孫也。何子酇定侯延。生侍中彪。彪生公
府掾章。章生皓。皓生仰。仰生御史大夫望之。望之生光
祿大夫育。育生御史中丞紹。紹生光祿勳閎。閎生濟陰
萬曆三十三年刊　南齊書卷一　本紀　一

南齊書五十九卷　（南朝梁）蕭子顯撰　五册

匡高23.3厘米，寬15.1厘米。版心上端印“萬曆三十三年刊”。

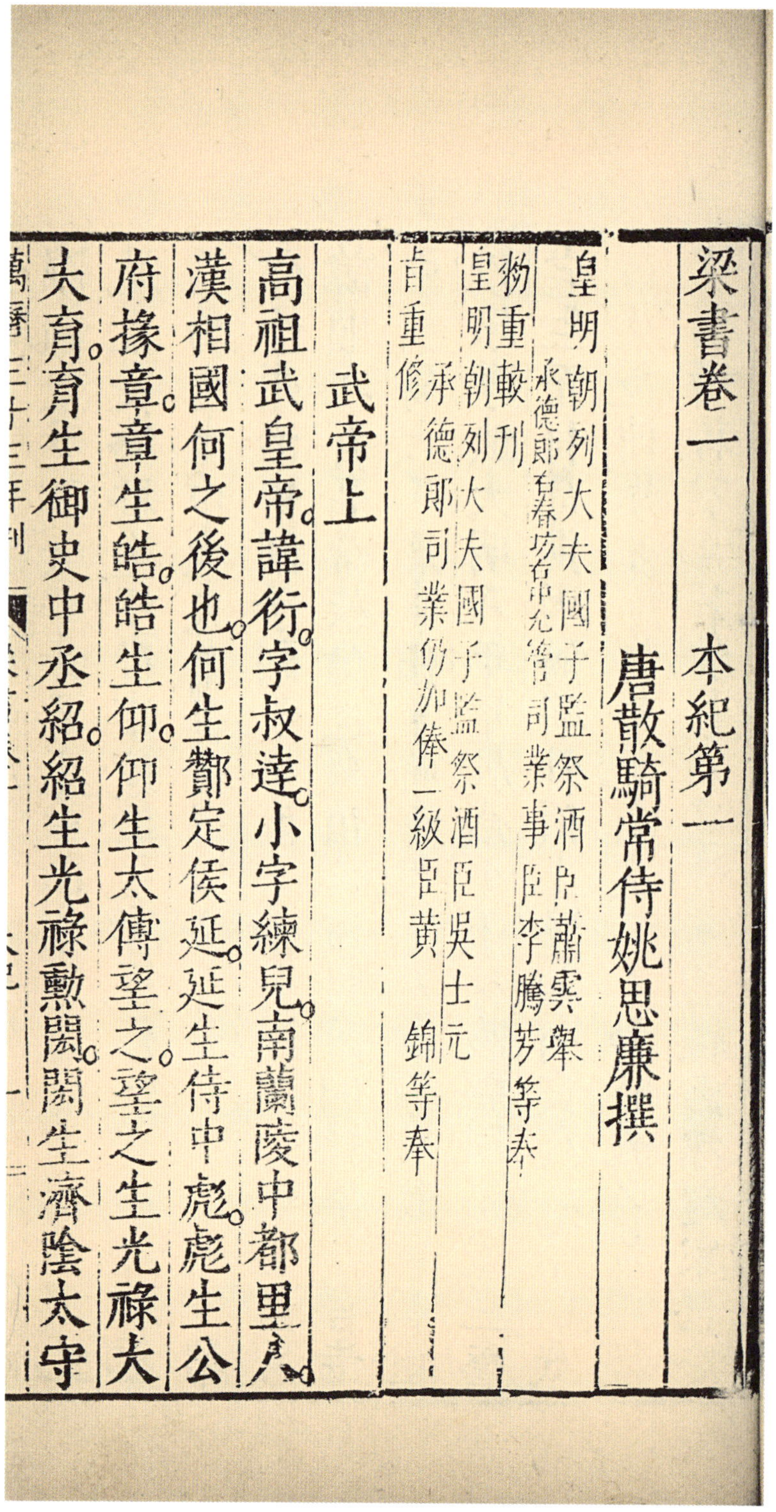
梁書卷一　本紀第一

唐散騎常侍姚思廉撰

皇明朝列大夫國子監祭酒臣蕭雲舉

承德郎右春坊右中允管司業事臣李騰芳等奉

勑重較刊

皇明朝列大夫國子監祭酒臣吳士元

承德郎司業仍加俸一級臣黃錦等奉

旨重修

武帝上

高祖武皇帝諱衍。字叔達。小字練兒。南蘭陵中都里人

漢相國何之後也。何生酇定侯延。延生侍中彪。彪生公

府掾章。章生皓。皓生仰。仰生太傅望之。望之生光祿大

夫育。育生御史中丞紹。紹生光祿勳閎。閎生濟陰太守

萬曆三十三年刊

梁書五十六卷　（唐）姚思廉撰　四册

匡高22.8厘米，寬15.1厘米。版心上端印“萬曆三十三年刊”。

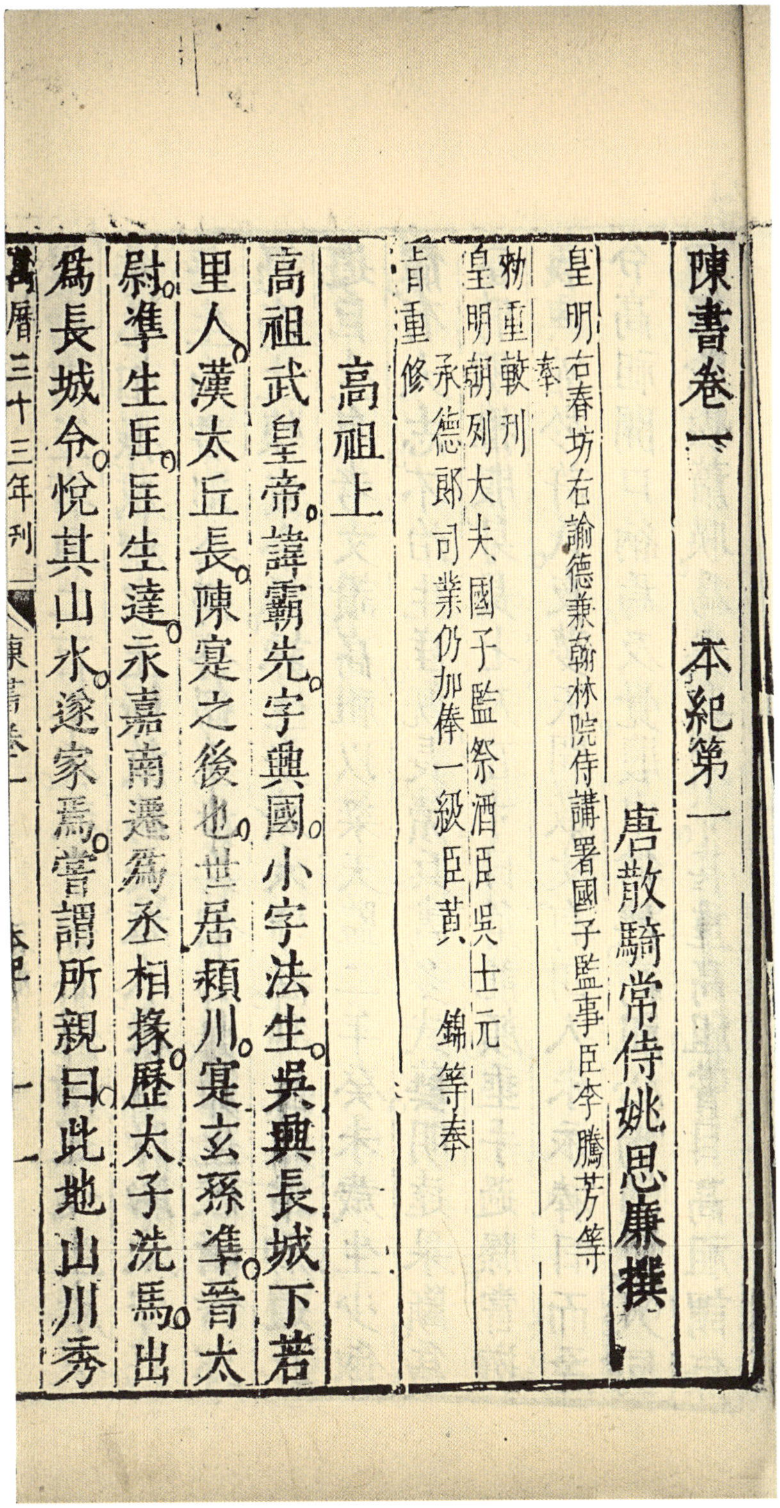

陳書卷一　本紀第一

唐散騎常侍姚思廉撰

皇明右春坊右諭德兼翰林院侍講署國子監事臣李騰芳等奉

勑重較刊

皇明朝列大夫國子監祭酒臣吳士元

承德郎司業仍加俸一級臣黄　錦等奉

旨重修

高祖上

高祖武皇帝諱霸先字興國小字法生吳興長城下若里人漢太丘長陳寔之後也世居頴川寔玄孫準晉太尉準生匡匡生達永嘉南遷爲丞相掾歷太子洗馬出爲長城令悅其山水遂家焉嘗謂所親曰此地山川秀

萬曆三十三年刊　陳書卷一　本紀　一

陳書三十六卷　（唐）姚思廉撰　三册

匡高22.8厘米，寬15.1厘米。版心上端印“萬曆三十三年刊”。

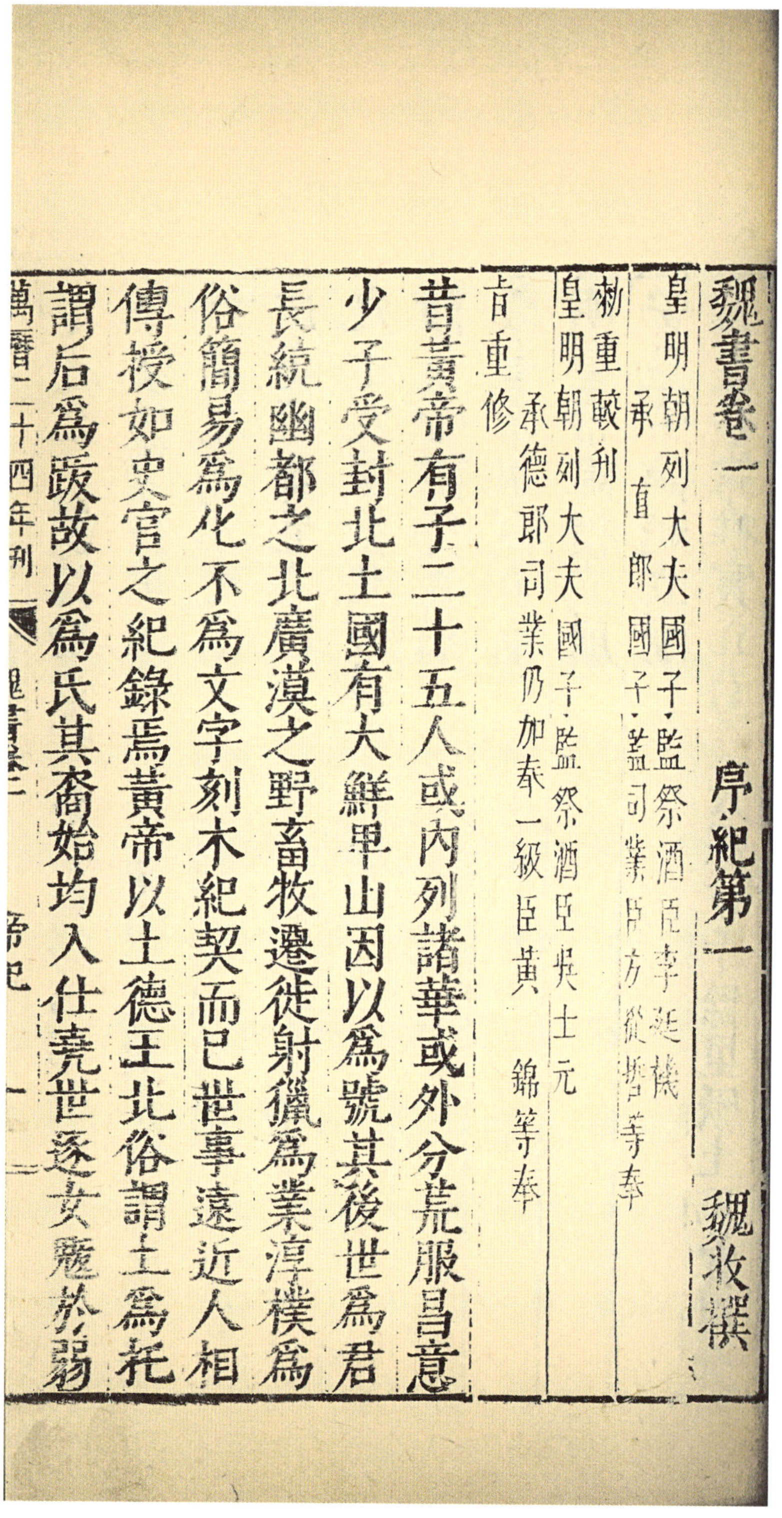

魏書一百十四卷　（北齊）魏收撰　十五册
匡高22.2厘米，寬15.4厘米。版心上端印“萬曆二十四年刊”。

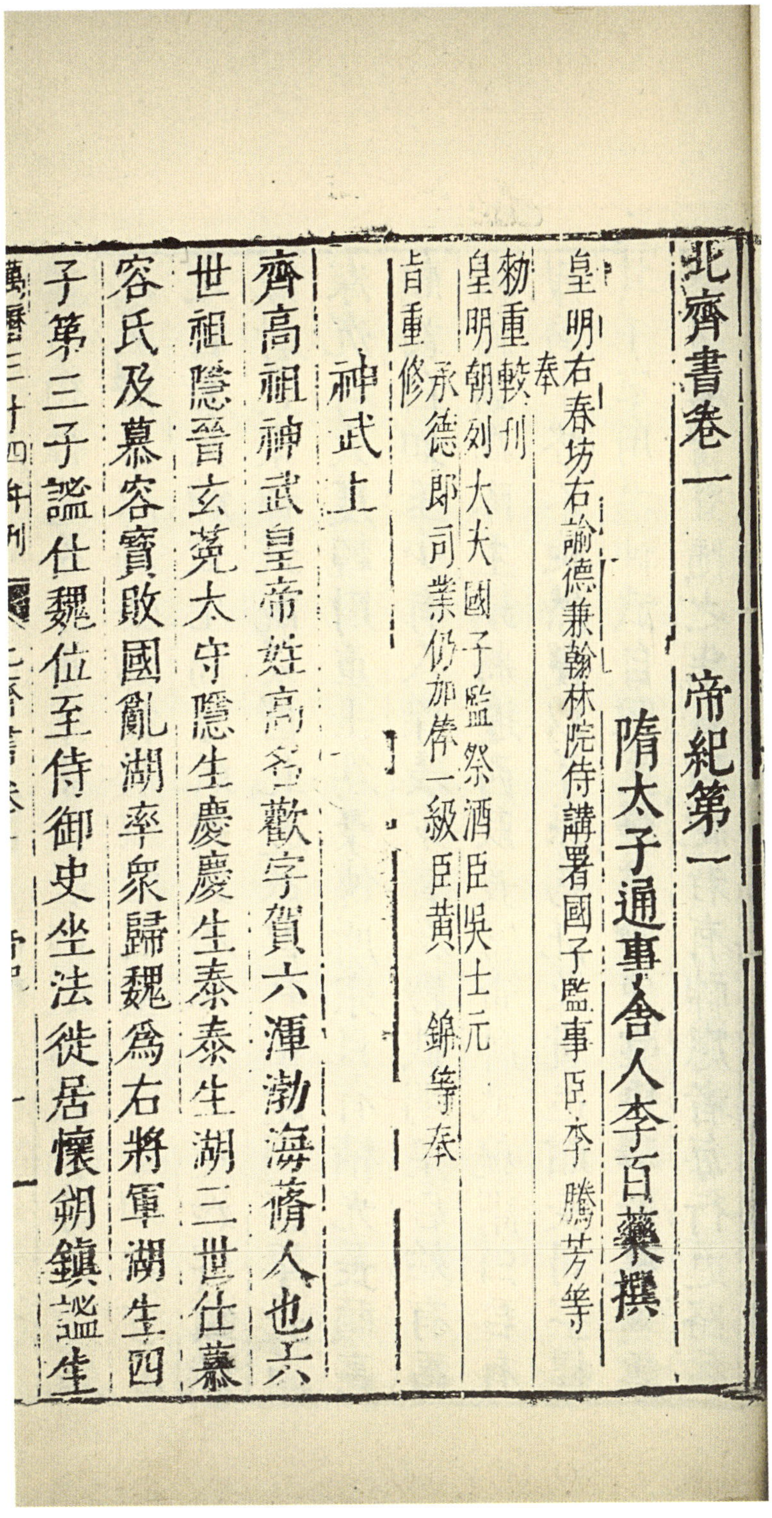
北齊書卷一　帝紀第一

隋太子通事舍人李百藥撰

皇明右春坊右諭德兼翰林院侍講署國子監事臣李騰芳等奉

勑重較刊

皇明朝列大夫國子監祭酒臣吳士元

承德郎司業仍加俸一級臣黄　錦等奉

旨重修

神武上

齊高祖神武皇帝姓高名歡字賀六渾勃海蓨人也六世祖隱晉玄菟太守隱生慶慶生泰泰生湖三世仕慕容氏及慕容寶敗國亂湖率衆歸魏爲右將軍湖生四子第三子謐仕魏位至侍御史坐法徙居懷朔鎮謐生

萬曆三十四年刊

北齊書五十卷　（唐）李百藥撰　三册

匡高22.7厘米，寬15.2厘米。版心上端印“萬曆三十四年刊”。

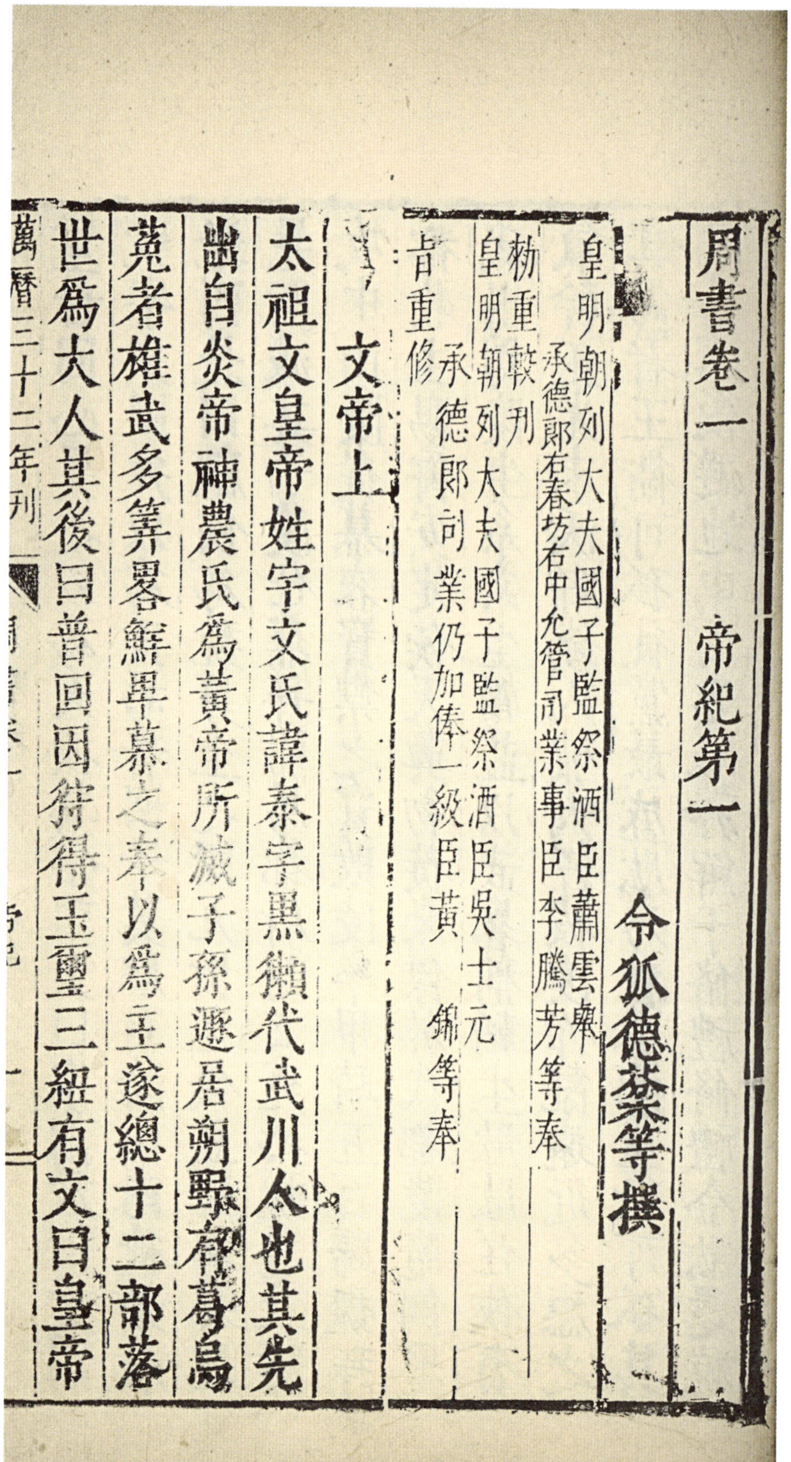

周書五十卷　（唐）令狐德棻等撰　四册

匡高23.3厘米，寬15.1厘米。版心上端印“萬曆三十二年刊”。

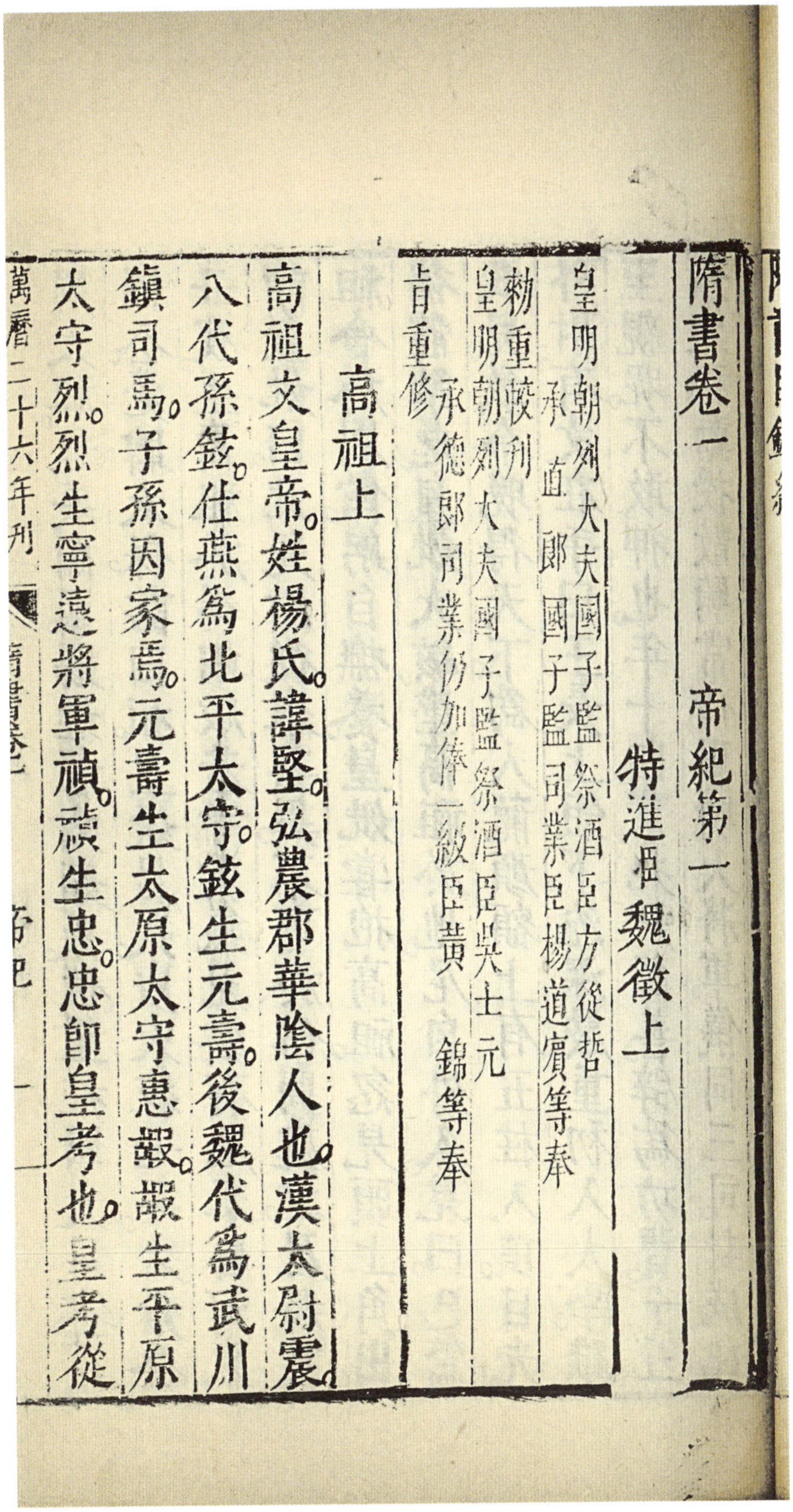
隋書卷一　帝紀第一
特進臣魏徵上
皇明朝列大夫國子監祭酒臣方從哲
承直郎國子監司業臣楊道賓等奉
勅重校刊
皇明朝列大夫國子監祭酒臣吳士元
承德郎司業仍加俸一級臣黃　錦等奉
旨重修
高祖上
高祖文皇帝。姓楊氏。諱堅。弘農郡華陰人也。漢太尉震八代孫鉉。仕燕爲北平太守。鉉生元壽。後魏代爲武川鎮司馬。子孫因家焉。元壽生太原太守惠嘏。嘏生平原太守烈。烈生寧遠將軍禎。禎生忠。忠卽皇考也。皇考從
萬曆二十六年刊　隋書卷一　帝紀　一

隋書八十五卷　（唐）魏徵等撰　十册

匡高22.6厘米，寬15.2厘米。版心上端印“萬曆二十六年刊”。

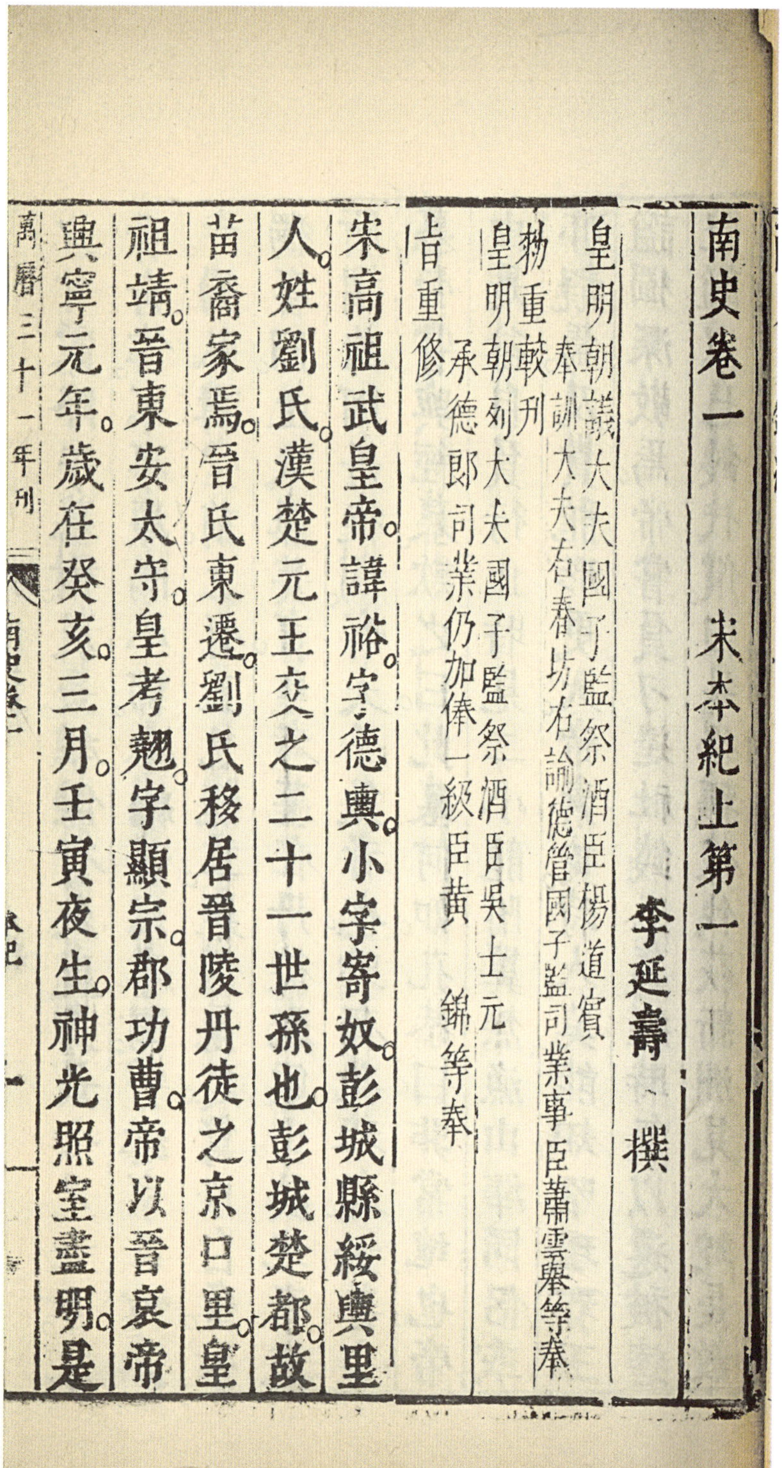

萬曆三十一年刊

南史卷一　本紀　一

南史卷一　　宋本紀上第一

李延壽　撰

皇明朝議大夫國子監祭酒臣楊道賓
奉訓大夫右春坊右諭德管國子監司業事臣蕭雲舉等奉
勑重較刊
皇明朝列大夫國子監祭酒臣吳士元
承德郎司業仍加俸一級臣黃　錦等奉
旨重修

宋高祖武皇帝。諱裕。字德輿。小字寄奴。彭城縣綏輿里人。姓劉氏。漢楚元王交之二十一世孫也。彭城楚都。故苗裔家焉。晉氏東遷。劉氏移居晉陵丹徒之京口里。皇祖靖。晉東安太守。皇考翹。字顯宗。郡功曹。帝以晉哀帝興寧元年。歲在癸亥。三月。壬寅夜生。神光照室盡明。是

南史八十卷　（唐）李延壽撰　十册

匡高23.6厘米，寬15.2厘米。版心上端印“萬曆三十一年刊”。

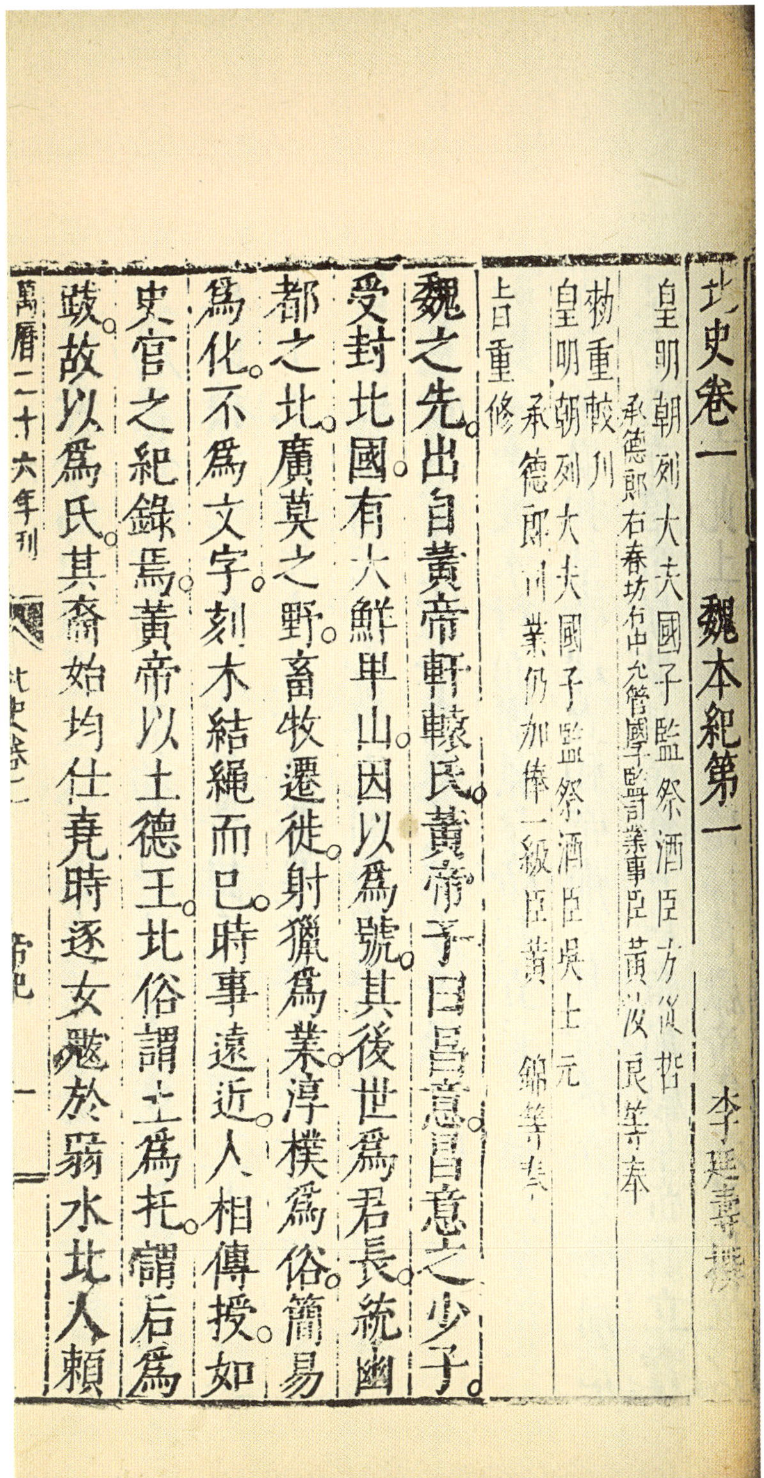

北史一百卷　（唐）李延壽撰　十六册

匡高22.3厘米，寬15.2厘米。版心上端印“萬曆二十六年刊”。

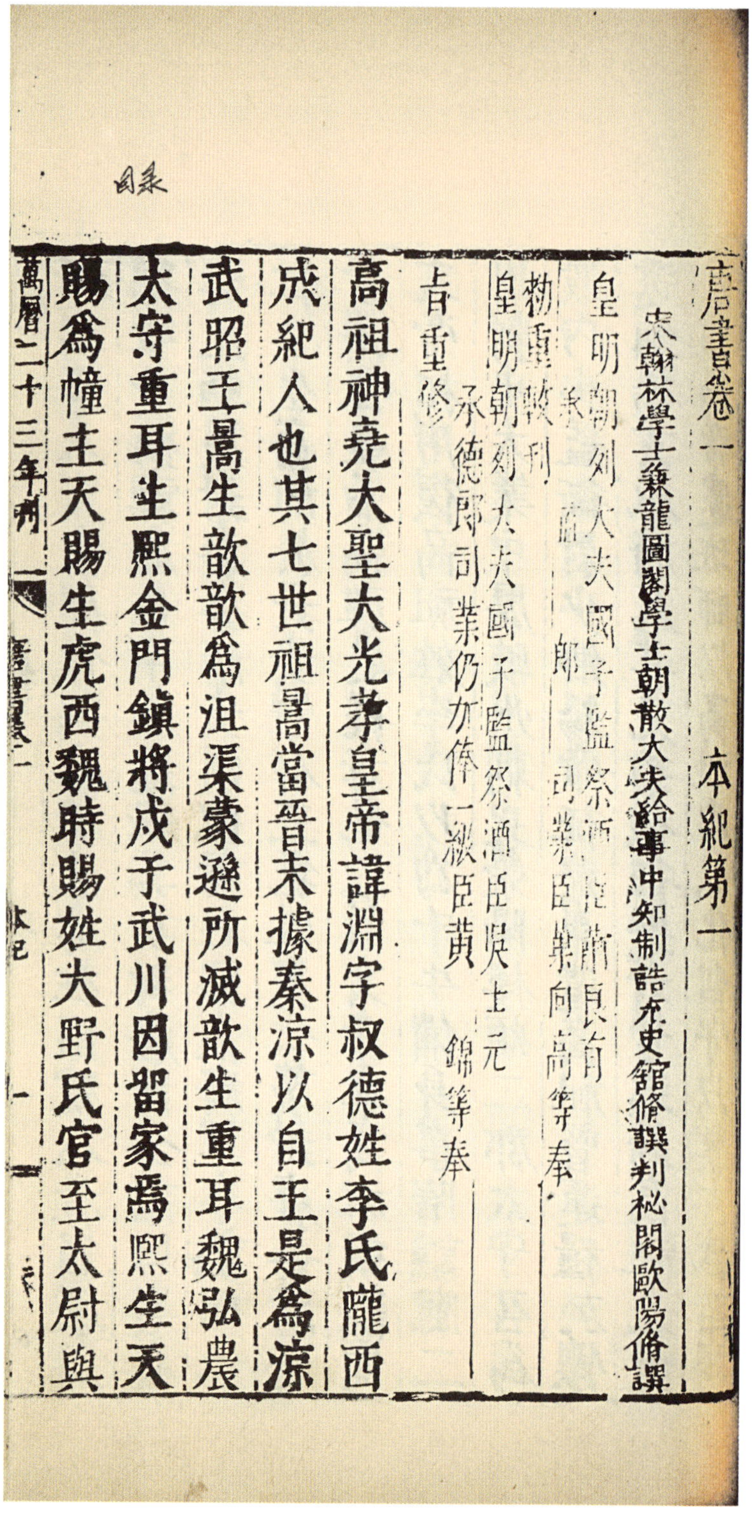
唐書卷一　本紀第一

宋翰林學士兼龍圖閣學士朝散大夫給事中知制誥充史館修撰判秘閣歐陽脩撰

皇明朝列大夫國子監祭酒臣蕭良有

承直郎司業臣葉向高等奉

勑重校刊

皇明朝列大夫國子監祭酒臣吳士元

承德郎司業仍加俸一級臣黃錦等奉

旨重修

高祖神堯大聖大光孝皇帝諱淵字叔德姓李氏隴西成紀人也其七世祖暠當晉末據秦涼以自王是爲涼武昭王暠生歆歆爲沮渠蒙遜所滅歆生重耳魏弘農太守重耳生熙金門鎭將戍于武川因留家焉熙生天賜爲幢主天賜生虎西魏時賜姓大野氏官至太尉與

萬曆二十三年刊　唐書卷一　本紀　一

唐書二百二十五卷　（宋）歐陽修等撰　唐書釋音二十五卷　（宋）董衝撰　三十册

匡高22.6厘米，寬15.3厘米。版心上端印“萬曆二十三年刊”。

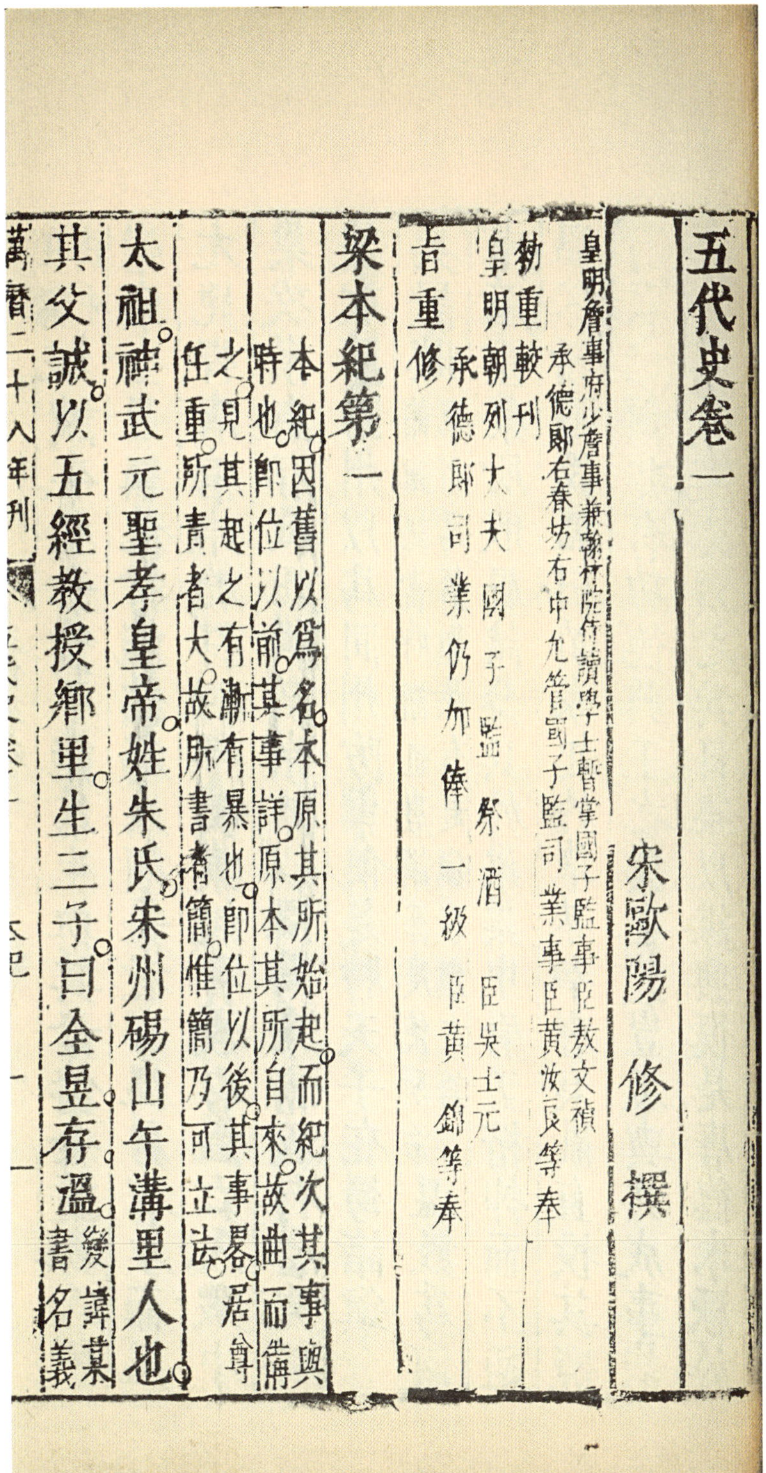

五代史卷一

宋歐陽修撰

皇明詹事府少詹事兼翰林院侍讀學士暫掌國子監事臣敖文禎
承德郎右春坊右中允管國子監司業事臣黃汝良等奉

勅重較刊

皇明朝列大夫國子監祭酒臣吳士元
承德郎司業仍加俸一級臣黃錦等奉

旨重修

梁本紀第一

本紀因舊以爲名本原其所始起而紀次其事與時也即位以前其事詳原本其所自來故曲而備之見其起之有漸有暴也即位以後其事略居尊任重所責者大故所書者簡惟簡乃可立法

太祖神武元聖孝皇帝姓朱氏宋州碭山午溝里人也

其父誠以五經教授鄉里生三子曰全昱存溫變諱某書名義

萬曆二十八年刊　五代史卷一　紀　一

五代史七十四卷　（宋）歐陽修撰　（宋）徐無黨注　四册

匡高23.3厘米，寬15.2厘米。版心上端印“萬曆二十八年刊”。

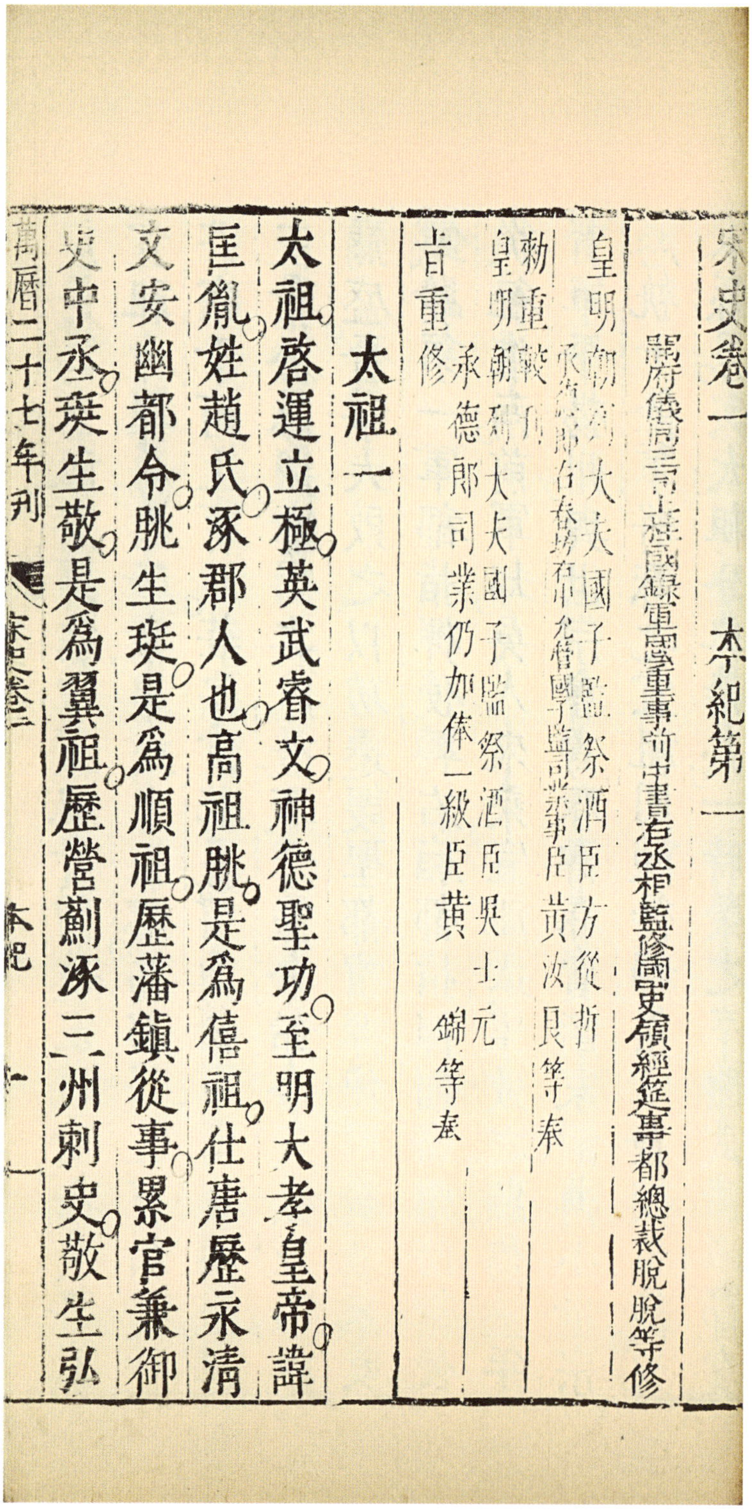

宋史卷一　本紀第一

開府儀同三司上柱國錄軍國重事前中書右丞相監修國史領經筵事都總裁脫脫等修

皇明朝列大夫國子監祭酒臣方從哲

承直郎右春坊右中允管國子監司業事臣黄汝良等奉

勅重校刊

皇明朝列大夫國子監祭酒臣吳士元

承德郎司業仍加俸一級臣黄錦等奉

旨重修

太祖一

太祖啓運立極英武睿文神德聖功至明大孝皇帝諱匡胤姓趙氏涿郡人也高祖朓是爲僖祖仕唐歷永清文安幽都令朓生珽是爲順祖歷藩鎮從事累官兼御史中丞珽生敬是爲翼祖歷營薊涿三州刺史敬生弘

萬曆二十七年刊　宋史卷一　本紀　一

宋史四百九十六卷目録三卷　（元）脱脱等撰　六十四册

匡高23.4厘米，寬15.3厘米。版心上端印“萬曆二十七年刊”。

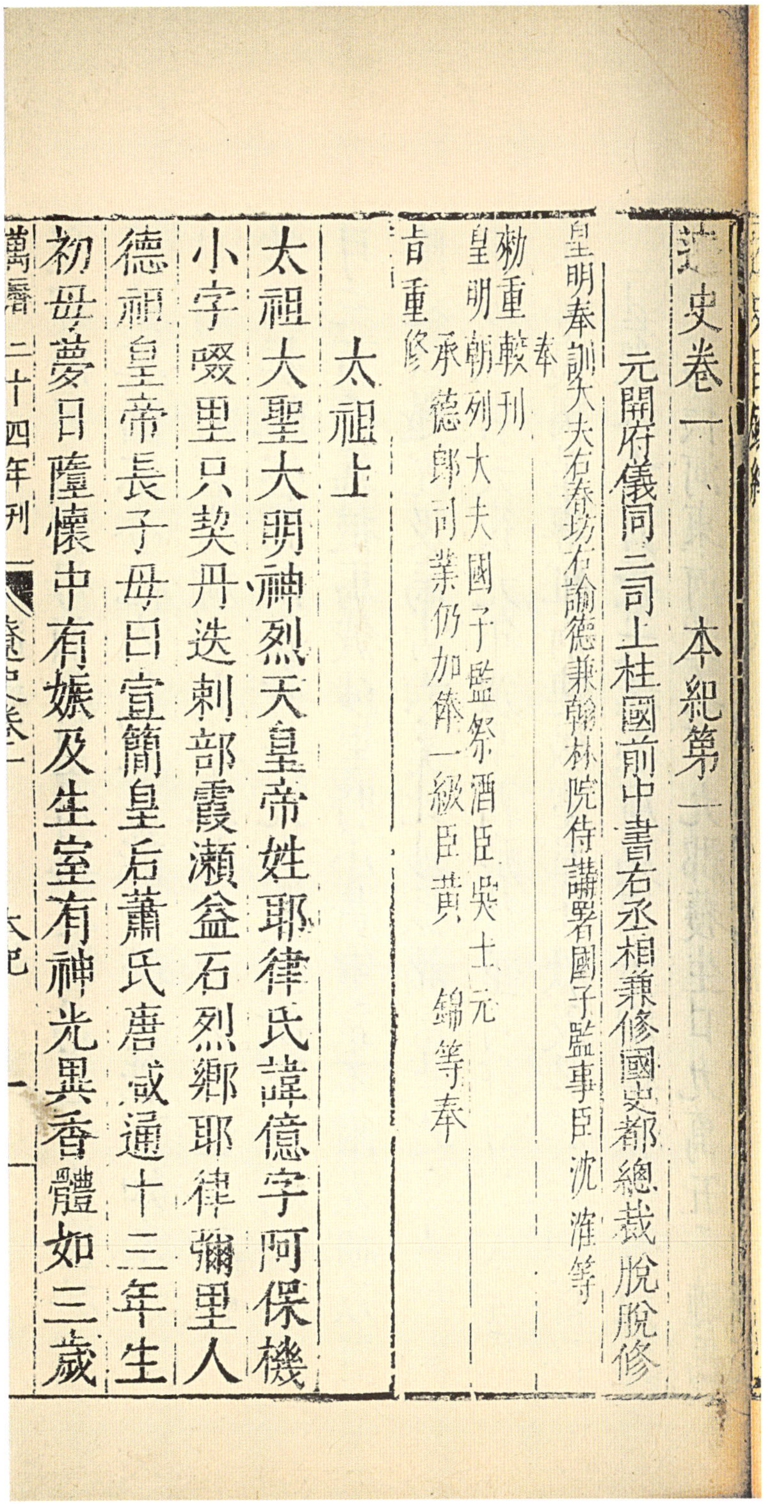

遼史一百十六卷　（元）脫脫等撰　六册

匡高23.4厘米，寬15.1厘米。版心上端印“萬曆二十四年刊”。

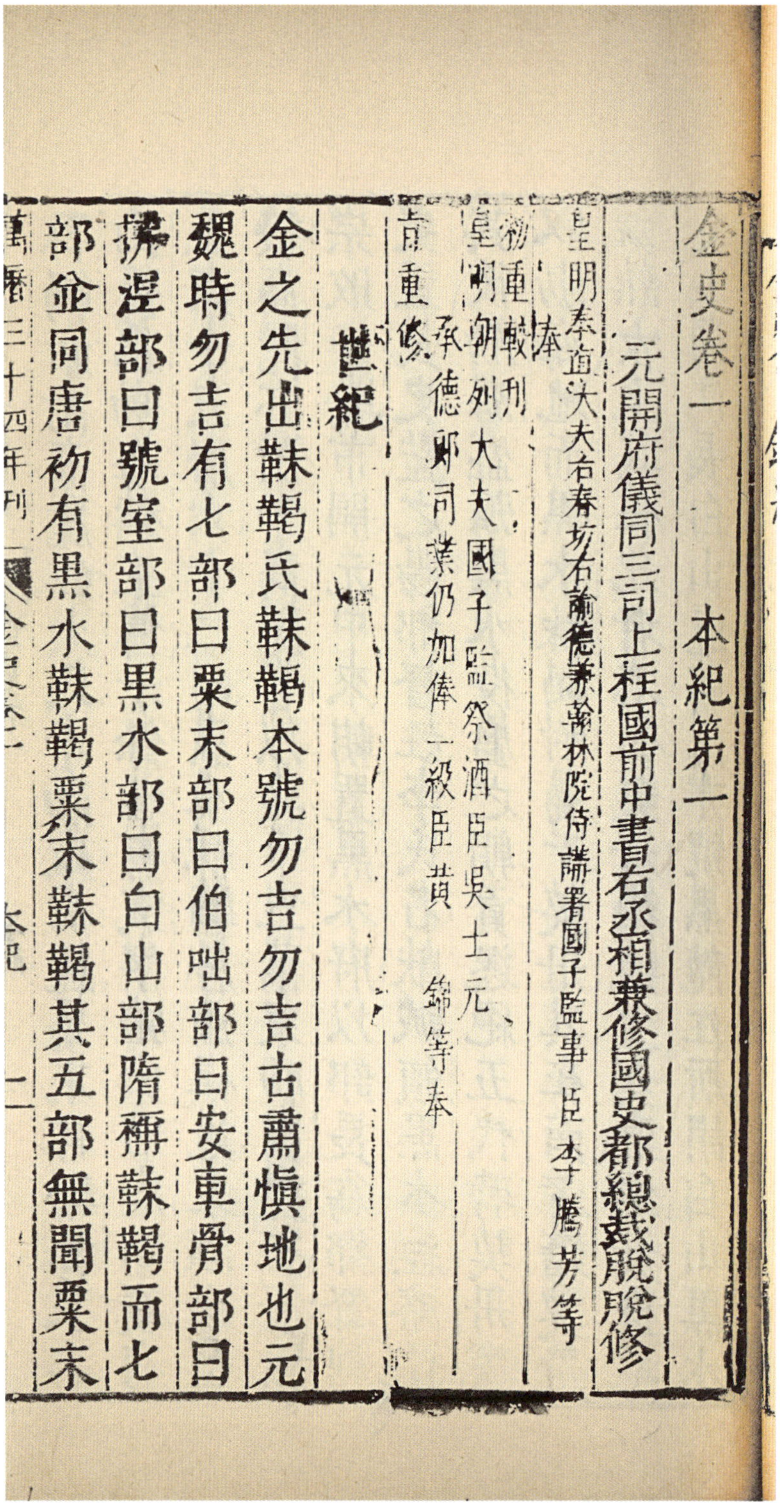

金史一百三十五卷　（元）脱脱等修　十四册

匡高23.6厘米，寬15.1厘米。版心上端印“萬曆三十四年刊”。

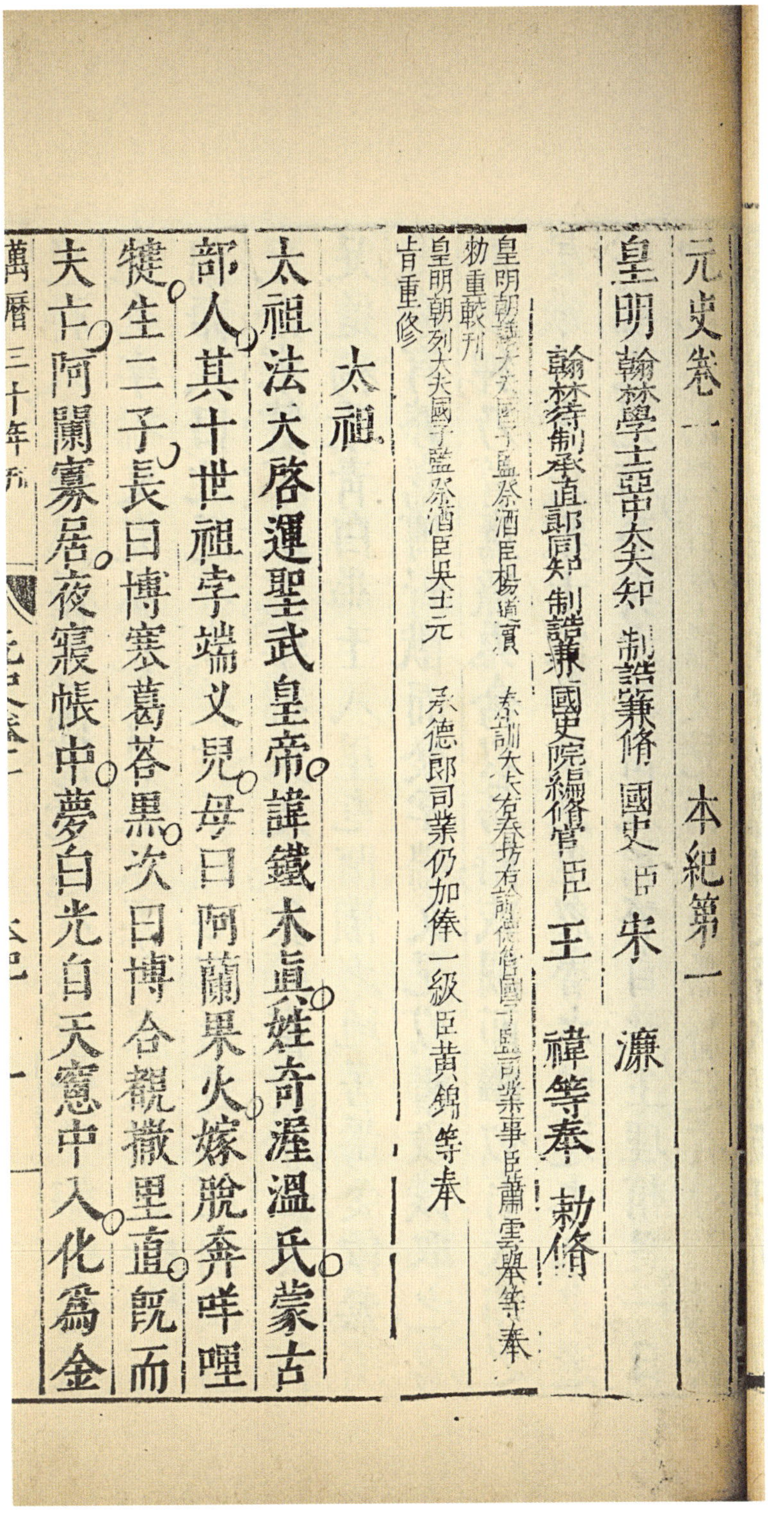
元史卷一　本紀第一

皇明翰林學士亞中大夫知　制誥兼修　國史臣宋　濂
翰林待制承直郎同知制誥兼國史院編修官臣王　禕等奉　勅脩

皇明朝議大夫國子監祭酒臣楊道賓　奉訓大夫左春坊左諭德兼翰林院侍讀管國子監司業事臣蕭雲舉等奉
勑重校刊
皇明朝列大夫國子監祭酒臣吳士元　承德郎司業仍加俸一級臣黃錦等奉
旨重修

太祖

太祖法天啓運聖武皇帝諱鐵木眞姓奇渥溫氏蒙古部人其十世祖孛端叉兒母曰阿蘭果火嫁脫奔咩哩犍生二子長曰博寒葛荅黒次曰博合覩撒里直旣而夫亡阿蘭寡居夜寢帳中夢白光自天窻中入化爲金

萬曆三十年刊　元史卷一　本紀一　一

元史二百十卷目録二卷　（明）宋濂等撰　二十四册

匡高23厘米，寬15.1厘米。版心上端印“萬曆三十年刊”。

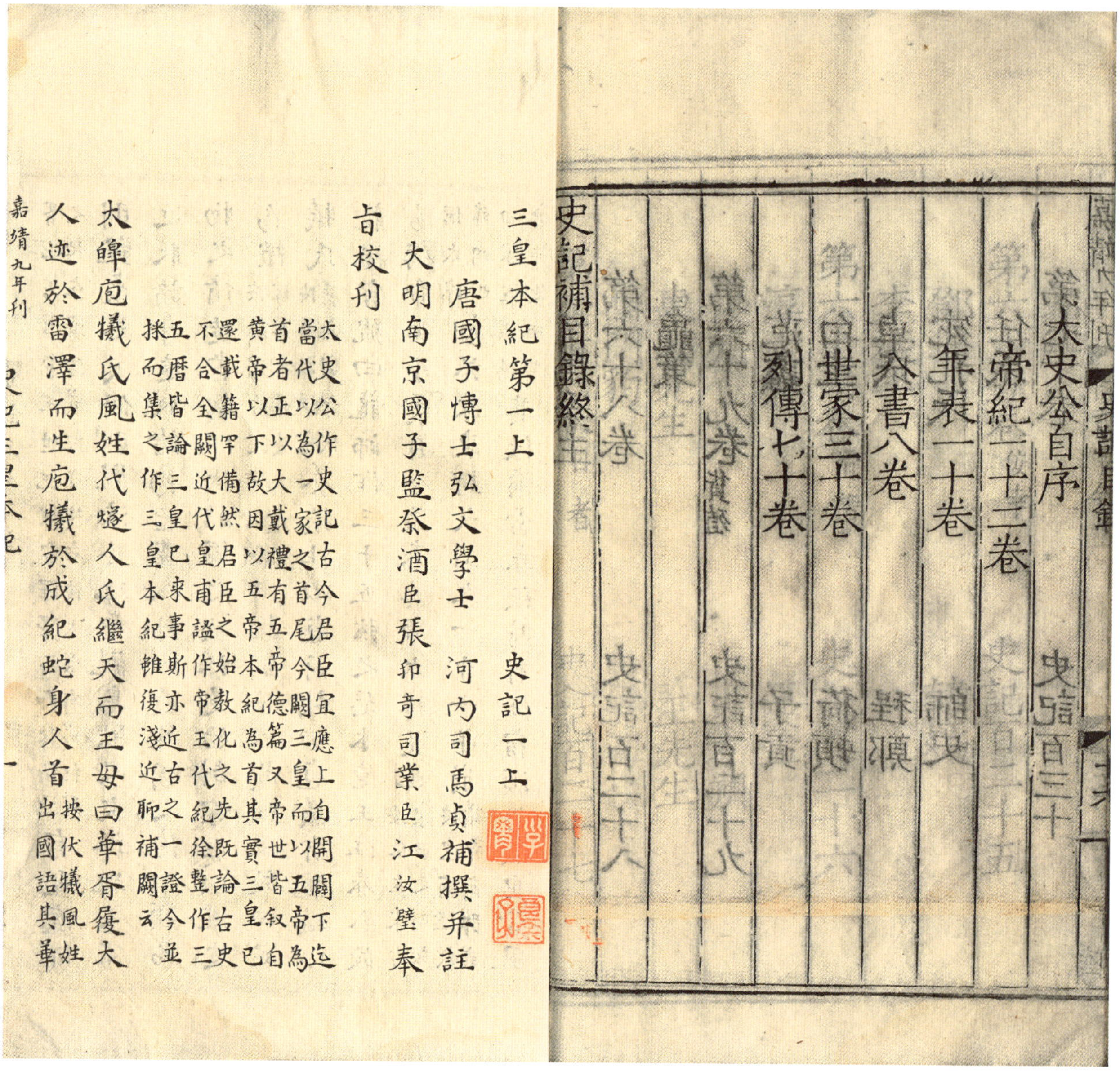

0031　史記一百三十卷　（漢）司馬遷撰　（南朝宋）裴駰集解　（唐）司馬貞索隱　（唐）張守節正義　明嘉靖南京國子監刻本　二十四册

匡高21.9厘米，寬15.7厘米。半葉十行，行二十一字，小字雙行同，黑口，四周雙邊，雙順黑魚尾。河北大學圖書館藏。

史記索隱序

朝散大夫國子博士弘文館
學上河内司馬　貞

史記者漢太史司馬遷父子之所述也遷
自以承五百之運繼春秋而纂是史襃
貶覈實頗亞於丘明之書於是上始軒轅
下訖天漢作十二本紀十表八書三十系
家七十列傳凡一百三十篇始變左氏之
體而年載悠邈簡冊闕遺勒成一家其勤

嘉靖九年刊

六曰序命紀七曰脩飛紀八曰回提紀九曰禪通紀十
曰流訖紀蓋流訖當黄帝時制九紀之間是以録於此
補紀之也

三皇本紀第一上終　史記一上

五帝本紀第一　史記一

漢　太　史　令　龍　門　司馬遷　撰
宋中郎外兵叅軍　河　東　裴　駰集解
唐國子博士弘文學士　河　内　司馬貞索隱
唐諸王侍讀率府長史　張守節正義
大明南京國子監祭酒臣張邦奇司業臣江汝璧奉
旨校刊

裴駰曰凡是徐氏義稱徐姓名以別之餘者悉是駰註解并集衆家義○司馬貞索隱曰紀者記也本其事而記之故曰本紀又紀理也絲縷有紀而帝王書稱紀者言爲後代綱紀也○正義曰鄭玄注中候勑省圖云德合五帝坐星者稱帝又坤靈圖云德配天地在正不在私曰帝

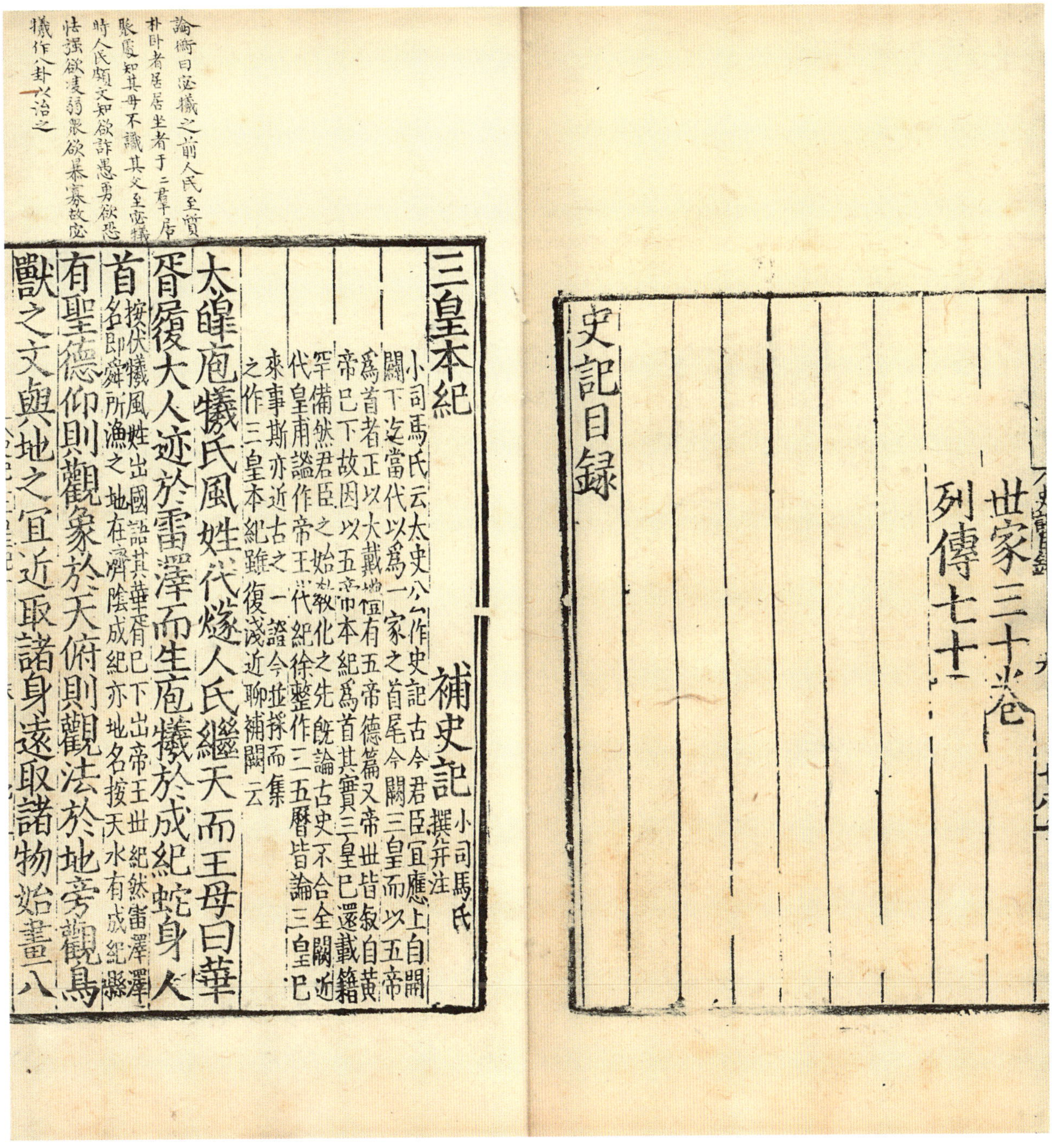

0032　史記一百三十卷　（漢）司馬遷撰　（南朝宋）裴駰集解　（唐）司馬貞索隱　（唐）張守節正義　明嘉靖十三年（1534）秦藩朱惟焯刻二十九年（1550）重修本　六十四册

匡高20.7厘米，寬13.2厘米。半葉十行，行十八字，小字雙行二十三字，白口，左右雙邊，雙對白魚尾。李宗侗批校，鈐有“李宗侗藏書”等藏書印。入選第三批《國家珍貴古籍名録》（名録號07491）。河北大學圖書館藏。

重刻史記序

聖人之所以作聖者道也後人之所以希聖者學也以道垂訓故後罔弗傳以學希聖故先罔弗繼此五帝三王之授受及我

太祖

嘉靖甲午上元之吉日
秦藩鑒抑道人序

史記序刻

載昔玄聖立極垂範立言金鐀玉版肇于作矣至于六德八音五歌訓誥典謨詩頌諸作並出盖以盛云其後名儒懋學博極群採考索事為頻年彷徨披拂不輟乃躡前

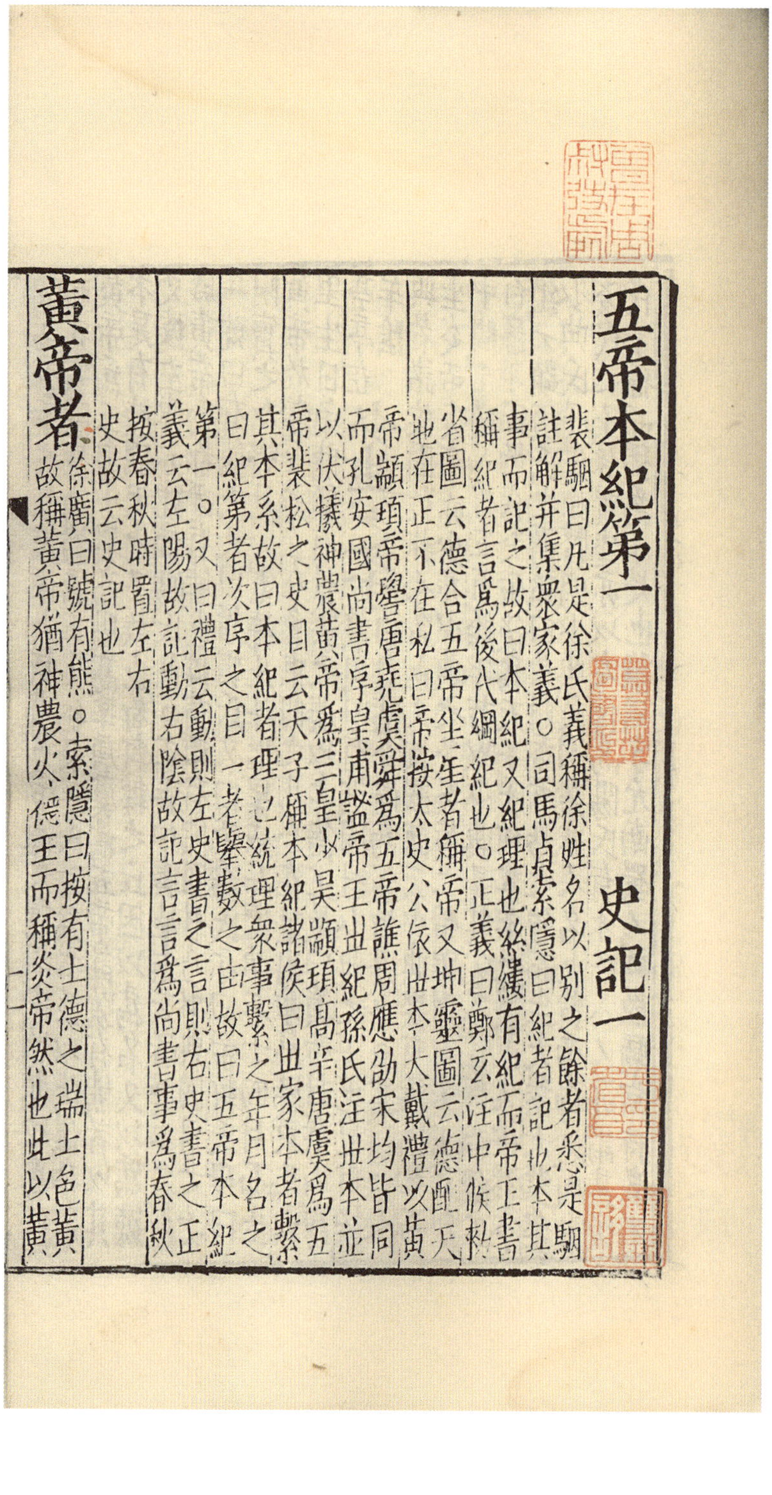

0033　史記一百三十卷　（漢）司馬遷撰　（南朝宋）裴駰集解　（唐）司馬貞索隱　（唐）張守節正義　明嘉靖四至六年（1525—1527）王延喆刻本　二十册

匡高20厘米，寬13.2厘米。半葉十行，行十八字，小字雙行二十三字，白口，左右雙邊，單黑魚尾。鈐有“莫友芝圖書印”“莫有芝”“曾在周叔弢處”“于印省吾”等藏書印。入選第三批《國家珍貴古籍名録》（名録號07481）。石家莊市圖書館藏。

史記索隱序

朝散大夫國子博士弘文館
學士河内司馬　貞

史記者漢太史司馬遷父子之所述也遷自以承五百之運繼春秋而纂是史其襃貶覈實頗亞於丘明之書於是上始軒轅下訖天漢作十二本紀十表八書三十系家七十列傳凡一百三十篇始變左氏之體而年載悠邈簡冊闕遺

震澤王氏刻梓

史記目錄

豈足以關諸畜德庶賢無所用心而已

索隱曰關預也畜德謂積德多學之人也裴氏謙言已今此集解豈足關預於積學多識之士乎正是與望聖賢勝於飽食終日無所用心愈於論語不有博弈者乎之人耳

震澤王氏刻于
恩褒四世之堂

史記集解序

轅於司南也凡爲三十卷號曰史記索隱云

延喆不敏嘗聞於　先文恪公曰國語左傳經之翼也遷史班書史之良也今吳中刻左傳郢中刻國語閩中刻漢書而史記尚未板行延喆因取舊藏宋刊史記重加校讎翻刻于家塾與三書並行於世工始嘉靖乙酉蜡月迄丁亥之三月林屋山人王延喆識于七十二峰深處

楊升菴曰譙周古史考以炎帝與神農各爲一人羅泌路史以軒轅與黄帝非是一帝史皇與蒼頡乃一君一臣共工氏或以爲帝或以爲伯而不王祝融氏或以爲臣或以爲火德之主古云三皇之事若存若亡五帝之事若覺若夢至哉言乎蓋洪荒之世存而不論可也

三皇本紀　補史記　小司馬氏撰并注

小司馬氏云太史公作史記古今君臣宜應上自開闢下迄當代以爲一家之首尾今闕三皇而以五帝爲首者正以大戴禮有五帝德篇又帝世皆叙自黄帝已下故因以五帝本紀爲首其實三皇已還載籍罕備然君臣之始教化之先既論古史不合全闕近代皇甫謐作帝王代紀徐整作三五曆皆論三皇已來事斯亦近古之一證今並採而集之作三皇本紀雖復淺近聊補闕云

太皡庖犧氏風姓代燧人氏繼天而王母曰華胥履大人迹於雷澤而生庖犧於成紀蛇身人首（按伏犧風姓出國語其華胥已下出帝王世紀然雷澤澤名即舜所漁之地在濟陰成紀亦地名按天水有成紀縣）有聖德仰則觀象於天俯則觀法於地旁觀鳥獸之文與地之宜近取諸身遠取諸物始畫八

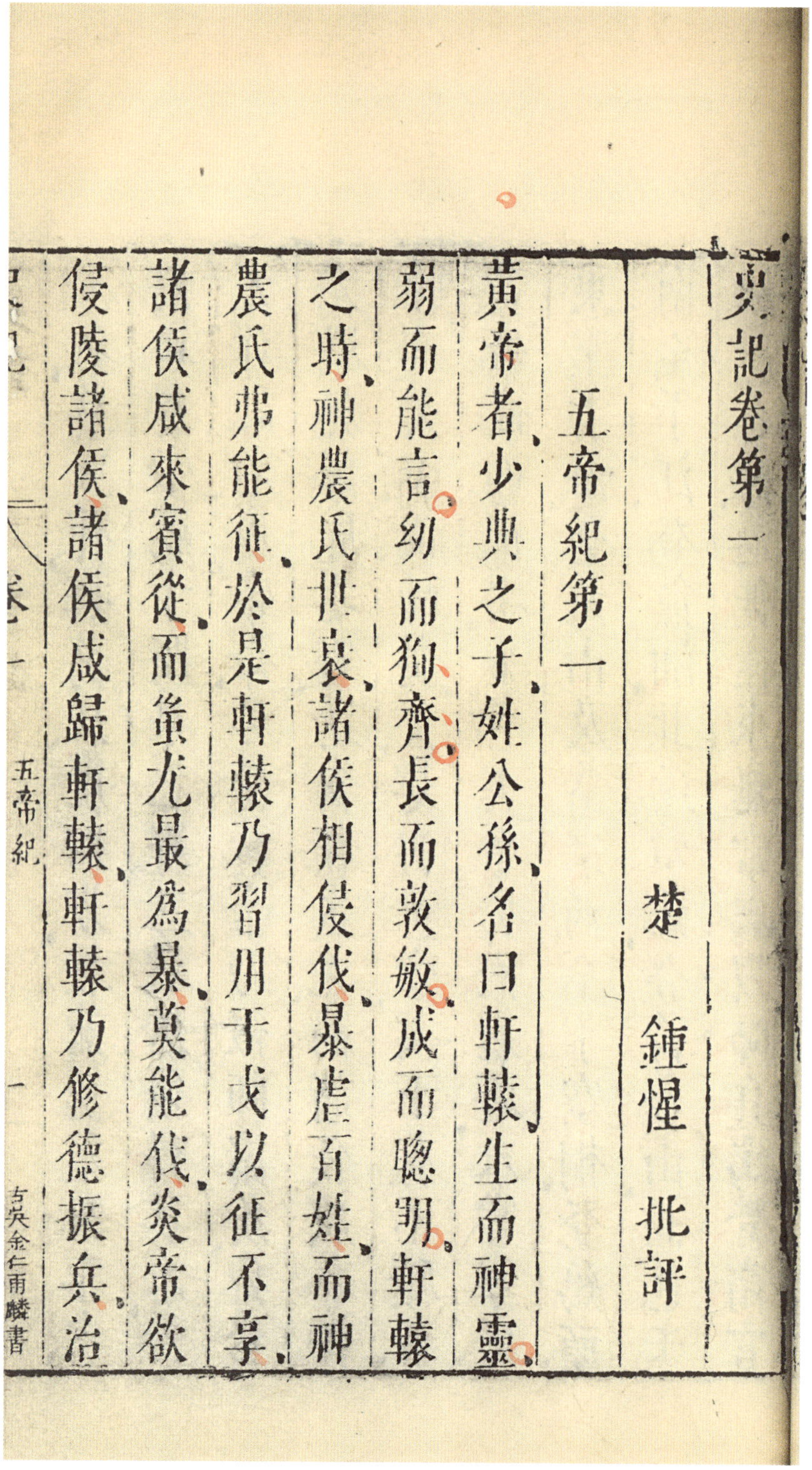
史記卷第一

五帝紀第一

楚　鍾惺　批評

黄帝者少典之子姓公孫名曰軒轅生而神靈弱而能言幼而徇齊長而敦敏成而聰明軒轅之時神農氏世衰諸侯相侵伐暴虐百姓而神農氏弗能征於是軒轅乃習用干戈以征不享諸侯咸來賓從而蚩尤最爲暴莫能伐炎帝欲侵陵諸侯諸侯咸歸軒轅軒轅乃修德振兵治

史記　卷一　五帝紀　一　古吳金仁甫麟書

0034　史記一百三十卷　（漢）司馬遷撰　（明）鍾惺批評　明天啓五年（1625）沈國元大來堂刻本　十二册

匡高19.9厘米，寬13.9厘米。半葉九行，行十八字，白口，四周單邊，單白魚尾。石家莊市圖書館藏。

史記序

文生於情情生於法法
生於因因天師天因地
師地因魯史作春秋萬

句法古質有態與五帝本紀贊同調

史記卷第十三

楚　鍾惺　批評

三代世表一

太史公曰，五帝三代之記尚矣。自殷以前諸侯不可得而譜，周以來乃頗可著。孔子因史文次春秋，紀元年，正時日月，蓋其詳哉。至於序尚書則略，無年月；或頗有，然多闕，不可錄。故疑則傳疑，蓋其慎也。余讀諜記，黃帝以來皆有年數。稽其歷譜諜終始五德之傳，古文咸不同，乖異。夫

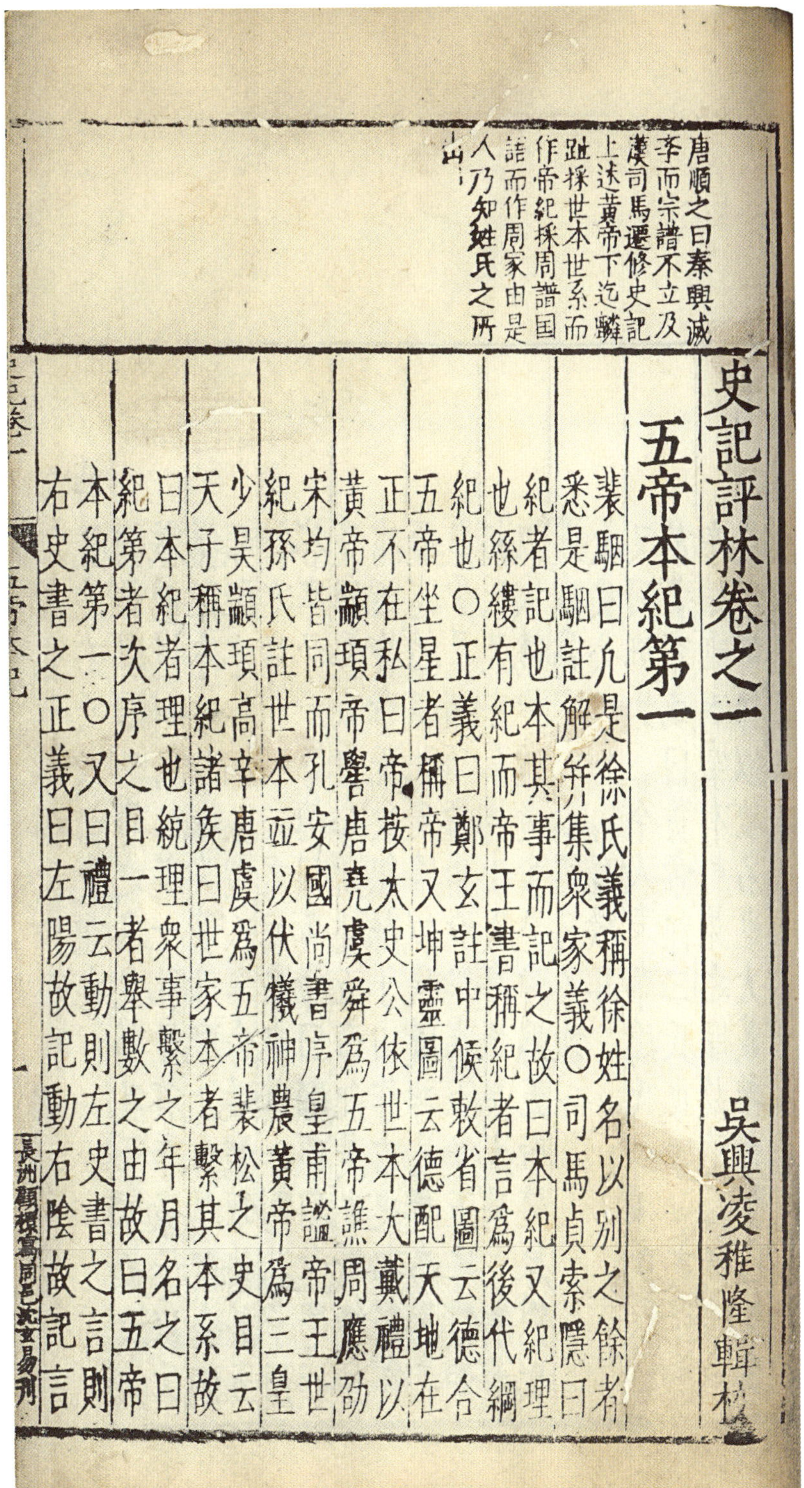

唐順之曰秦興滅學而宗譜不立及漢司馬遷修史記上述黃帝下迄麟趾採世本世系而作帝紀採周譜國語而作周家由是人乃知姓氏之所出

史記評林卷之一　吳興凌稚隆輯校

五帝本紀第一

裴駰曰凡是徐氏義稱徐姓名以別之餘者悉是駰註解并集衆家義○司馬貞索隱曰紀者記也本其事而記之故曰本紀又紀理也絲縷有紀而帝王書稱紀者言爲後代綱紀也○正義曰鄭玄註中候敕省圖云德合五帝坐星者稱帝又坤靈圖云德配天地在正不在私曰帝○按太史公依世本大戴禮以黃帝顓頊帝嚳唐堯虞舜爲五帝譙周應劭宋均皆同而孔安國尚書序皇甫謐帝王世紀孫氏註世本並以伏犧神農黃帝爲三皇少昊顓頊高辛唐虞爲五帝裴松之史目云天子稱本紀諸侯曰世家本者繫其本系故曰本紀紀者理也統理衆事繫之年月名之曰紀第者次序之目一者舉數之由故曰五帝本紀第一○又曰禮云動則左史書之言則右史書之○正義曰左陽故記動右陰故記言

0035　史記評林一百三十卷　（明）凌稚隆輯校　明萬曆五年（1577）刻本　六册

匡高23.7厘米，寬14.8厘米。半葉十行，行十九字，小字雙行同，白口，左右雙邊，單黑魚尾。有刻工鄧欽、錢世英等。河北師範大學圖書館藏。

史記評林序

今夫史者其淂失之林乎百世而上評於史而史則評于百世之下史何容易哉甚矣其評之難也說者以古帝王右史記言左史記事言爲尚書事爲春秋司馬遷兼之故名曰史記而評之者無慮數百家夫易始庖羲詩述列國及禮樂之治神人

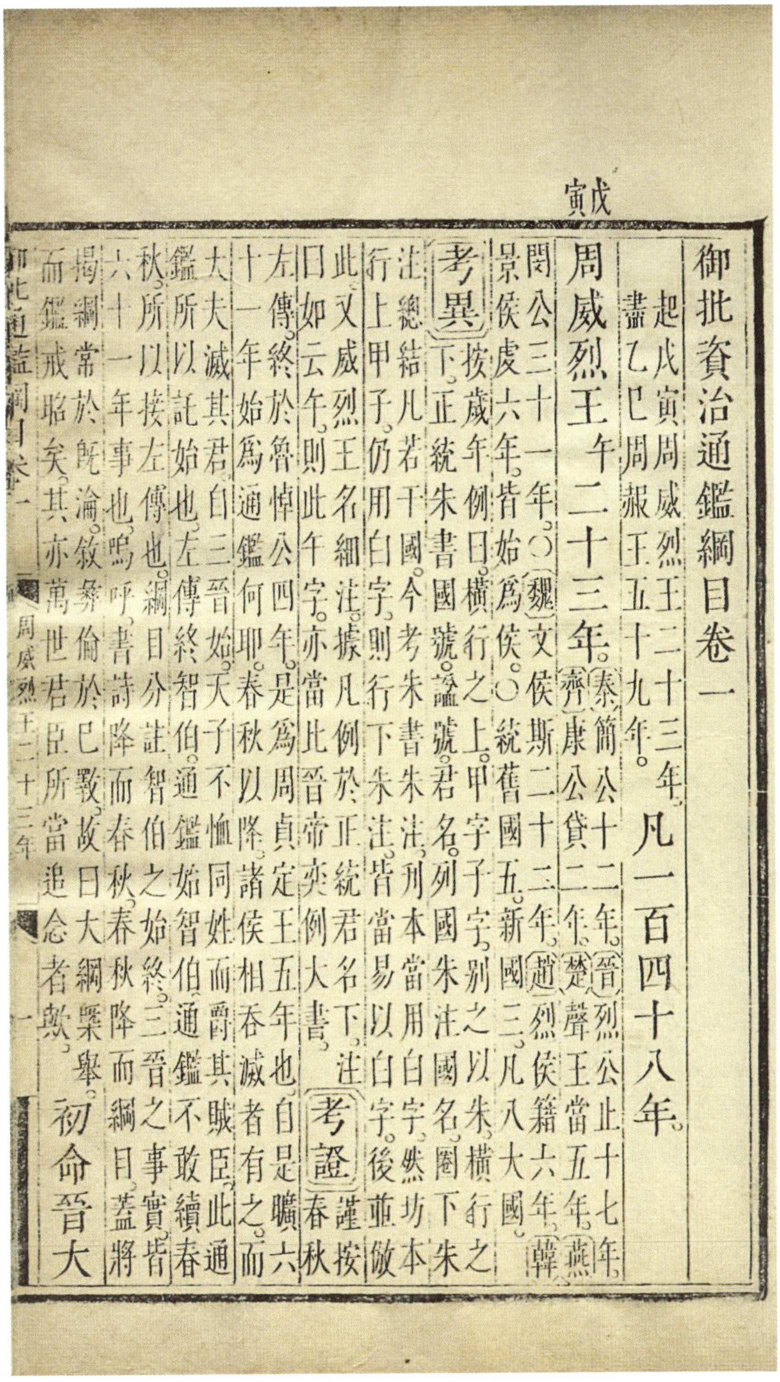
戊寅
御批資治通鑑綱目卷一
起戊寅周威烈王二十三年盡乙巳周赧王五十九年。凡一百四十八年。
周威烈王午二十三年。秦簡公十二年晉烈公止十七年齊康公貸二年楚聲王當五年燕
閔公三十一年。○魏文侯斯二十二年趙烈侯籍六年韓
景侯虔六年。皆始爲侯。○統舊國五。新國三。凡八大國。
考異 按歲年例曰。横行之上。甲字子字。別之以朱。横行之
下。正統朱書國號。謚號。君名。列國朱注國名。圈下朱
注總結凡若干國。今考朱書朱注。刊本當用白字。然坊本
行上甲子。仍用白字。則行下朱注。皆當易以白字。後並倣
此。又威烈王名午。細注據凡例於正統君名下。注
曰如云午。則此午字。亦當比晉帝奕例大書。考證 謹按春秋
左傳終於魯悼公四年。是爲周貞定王五年也。自是曠六
十一年始爲通鑑何耶。春秋以降。諸侯相吞滅者有之。而
大夫滅其君。自三晉始。天子不恤同姓。而爵其賊臣。此通
鑑所以託始也。左傳終智伯。通鑑始智伯。通鑑不敢續春
秋。所以接左傳也。綱目分註智伯之始終。三晉之事實。皆
六十一年事也。嗚呼。書詩降而春秋。春秋降而綱目。蓋將
揭綱常於既淪。敘彝倫於已斁。故曰大綱槩舉。
而鑑戒昭矣。其亦萬世君臣所當追念者歟。初命晉大
御批通鑑綱目卷一 周威烈王二十三年 一

0036　御批資治通鑑綱目五十九卷首一卷　（宋）朱熹撰　前編十八卷舉要三卷　（宋）金履祥撰　外紀一卷　（明）陳桱撰　續綱目二十七卷　（明）商輅撰　清康熙四十六年（1707）內府刻本　四十四册

匡高19厘米，寬13.2厘米。半葉十一行，行二十二字，小字雙行同，黑口，四周雙邊，雙順黑魚尾。有留保圈點、批注、題款。留保（1689—1766），完顔氏，字松裔，滿洲正白旗人。康熙六十年（1721）進士，改庶吉士。雍正元年，散館授檢討，累遷通政史。歷官禮、吏、工三部侍郎。保定學院圖書館藏。

禹王在位十七春

太康在位二十九春

仲康在位十三春

三歲。大戰于甘。用孔氏書傳、楚辭修。

九歲。王崩。子太康踐位。用史記本紀、經世修。

癸巳。太康元歲。尸位。用尚書修。

十有九歲。畋于洛表。羿拒于河。五弟御母以從。遂都

陽夏。用尚書、路史、薛氏書傳修。

二十有九歲。王崩于陽夏。弟仲康立。用尚書、路史修。

壬戌。仲康元歲。肇位四海。命胤侯掌六師。用尚書修。

季秋月朔。辰弗集于房。用唐大衍曆日度議修。

胤侯承王命。征羲和。用尚書、經世修。

甲子。三歲。羿滅伯封。用大紀修。

十有三歲。王崩。子相踐位。用經世修。

御批資治通鑑綱目卷十二

吏部尚書加二級臣宋犖謹奉

敕校刊

乾隆三年十月二十三日留保讀訖

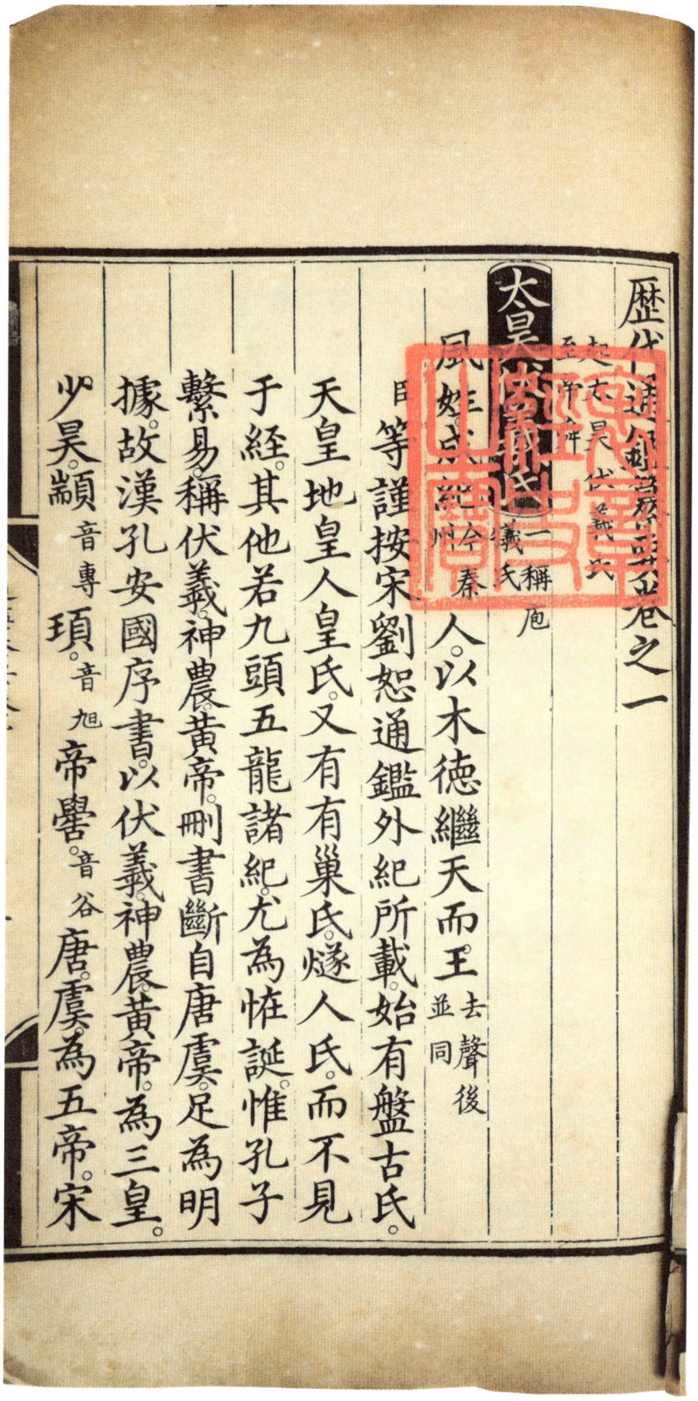

0037　歷代通鑑纂要九十二卷　（明）李東陽　劉機撰　明正德二年（1507）内府刻本　三十三册

匡高25厘米，寬17厘米。半葉十行，行二十字，小字十二字，黑口，四周雙邊，雙對黑魚尾。鈐有“廣運之寶”“表彰經史之寶”等藏書印。入選第二批《國家珍貴古籍名録》（名録號03742）。武安市圖書館藏，存四十七卷（卷一、五至八、十至十一、二十一至二十二、二十五至二十六、五十至五十六、五十九至七十九、八十二、八十四至八十五、八十八至九十二）。

御製歷代通鑑纂要序

惟我
皇考孝宗敬皇帝萬幾之暇。游覽
史籍。每好通鑑綱目。患其繁多。
特
勑翰林儒臣。撮其要畧。既又謂周
威烈王以上。遡于三皇。宋以下。

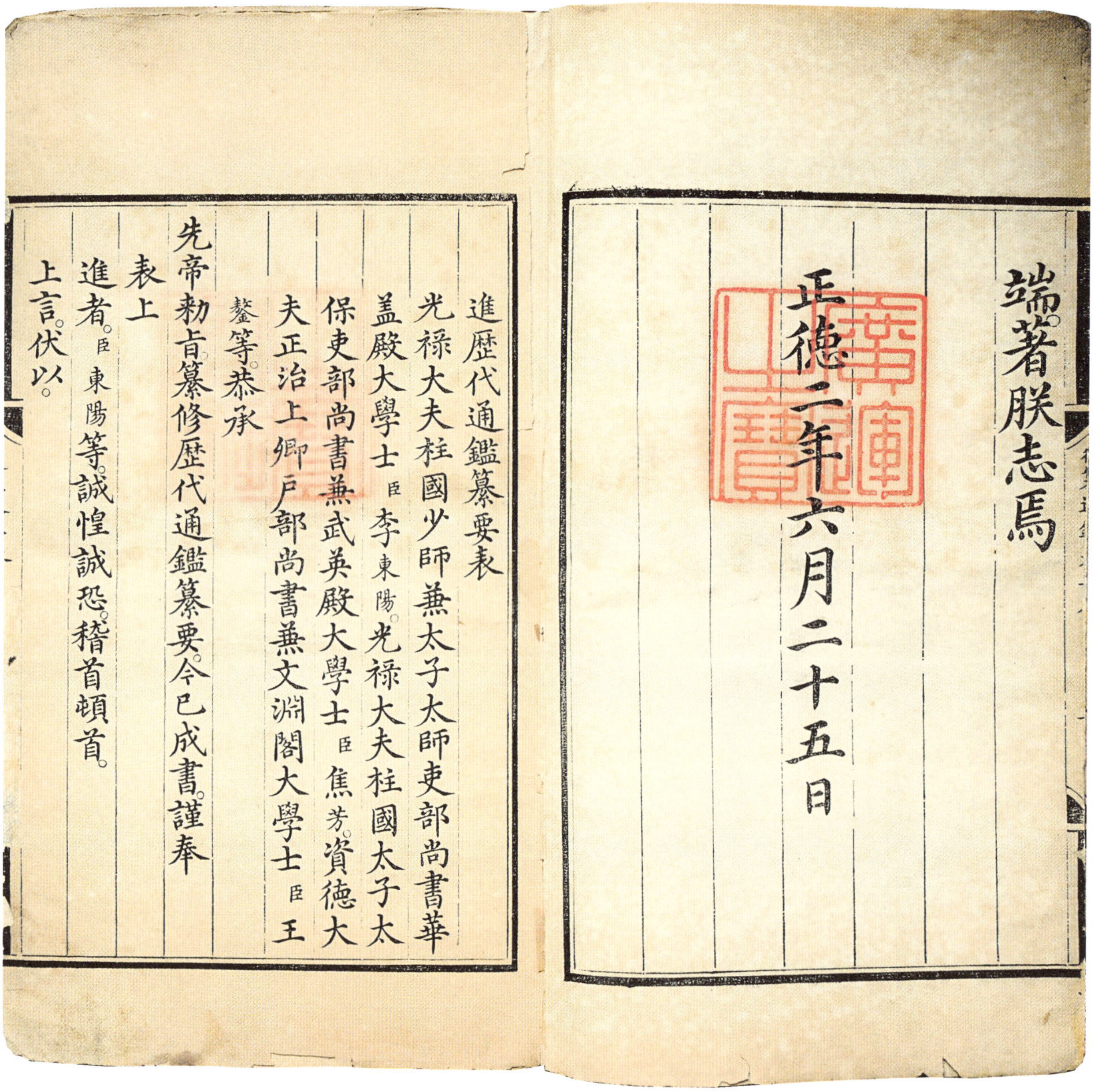
端著朕志焉
正德二年六月二十五日
進歷代通鑑纂要表
光祿大夫柱國少師兼太子太師吏部尚書華
蓋殿大學士臣李東陽光祿大夫柱國太子太
保吏部尚書兼武英殿大學士臣焦芳資德大
夫正治上卿戶部尚書兼文淵閣大學士臣王
鏊等恭承
先帝勑旨纂修歷代通鑑纂要今已成書謹奉
表上
進者臣東陽等誠惶誠恐稽首頓首
上言伏以

聖激切屏營之至謹以所修歷代通鑑纂要九十二
卷目錄凡例一卷共六十册隨
表上
進以
聞
正德二年六月二十五日光祿大夫柱國少師兼太子太師吏部尚書華蓋殿大學士臣李東陽等謹上表

奉
勅詳定官
光祿大夫柱國少師兼太子太師吏部尚書華蓋殿大學士臣李東陽
光祿大夫柱國太子太保吏部尚書兼武英殿大學士臣焦芳
資德大夫正治上卿戶部尚書兼文淵閣大學士臣王鏊
編纂官
嘉議大夫掌詹事府事禮部左侍郎兼翰林院學士臣劉機
翰林院學士奉議大夫臣劉春
中憲大夫太常寺少卿兼翰林院侍讀臣費宏
翰林院侍讀臣徐穆

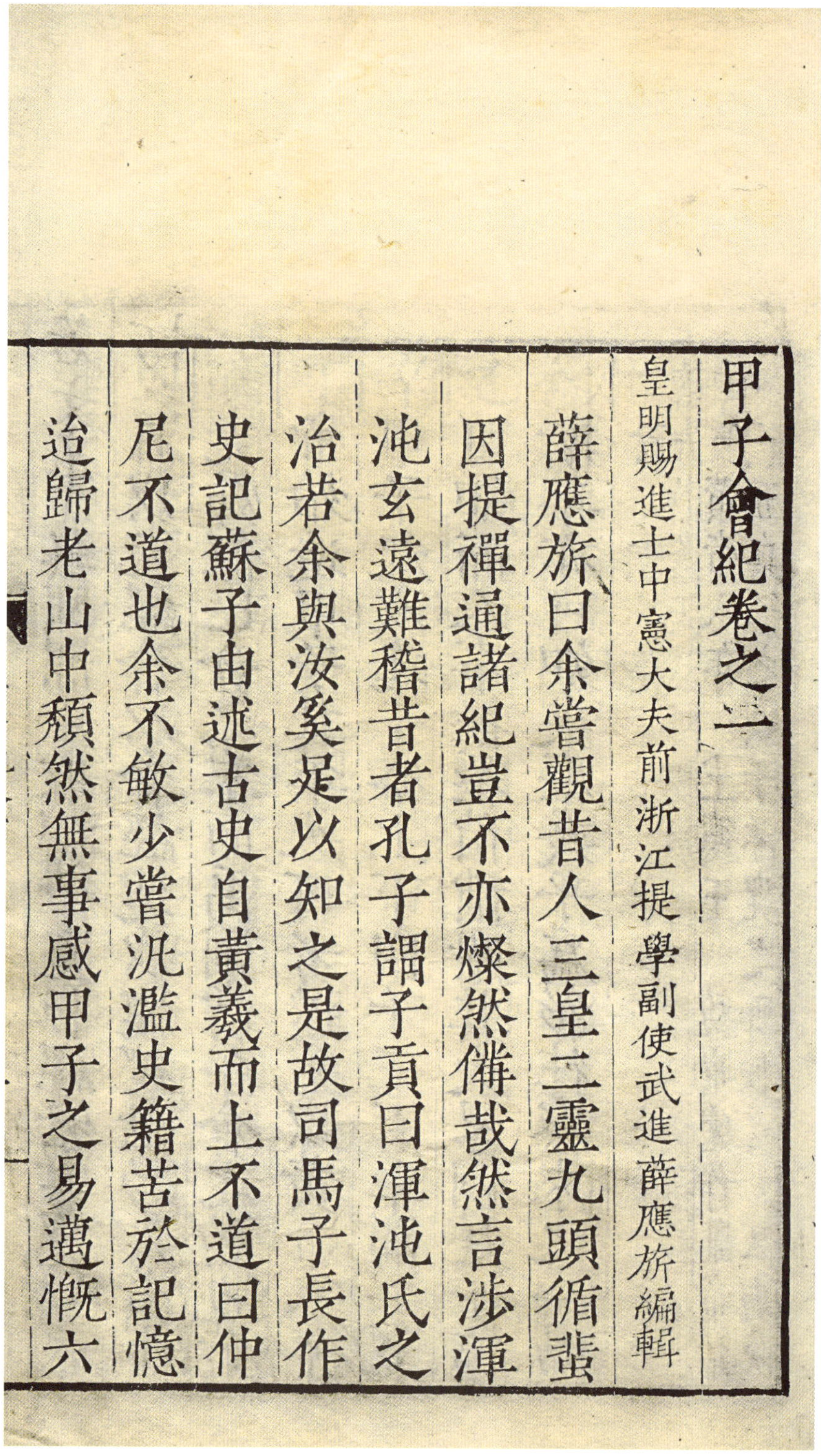

甲子會紀卷之二

皇明賜進士中憲大夫前浙江提學副使武進薛應旂編輯

薛應旂曰余嘗觀昔人三皇二靈九頭循蜚因提禪通諸紀豈不亦燦然備哉然言涉渾沌玄遠難稽昔者孔子謂子貢曰渾沌氏之治若余與汝奚足以知之是故司馬子長作史記蘇子由述古史自黄羲而上不道曰仲尼不道也余不敏少嘗汎濫史籍苦於記憶迨歸老山中頽然無事感甲子之易邁慨六

0038　甲子會紀五卷　（明）薛應旂撰　明嘉靖三十八年（1559）刻本　四册

匡高18.1厘米，寬14厘米。半葉九行，行十八字，小字雙行同，白口，四周單邊，單黑魚尾。版心下有刻工姓名。鈐有“蓮池書院收藏書籍印”“直隸圖書館收藏記”藏書印。入選第二批《國家珍貴古籍名録》（名録號03754）。保定市圖書館藏。

扈患深仍念惡驅除才堪命世有時有智可濟
時無世無既往盡歸閒指點未來須俟別支吾
不知造化誰爲主生得幾多奇丈夫

甲子會紀卷之五

嘉靖戊午秋刻于玄津草堂

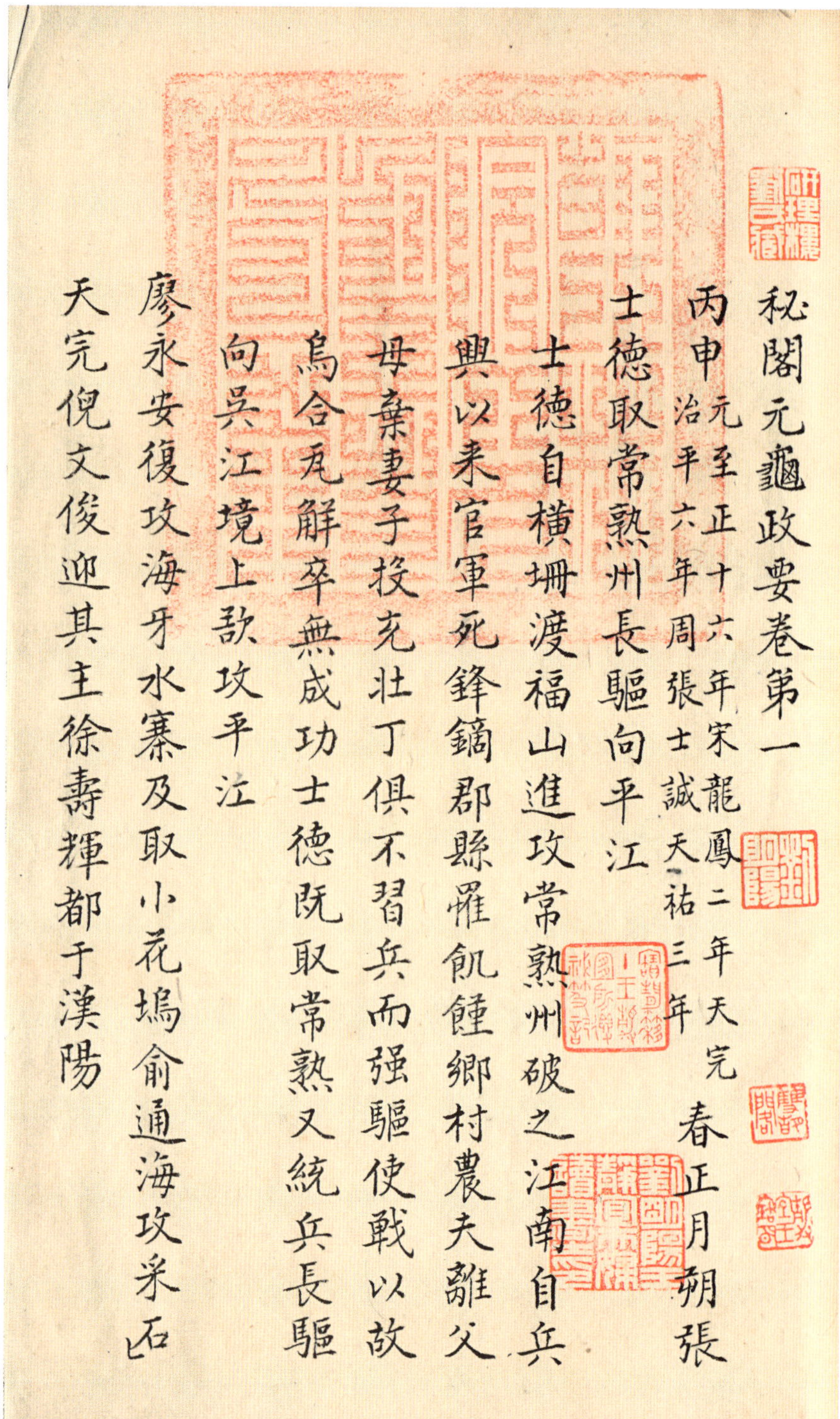
秘閣元龜政要卷第一
丙申元至正十六年宋龍鳳二年天完治平六年周張士誠天祐三年春正月朔張
士德取常熟州長驅向平江
士德自横堋渡福山進攻常熟州破之江南自兵
興以来官軍死鋒鏑郡縣罹飢饉鄉村農夫離父
毋棄妻子投充壯丁俱不習兵而強驅使戰以故
烏合旡解卒無成功士德既取常熟又統兵長驅
向吳江境上欵攻平江
廖永安復攻海牙水寨及取小花塢俞通海攻采石
天完倪文俊迎其主徐壽輝都于漢陽

0039　秘閣元龜政要十六卷　（明）佚名撰　清康熙抄本（四庫底本）十六册

書前有藏書家劉明陽題識一篇。鈐有“乾隆三十八年七月兩淮鹽政李質穎送到秘閣元龜政要壹部　計書拾陸本”“翰林院印”“劉明陽”等藏書印。入選第四批《國家珍貴古籍名録》（名録號10210）。河北大學圖書館藏。

秘閣元龜政要十六卷　明嘉靖時人撰　清康熙間鈔本　四庫底本

此書除千頃堂書目載入典故類歷來藏家殊尠著錄即明史藝文志亦不載其罕傳可知據四庫史部編年存目以不著撰人名氏書中已稱成祖則嘉靖以後人作也所記皆明太祖事然起於元順帝至正十六年張士誠來常熟終於洪武二十八年首尾皆不完具殆前後各佚一冊今本卷第又傳寫者所改題歟大致與太祖實錄相出入亦無異聞也云云按是書應起元至正壬辰即元至正十二年時太祖年二十五（太祖生於元天曆戊辰至元至正壬辰應為二十五明史本紀作二十四恐有誤）居皇覺寺鑒於汝潁蘄黃盜起韓山童（林兒之父）倡亂爰籌玫舉義不應起於十六年應止於洪武三十一年不應止於二十八年存目以首尾皆有所佚所見尚是惟細檢原書所佚實

研理樓書鈔

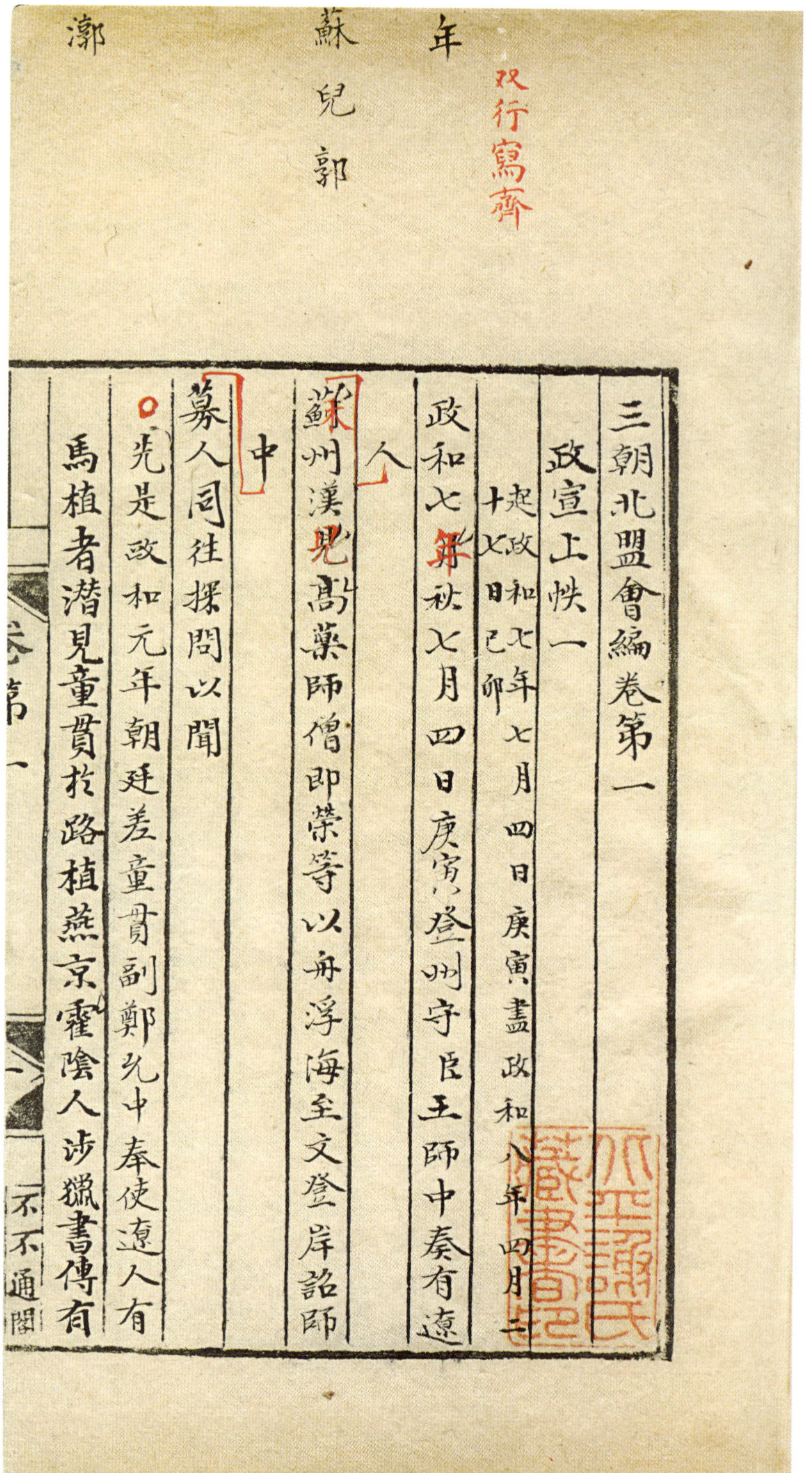
三朝北盟會編卷第一
政宣上帙一
起政和七年七月四日庚寅盡政和八年四月二十七日己卯
政和七年秋七月四日庚寅登州守臣王師中奏有遼
蘇州漢兒高藥師僧郎榮等以舟浮海至文登岸詔師
中募人同往探問以聞
先是政和元年朝廷差童貫副鄭允中奉使遼人有
馬植者潛見童貫於路植燕京霍陰人涉獵書傳有

0040　三朝北盟會編二百五十卷　（宋）徐夢莘編　清初抄本　一百册

匡高18.7厘米，寬12.6厘米。半葉十行，行二十一字，黑口，左右雙邊，三黑魚尾。鈐有“蓮池書院收藏書籍印”“直隸圖書館收藏記”“北平謝氏藏書印”等藏書印。入選第三批《國家珍貴古籍名録》（名録號07706）。保定市圖書館藏。

三朝北盟集編序

嗚呼靖康之禍古未有也夷狄為中國患久矣昔在虞周猶不免有苗玁狁之征漢唐以來如冒頓之圍平城佛狸之臨瓜步頡利之盟渭上此其盛者又其盛則屠劉各陷洛耶律入汴而已是皆乘草昧淩遲之日未聞以全治昌時際此慘酷若此其盛也揆厥造端誤國首惡罪所有矣迨至臨難無不恨為當其兩河長驅而來使有以死捍敵青城變議之日使有以死勤事尚可挫其兇焰而折其奸鋒惜乎伏節死義之士僅有二三而偷生嗜利之徒雖近臣名士俯

卷 序 一

不不通閣

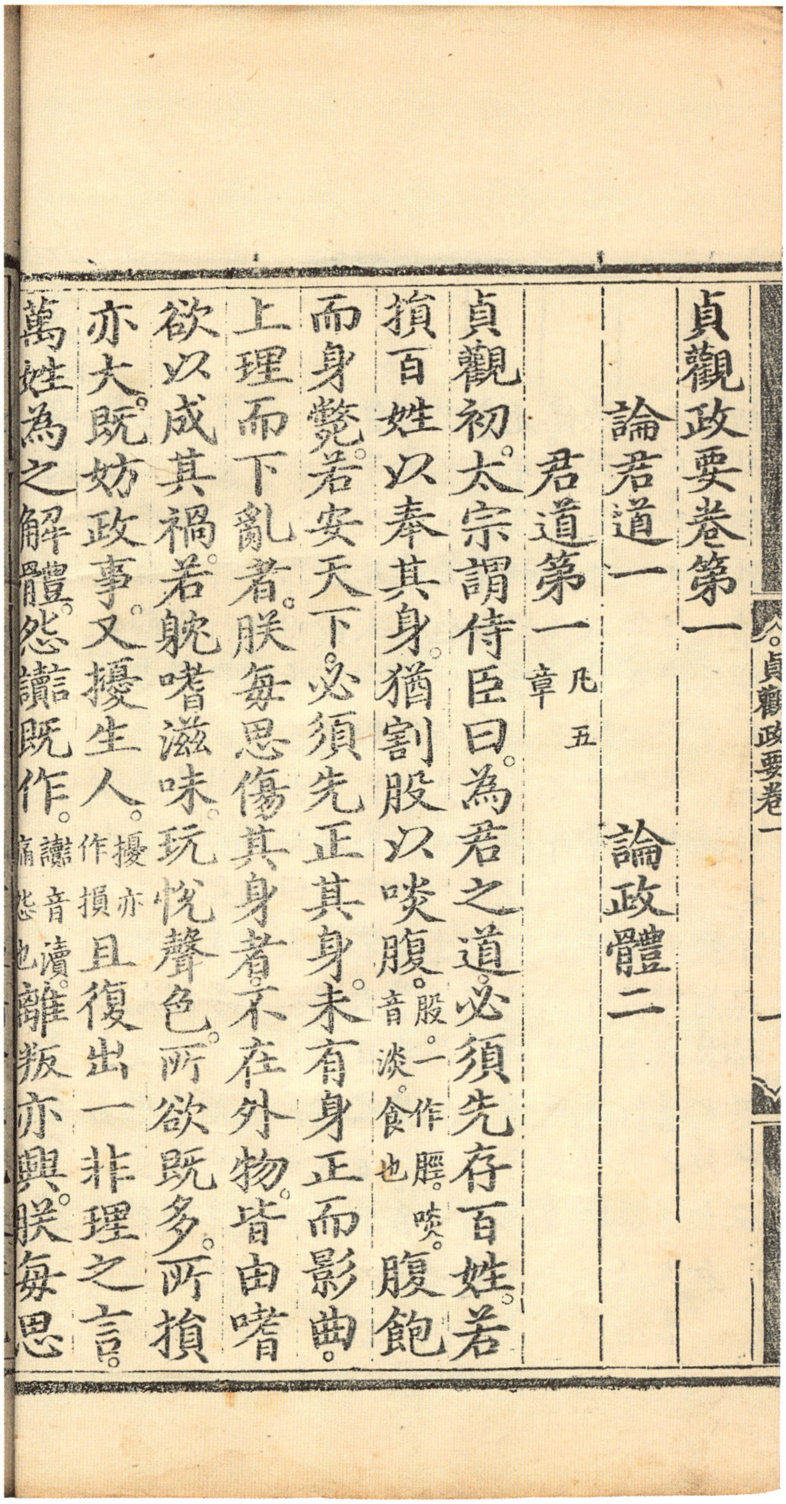

貞觀政要卷第一

論君道一　論政體二

君道第一 凡五章

貞觀初太宗謂侍臣曰為君之道必須先存百姓若損百姓以奉其身猶割股以啖腹腹飽股一作脛啖音淡食也而身斃若安天下必須先正其身未有身正而影曲上理而下亂者朕每思傷其身者不在外物皆由嗜欲以成其禍若躭嗜滋味玩悅聲色所欲既多所損亦大既妨政事又擾生人擾亦作損且復出一非理之言萬姓為之解體怨讟既作讟音讀痛怨也離叛亦興朕每思

貞觀政要卷一　一

0041　貞觀政要十卷　（唐）吴兢撰　（元）戈直集論　明成化内府刻本　六册

包背裝。匡高26.7厘米，寬18.7厘米。半葉十行，行二十字，小字雙行同，黑口，四周雙邊，雙對黑魚尾。入選第三批《國家珍貴古籍名録》（名録號07755）。河北大學圖書館藏。

御製貞觀政要序

朕惟三代而後。治功莫盛於唐。而唐三百年間。尤莫若貞觀之盛。誠以太宗克己勵精。圖治於其上。而群臣如魏徵輩。感其知遇之隆。相與獻可替否以輔治於下。君明臣良

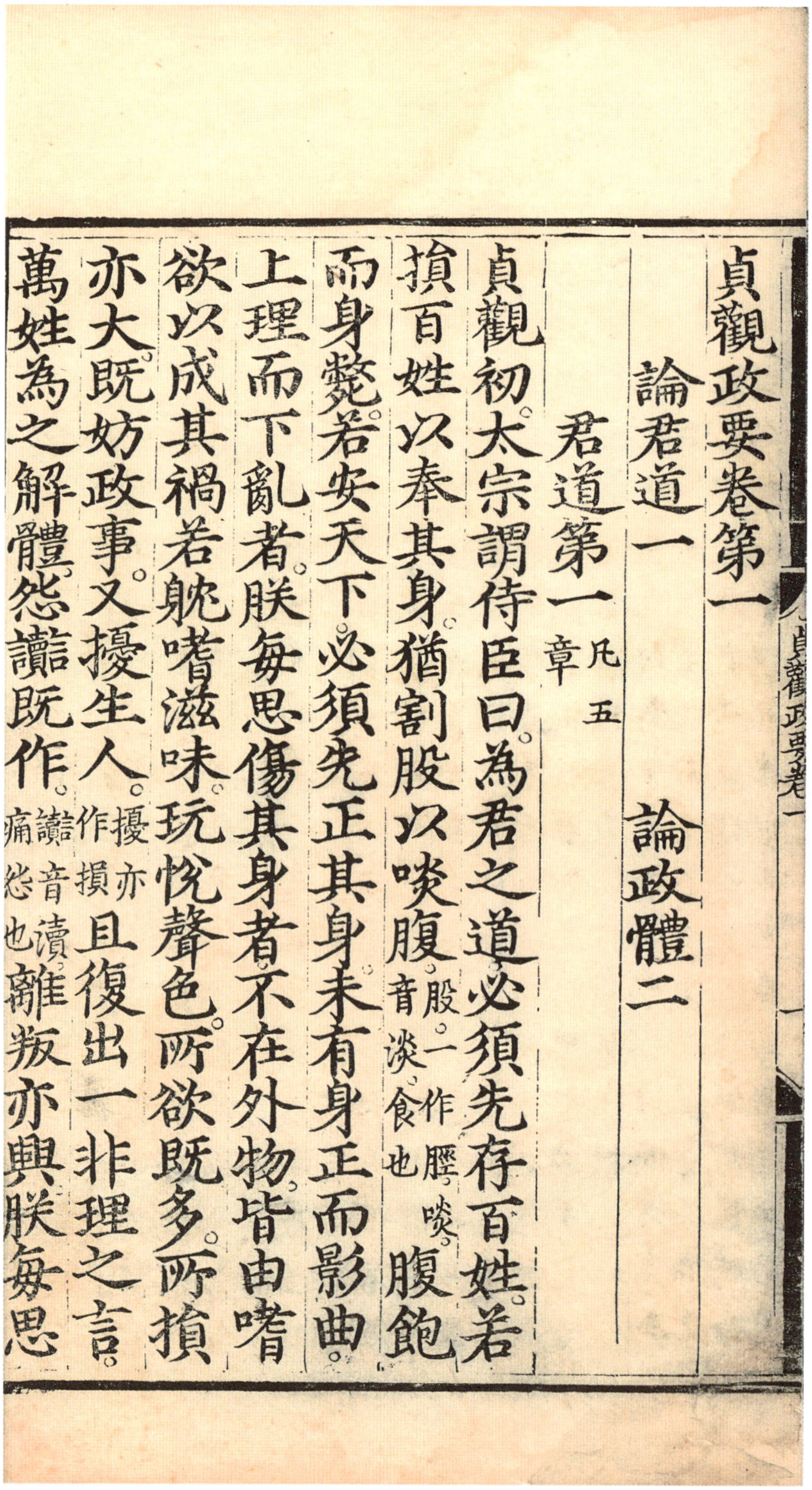

貞觀政要卷第一

論君道一　論政體二

君道第一 凡五章

貞觀初太宗謂侍臣曰為君之道必須先存百姓若損百姓以奉其身猶割股以啖腹股一作脛啖音淡食也腹飽而身斃若安天下必須先正其身未有身正而影曲上理而下亂者朕每思傷其身者不在外物皆由嗜欲以成其禍若躭嗜滋味玩悅聲色所欲既多所損亦大既妨政事又擾生人擾亦作損且復出一非理之言萬姓為之解體怨讟既作讟音讀痛怨也離叛亦興朕每思

0042　貞觀政要十卷　（唐）吴兢撰　（元）戈直集論　明成化崇府刻本　八册

匡高26.7厘米，寬18.7厘米。半葉十行，行二十字，小字雙行同，黑口，四周雙邊，雙對黑魚尾。入選第三批《國家珍貴古籍名録》（名録號07759）。河北大學圖書館藏。

書立言。其托始終之際。皆有深意。吳氏之著是編也。始之以太宗問魏徵正身之道。終之以魏徵對太宗克終之言。其意之所存。雖不可知。以事實攷之。則二者皆太宗之所不足也。何也。太宗削除禍亂。身致升平。虛己而納諫。任賢而使能。恭儉節用。寬仁而愛人。三代天下之君。絕無而僅有者也。然於君臣父子兄弟夫婦之間。皆有慚德。豈非正身之道。有所不足歟。太宗之能納諫矣。而晚年有仆碑之失。能慎刑矣。而晚年有君羨之誅。能息兵矣。復有高麗西域之師。能節用矣。復有飛山翠微之作。豈非克終之道。有所不足歟。合二者而論之。則太宗所以不能克終者。由其不能正身也。然則吳氏之書。豈非始言其本而終言其效歟

成化丙申

崇府重刊

貞觀政要卷第十

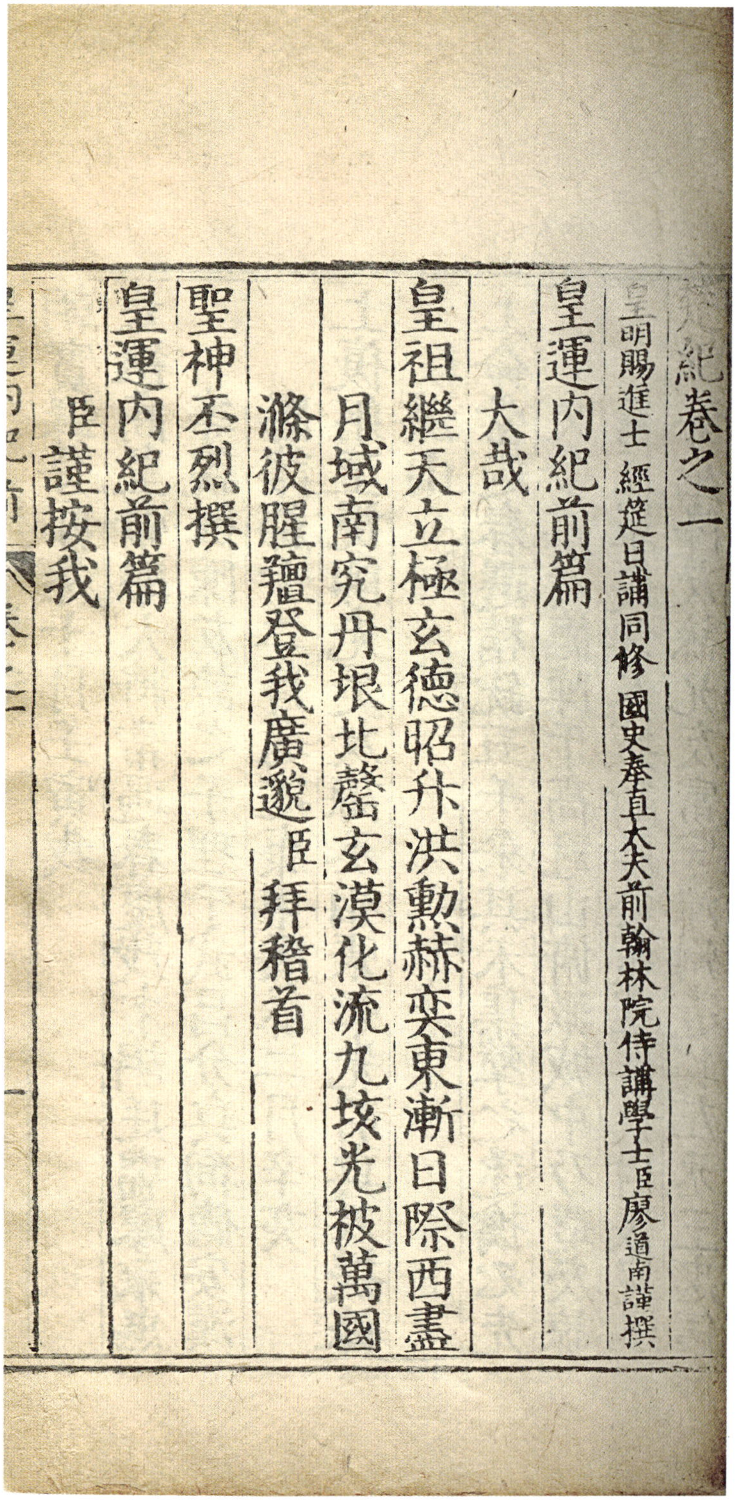

楚紀卷之一

皇明賜進士 經筵日講同修 國史奉直大夫前翰林院侍講學士臣廖道南謹撰

皇運內紀前篇

大哉

皇祖繼天立極玄德昭升洪勲赫奕東漸日際西盡

月域南究丹垠北罄玄漠化流九垓光被萬國

滌彼腥羶登我廣邈臣拜稽首

聖神丕烈撰

皇運內紀前篇

臣謹按我

0043　楚紀六十卷　（明）廖道南撰　明萬曆二十四年（1596）刻本　二十册

匡高20.7厘米，寬14.3厘米。半葉十行，行二十字，白口，四周雙邊，單黑魚尾。鈐有“直隸圖書館收藏記”藏書印。保定市圖書館藏。

重刻楚紀敘

夫譚楚事者大率原本山川鋪張物產以為大國雄所最著者若衡峯岑崟與四岳並峙而五而域中十澤雲夢居一焉其間若丹青赭堊赤玉

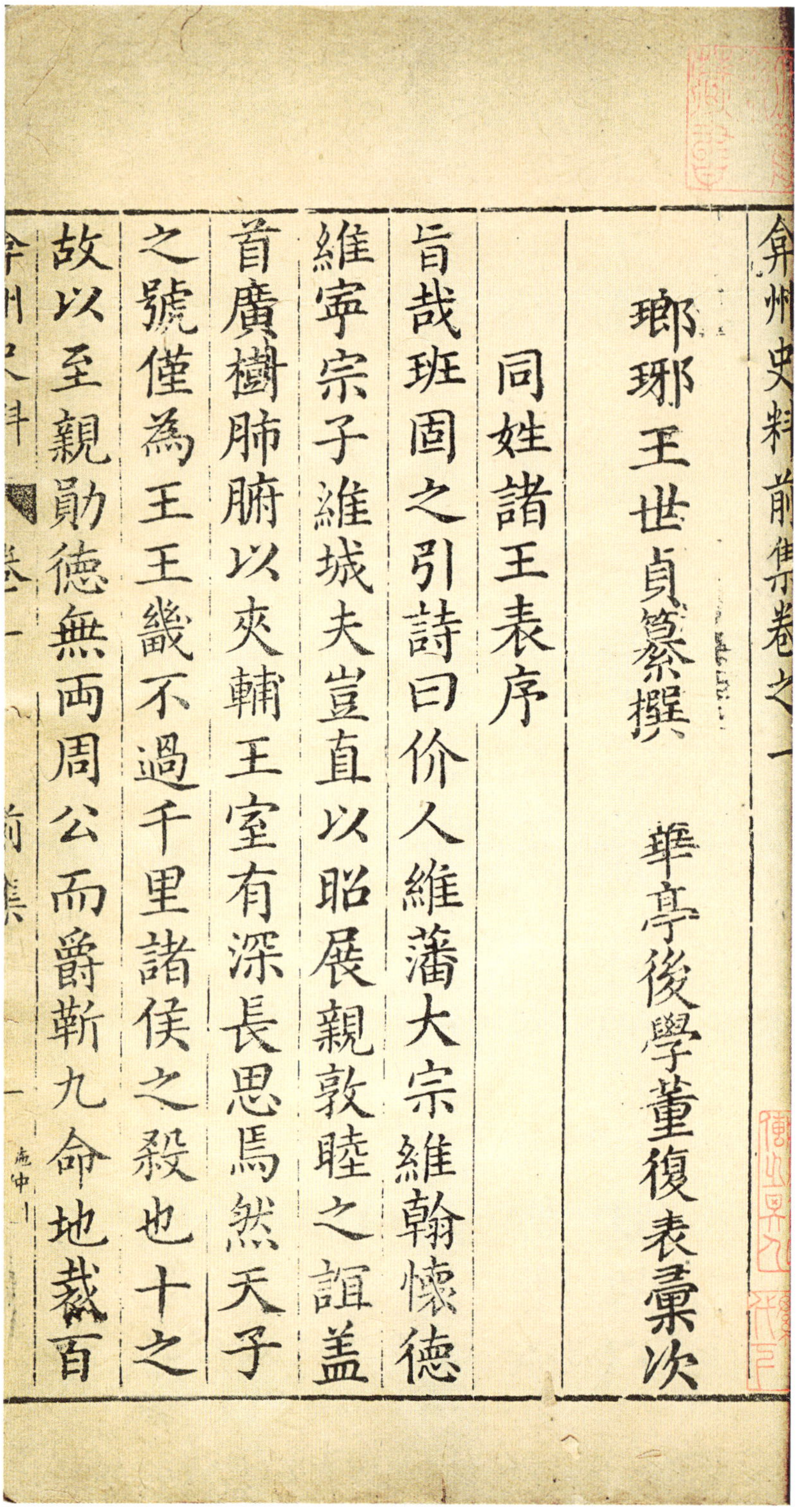

弇州史料前集卷之一
瑯琊王世貞纂撰　華亭後學董復表彙次
同姓諸王表序
旨哉班固之引詩曰价人維藩大宗維翰懷德
維寧宗子維城夫豈直以昭展親敦睦之誼蓋
首廣樹胏腑以夾輔王室有深長思焉然天子
之號僅爲王王畿不過千里諸侯之殺也十之
故以至親勛德無两周公而爵靳九命地裁百

弇州史料　卷之一　前集　一

0044　弇州史料前集三十卷後集七十卷　（明）王世貞撰　（明）董復表編　明萬曆四十二年（1614）刻本　十五册

匡高21.8厘米，寬15厘米。半葉九行，行十八字，白口，四周單邊，單黑魚尾。鈐有“蓮池書院收藏書籍印”“直隸圖書館收藏記”藏書印。版心下有刻工姓名。保定市圖書館藏。

史料序

史之有實錄也似而允者也天子事非一家一人私事則所錄自不能遺臣民而專名曰某帝某事實錄

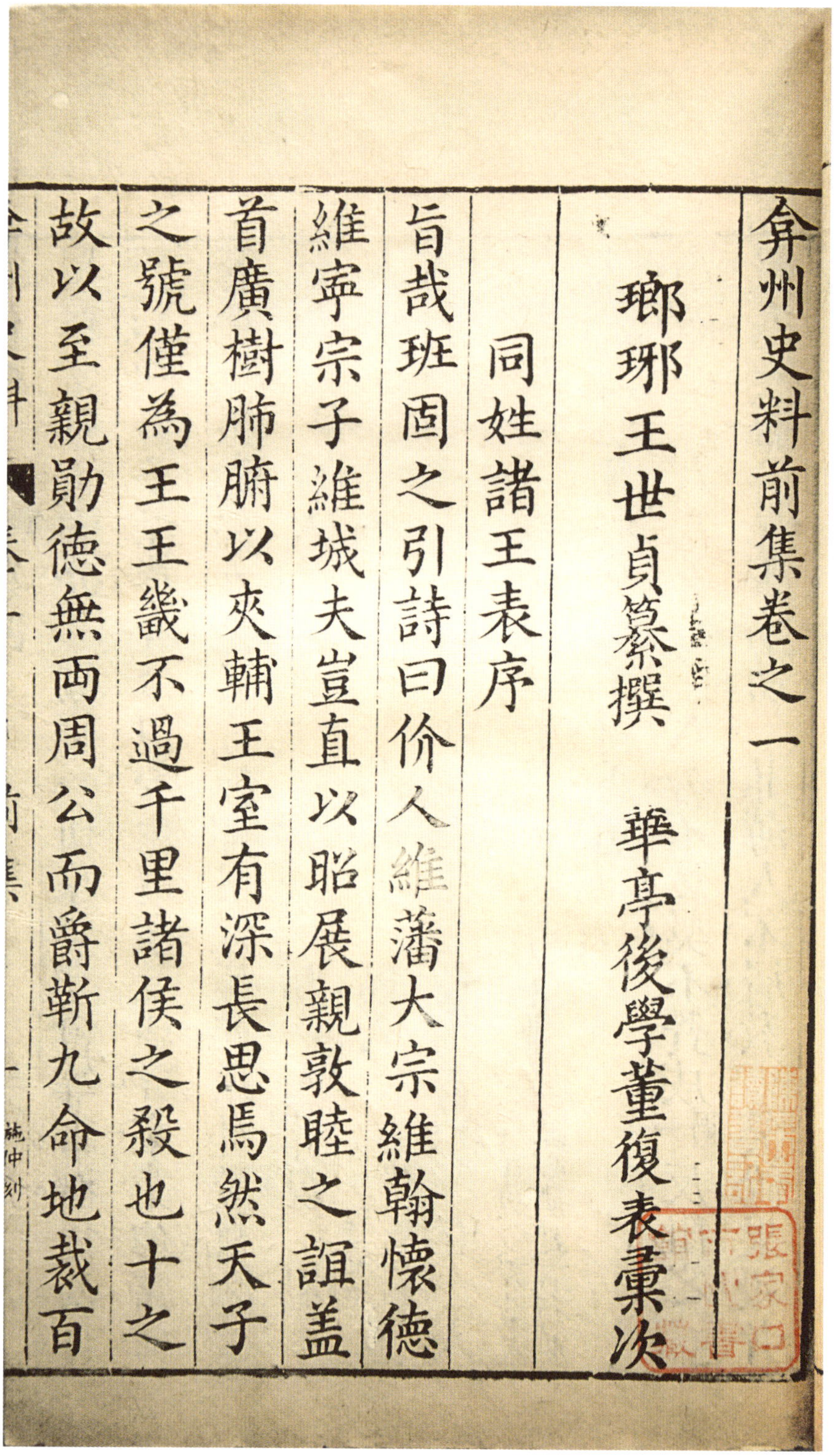
弇州史料前集卷之一
瑯琊王世貞纂撰　華亭後學董復表彙次
同姓諸王表序
旨哉班固之引詩曰价人維藩大宗維翰懷德
維寧宗子維城夫豈直以昭展親敦睦之誼盖
首廣樹胏腑以夾輔王室有深長思焉然天子
之號僅為王王畿不過千里諸侯之殺也十之
故以至親勛德無兩周公而爵靳九命地裁百
弇州史料　卷一　前集

0045　弇州史料前集三十卷後集七十卷　（明）王世貞撰　（明）董復表編　明萬曆四十二年（1614）刻本　六十四册

匡高21.5厘米，寬14.7厘米。半葉九行，行十八字，白口，四周單邊，單黑魚尾。版心下有刻工姓名。張家口市圖書館藏。

史料序

史之有實錄也似而允者也天子事非一家一人私事則所錄自不能遺四民而吾名曰某帝某事實錄程

孫士刻

弇州史料後集卷之七十

瑯琊王世貞纂撰　華亭後學董復表彙次

家乘攷二

林介立時行狀在史館奏記副總裁董公曰昨聞迎立一事或云由中或云由内閣誅賊彬或云由張永或云由楊廷和疑信之間漫然無據云云楊文襄一清為張太監永志則曰逆彬握邊鎮重兵留鎮四十餘日召文武百官胥來會

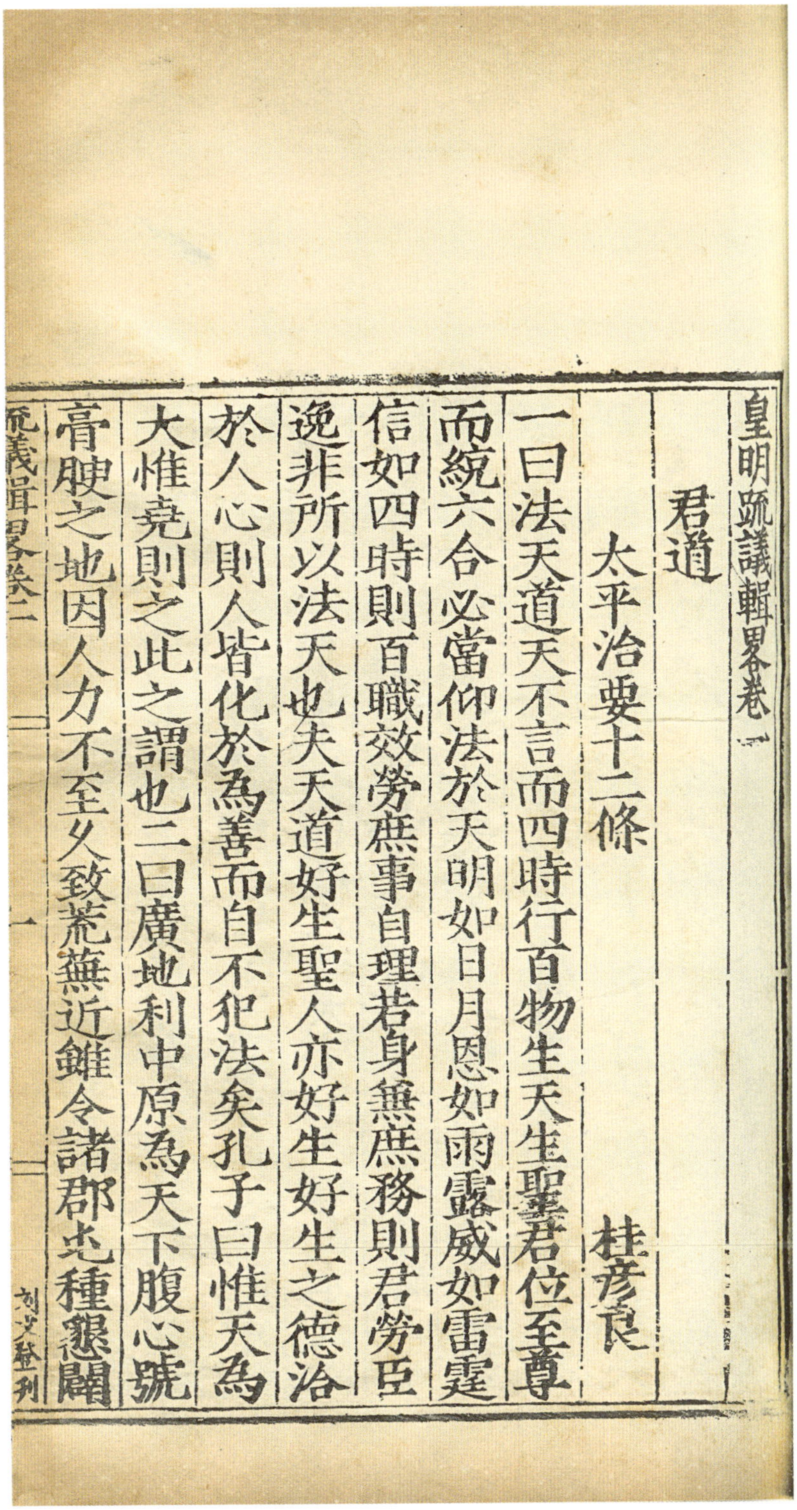
皇明疏議輯畧卷一

君道

太平治要十二條　桂彥良

一曰法天道天不言而四時行百物生天生聖君位至尊而統六合必當仰法於天明如日月恩如雨露威如雷霆信如四時則百職效勞庶事自理若身兼庶務則君勞臣逸非所以法天也夫天道好生聖人亦好生好生之德洽於人心則人皆化於為善而自不犯法矣孔子曰惟天為大惟堯則之此之謂也二曰廣地利中原為天下腹心號膏腴之地因人力不至久致荒蕪近雖令諸郡屯種墾闢

疏議輯畧卷二　一　刘文登刊

0046　皇明疏議輯畧三十七卷　（明）張瀚輯　明萬曆王汝訓、萬世德刻本　十二册

匡高20厘米，寬15.5厘米。半葉十行，行二十二字，白口，四周雙邊。版心下有刻工姓名。書前鈐有“直隸圖書館收藏記”“滿城張氏藏書印”“詠古山房”“廷霖之章”等藏書印。保定市圖書館藏。

皇明疏議輯畧序

予讀周官有曰學古入官議事以制政乃不迷又曰其爾典常作之師乃知士君子欲博見聞宣化理匪稽古之難乃知令之難非執古之貴乃通時之貴甚哉古人之教邃且遠也夫丘索墳典諸史百家古道存焉據成籍而搜繹之其道莫不畢見惟一代之典必有一代之制雖道法未嘗不

洲名瀚字子文浙之仁和人博學好文非
徒役役於簿書者其美兹可書也因不辭
而爲之序
嘉靖三十年歲次辛亥冬十一月吉旦
賜同進士出身翰林院
國史檢討徵仕郎奉
命專理文官
誥勅兼修

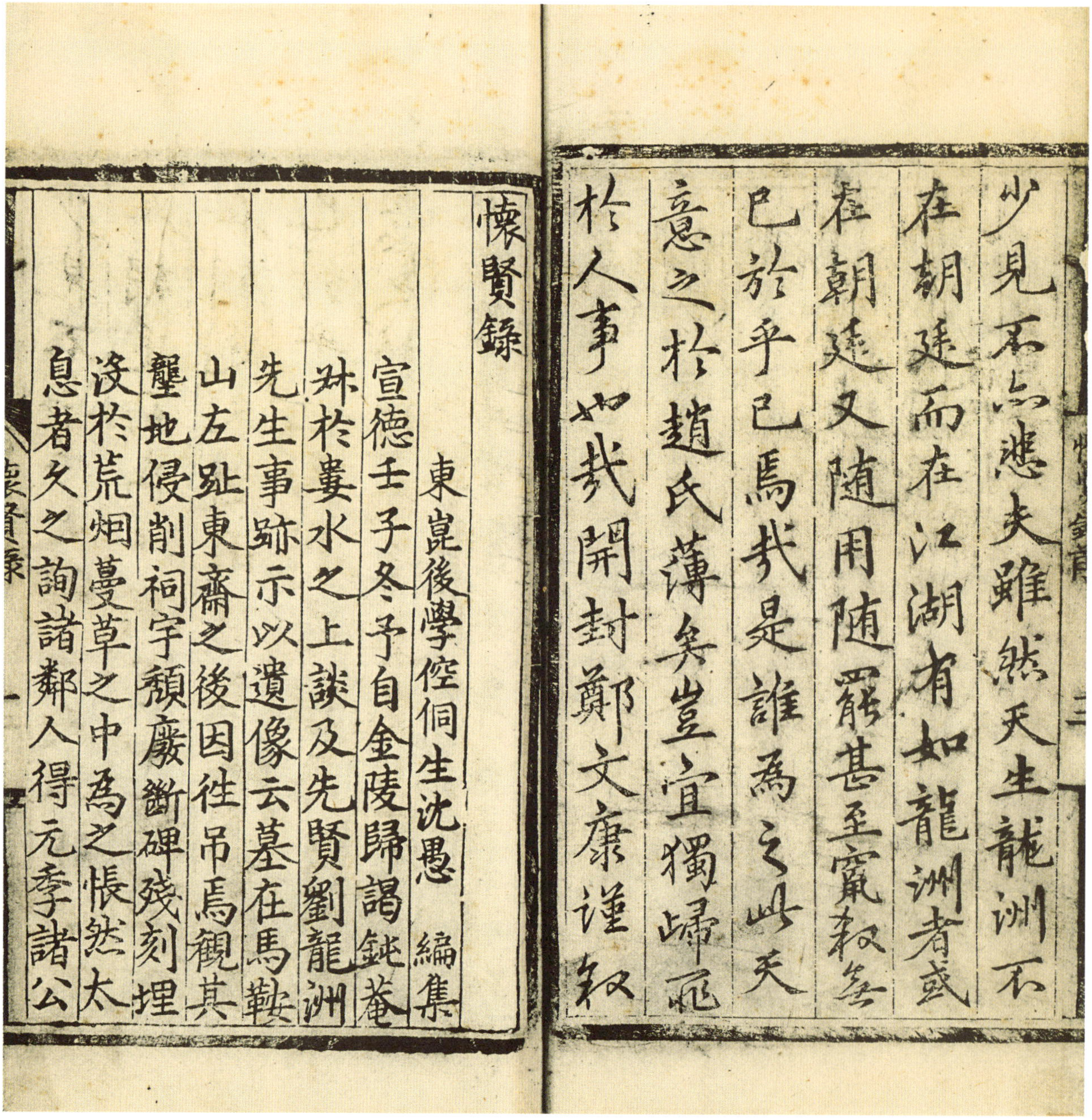

0047　懷賢録不分卷附龍州詞一卷　（宋）劉過撰　（明）沈愚編集　明正統刻弘治增修本　三册

匡高20厘米，寬12.4厘米。半葉九行，行十六字，黑口，四周雙邊，單花魚尾。鈐有“研理樓劉氏藏”等藏書印。入選第三批《國家珍貴古籍名録》（名録號07860）。河北大學圖書館藏。

懷賢錄前紀

東崑沈儋僩　壯宋龍洲劉過

生當嵩皇時上書謂中原可

一戰而取擯弗用竟以客死

於是采其行為小傳一通以補

前史之缺復散收其詩詞爲

寶劍已埋沒長嘯一聲天地秋
先生不暇自興哀千載令人淚眼開用舍
吾儒元有道為誰流落為誰來

重題龍洲祠

宗歷道君元氣索父子蒙塵陷沙漠九哥
忍恥聽主和舉世合金難鑄錯胡兒胡馬
來駸駸百官縮手空沉吟御不共天已忘
却番将金牌十二截断英雄心軽身折節
甘臣虜回首都城障烟火朝西莫東鱶海
航天下元元幾祚左當時誰抱廟堂憂眼
底惟有劉龍洲怒髮衝冠仗忠義毅然伏
闕陳謨謀願借上方斬馬劍碎斫姦臣秦
檜頭循行忠諫𨂁蕩滌天地愁中原易恢
復二帝難羈留可汗頭可梟閼氏身可囚
大才落落竟難合又使英雄血淚如江流
龍洲龍洲世稀有一片丹心付詩酒醉後
豪吟泣鬼神至今人仰如山斗

弘治辛亥歲長洲徐鉉題

宋張世南游宦紀聞云予於菊磵高九萬處見蘇紹叟手書憶劉改之摸自兒一闋云望關河試窮遥眼新愁如絲千縷劉郎豪氣今何在五星九疑三楚之堪恨處便拚得一生殘寘長羈旅無人寄語但弔麥僊桃還松徑竹空憶舊詩句文章事到底將身自誤功名難料遲暮鶴衣簞食年年瘦受僝世間兒女君信否老縣簿高門歲晚誰青眼何如引去任搖上張騫山中事廣南略倚風度又煙雨中花一闋輓之三千載尊前放歌起舞人間酒戶詩流君期君凌雲羽翮高秋世事凡如人意傳冠還負身謀嘆天生李廣才氣無雙不得封侯榆關萬里一去魂飛片雲甚處　州鷹悵望家人父子重見世由亂

懷賢錄後序

古人有言士窮見節義夫士有恒心何必待窮而節義始見哉盖人處常時稍有知識者固能勉守而不爲可耻之事及遇事變之日卓然不

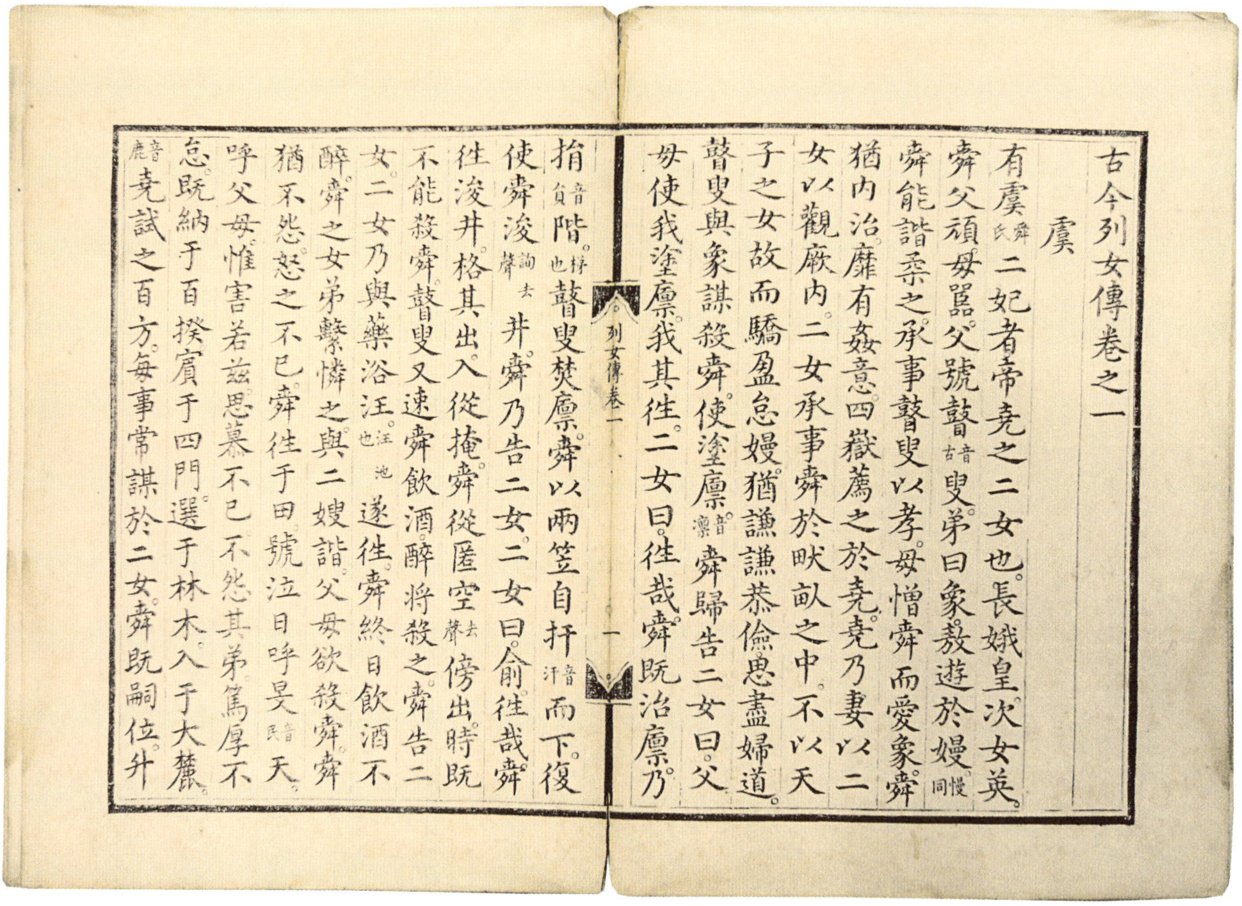
古今列女傳卷之一
虞
有虞(舜氏)二妃者帝堯之二女也。長娥皇，次女英。
舜父頑母嚚。父號瞽(音古)叟。弟曰象，敖遊於嫚(同慢)。
舜能諧柔之，承事瞽叟以孝。母憎舜而愛象，舜
猶内治，靡有姦意。四嶽薦之於堯，堯乃妻以二
女，以觀厥内。二女承事舜於畎畝之中，不以天
子之女故而驕盈怠嫚，猶謙謙恭儉，思盡婦道。
瞽叟與象謀殺舜，使塗廩(音凛)。舜歸告二女曰：父
母使我塗廩，我其往。二女曰：往哉。舜既治廩，乃
列女傳卷一　一
捐階(音皆，梯也)，瞽叟焚廩，舜以兩笠自扞(音汗)而下。復
使舜浚(去聲，論)井，舜乃告二女。二女曰：俞，往哉。舜
往浚井，格其出入，從掩，舜從匿空(去聲)旁出。時既
不能殺舜，瞽叟又速舜飲酒，醉將殺之。舜告二
女，二女乃與藥浴汪(汪，池也)，遂往。舜終日飲酒不
醉。舜之女弟繫憐之，與二嫂諧。父母欲殺舜，舜
猶不怨。怒之不已，舜往于田號泣，日呼旻(音民)天，
呼父母。惟害若茲，思慕不已。不怨其弟，篤厚不
怠。既納于百揆，賓于四門，選于林木，入于大麓(音鹿)。
堯試之百方，每事常謀於二女。舜既嗣位，升

0048　古今列女傳三卷　（明）解縉等撰　明永樂内府刻本　三册

蝴蝶裝。匡高28.4厘米，寬21.5厘米。半葉十行，行十八字，黑口，四周雙邊，雙對黑魚尾。入選第四批《國家珍貴古籍名録》（名録號10254）。河北大學圖書館藏。

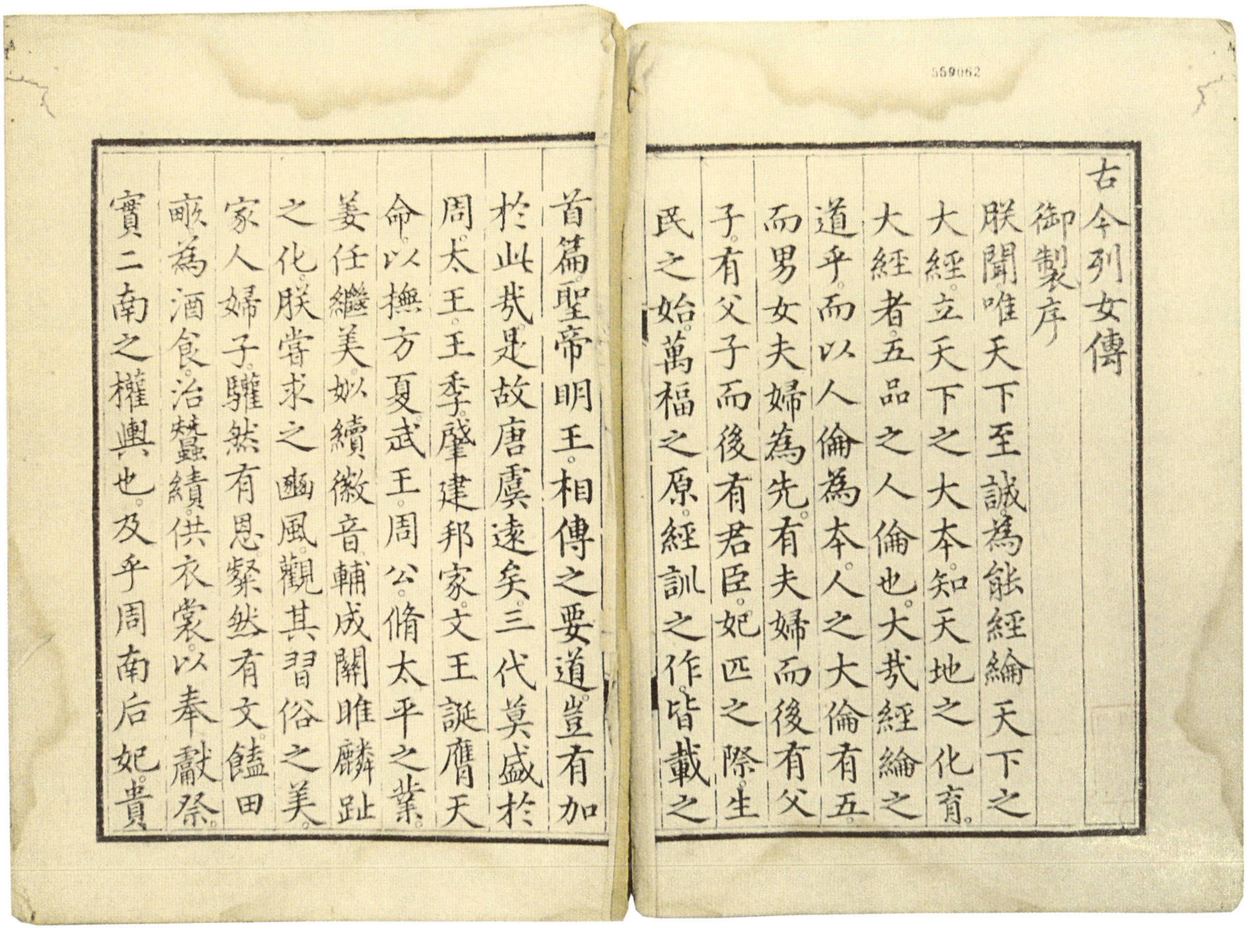

古今列女傳

御製序

朕聞唯天下至誠爲能經綸天下之大經立天下之大本知天地之化育大經者五品之人倫也大哉經綸之道乎而以人倫爲本人之大倫有五而男女夫婦爲先有夫婦而後有父子有父子而後有君臣妃匹之際生民之始萬福之原經訓之作皆載之首篇聖帝明王相傳之要道豈有加於此哉是故唐虞遠矣三代莫盛於周太王王季肇建邦家文王誕膺天命以撫方夏武王周公脩太平之業姜任繼美姒續徽音輔成關雎麟趾之化朕嘗求之豳風觀其習俗之美家人婦子雖然有恩槩然有文饁田畝爲酒食治蠶績供衣裳以奉獻祭實二南之權輿也及乎周南后妃貴

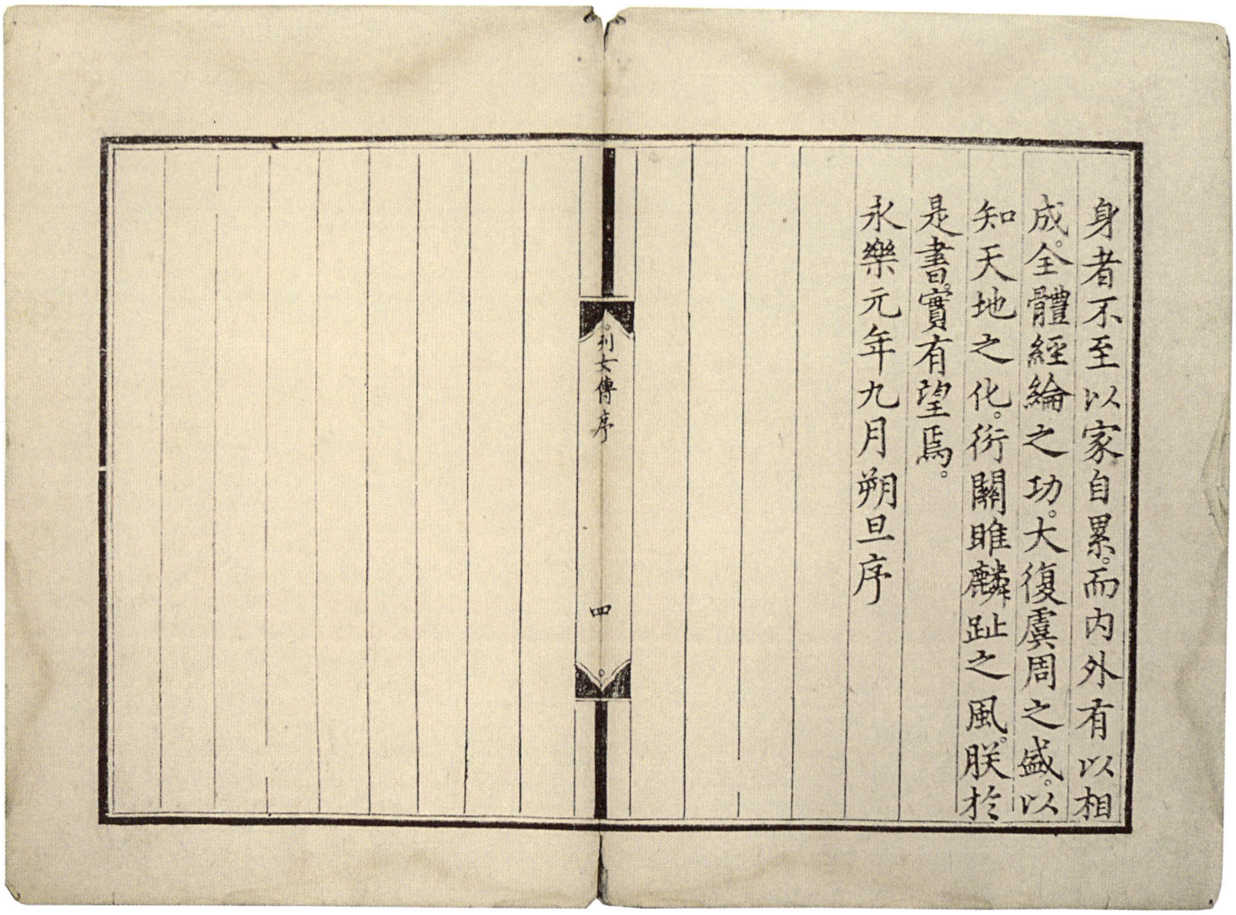

身者不至以家自累。而內外有以相成。全體經綸之功。大復虞周之盛。以知天地之化。衍關雎麟趾之風。朕於是書。實有望焉。

永樂元年九月朔旦序

列女傳序　四

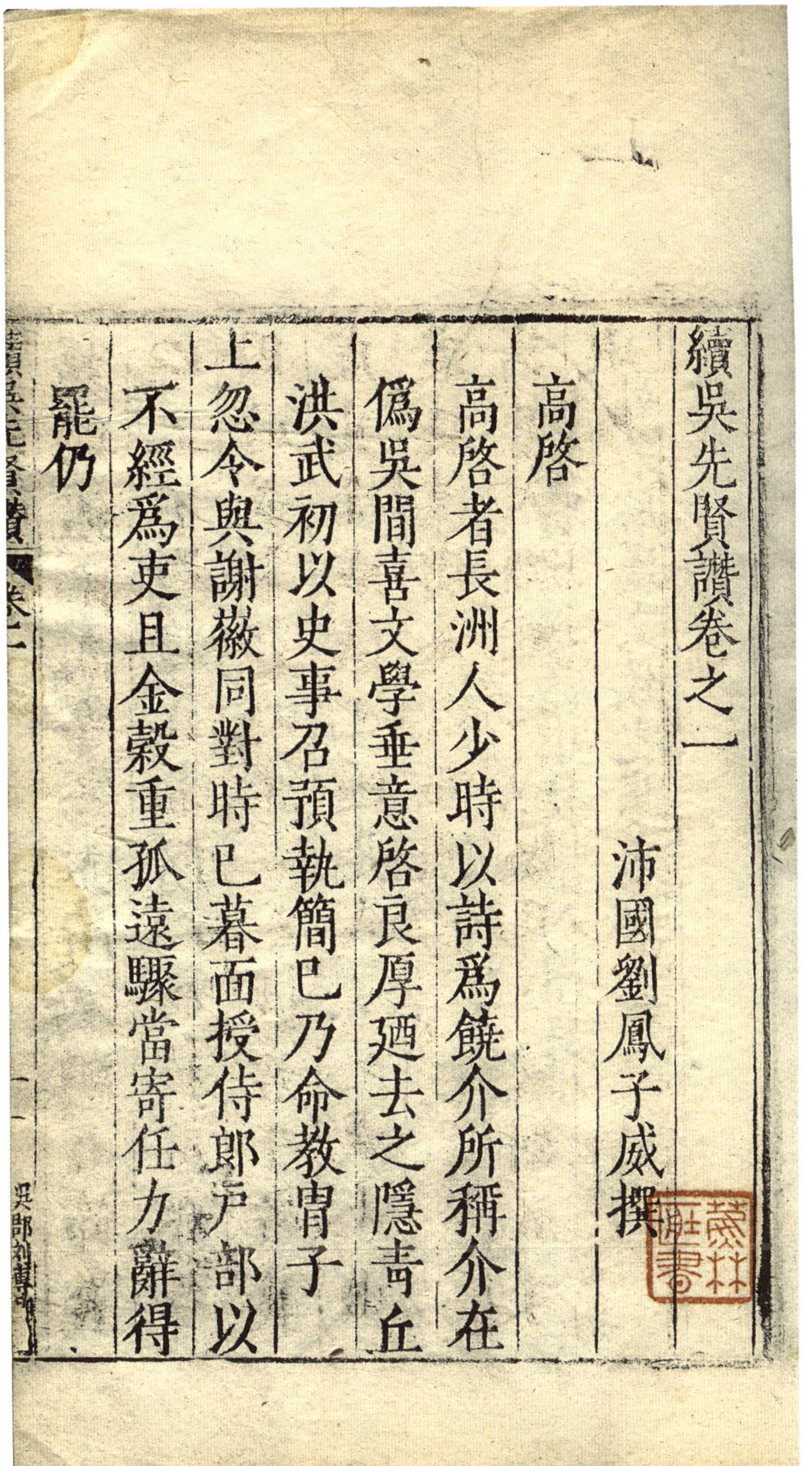

續吳先賢讚卷之一

沛國劉鳳子威撰

高啓

高啓者長洲人少時以詩爲饒介所稱介在僞吳間喜文學垂意啓良厚迺去之隱青丘洪武初以史事召預執簡已乃命教胄子上忽令與謝薇同對時已暮面授侍郎户部以不經爲吏且金穀重孤遠驟當寄任力辭得罷仍

0049　續吳先賢讚十五卷　（明）劉鳳撰　明萬曆刻本　六册

匡高18.4厘米，寬13.6厘米。半葉九行，行十八字，白口，左右雙邊，單黑魚尾。鈐有“樾山堂藏書印”“蒼巖山人書屋記”等藏書印。保定市圖書館藏。

續吳先賢讃序

古賢人之修於鄉是亦貴德乎若出而定國家功伐在天下則太史氏存焉無不書者其鄉之行則惟閭里族黨詳之豈無遺者是以在周游宗黨正各使為書有以也夫吳在昔為奥區賢人產焉者衆泰伯潛焉子游澹臺各標其閭然不附青雲之士則湮

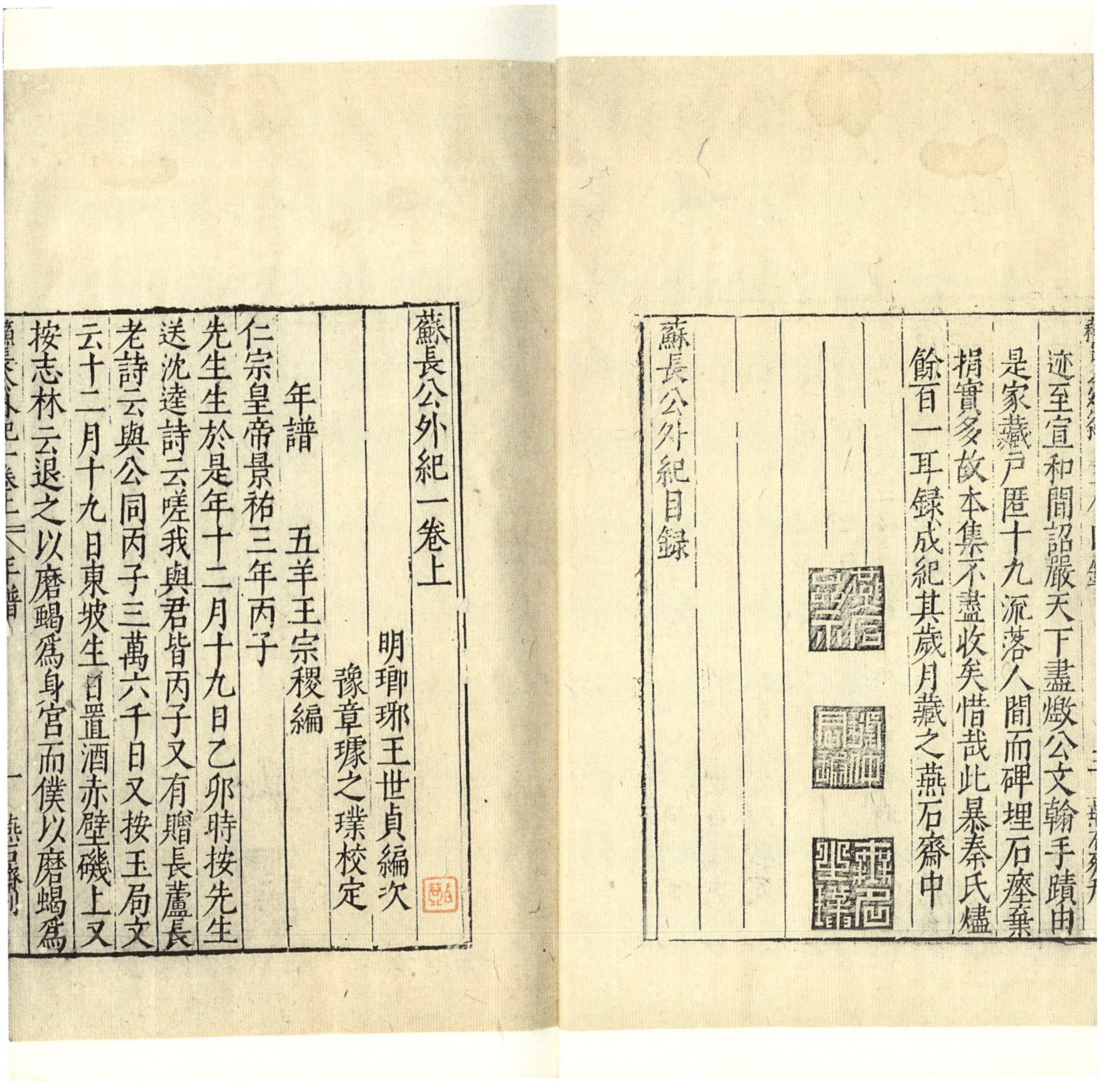
迹至宣和間詔嚴天下盡燬公文翰手蹟由
是家藏戶匿十九流落人間而碑埋石瘞棄
捐實多故本集不盡收矣惜哉此暴秦氏燼
餘百一耳録成紀其歲月藏之燕石齋中

蘇長公外紀目録

蘇長公外紀一卷上
明瑯琊王世貞編次
豫章璩之璞校定
年譜　五羊王宗稷編
仁宗皇帝景祐三年丙子
先生生於是年十二月十九日乙卯時按先生
送沈逵詩云嗟我與君皆丙子又有贈長蘆長
老詩云與公同丙子三萬六千日又按王局文
云十二月十九日東坡生日置酒赤壁磯上又
按志林云退之以磨蝎爲身宮而僕以磨蝎爲

0050　蘇長公外紀十二卷　（明）王世貞輯　（明）璩之璞校補　明萬曆二十三年（1595）刻本　八册

匡高17.8厘米，寬13厘米。半葉十行，行十八字，白口，左右雙邊，單白魚尾。河北師範大學圖書館藏。

蘇長公外紀序

今天下以四姓目文章大家獨蘇公之作最爲便爽而其所撰論策之類於時爲最近故操觚之士鮮不習蘇公文者而雌黃之頗於公不能無少挫然使天下而有能盡四氏集者萬不得一也蘇公才甚高蓄甚博而出之甚達而又甚易凡三氏之奇盡於集而蘇公之奇不盡於集故夫天下而有能盡蘇公奇者億且不得一也公之所不盡韻而詞則溫韋讓壯舌而諧謔則侯白遜雅筆而簡牘題署則黃豫章遜雋游戲

弇州山人瑯琊王世貞譔

王元美氏

弇州山人

是刻初屬諸名士刋定乃多脩書謬誤春霖摘閱
反覆研勘得六十餘字命梓補正昔人謂校書
如掃落葉隨拂隨有信然哉覧是編者脫
有遺误不妨指示再加釐正廿三年乙未璞又識

蘇長公外紀序

蘇長公外紀目録

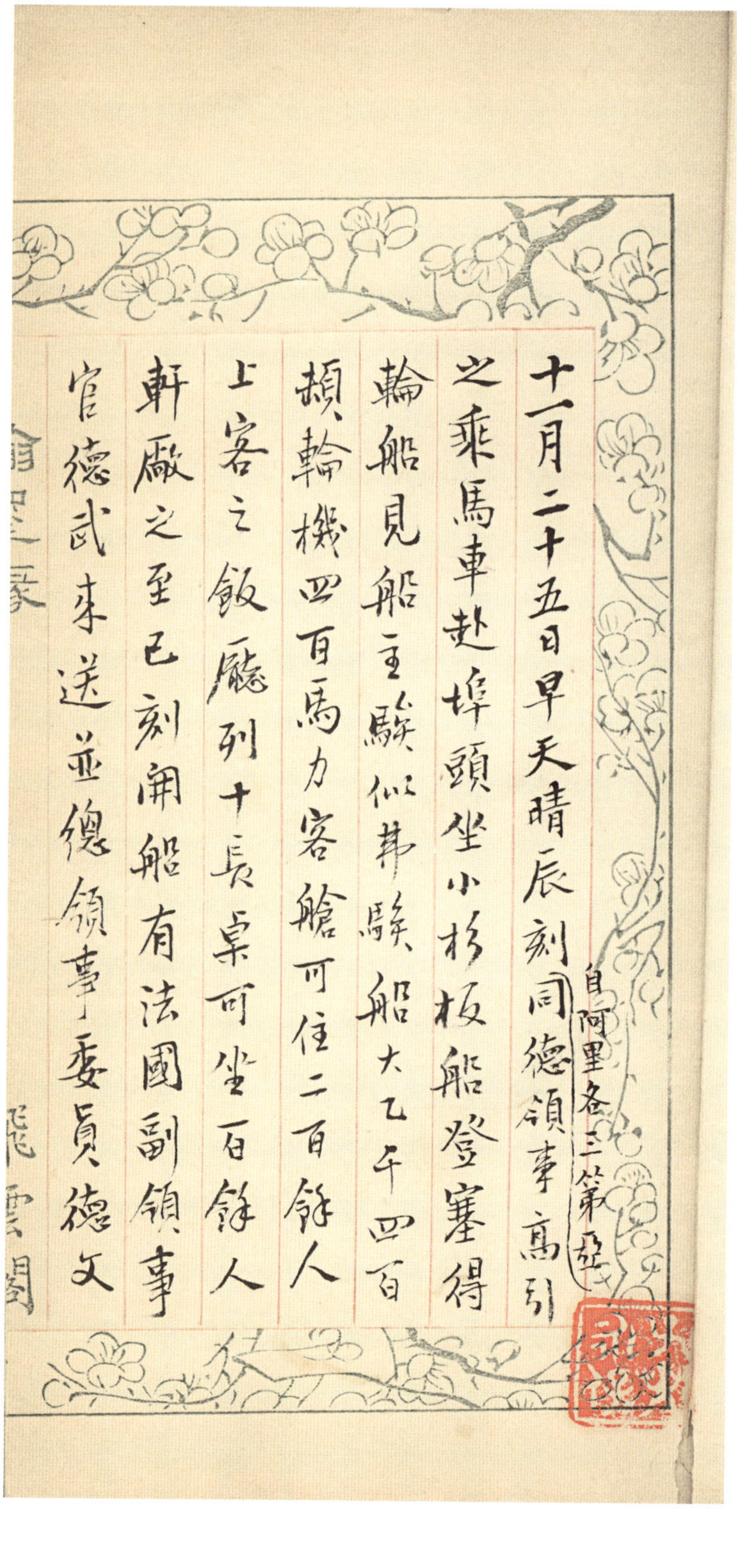

十一月二十五日早天晴辰刻同德領事（自阿里各三第亞）高引
之乘馬車赴埠頭坐小杉板船登塞得
輪船見船主駁似非駁船大乙千四百
頓輪機四百馬力客艙可住二百餘人
上客之飯廳列十長桌可坐百餘人
軒廠之至巳刻開船有法國副領事
官德武來送並總領事委員德文

0051　崇厚使法日記不分卷　（清）崇厚撰　清同治稿本　五册

匡高18.7厘米，寬10.2厘米。半葉七行，行字數不等，采用飛雲閣紅緑套印梅花箋。鈐有“衡永敬書”“鶴”等藏書印。入選第二批《国家珍貴古籍名録》（名録號03998）。河北省圖書館藏。

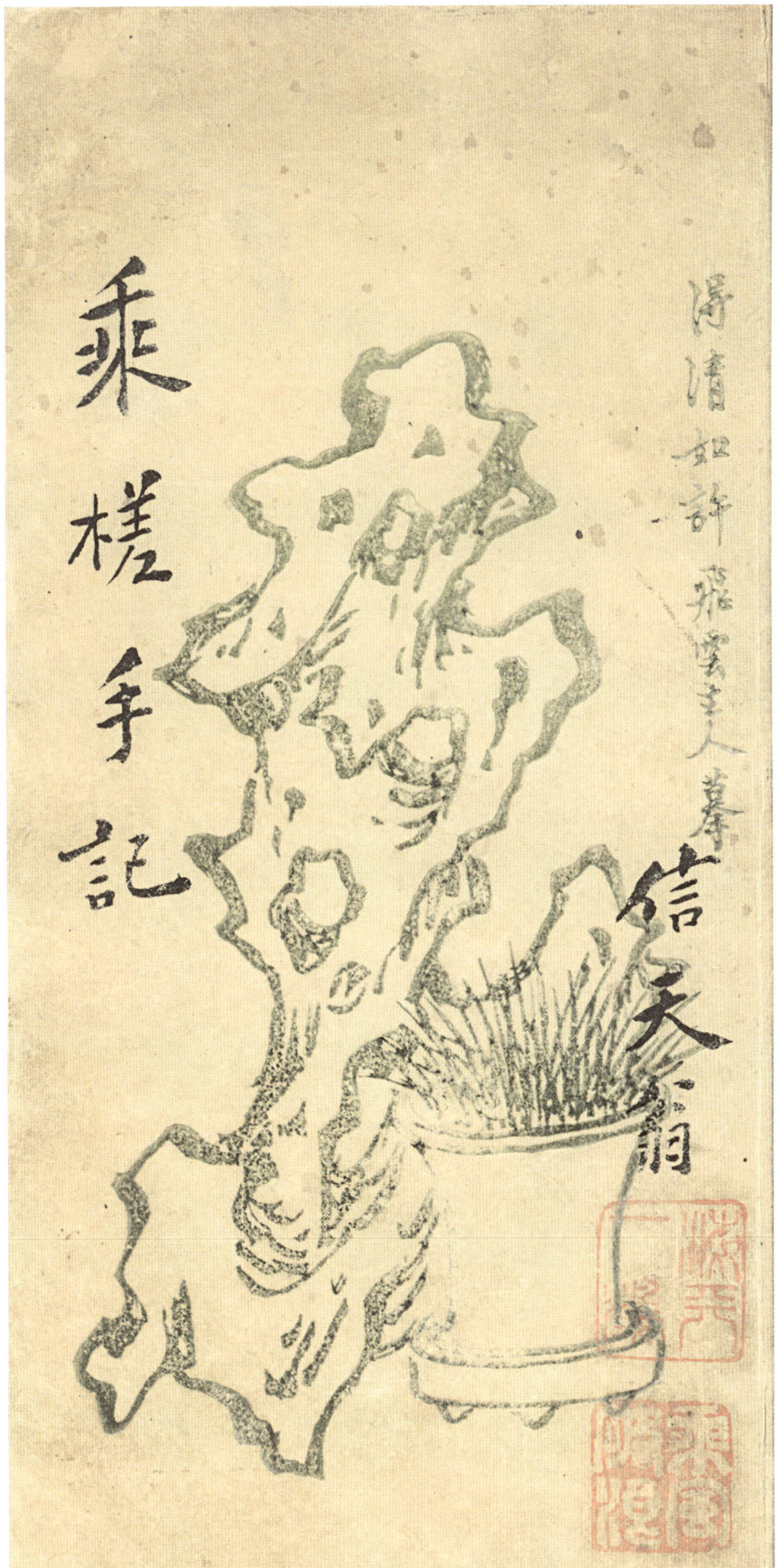
乘槎手記
得清如許飛雲主人摹
信天翁

巡捕來船照料行李等事當面謝之開船向西北行風來對面水深碧色似里水洋夜就枕微有風浪船身顛動五更後小雨一陣二十六早仍陰辰正後始睹風仍對面於上客飯廳中獨坐無客人可稱奇事何拉不多耐船上人之多如茶館此船上人少若古廟然手

此條補叙埃及應載入前本內

執茅國公法再三熟讀而默識之晚間風浪稍平亥刻就枕二十七日卯刻早醒鼻中有油烟氣起視壁間燈门未閉之故辰起登船面仍西北行風對面來旋見東北有山詢名干地亞屬席臘國管但見山頂多有積雪地近法國節氣較正非若南洋有夏而無冬也再埃及國土產棉

告知見吾使數日內有　電信民會改任魏洒
晚讀古文數篇亥刻就枕眠尚安辰刻早醒
二十一日晴天氣仍冷聞民會已定准赴魏洒下礼拜
一即可議事乃外國二十日也皆見明日亦回巴里法國
管礼貌之大官名貴得协凡有外國公使來此均由
其議定礼節非亞博克來信看房一事現因人多難
找定當囑那繙譯給信有無花園均可亥刻就枕眠頗安

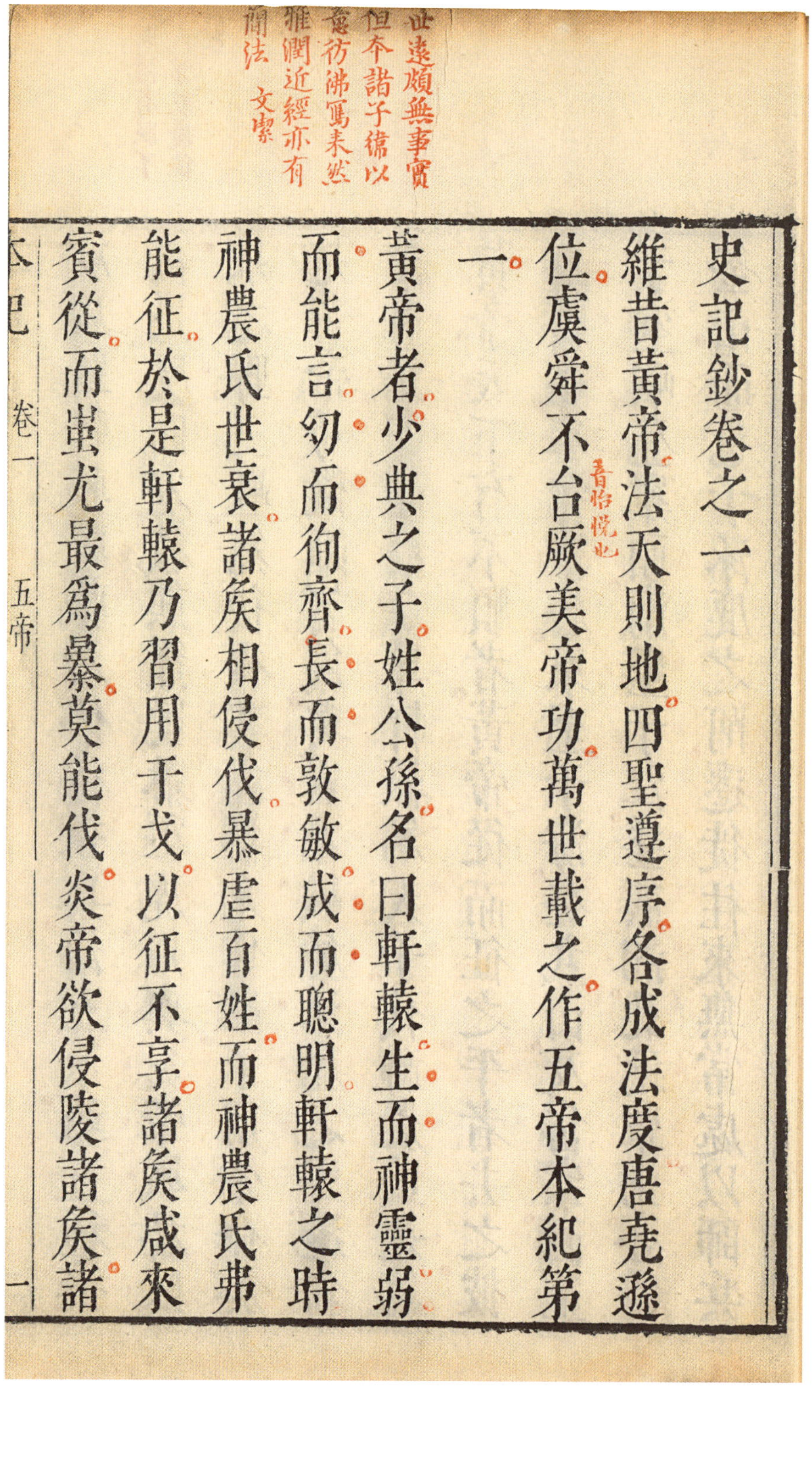
世遠頗無事實但本諸子儒以意彷彿寫来然雅馴近經亦有簡法　文棨

史記鈔卷之一

維昔黃帝法天則地四聖遵序各成法度唐堯遜位虞舜不台（音怡悦也）厥美帝功萬世載之作五帝本紀第一

黃帝者少典之子姓公孫名曰軒轅生而神靈弱而能言幼而徇齊長而敦敏成而聰明軒轅之時神農氏世衰諸侯相侵伐暴虐百姓而神農氏弗能征於是軒轅乃習用干戈以征不享諸侯咸來賓從而蚩尤最爲暴莫能伐炎帝欲侵陵諸侯諸

本紀　卷一　五帝　一

0052　史記鈔九十一卷　（明）茅坤輯　明刻朱墨套印本　二十四册

匡高21厘米，寬15厘米。半葉九行，行十九字，白口，左右雙邊。河北大學圖書館藏。

刻史記鈔引

予少好讀史記數見縉紳學士摹畫史記爲文辭往往專求之句字音響之間而不得其解譬之寫像者特於鬚眉顴頰耳目口鼻貌之外見者耳而其中之神與怒而裂背喜而解顧悲而疾首思而撫膺孝子慈孫之所睹而潸然涕洟騷人墨士之所憑而凄然吊且賦者或耗焉未之及也予

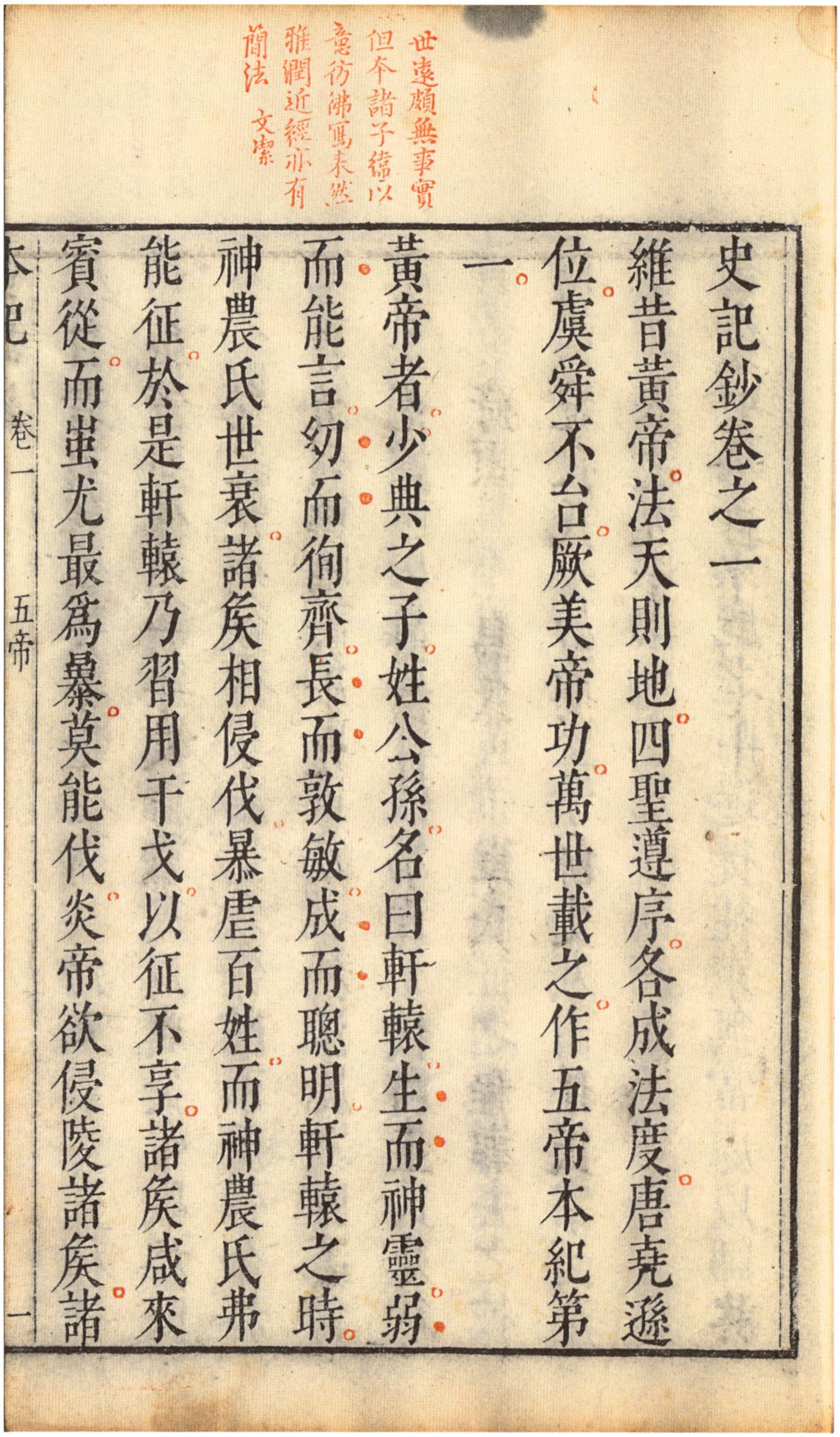

世遠頗無事實但本諸子儒以意彷彿寫來然雅潤近經亦有簡法　文潔

史記鈔卷之一

維昔黃帝法天則地四聖遵序各成法度唐堯遜位虞舜不台厥美帝功萬世載之作五帝本紀第一

黃帝者少典之子姓公孫名曰軒轅生而神靈弱而能言幼而徇齊長而敦敏成而聰明軒轅之時神農氏世衰諸侯相侵伐暴虐百姓而神農氏弗能征於是軒轅乃習用干戈以征不享諸侯咸來賓從而蚩尤最爲暴莫能伐炎帝欲侵陵諸侯諸

本紀　卷一　五帝　一

0053　史記鈔九十一卷　（明）茅坤輯　明刻朱墨套印本　二十四册

匡高21厘米，寬15 厘米。半葉九行，行十九字，白口，左右雙邊。入選第二批《國家珍貴古籍名録》（名録號04042）。河北大學圖書館藏。

刻史記鈔引

予少好讀史記數見縉紳學士摹畫史記爲文辭往往專求之句字音響之間而不得其解譬之寫像者特於鬚眉顴頰耳目口鼻貌之外見者耳而其中之神與怒而裂背喜而解頤悲而疾首思而撫膺孝子慈孫之所睹而潸然涕洟騷人墨士之所憑而凄然吊且賦者或耗焉未之及也予

可挹者乎竊疑班掾猶不能登其堂而洞其竅也而況其下者乎唐以來獨韓昌黎爲文極力鑱畫不可不謂之同工也間按順宗皇帝實錄與秦始皇紀讀之燮不相及抑可概見其微矣予嘗夢共太史公抽書石室中面爲指畫夢中若解已而夢醒則亦了無一言於眉睫之間者予媿今所鐫引殆亦說夢之餘者耳楊子雲嘗謂顔子苦孔之卓嗟乎予於公欲求其苦之卓也且不可得矣而敢他望乎予姑刻而存之齋中以俟後之好讀其書而能求其至者鈔凡若干卷按故本特什之七詳見凡例中故不贅

萬曆乙亥冬十月望日歸安茅坤書于白華樓中

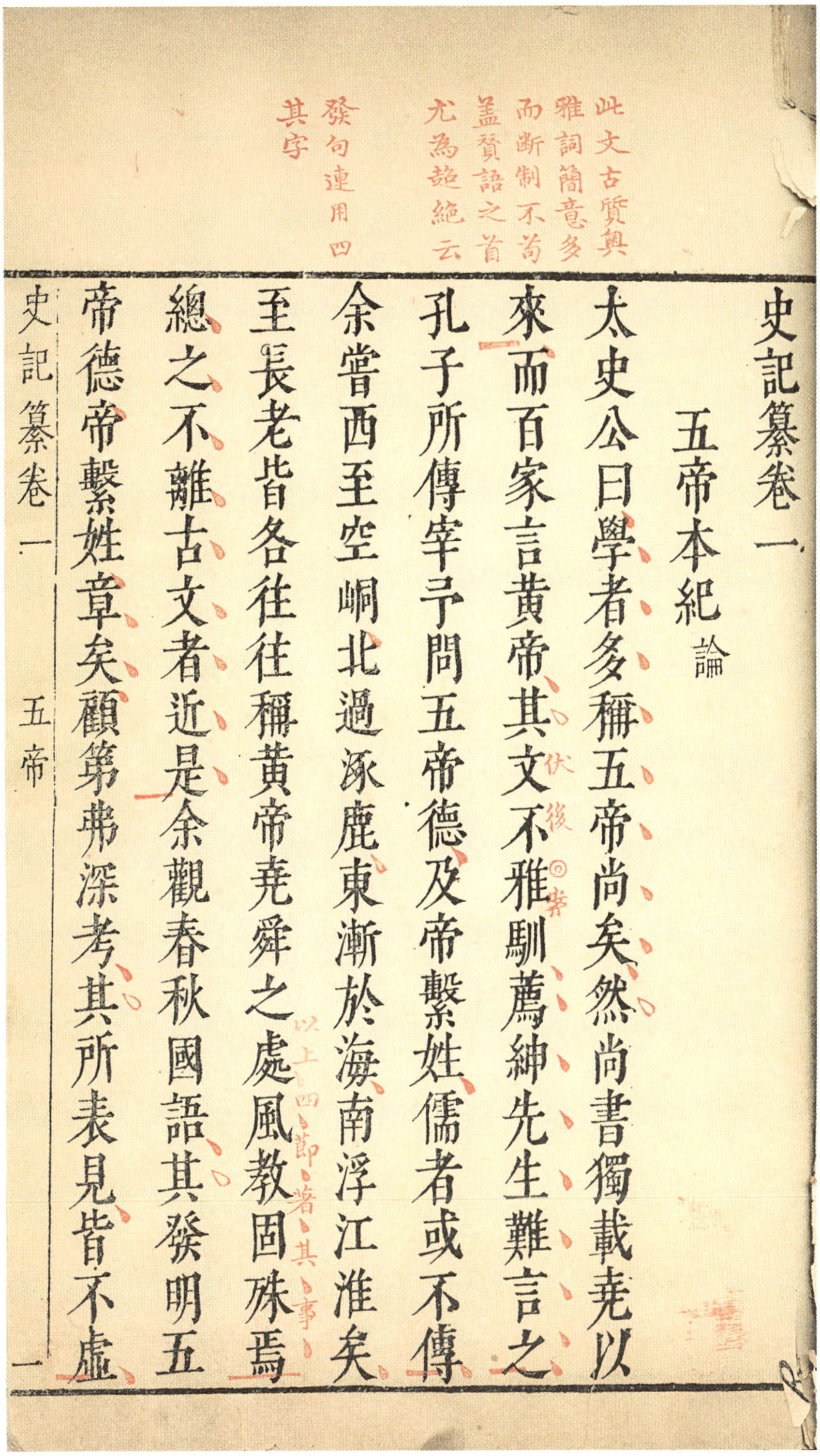

此文古質與雅詞簡意多而斷制不苟蓋贊語之首尤為超絕云發句連用四其字

史記纂卷一

五帝本紀論

太史公曰學者多稱五帝尚矣然尚書獨載堯以來而百家言黃帝其文不雅馴薦紳先生難言之孔子所傳宰予問五帝德及帝繫姓儒者或不傳余嘗西至空峒北過涿鹿東漸於海南浮江淮矣至長老皆各往往稱黃帝堯舜之處風教固殊焉總之不離古文者近是余觀春秋國語其發明五帝德帝繫姓章矣顧第弗深考其所表見皆不虛

伏後◎第

以上四節著其事

史記纂卷一　五帝　一

0054　史記纂二十四卷　（明）凌稚隆輯　明萬曆烏城凌稚隆刻朱墨套印本　十二册
匡高20.3厘米，寬15厘米。半葉九行，行十九字，白口，四周單邊。石家莊市圖書館藏。

史記纂序

以棟既梓其史記評林而行之不佞爲叙之矣已又梓所謂史記纂者何也後之治太史公者有二家紀傳書表綱提臚列籍而成一代言者此未易治也摹

傳体前敘事後議論此以議論代敘事傳之変体也勢極曲折詞極工緻若斷若續超玄入妙

太史公馳騁上下數千載欲求一節義最高者嚴立于其首有讓國之高節如由光而不見

史記纂卷十一

伯夷列傳 全

鄧文潔曰此文如神龍変化可以意言言

夫學者載籍極博猶考信於六藝詩書雖缺然虞夏之文可知也堯將遜位讓於虞舜舜禹之間岳牧咸薦乃試之於位典職數十年功用既興然後授政示天下重器王者大統傳天下若斯之難也而說者曰堯讓天下於許由許由不受恥之逃隱及夏之時有汴隨務光者此何以稱焉太史公曰余登箕山其上蓋有許由冢云孔子序列古之仁

借許由務光以發烟波嫋娜處

提于有

見實有其人

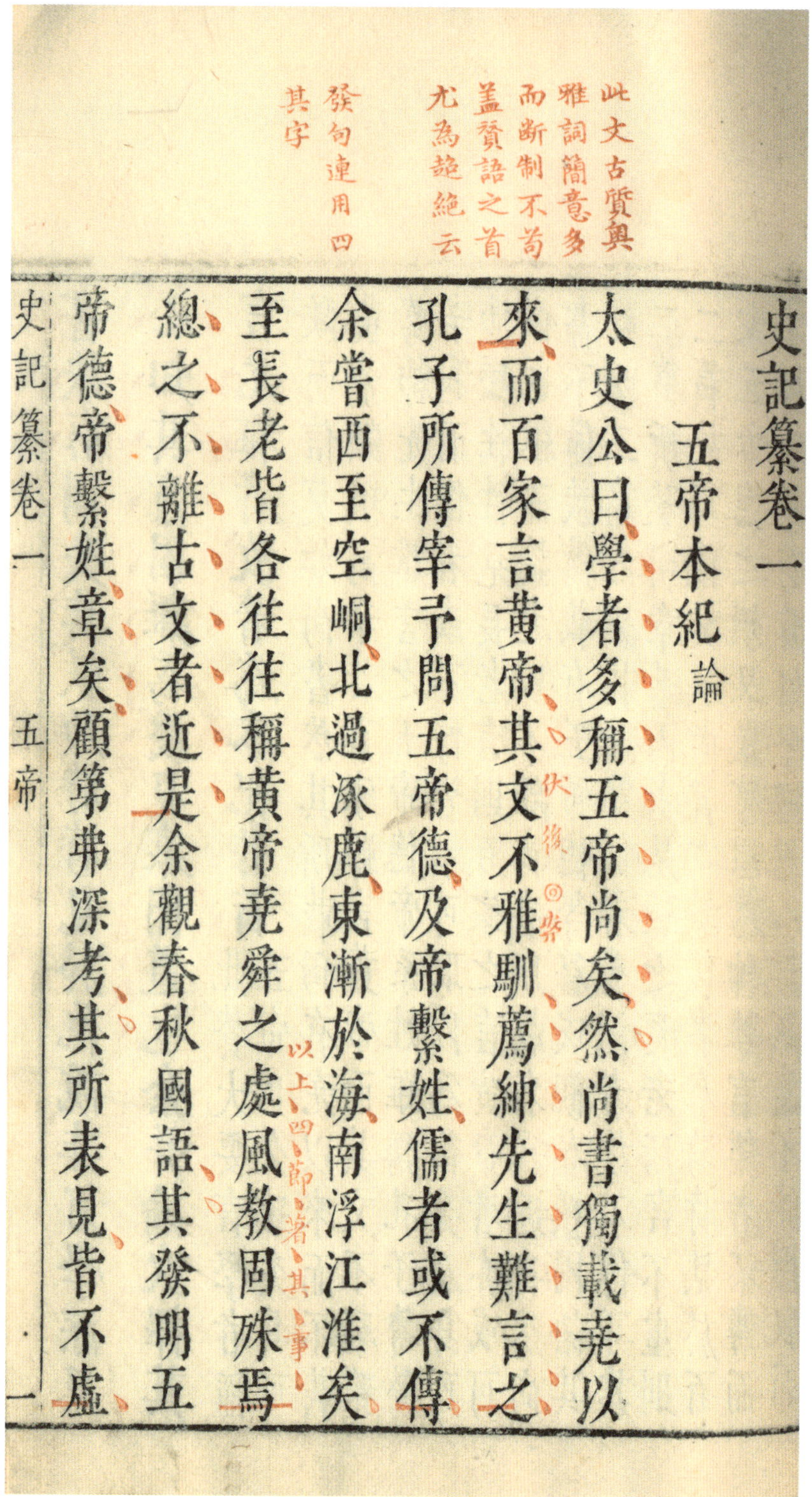
此文古質奧雅詞簡意多而斷制不苟蓋贊語之首尤為超絕云
發句連用四其字

史記纂卷一

五帝本紀 論

太史公曰學者多稱五帝尚矣然尚書獨載堯以來而百家言黃帝其文不雅馴薦紳先生難言之孔子所傳宰予問五帝德及帝繫姓儒者或不傳余嘗西至空峒北過涿鹿東漸於海南浮江淮矣至長老皆各往往稱黃帝堯舜之處風教固殊焉總之不離古文者近是余觀春秋國語其發明五帝德帝繫姓章矣顧弟弗深考其所表見皆不虛

以上四節著其事

史記纂卷一 五帝 一

0055　史記纂二十四卷　（明）凌稚隆輯　明刻朱墨套印本　十册

匡高20.2厘米，寬14.8厘米。半葉九行，行十九字，白口，四周單邊。入選第二批《國家珍貴古籍名録》（名録號04054）。河北大學圖書館藏。

史記纂序

蓋不佞既輯史記評林也而復有史記之纂則或以嘲不佞曰子之於史不已溺乎夫評林也者非不詳且贍哉其于司馬氏猶之乎金口而木舌故縉紳先生人〻喜誦說也而紙幾貴矣

病於冗或掇其要而不病于漏或爬搔其垢而不病於割裂或闡洩其精微不病於鉤棘而枝蔓披其華而蔑其實文如評林者十三而其義參半之矣凡評林之所載不復著於篇而往往雜以不佞芻蕘之論愚者千慮敢有辭矣且也向秀之於莊生元凱之於左氏皆溺也溺則不佞之評且纂有同病焉二三君子其或以爲纂之與評若輔車然而並存之唯命其以爲彊贅之末擧而覆諸瓿亦唯命吳興

淩稚隆序

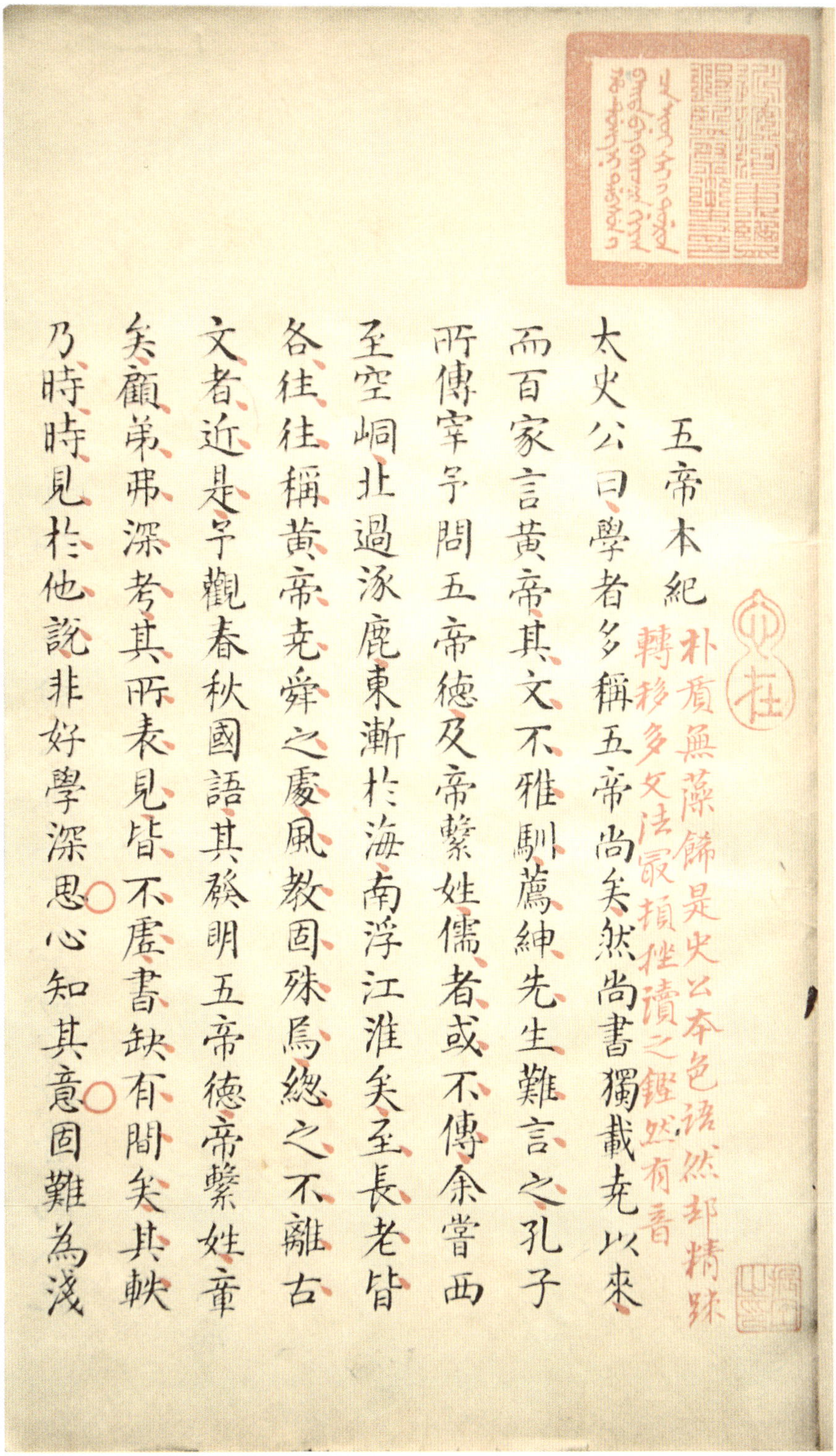
五帝本紀
朴質無藻飾是史公本色語然却精[illegible]
轉移多文法最損挫讀之鏗然有音
太史公曰學者多稱五帝尚矣然尚書獨載堯以來
而百家言黃帝其文不雅馴薦紳先生難言之孔子
所傳宰予問五帝德及帝繫姓儒者或不傳余嘗西
至空峒北過涿鹿東漸於海南浮江淮矣至長老皆
各往往稱黃帝堯舜之處風教固殊焉總之不離古
文者近是予觀春秋國語其發明五帝德帝繫姓章
矣顧弟弗深考其所表見皆不虛書缺有閒矣其軼
乃時時見於他說非好學深思心知其意固難為淺

0056　史記抄　（漢）司馬遷撰　清順治抄本　四册

半葉九行，行二十字。墨筆精抄，朱筆句讀、圈點，間有評點之語。鈐有“振宜之印”藏書印。張家口市圖書館藏。

史記讀

本紀

五帝贊

始皇

項羽

漢高祖

呂后

孝文贊

表

皆誠壹之所致由是觀之富無經業則貨無常主能者輻輳不肖者瓦解千金之家比一都之君巨萬者乃與王者同樂豈所謂素封者邪非也

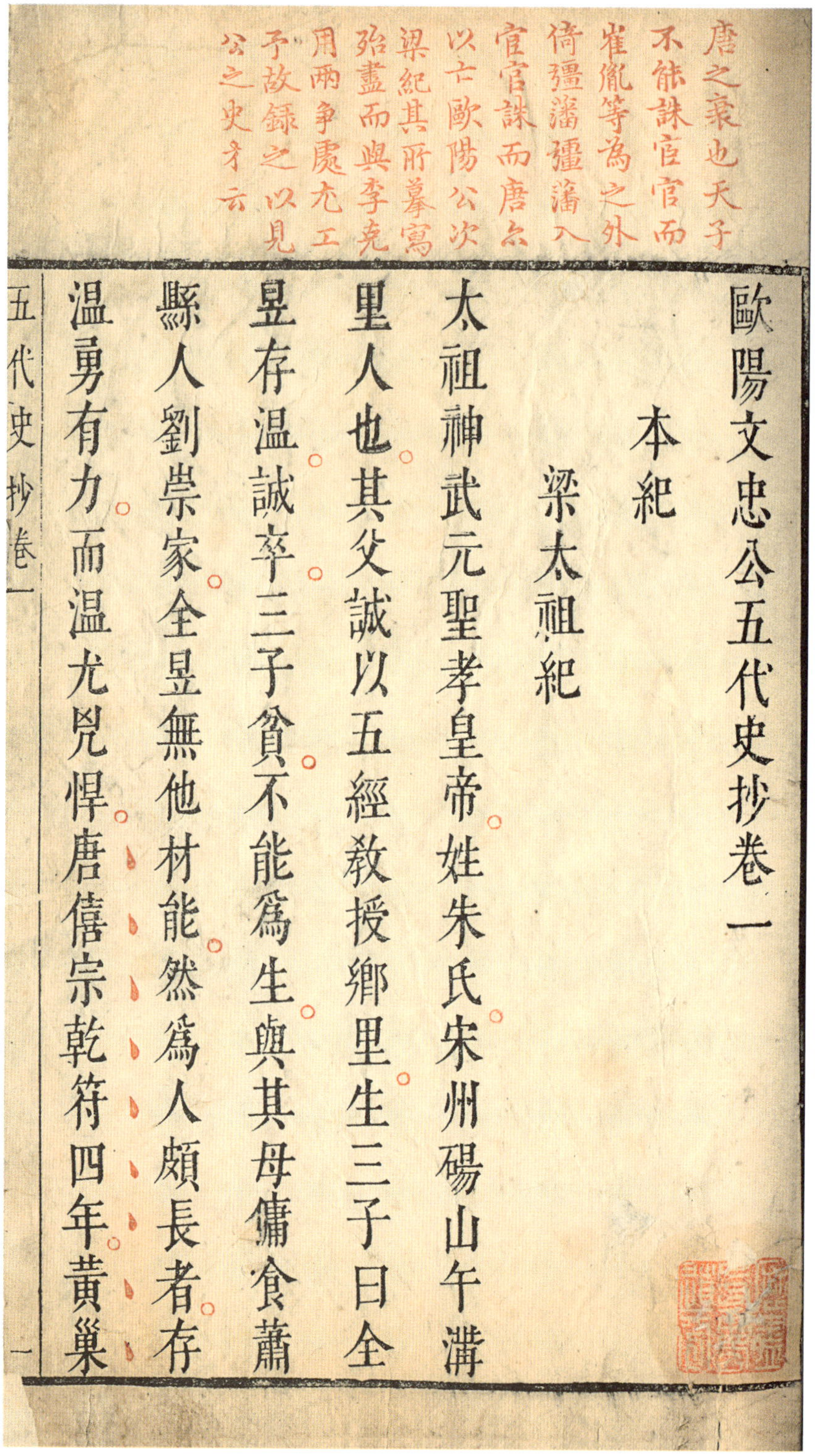
唐之衰也天子不能誅宦官而崔胤等為之外倚彊藩彊藩入宦官誅而唐亦以亡歐陽公次梁紀其所摹寫殆盡而與李克用兩爭處尤工予故録之以見公之史才云

歐陽文忠公五代史抄卷一

本紀

梁太祖紀

太祖神武元聖孝皇帝姓朱氏宋州碭山午溝里人也其父誠以五經教授鄉里生三子曰全昱存温誠卒三子貧不能爲生與其母傭食蕭縣人劉崇家全昱無他材能然爲人頗長者存温勇有力而温尤兇悍唐僖宗乾符四年黄巢

五代史抄卷一　一

0057　歐陽文忠公五代史抄二十卷　（宋）歐陽修撰　（明）茅坤輯　明刻朱墨套印本　十册

匡高20.3厘米，寬14.6厘米。半葉八行，行十八字，白口，四周單邊。鈐有“潑墨”藏書印。入選第二批《國家珍貴古籍名録》（名録號04087）。河北大學圖書館藏。

歐陽公史鈔引

或問余於歐陽公復有史鈔何也歐陽公他文多本韓昌黎而其序次國家之大及謀臣戰將得失處余竊謂歐得太史公之遺其爲唐書則天子詔史官與宋庠輩共爲分局視艸故僅得其志論十餘首而五

代史則出於公之所自勒者故梁唐帝紀及諸名臣戰功處往往點次如畫風神燁然憯也五代兵戈之世文字崩缺公於其時特本野史與勢家鉅室家乘所傳者而為之耳假令如太史公所本左傳國語戰國策楚漢春秋又如班掾所得劉向東觀漢書及西京襍記等書為之本揚搉古今詮次當世豈遽出其下哉余錄若干首稍為品次而別傳之以質世之有識者

萬曆己卯孟夏四月歸安鹿門茅坤題

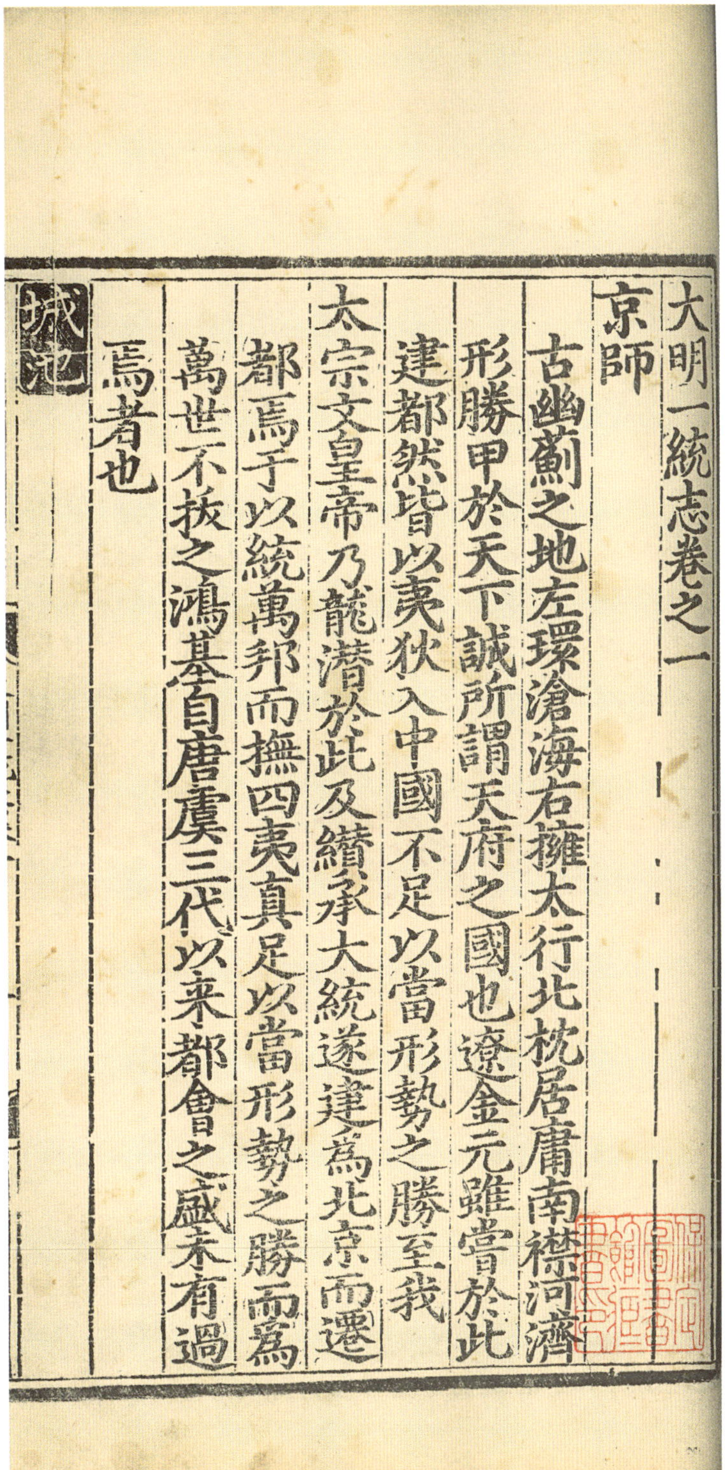

大明一統志卷之一

京師

古幽薊之地左環滄海右擁太行北枕居庸南襟河濟形勝甲於天下誠所謂天府之國也遼金元雖嘗於此建都然皆以夷狄入中國不足以當形勢之勝至我太宗文皇帝乃龍潛於此及纘承大統遂建爲北京而遷都焉于以統萬邦而撫四夷真足以當形勢之勝而爲萬世不拔之鴻基自唐虞三代以來都會之盛未有過焉者也

城池

0058　大明一統志九十卷　（明）李賢等纂修　明天順五年（1461）内府刻本　四十册

匡高27厘米，寬17.5厘米。半葉十行，行二十二字，小字雙行同，黑口，四周雙邊，雙對黑魚尾。鈐有“河北省立保定蓮池圖書館印”“賈恩紱印”藏書印。入選第二批《國家珍貴古籍名録》（名録號04106）。保定市圖書館藏。

御製大明一統志序

朕惟我
太祖高皇帝受
天明命混一天下薄海內外悉入
版圖盖自唐虞三代下及漢唐
以來一統之盛蔑以加矣顧惟
覆載之內古今已然之跡精粗

無窮雖與天地同其久長可也
於是乎序
天順五年五月十六日

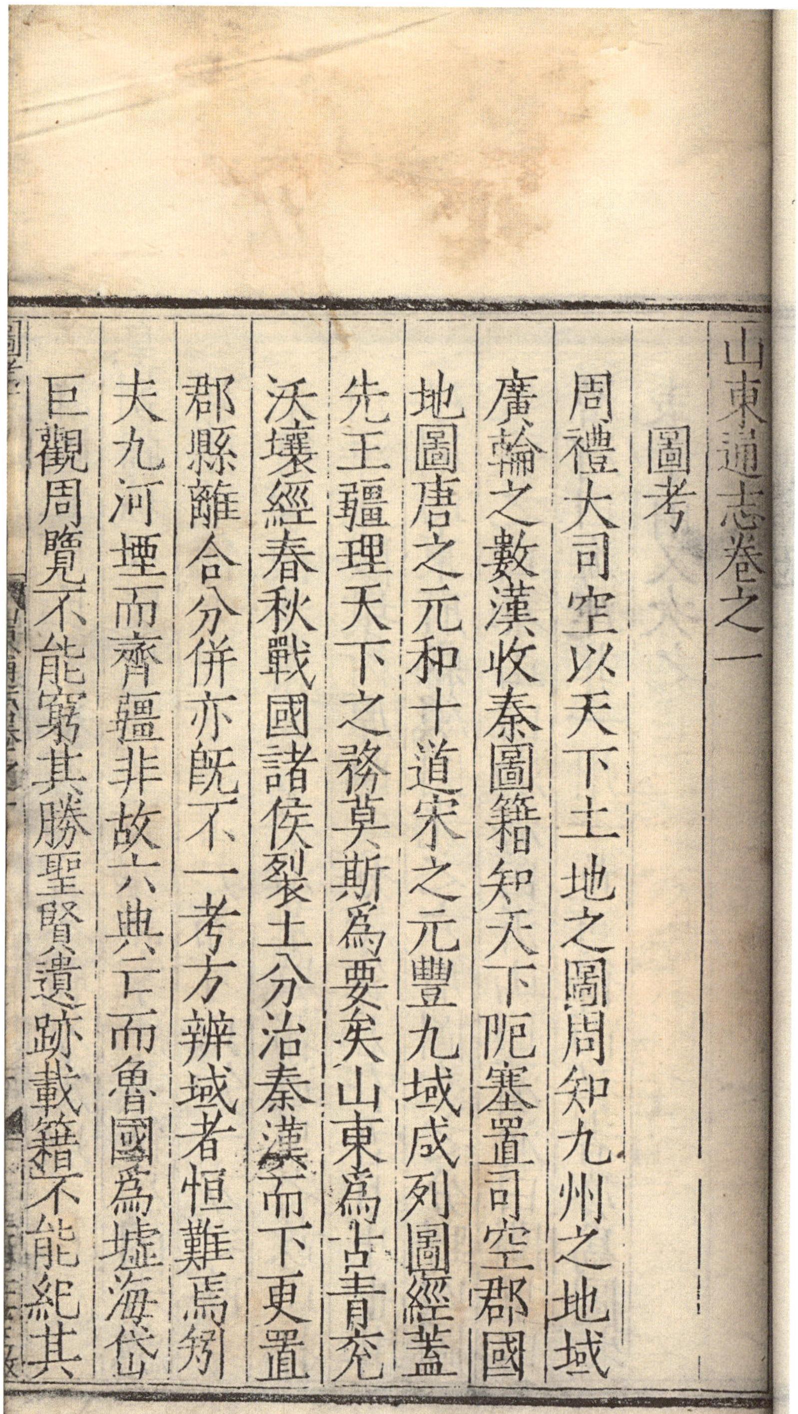

山東通志卷之一

圖考

周禮大司空以天下土地之圖周知九州之地域廣輪之數漢收秦圖籍知天下阨塞置司空郡國地圖唐之元和十道宋之元豐九域咸列圖經蓋先王疆理天下之務莫斯爲要矣山東爲古青兗沃壤經春秋戰國諸侯裂土分治秦漢而下更置郡縣離合分併亦既不一考方辨域者恒難焉矧夫九河堙而齊疆非故六典亡而魯國爲墟海岱巨觀周覽不能窮其勝聖賢遺跡載籍不能紀其

0059　[嘉靖]山東通志四十卷　（明）陸釴等纂修　明嘉靖刻本　十二册

匡高23.2厘米，寬16.7厘米。半葉十行，行二十字，小字雙行同，白口，四周雙邊，雙對黑魚尾。鈐有“蕭山汪氏環碧山房珍藏”藏書印。入選第三批《國家珍貴古籍名録》（名録號07990）。河北大學圖書館藏。

山東通志叙

嘉靖癸巳夏五月山東通志刻成凡四十卷爲目五十有二附目十總若干萬言叙曰山東古青兗之域奄有齊魯岱宗渤海亘其坤維大庭爽鳩流其德化孔子孟軻垂其道統方岳之勝視諸方爲最矧當王畿之南千里而近藩輔之寄視諸方爲尤重夫正疆域攷山川辨名物紀故實以觀民風以弊吏治莫大乎志蓋在諸方皆弗可闕焉者而况於方岳之勝藩輔之重者乎所部郡邑間亦有志然闕者居多

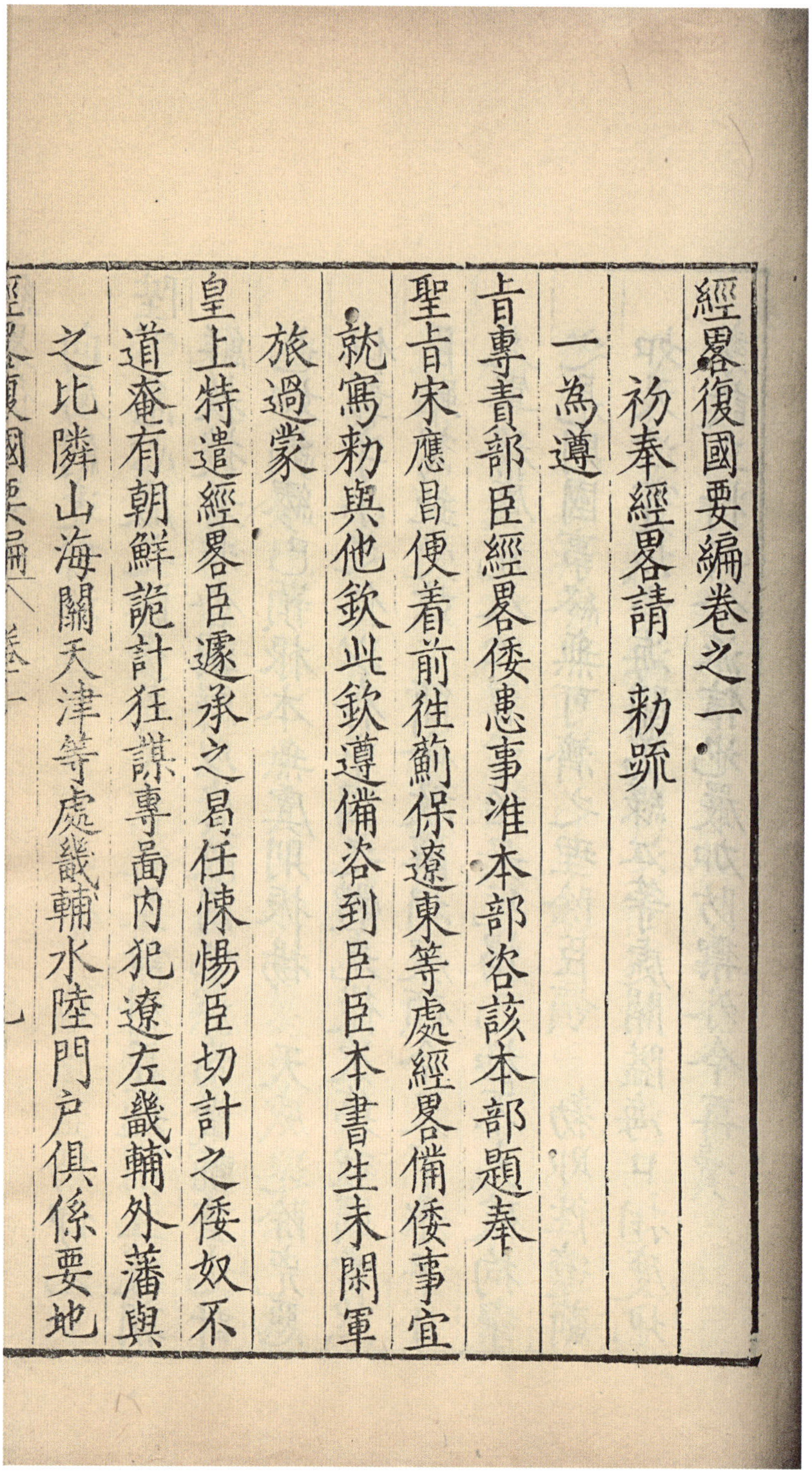
經畧復國要編卷之一

初奉經畧請　勅疏

一為遵

旨專責部臣經畧倭患事准本部咨該本部題奉

聖旨宋應昌便着前往薊保遼東等處經畧備倭事宜

就寫勅與他欽此欽遵備咨到臣臣本書生未閑軍

旅過蒙

皇上特遣經畧臣遽承之肩任悚惕臣切計之倭奴不

道奄有朝鮮詭計狂謀專圖內犯遼左畿輔外藩與

之比隣山海關天津等處畿輔水陸門戶俱係要地

經畧復國要編　卷一

0060　經畧復國要編十四卷附圖說一卷朝鮮國乞援疏一卷後附一卷　（明）宋應昌撰　明萬曆刻本　六册

匡高20.6厘米，寬14.2厘米。半葉十行，行二十一字，白口，四周單邊，單白魚尾。石家莊市圖書館藏。

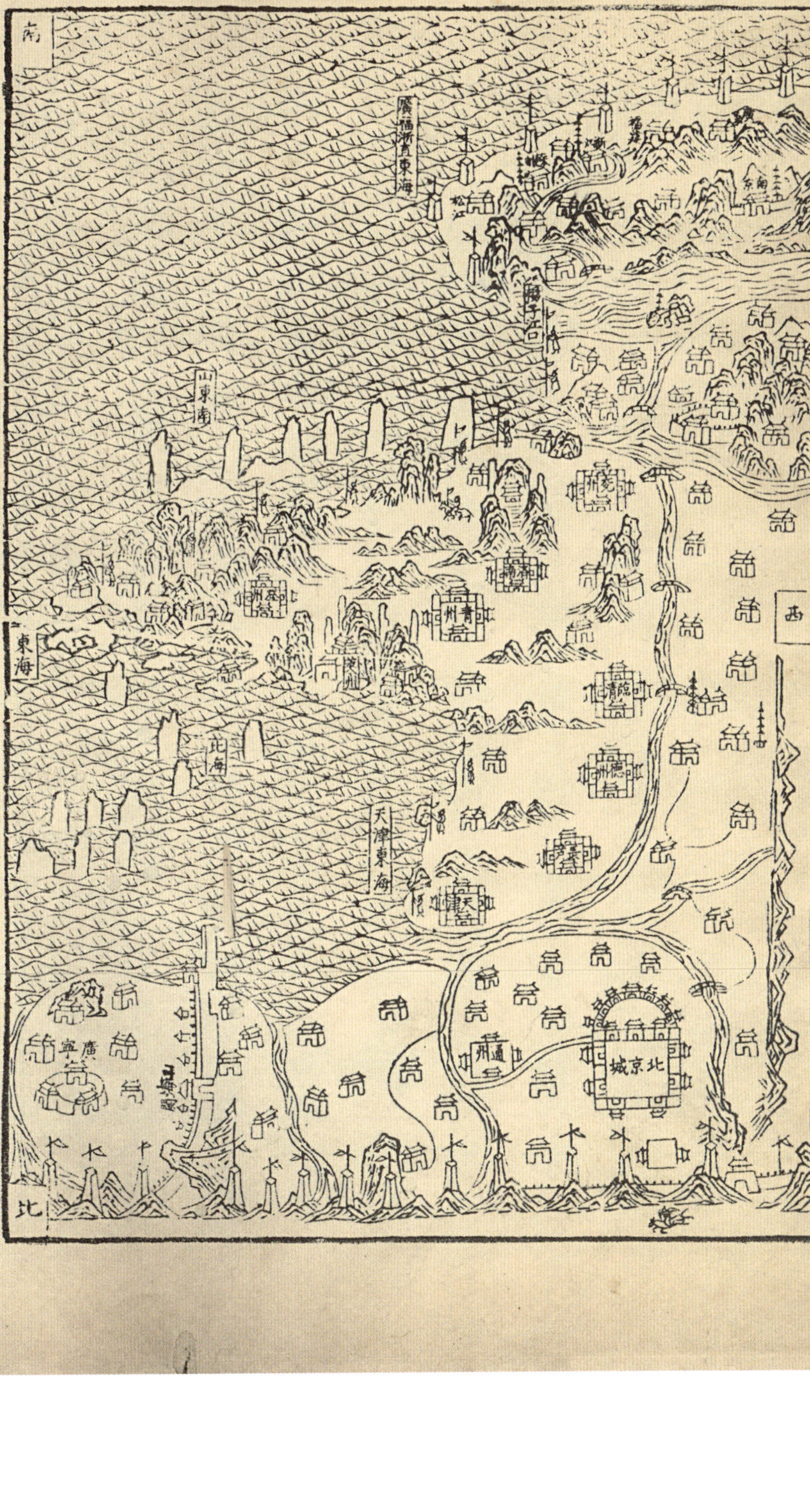
南
廣福浙直東海
山東南
東海
北海
天津東海
西
北
青州
通州
北京城
廣寧

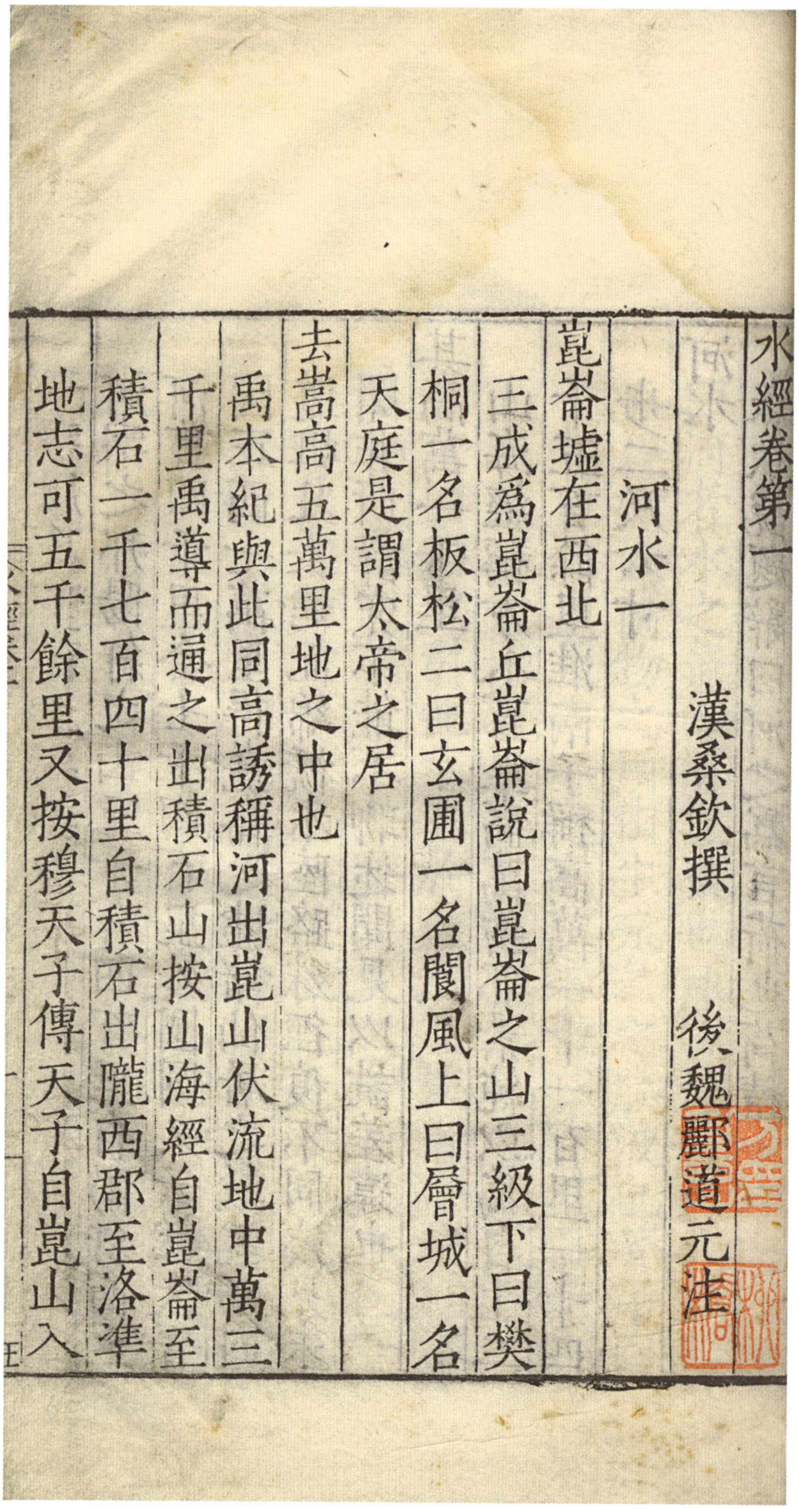
水經卷第一

漢桑欽撰　　後魏酈道元注

河水一

崑崙墟在西北

三成爲崑崙丘崑崙說曰崑崙之山三級下曰樊桐一名板松二曰玄圃一名閬風上曰層城一名天庭是謂太帝之居

去嵩高五萬里地之中也

禹本紀與此同高誘稱河出崑山伏流地中萬三千里禹導而通之出積石山按山海經自崑崙至積石一千七百四十里自積石出隴西郡至洛準地志可五千餘里又按穆天子傳天子自崑山入

0061　水經山海經合刻五十八卷　（漢）桑欽撰　（北魏）酈道元注　（晉）郭璞注　明嘉靖十三年（1534）吴縣黄省曾刻本　八册

匡高20厘米，寬15.5厘米。半葉十二行，行二十字，白口，左右雙邊，單白魚尾。版心下有刻工姓名。鈐有“巴陵方氏碧琳琅館藏書”“方家書庫”“柳橋”“方功惠印”等藏書印。入選第三批《國家珍貴古籍名録》（名録號08642）。河北博物院藏。

刻水經序

吳郡黃省曾撰

叙曰水之爲德大矣哉道生天一職統材五發始西極產毋隅也折赴東墟趨子方也濊涌昭化妙之初質流瀾符於穆之神用厚氣肇之升盛露雨由之感澤象曜資之光朗玄黄本之浮載穹灝倚之配密雲漢會之紀戒圖書託之興瑞祗軸寄之融絡是以寓目者嘆其渾逝臨淵者頌其靈長且兆類非此無以脈阜萬里非此無以準平醴饔非此無以烹饎而育年壤壚非此無以灌漑而興穀法其形勢而樹都廟因其隔限而分州域軸轤與而窮遐互通堤鑿成而堉瘠咸利鍾滙之區則珠玉以登枯絶之野則林壑

南山經第一

郭氏傳

南山經之首曰䧿山其首曰招搖之山臨于西海之上（在蜀伏山山南之西頭濱西海也）多桂（桂葉似枇杷長二尺餘廣數寸味辛白花叢生山峯冬夏常青間無雜木呂氏春秋曰招搖之桂）多金玉有草焉其狀如韭（璨曰韭音九爾雅云霍山亦多之）而青花其名曰祝餘（或作桂荼）食之不飢有木焉其狀如穀而黑理（穀楮也皮作紙璨曰穀亦名構名穀者以其實如穀也）其花四照（言有光燄也若木華赤其光照地亦此類也見離騷經）其名曰迷穀佩之不迷有獸焉其狀如禺而白耳（禺似獼猴而大赤目長尾今江南山中多有說者不了此物名禺作牛字圖亦作牛形或作猴皆失之也禺字音遇）伏行人走其名曰狌狌食之善走（生生禺獸狀如猿伏行交足亦此類也見京房易）麗麐之水出焉（麐音作几）而西流注于海其中多育沛（未詳）

刻水經序

吳郡黃省曾撰

叙曰水之爲德大矣哉道生天一職統材五發始西極産毋隅也折赴東墟趨子方也濊涌昭化妙之初質流灛符於穆之神用厚氣肇之升盛露雨由之感澤象曜資之光朗玄黄本之浮載穹灝倚之配窰雲漢會之紀戒圖書託之興瑞祇軸寄之融絡是以寓目者嘆其渾逝臨淵者頌其靈長且兆類非此無以胑阜萬里非此無以準平醴饔非此無以烹饍而育年壤壚非此無以灌漑而興穀法其形勢而樹都廟因其隔限而分州域軸轤輿而窮遐互通堤鑿成而埇瘠咸利鍾滙之區則珠玉以登枯絶之野則林簦

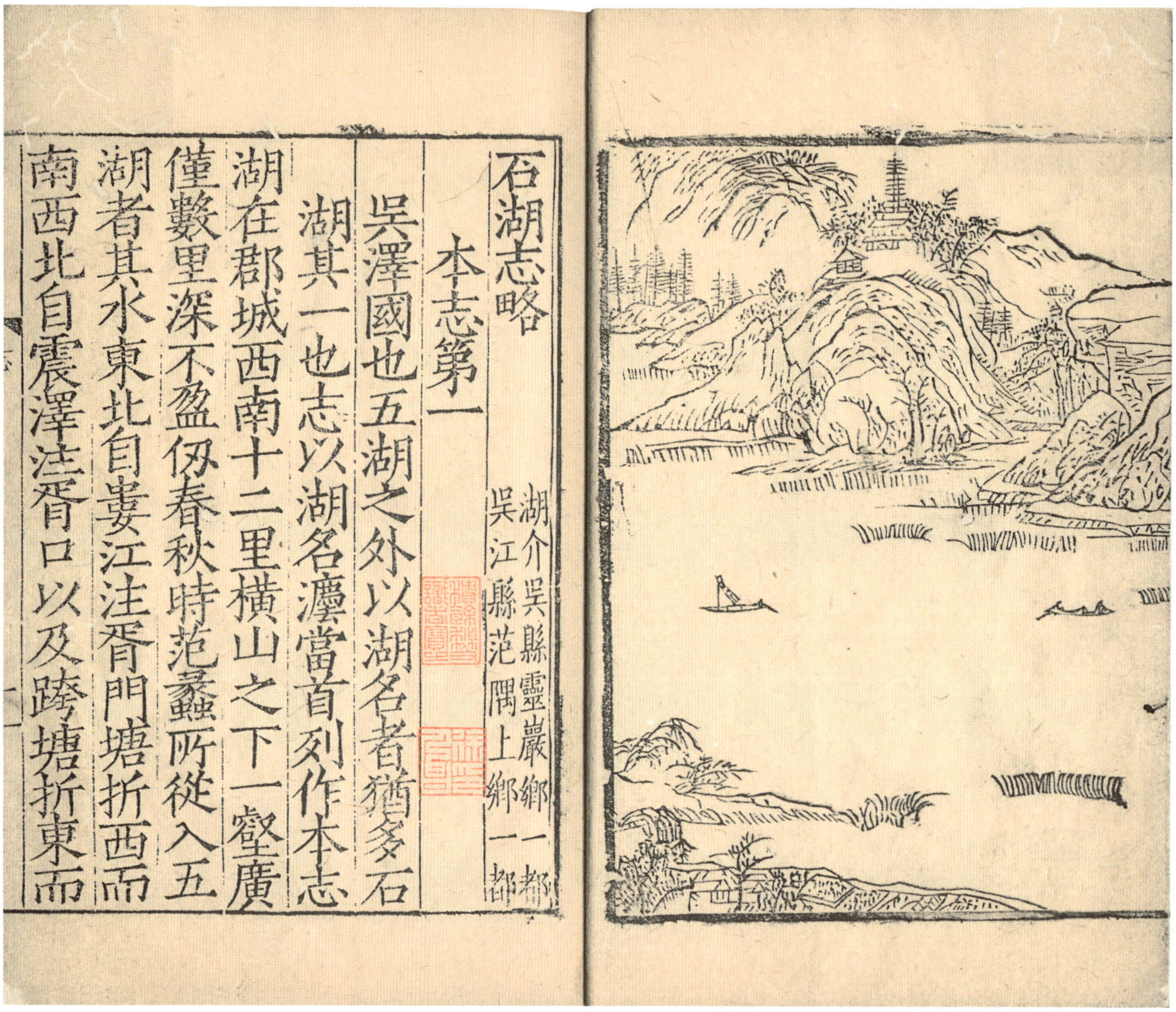

石湖志略

湖介吳縣靈巖鄉一都 吳江縣范隅上鄉一都

本志第一

吳澤國也五湖之外以湖名者猶多石湖其一也志以湖名瀍當首列作本志

湖在郡城西南十二里横山之下一壑廣僅數里深不盈仞春秋時范蠡所從入五湖者其水東北自婁江注胥門塘折西而南西北自震澤注胥口以及跨塘折東而

0062　石湖志略文略二卷　（明）盧襄撰　明嘉靖刻本　二册

匡高18.3厘米，寬13.3厘米。半葉八行，行十六字，白口，左右雙邊，單黑魚尾。黄丕烈題跋，鈐有“南陵徐氏”“積學齋”“士禮居藏”等藏書印。入選第二批《國家珍貴古籍名録》（名録號04207）。河北大學圖書館藏。

余占籍古吳邑石湖在邑境中童子時釣
遊地也初不知其有志近書友攜一石湖
志來裝一册分二種志畧文畧各一是
也同人說爲希有未及買成即轉相傳
錄校菴首先抄之余亦影一副本後
坊友聞之又携一文畧來雖朱墨亂
塗印本較舊且鈐有盧氏圖記蓋
猶當時初本也余友訒菴張君見

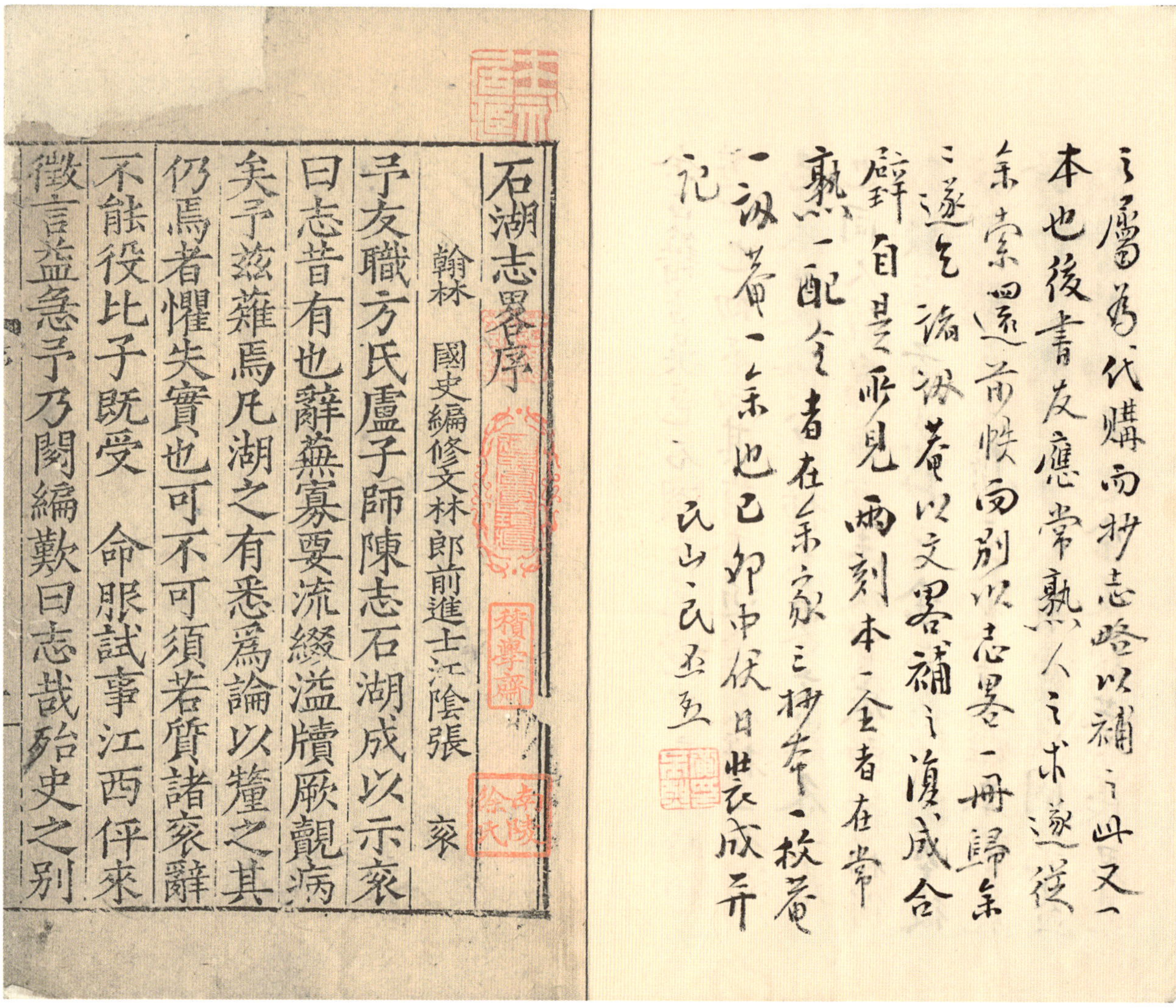

石湖志畧序

翰林　國史編修文林郎前進士江陰張　衮

予友職方氏盧子師陳志石湖成以示衮
曰志昔有也辭蕪寡要流綴溢牘厥覩病
矣予慈薙焉凡湖之有悉爲論以籑之其
仍焉者懼失實也可不可須若質諸衮辭
不能役比子既受　命服試事江西伻來
徵言益急予乃闋編歎曰志哉殆史之別

之屬爲之代購而抄志略以補之此又一
本也後青友應常熟人之求遂從
余索回還前帙而別以志畧一冊歸余
之遂之論證菴以文畧補之復成合
璧自是所見兩刻本之全者在常
熟之一配全者在余家之抄本之一校菴
一派菴一余也已卯中伏日世裳成弁
記

民山民丞丞

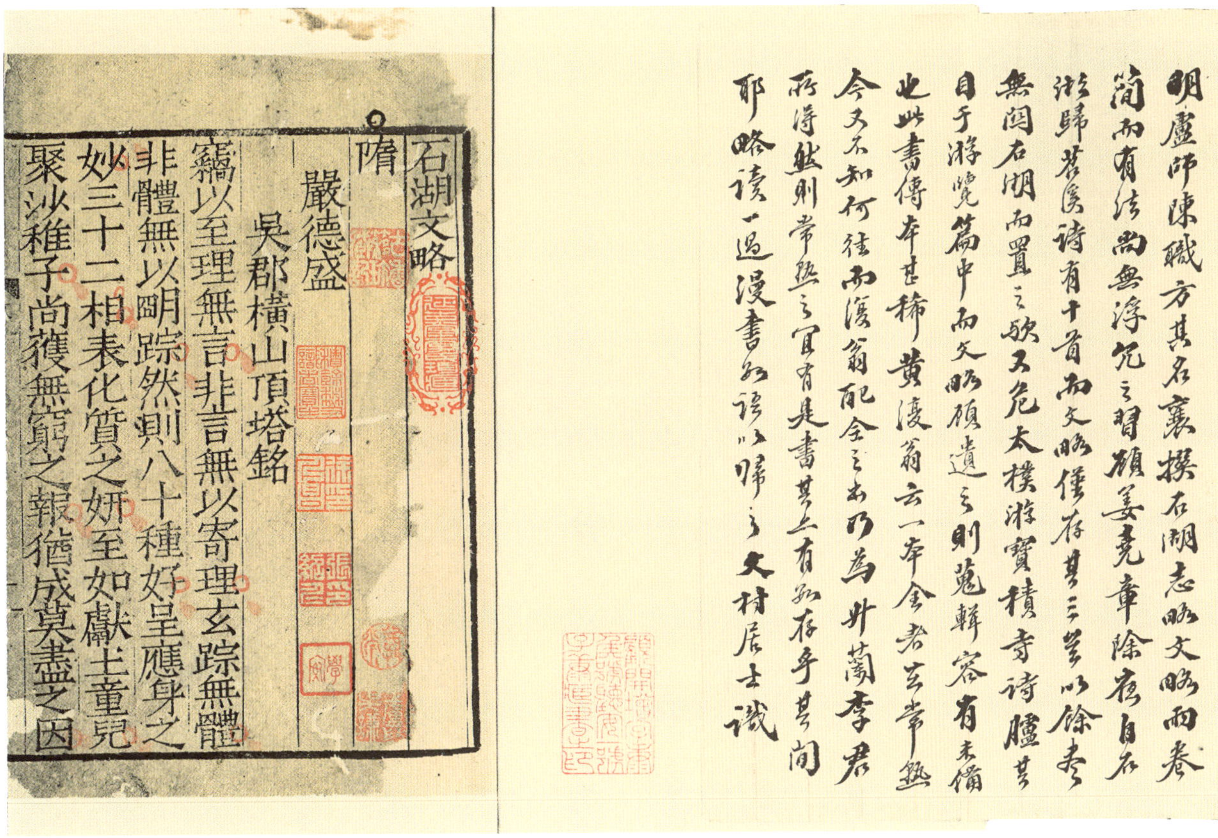

石湖文略

隋

嚴德盛

吳郡橫山頂塔銘

竊以至理無言非言無以寄理玄踪無體非體無以明踪然則八十種好呈應身之妙三十二相表化質之妍至如獻土童兒聚沙稚子尚獲無窮之報猶成莫盡之因

明盧師陳職方其名襄撰石湖志略文略兩卷簡而有法尚無浮冗之習頗姜堯章除夜自石湖歸苕溪詩有十首而文略僅存其三并以餘者無關石湖而置之歟又危太樸游寶積寺詩體其目于游覽篇中而文略頗遺之則蒐輯容有未備也此書傳本甚稀黃蕘翁云一本余者當熟今又不知何往而蕘翁配全之本乃為井蘭李君所得然則常熟之冒有是書其亦有所存乎其間耶略讀一過漫書所語以歸之 文村居士識

吳中藏書家余所及見而得友之者首推香
嚴周氏其顧氏抱沖袁氏綬階皆與余同時
彼此收書互相評騭偶有不全之本兩家
可以合成必爲允易周顧袁三君皆如是
故而頗稱盛事今抱沖殁已二十餘年綬
階殁已數年香嚴殁二百日外矣感何如
之猶幸近年復友張君訒菴鑑宋元版刻不
甚儲蓄而名校舊刊時一收之又皆讀互相
評騭允易之事故知交中最爲莫逆焉此石
湖文畧題未已詳而跋茹不盡悉著之郎中伏復翁

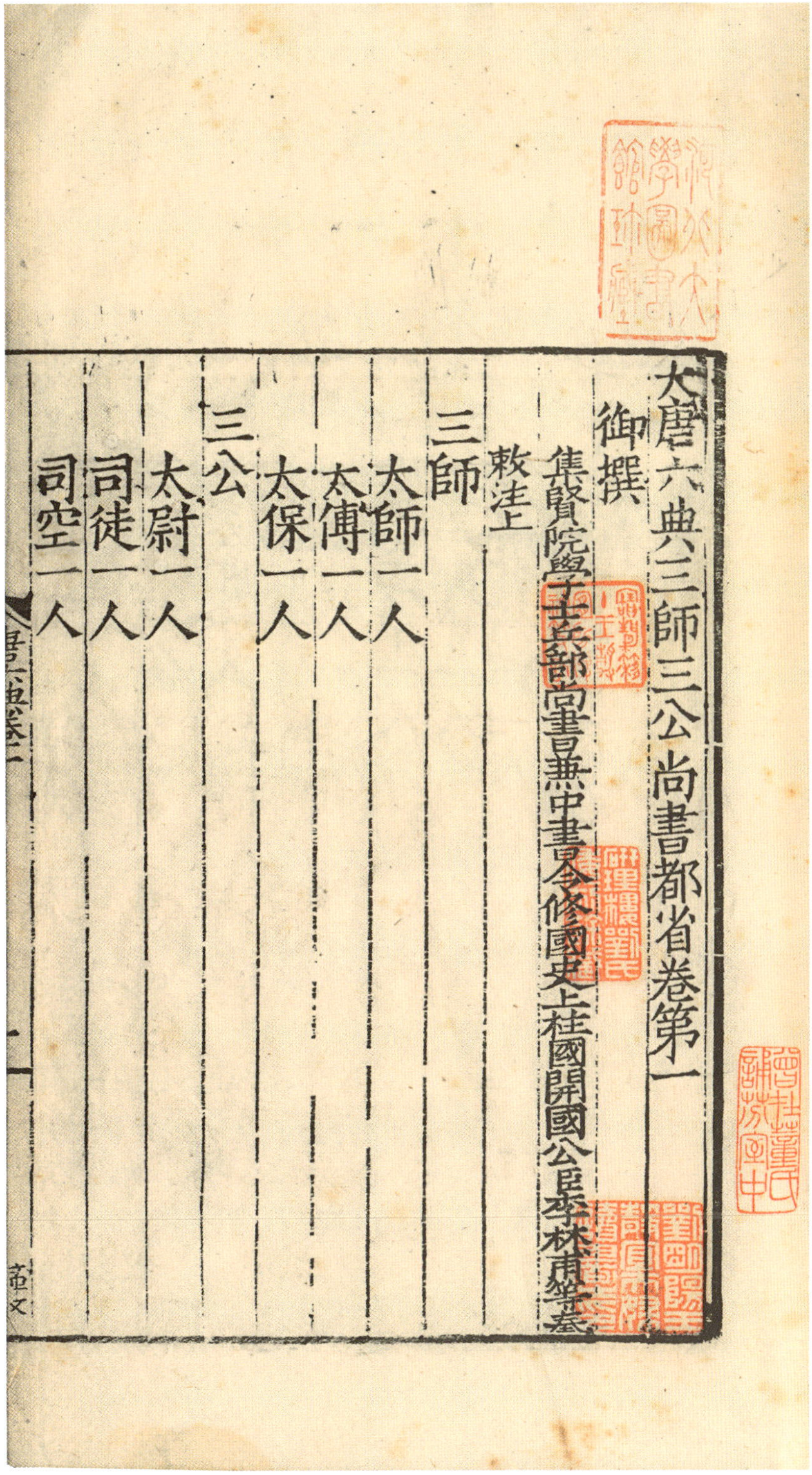

0063　大唐六典三十卷　（唐）李隆基撰　（唐）李林甫等注　明正德刻本　八册

匡高18.6厘米，寬13.6厘米。半葉十二行，行二十字，小字雙行同，白口，左右雙邊，單花魚尾。鈐有“劉明陽王靜宜夫婦讀書之印”“吴陸氏廉石堂圖書印”等藏書印。入選第三批《國家珍貴古籍名録》（名録號08086）。河北大學圖書館藏。

重刊唐六典序

昔在

孝宗詔修會典臣鏊與有職

兢焉竊伏自念蒐

一代之制著之簡冊以為後

法固非譾薄之所堪任思得

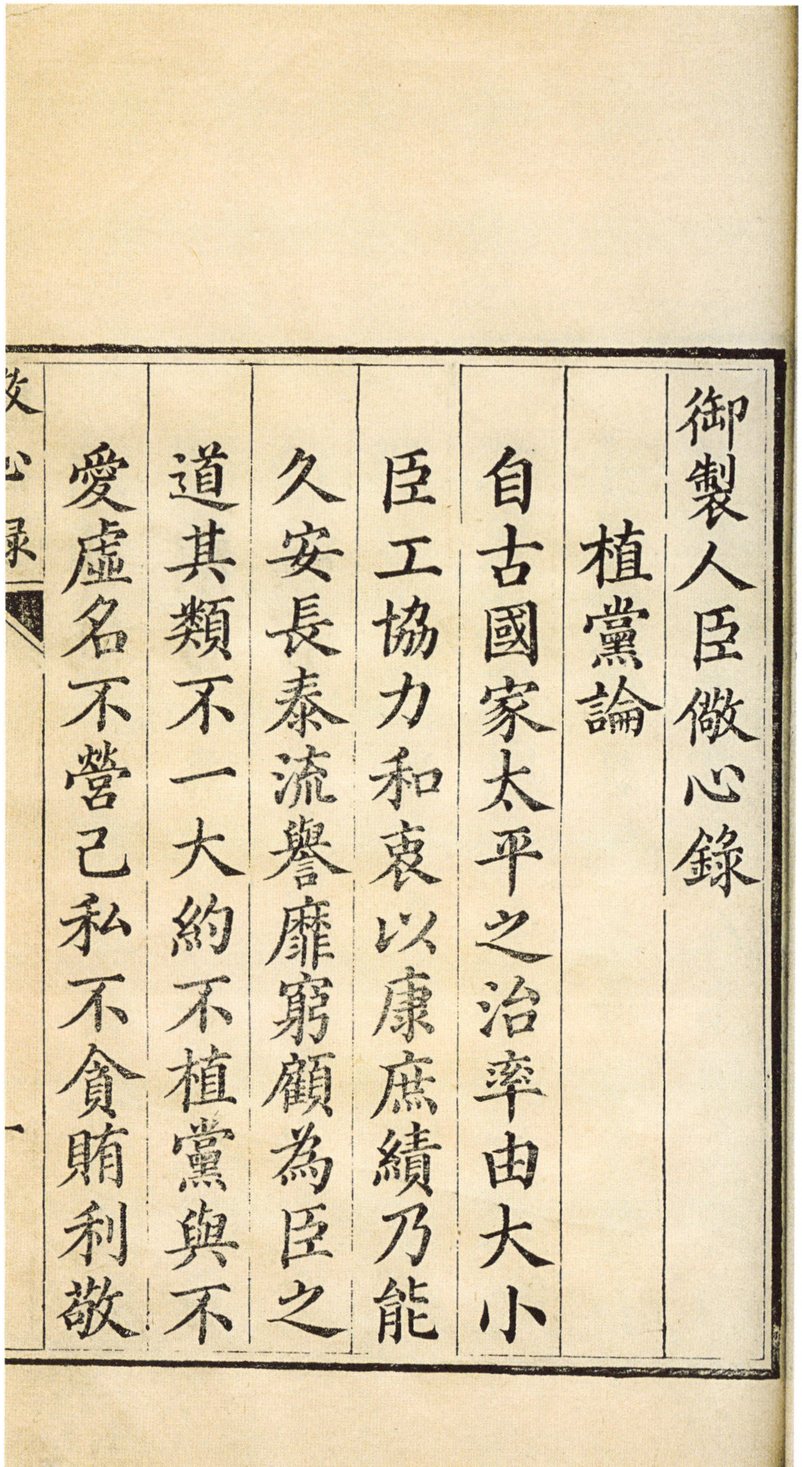

御製人臣儆心錄

植黨論

自古國家太平之治率由大小
臣工協力和衷以康庶績乃能
久安長泰流譽靡窮顧為臣之
道其類不一大約不植黨與不
愛虛名不營己私不貪賄利敬

0064　御製人臣儆心錄不分卷　（清）世祖福臨撰　清順治十二年（1655）刻本 一册

匡高18厘米，寬14.3厘米。半葉七行，行十三字，白口，四周雙邊，單黑魚尾。鈐有“蓮池書院收藏書籍印”“直隸圖書館收藏記”“直隸運售各省官刻書籍圖記”藏書印。保定市圖書館藏。

世祖章皇帝
御製人臣儆心錄

御製人臣儆心錄序

朕惟人臣立身制行本諸一心心正則爲忠爲直衆美集焉不正則爲姦爲慝羣惡歸焉是故心者萬事之本美惡之所由出也顧事有殊塗心惟一致一於國則忘其家一於君則忘其身

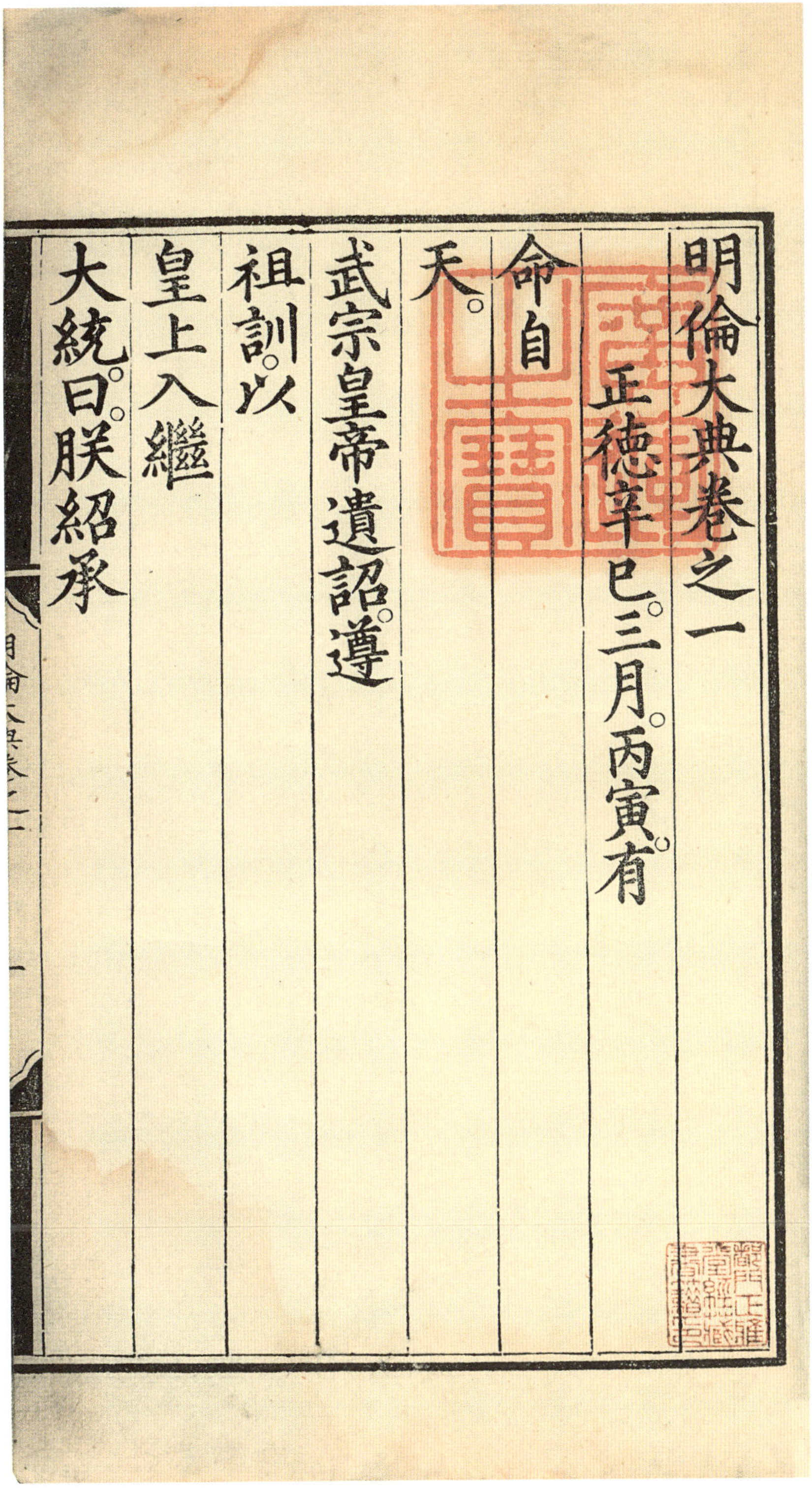

明倫大典卷之一
正德辛巳。三月。丙寅。有
命自
天。
武宗皇帝遺詔。遵
祖訓。以
皇上入繼
大統。曰。朕紹承

0065　明倫大典二十四卷　（明）杨一清　熊浹等纂修　明嘉靖内府刻本　十册

匡高27.2厘米，寬18.1厘米。半葉八行，行十八字，黑口，四周雙邊，雙對花魚尾。鈐有“欽文之璽”“廣運之寶”“都門正雅唐經藏書籍印”“李宗侗藏書”藏書印。入選第三批《國家珍貴古籍名録》（名録號08127）。河北大學圖書館藏。

御製明倫大典序

夫自羲農黃帝堯舜禹湯文武。及漢唐宋主天下者。皆本奉
天命承
宗祀立人極建綱常作民之主。未有舍是而外求諸道以能化行

嘉靖七年六月初一日

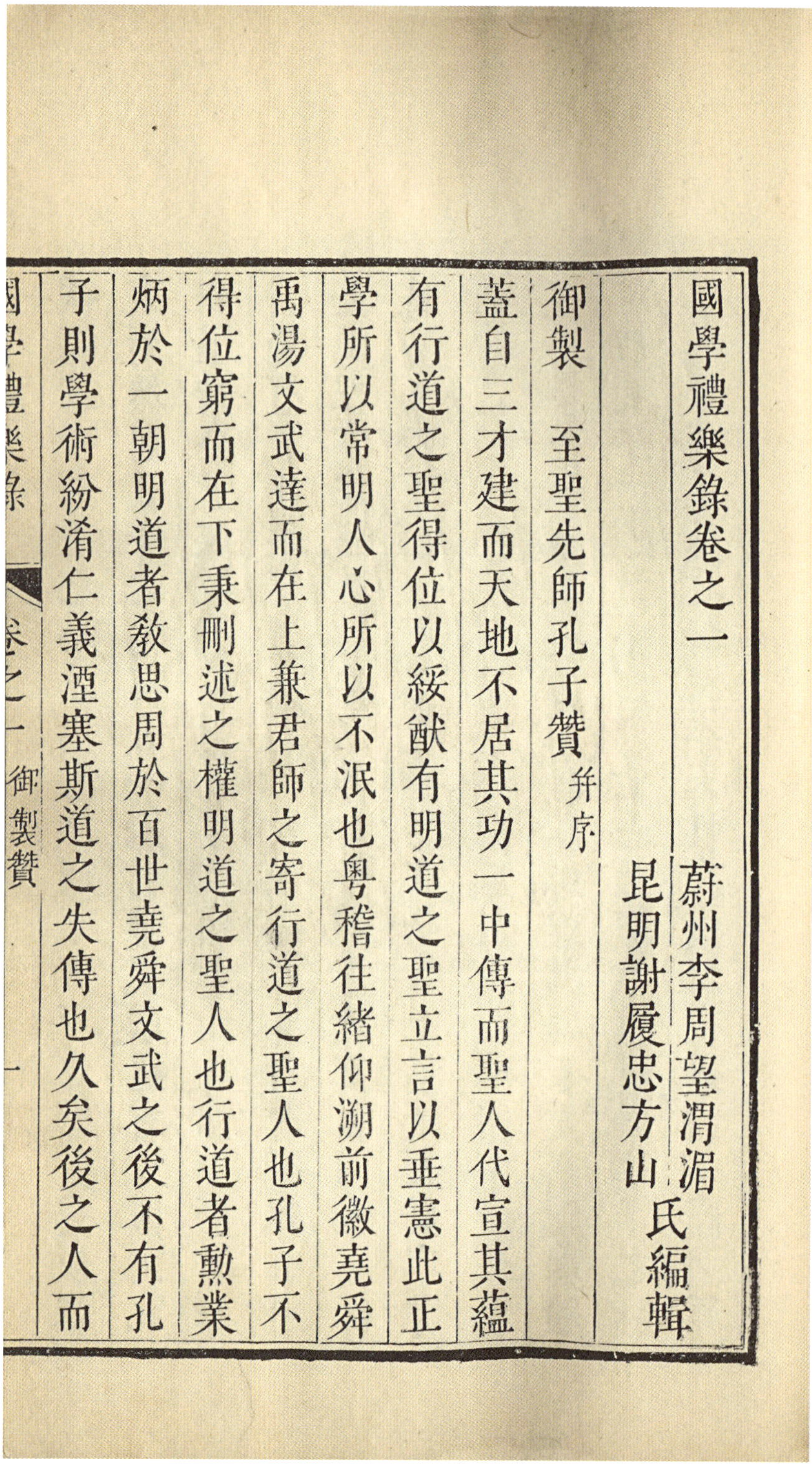

國學禮樂錄卷之一

蔚州李周望渭湄
昆明謝履忠方山　氏編輯

御製　至聖先師孔子贊幷序

蓋自三才建而天地不居其功一中傳而聖人代宣其蘊有行道之聖得位以綏猷有明道之聖立言以垂憲此正學所以常明人心所以不泯也粤稽往緒仰溯前徽堯舜禹湯文武達而在上兼君師之寄行道之聖人也孔子不得位窮而在下秉刪述之權明道之聖人也行道者勳業炳於一朝明道者敎思周於百世堯舜文武之後不有孔子則學術紛淆仁義湮塞斯道之失傳也久矣後之人而

國學禮樂錄　卷之一　御製贊　一

0066　國學禮樂錄二十卷　（清）李周望　謝履忠編輯　清康熙五十八年（1719）國子監刻本　六册

匡高19厘米，寬13.5厘米。半葉十行，行二十二字，白口，四周雙邊，單黑魚尾。鈐有“蓮池書院收藏書籍印”“直隸圖書館收藏記”藏書印。保定市圖書館藏。

蔚州李南屏編輯
昆明謝方山

國學禮樂録

本監藏板

序

成均典樂之職禮教之地也昉自虞廷其風尚矣周備四代之學王畿之內號爲辟雝蓋以明首善之義與鄉學不同秦火以後學校淪廢漢至元狩始議建

至聖世系之圖

微子啓 帝乙首子

微仲衍 微子之弟嗣爲宋公

宋公稽 衍子

丁公申 稽子

湣公共 申子

弗父何 共子

宋父周 何子

世子勝 周子

正考父 勝子

孔父嘉 考父子始姓孔氏

木金父 嘉子奔魯因家焉

睪夷 木金父子一作祈父夸睪

防叔 睪夷子

伯夏 防叔子

叔梁紇 伯夏子自微子至叔梁大夫凡十四世是生孔子

孔子 自孔子至今衍聖公毓圻凡六十七代

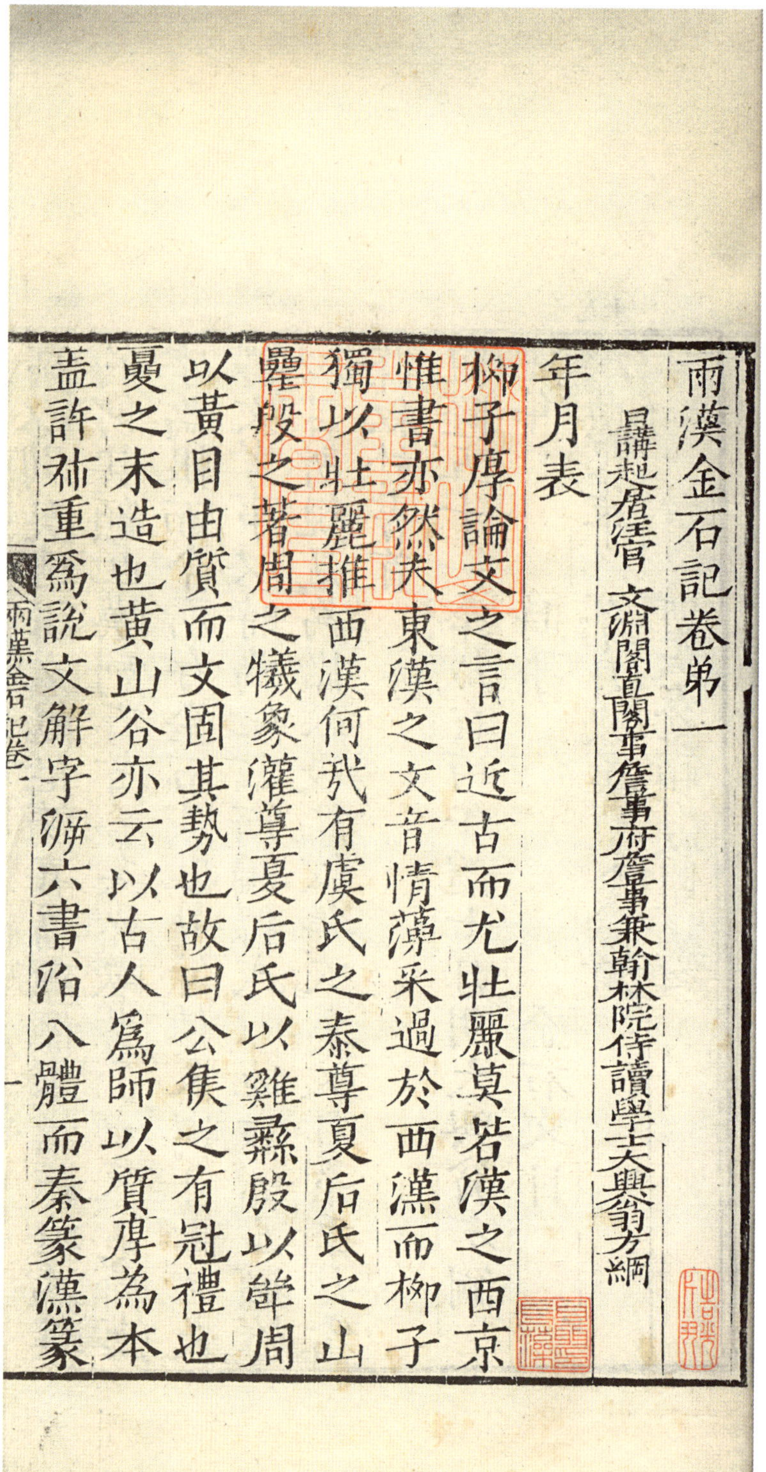
兩漢金石記卷弟一

日講起居注官 文淵閣直閣事詹事府詹事兼翰林院侍讀學士大興翁方綱

年月表

柳子厚論文之言曰近古而尤壯麗莫若漢之西京惟書亦然夫東漢之文音情薄采過於西漢而柳子獨以壯麗推西漢何哉有虞氏之泰尊夏后氏之山罍殷之著周之犧象灌尊夏后氏以雞彝殷以斝周以黃目由質而文固其勢也故曰公矦之有冠禮也夏之末造也黃山谷亦云以古人爲師以質厚爲本蓋許叔重爲說文解字溯六書沿八體而秦篆漢篆

兩漢金石記卷一　一

0067　兩漢金石記二十二卷　（清）翁方綱撰　清乾隆刻本　八册

匡高20.8厘米，寬15.4厘米。半葉十行，行二十字，小字雙行二十九字，白口，左右雙邊，單黑魚尾。鈐有“吉光片羽”“聶長藻印”“樾山堂藏書印”等藏書印。河北博物院藏。

兩漢金石記

乾隆五十四年己酉秋八月鋟于
南昌使院凡廿二卷北平翁方綱

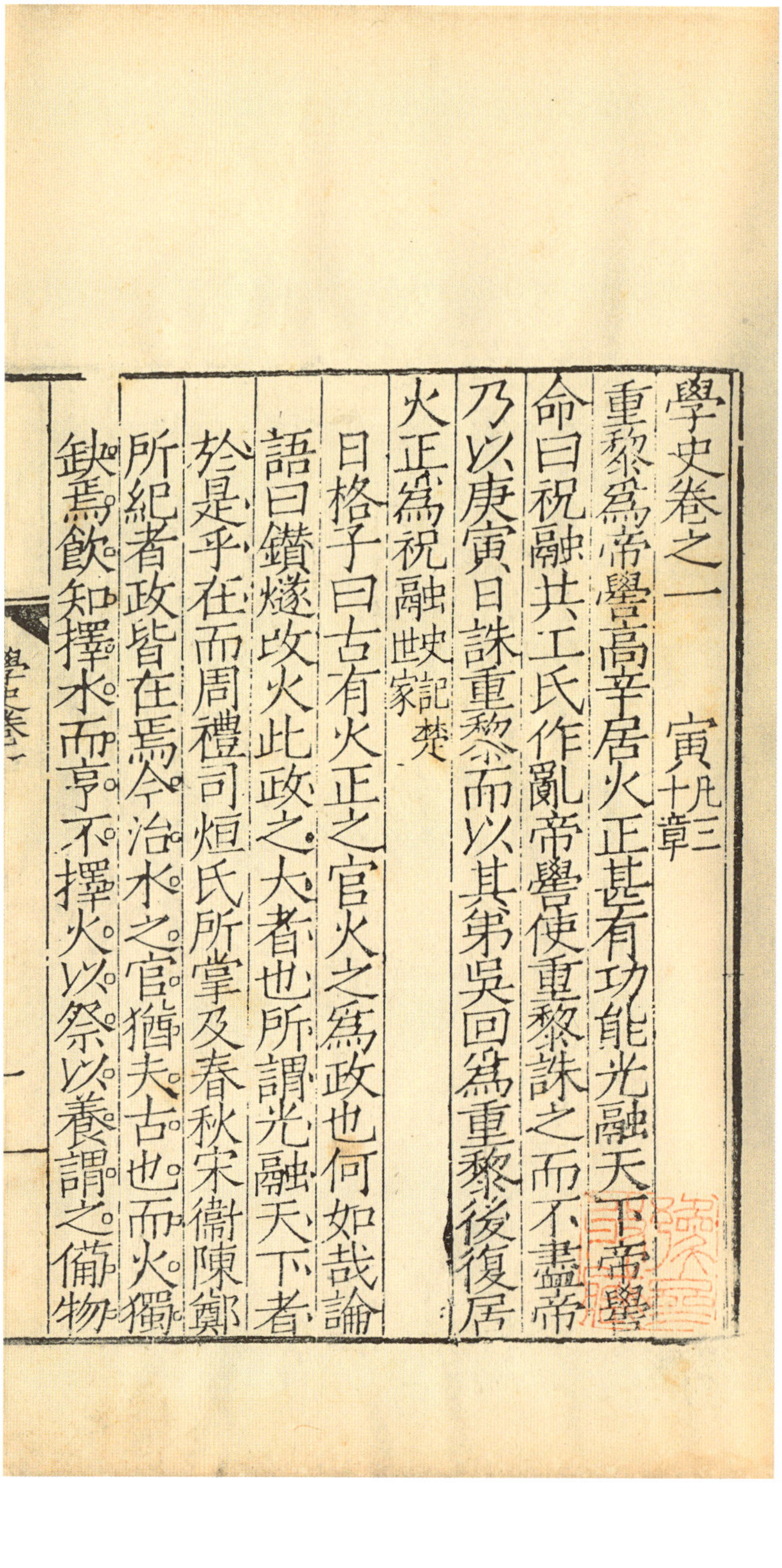

學史卷之一　寅凡三十章

重黎爲帝嚳高辛居火正甚有功能光融天下帝嚳命曰祝融共工氏作亂帝嚳使重黎誅之而不盡帝乃以庚寅日誅重黎而以其弟吳回爲重黎後復居火正爲祝融史記楚世家

日格子曰古有火正之官火之爲政也何如哉論語曰鑽燧改火此政之大者也所謂光融天下者於是乎在而周禮司烜氏所掌及春秋宋衛陳鄭所紀者政皆在焉今治水之官猶夫古也而火獨缺焉飲知擇水而亨不擇火以祭以養謂之備物

0068　學史十三卷　（明）邵竇撰　明嘉靖刻本　六册

匡高18.3厘米，寬14.1厘米。半葉十行，行二十字，白口，左右雙邊，單黑魚尾。鈐有“都門正雅堂經藏書籍印”等藏書印。入選第四批《國家珍貴古籍名録》（名録號10367）。河北大學圖書館藏。

學史序

視學而校文事之冗且勞者也予在江西歷諸郡縣山輿水舫亦有時乎暇焉暇則不能無思思出經書史傳展轉於心久矣而介然若或起之古人所謂欣然會意者於是乎在然懼其或失也故目記而投諸櫝月啓而載諸簡惟君子

道也不然其可哉
後毋死服喪三年史記公孫弘傳
日格子曰當是時服者鮮矣故於弘稱之

右學史凡十三卷我
文莊先公精思獨斷之書海內學者宗尚
其說久矣原版爲公門人虞山陳都憲攜
揭浙藩遂燬於火勲圖重梓而力未贍也
公之館甥秦齊南汶乃取舊藏初本復訂
舛訛刻庋容春精舍以永厥傳君子多其
尊信之誼云
嘉靖甲辰秋七月朔男勲頓首百拜謹書

學史卷之十三

自序文至末計一百八十九版

邵寶字國賢無錫人成化間進士官至南京吏部尚书学问博洽一時儒碩亟以天下士称之卒謚文莊著有学史十三卷容春堂集八十卷二經傳世罕見

子部

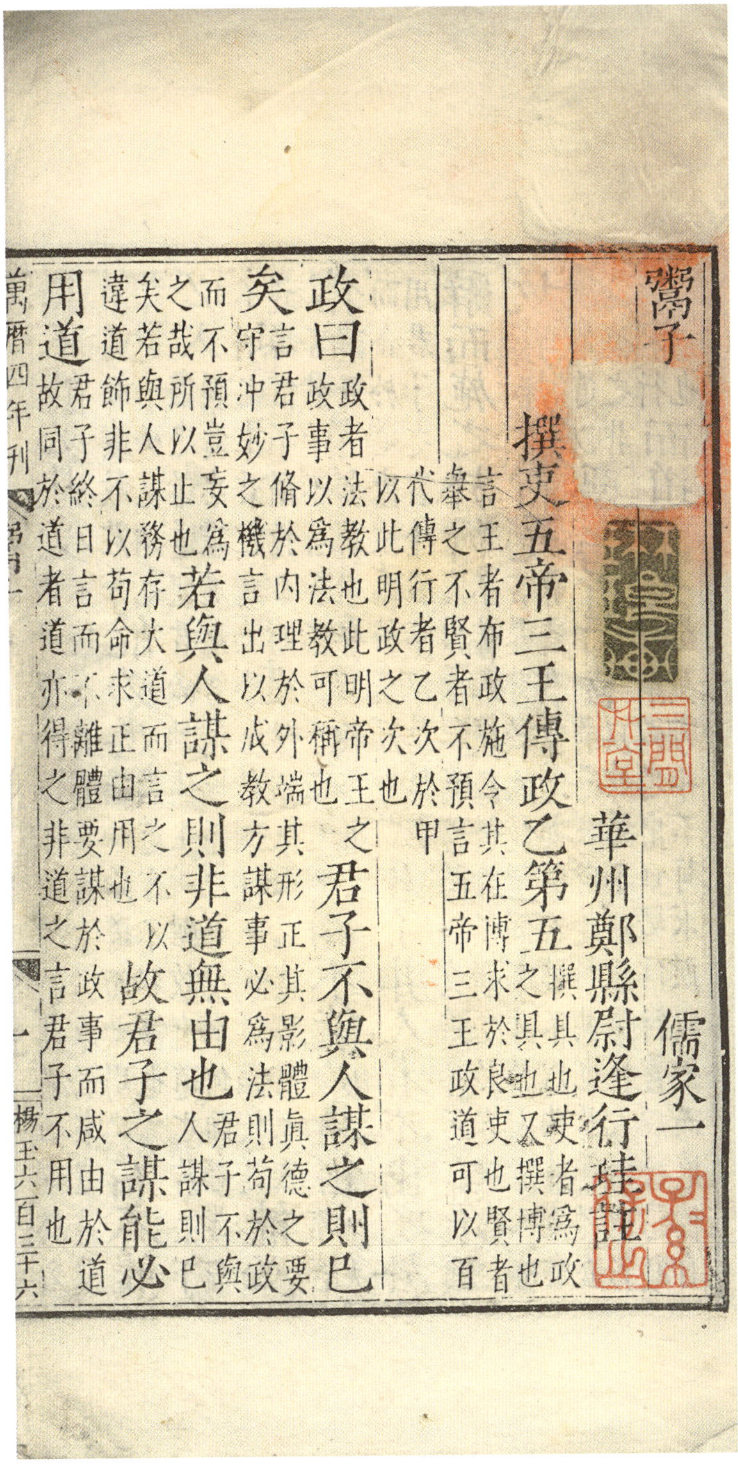

0069　子彙二十四種三十四卷　（明）周子義編　明萬曆刻本　十二册

匡高21.6厘米，寬15厘米。半葉十行，行二十一字，白口，四周雙邊，雙順黑魚尾。鈐有“春草閒房”“不夷不惠”“雙林郭氏家珍”“臣毓圻印”“陸芝榮”“匏雅”“子孫保之”“三間草堂”“琳琅軒”“慈溪馮氏醉經閣圖籍”“五橋珍藏”等藏書印。河北博物院藏。

鬻子序

鬻子名熊楚人周文王之師也年九十見文王王曰老矣鬻子曰使臣捕獸逐麋已老矣使臣坐策國事尚少也文王師之著書二十二篇名曰鬻子子者男子之美稱賢不逮聖不以爲經用題紀標子因據劉氏九流即道流也遭秦暴亂書記畧盡鬻子雖不預焚燒編帙由此殘缺依漢書藝文志雖有六篇今此本乃有十四篇未詳孰是篇或錯亂文多遺闕至數演大道銓撰明史闡域中之教化論刑德之是非雖卷軸不全而其門可見然鄧林之枝荆山之玉君子餘文可得觀矣鬻子博

賈子新書卷上　　儒家五

過秦上 事勢

秦孝公據崤函之固擁雍州之地君臣固守以窺周室有席卷天下包舉宇内囊括四海之意并吞八荒之心當是時也商君佐之内立法度務耕織脩守戰之具外連衡而鬭諸侯於是秦人拱手而取西河之外孝公既沒惠武昭襄蒙故業因遺策南取漢中西舉巴蜀東割膏腴之地北收要害之郡諸侯恐懼會盟而謀弱秦不愛珍器重寶肥饒之地以致天下之士合從締交相與爲一當此之時齊有孟嘗趙有平原楚有春申魏有信

異聲俱會於樂夷惠同操齊蹤為賢二子殊行等迹為仁道者玄化為本儒者德教為宗九流之中二化為最夫道以無為化世儒以六藝濟俗無為以清虛為心六藝以禮樂為訓若以教行於大同則邪偽萌生使無為化於成康則氛亂競起何者澆淳時異則風化應殊古今乖舛則政教宜隔以此觀之儒教雖非得真之說然茲教可以導物道家雖為達情之論而違禮復不可以救弊今治世之賢宜以禮教為先嘉遁之士應以無為是務則操業俱遂而身名兩全也

劉子下 終　　子彙第十二冊

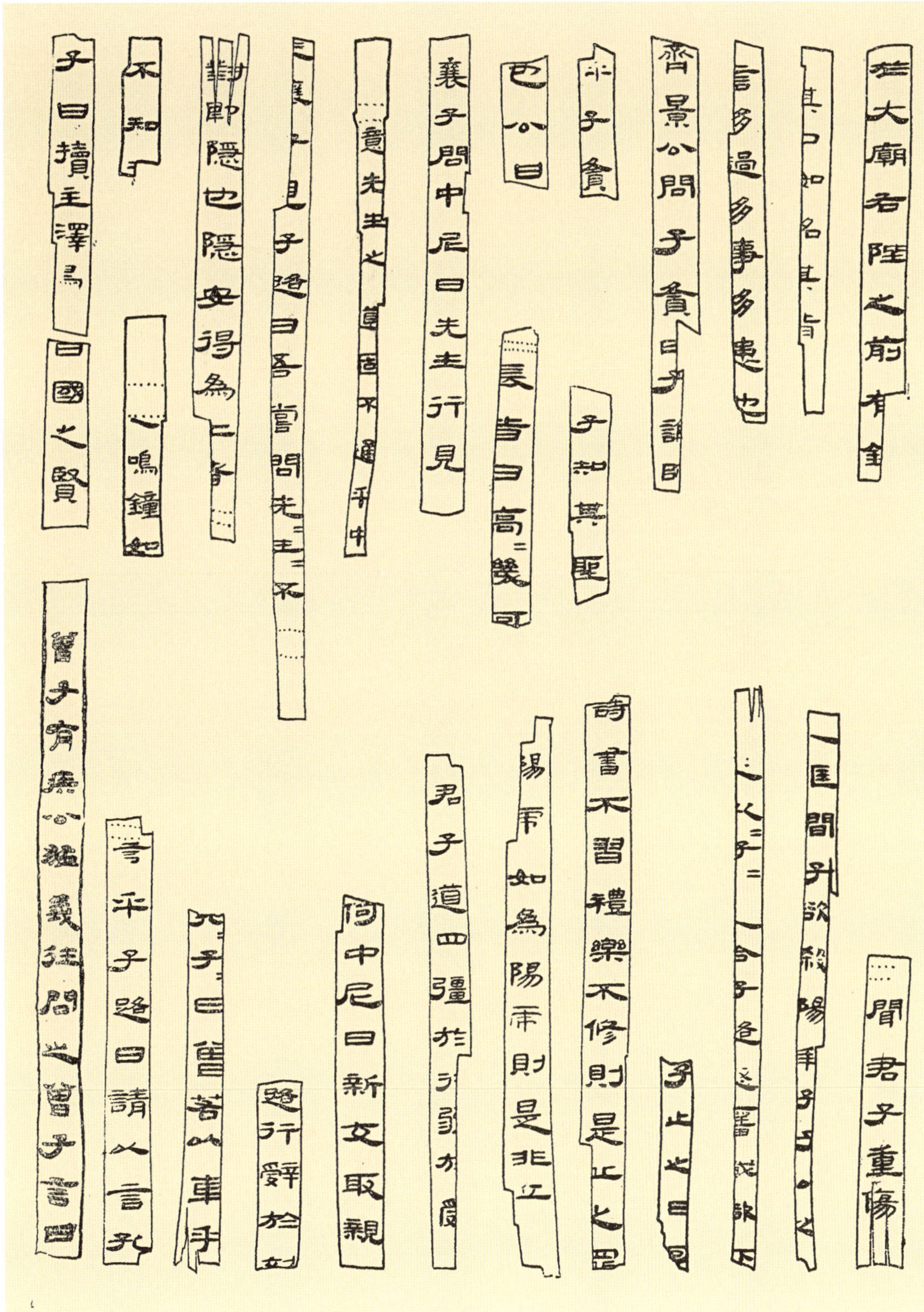

0070　儒家者言　西漢竹簡

河北定縣八角廊40號漢墓出土。

入選第一批《國家珍貴古籍名録》（名録號00078）。河北省文物研究所藏。

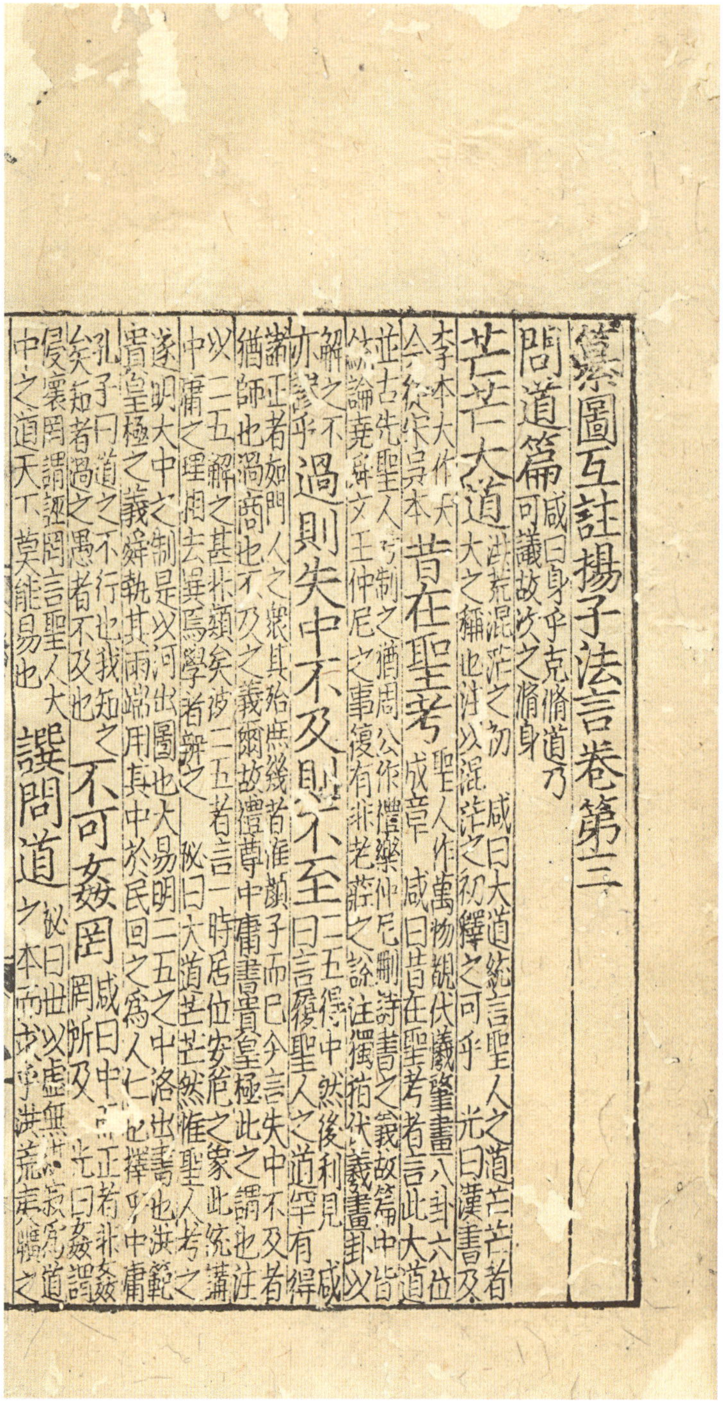
纂圖互註揚子法言卷第三
問道篇咸曰身乎克脩道乃可議故次之脩身
芒芒天道㳂荒混茫之初　咸曰大道統言聖人之道芒芒者大之稱也汎以混茫之初釋之可乎　光曰漢書及
李本大作天今從宋吳本昔在聖考聖人作萬物覩伏羲肇畫八卦六位成章　咸曰昔在聖考者言此大道
並古先聖人之所制之猶周公作禮樂仲尼刪詩書之義故篇中皆以紛論堯舜文王仲尼之事復有非老莊之說注獨循伏羲畫卦以
解之不亦誤乎過則失中不及則不至二五得中然後利見咸曰言履聖人之道罕有得
者正者如門人之衆其殆庶幾者惟顏子而已今言失中不及者猶師也過商也不及之義爾故禮尊中庸書貴皇極此之謂也注
以二五解之甚非類矣彼二五者言一時居位安危之象此說講中庸之理相去遠矣爲學者辨之　祕曰大道芒芒然惟聖人考之
遂明大中之制是以河出圖也大易明二五之中洛出書也洪範貴皇極之義舜執其兩端用其中於民回之爲人也擇乎中庸
孔子曰道之不行也我知之矣知者過之愚者不及也不可姦罔咸曰中正若非姦罔所及　光曰姦謂
侵褒罔謂誣罔言聖人大中之道天下莫能易也譔問道祕曰世以虛無寂寞爲道之本而求乎洪荒之嬾之

0071　纂圖互註揚子法言十卷　（漢）揚雄撰　（晉）李軌　（唐）柳宗元　（宋）宋咸等注　明刻本　三册

匡高18.5厘米，寬11.8厘米。半葉十一行，行十九至二十一字不等，小字雙行二十五字，黑口，四周雙邊間有左右雙邊，雙順黑魚尾，有書耳。内部版式大小不一，經修復，金鑲玉裝，有刻工。鈐有“崇藍館”“無錫板邨蔡元起月亭珍藏”藏書印。入選第三批《國家珍貴古籍名録》（名録號08242）。河北博物院藏，存八卷（卷三至十）。

義起也故曰由已或問大聲光曰問聲孰為大曰非雷非霆隱隱𩆝𩆝久而愈盈尸諸聖尸主也雷霆之聲聞當時聖人之言傳無窮光曰宋吳本䡫作𩆝今李本作䡫䡫皆音宏宏大聲也或問道有因無因乎光曰黃老之道貴因循曰可則因否則革革與因雖異其隨變而通理也故先王之事世損益而其道一也祕曰隨時制宜光曰前人所為是則因之否則變之無常道太玄曰夫道有因有循有革有化因而循之與道神之革而化之與時宜之故因而能革天道乃得革而能因天道乃馴夫物不因不生不革不成故知因而不知革物失其則知革而不知因物失其均革之匪時物失其基因之匪理物喪其紀因革乎因革國家之矩範也矩範之動成敗之效也或問無為曰奚為哉應化而已光曰所以有為者救時之失耳時不失道又何為哉在昔虞夏襲堯之爵行堯之道法度彰禮樂著垂拱而視天民之阜也咸曰阜盛也富也無為矣祕曰阜厚也垂衣拱手視天民之厚盛何為哉紹桀之後纂紂之餘法度廢禮樂虧安坐而視天民之死無為乎紹桀者成湯也纂紂者

殺王而自立未可說以外事進專諸既而公子光乃令專諸襲刺吳王僚而自立是為吳王闔廬闔廬既立得志乃召伍員以為行人而與謀國事六年楚昭王使公子囊瓦將兵伐吳吳使伍員迎擊大破楚軍於豫章取楚之居巢九年吳王闔廬聽子胥孫武之言以悉興師與唐蔡伐楚已便如楚昭王出奔庚辰吳王入郢**鞭尸籍館**右舍君右之室大夫舍大夫之室　秘曰吳兵入郢子胥求昭王既不得乃掘楚平王墓出其尸鞭之五百然後已籍館舍室也各舍吳楚君大夫之室　光曰籍茲夜切**皆不由德**報父兄之恥於斯則無禮　秘曰自俾吳人作亂至籍館皆忌在自報其讎非用德者也**謀越諫齊不式**式**用不能去**三諫不從於禮可去**卒眼之**夫差伐越越棲會稽請盟委國為臣子胥諫曰吳不取越越必取吳又曰有吳無越有越無吳不敗曰亡矣天將伐齊又諫曰兵疲於外越必襲吳不聽遂伐齊胥反役夫差伍殺之將死曰吳其亡矣以吾眼置吳東門以觀越之滅吳**種蠡不彊諫而山棲**光曰胥具其不彊諫於未敗至使勾踐棲於會稽**俾其君誅社稷之靈而童僕**秘曰越二年勾踐聞吳天王夫差日夜勒兵將報越越欲先吳未至往伐之范蠡諫之為未可而勾踐不聽遂興師吳王聞之發精兵擊越敗之夫椒越王乃以餘兵五千人保棲會稽之山吳王追而圍之勾踐乃令大夫種行成於吳膝行頓首請與妻為臣妾吳王將聽太宰嚭之言遂許之卒赦越

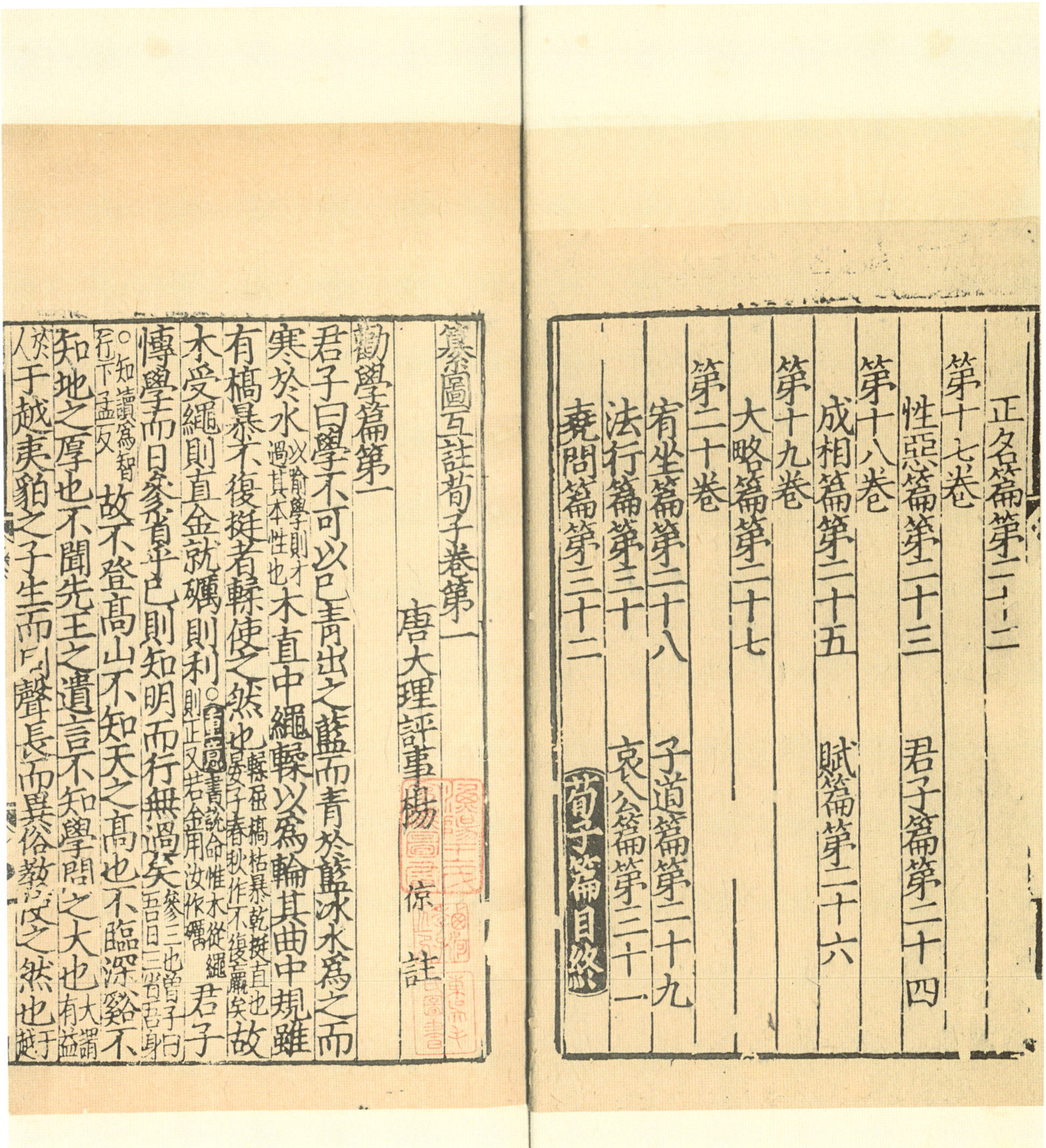

0072　纂圖互註荀子二十卷　（唐）楊倞注　明初刻本　八册

匡高18.5厘米，寬12厘米。半葉十一行，行二十一字，小字雙行二十五至二十六字不等，黑口，左右雙邊或四周雙邊，雙順黑魚尾，有書耳。佚名批校，鈐有“東吴毛氏圖書”“果親王圖書記”等藏書印。入選第三批《國家珍貴古籍名録》（名録號07119）。河北大學圖書館藏。

荀子序　　楊氏

昔周公稽古三五之道損益夏殷之典制禮作樂以仁義理天下其德化刑政存乎詩至于幽厲失道始變風變雅作矣平王東遷諸侯力政逮五霸之後則王道不絕如綫故仲尼定禮樂作春秋然後三代遺風弛而復張而無時無位功烈不得被于天下但門人傳述而已陵夷至于戰國於是申商苛虐孫吳變詐以族論罪殺人盈城談說者又以慎墨蘇張爲宗則孔氏之道幾乎息矣有志之士所爲痛心疾首也故孟軻闡其前荀卿振其後觀其立言指事根極理要敷陳往古掎挈當世撥

亂興理易於反掌眞名世之士王者之師又其書亦所以羽翼六經增光孔氏非徒諸子之言也蓋周公制作之仲尼祖述之荀孟贊成之所以膠固王道至深至備雖春秋之四夷交侵戰國之三綱弛絕斯道竟不墜矣倞以末宦之暇頗窺篇籍竊感炎黃之風未洽於聖代謂荀孟有功於時政尤所耽慕而孟子有趙氏章句漢氏亦嘗立博士傳習不絕故今之君子多好其書獨荀子未有註解亦獲編簡爛脫傳寫謬誤雖好事者時亦覽之至於文義不通屢擺卷焉夫理曉則心愜文舛則意忤未知者謂異端不覽覽者以脫誤不終所以荀氏之書千載而未光焉輒用申抒鄙意敷尋義理其所徵據則博求諸書但以古今字殊齊楚言異事資參考不得不廣或取偏傍相近聲類相通或字少增加或文重刊削或求之古字或徵諸方言加以孤陋寡儔愚昧多蔽穿鑿之責於何可逃曾未足粗明先賢之旨適增其蕪穢矣蓋以自備省覽非敢傳之將來以文字煩多故分舊十二卷爲十八卷又改孫卿新書爲荀卿子其篇第亦頗有移易使以類相從云時歲在戊戌大唐睿聖文武皇帝元和十三年十二月也

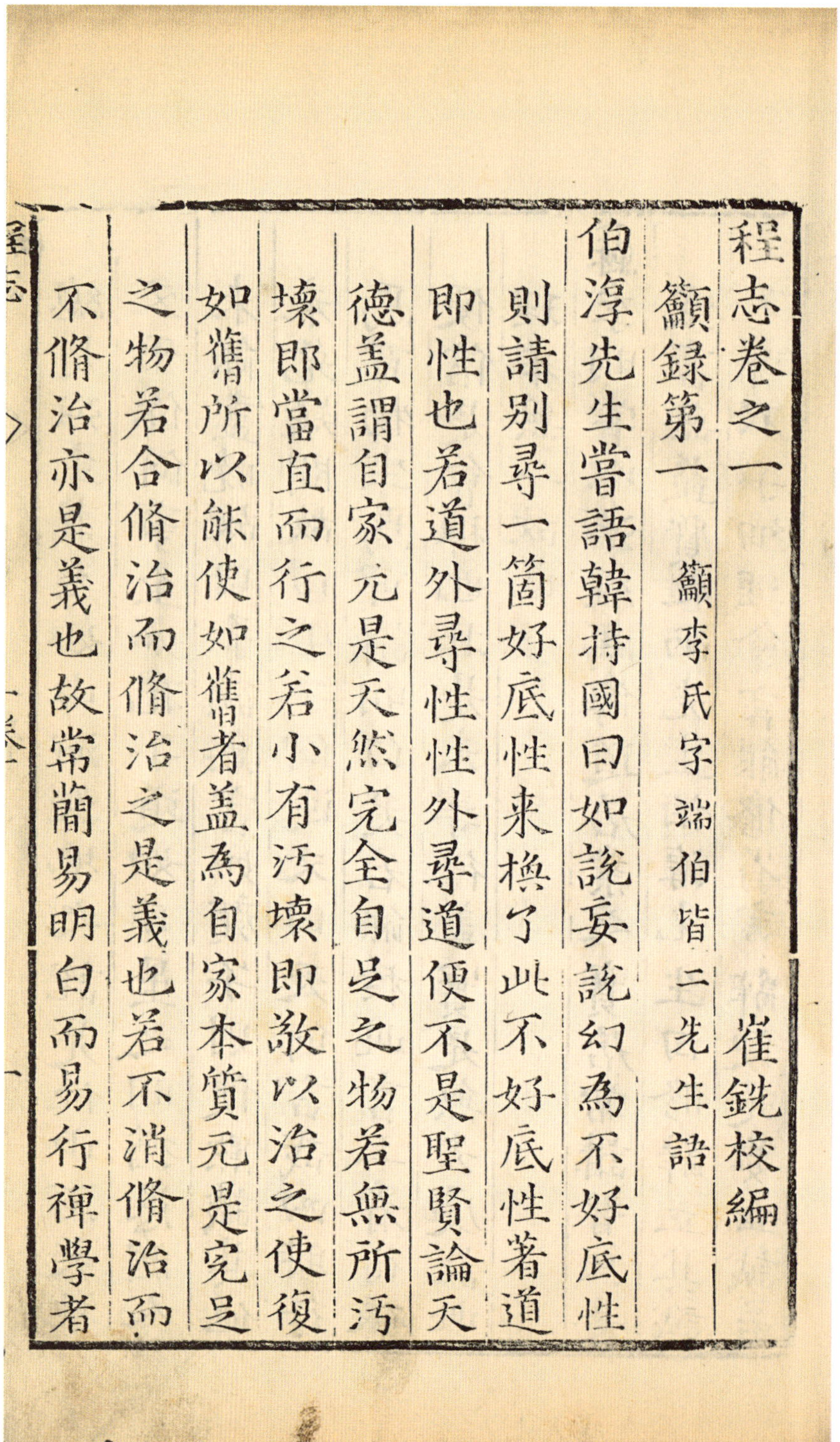

程志卷之一　　　　崔銑校編
籲録第一　籲李氏字端伯皆二先生語
伯淳先生嘗語韓持國曰如說妄說幻為不好底性
則請別尋一箇好底性來換了此不好底性著道
即性也若道外尋性性外尋道便不是聖賢論天
德蓋謂自家元是天然完全自足之物若無所汚
壞即當直而行之若小有汚壞即敬以治之使復
如舊所以能使如舊者蓋為自家本質元是完足
之物若合脩治而脩治之是義也若不消脩治而
不脩治亦是義也故常簡易明白而易行禪學者

程志　卷一　一

0073　程志十卷　（明）崔銑校編　明嘉靖刻本　二册

匡高20.3厘米，寬14.1厘米。半葉十行，行二十字，白口，四周單邊。入選第三批《國家珍貴古籍名録》（名録號08325）。河北大學圖書館藏。

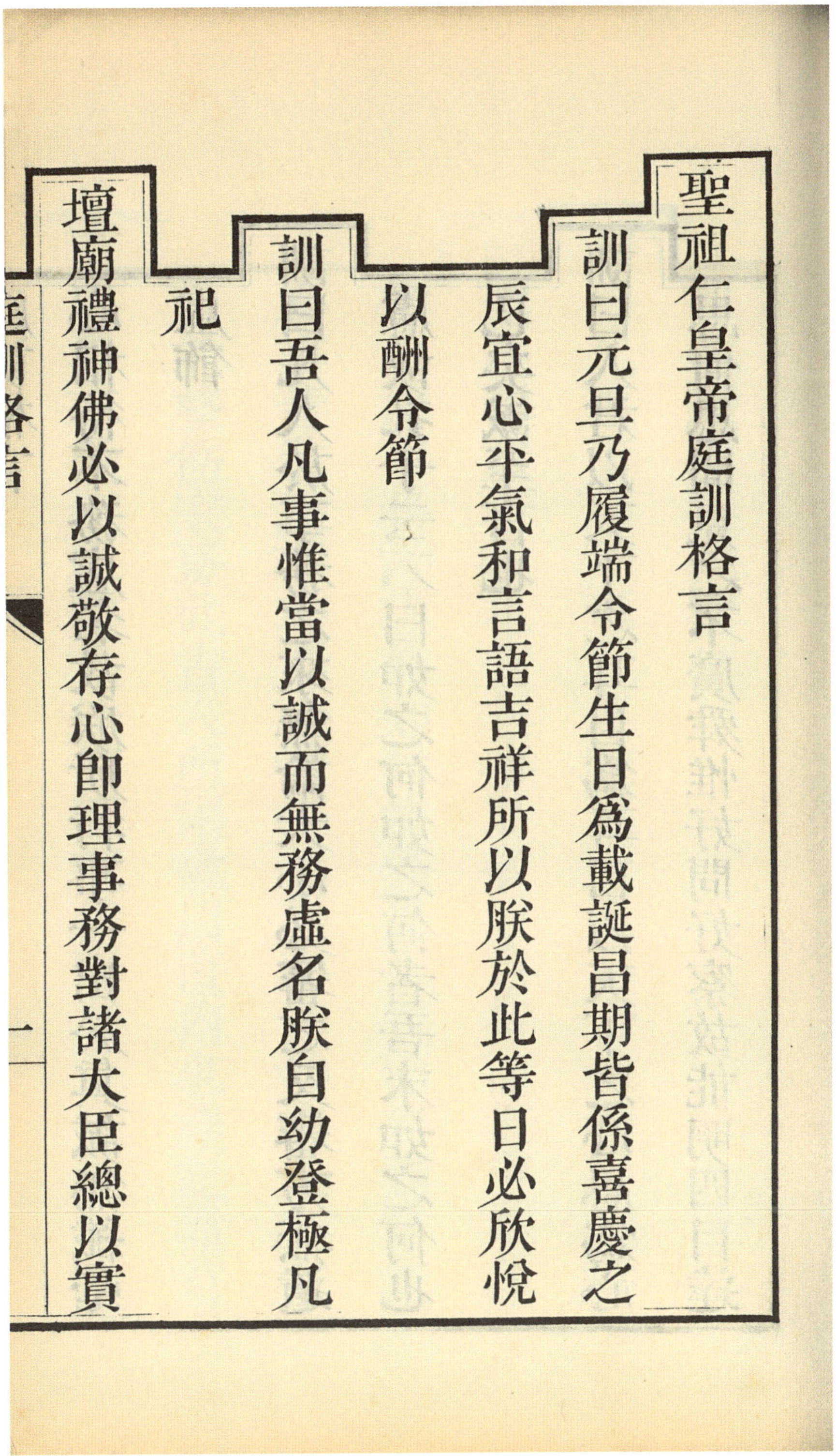
聖祖仁皇帝庭訓格言
訓曰元旦乃履端令節生日爲載誕昌期皆係喜慶之
辰宜心平氣和言語吉祥所以朕於此等日必欣悅
以酬令節
訓曰吾人凡事惟當以誠而無務虛名朕自幼登極凡
祀
壇廟禮神佛必以誠敬存心卽理事務對諸大臣總以實

庭訓格言　一

0074　聖祖仁皇帝庭訓格言一卷　（清）世宗胤禛撰　清雍正八年（1730）内府刻本　一册

匡高21厘米，寬16厘米。半葉七行，行二十字，小字雙行同，白口，四周雙邊，單黑魚尾。張國玲藏。

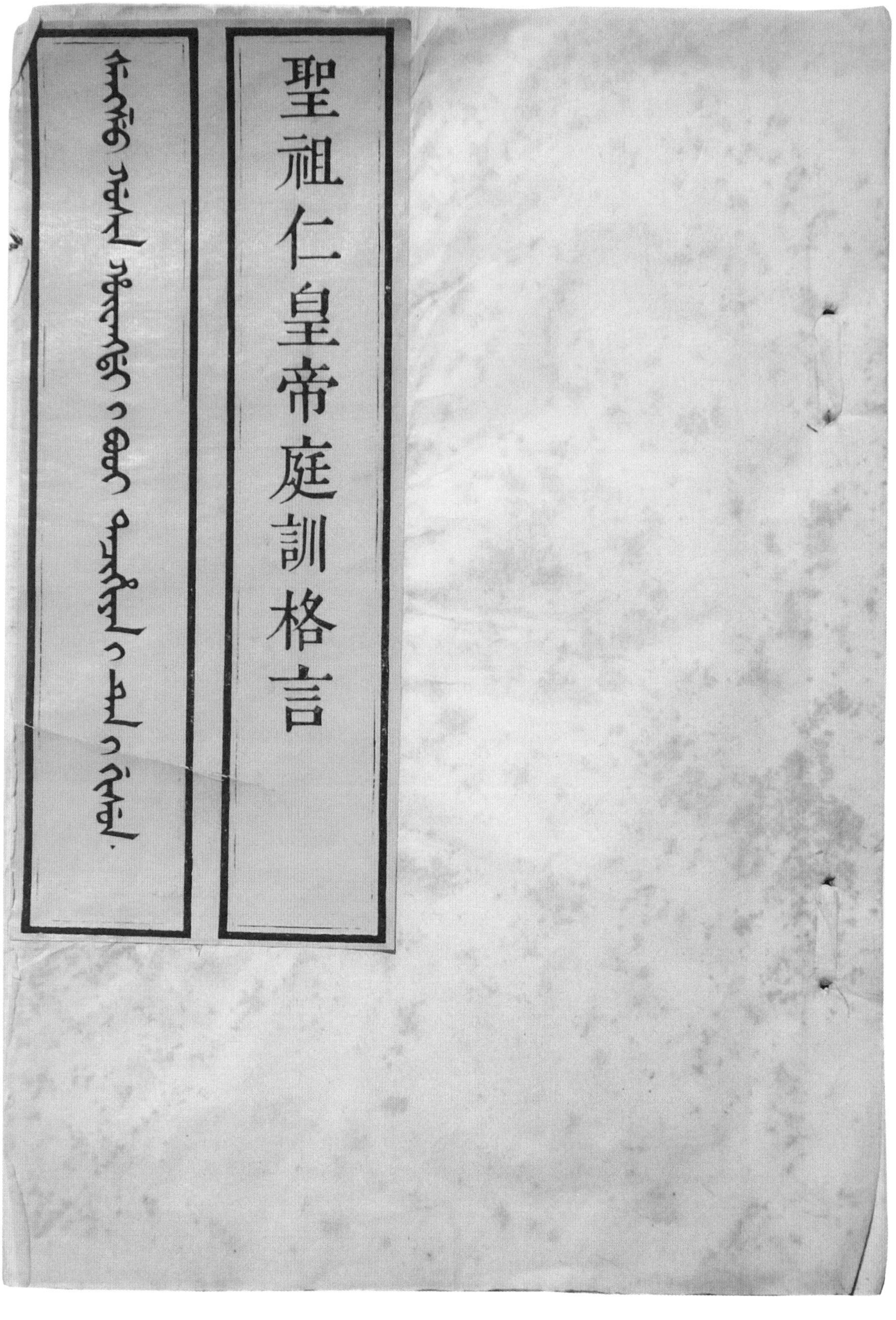
聖祖仁皇帝庭訓格言

御製

聖祖仁皇帝庭訓格言序

欽惟

皇考聖祖仁皇帝性秉生安道參化育際備悠久宇宙清寧六十載

億萬世書曰監於先王成憲
其永無愆詩曰詒厥孫謀以
燕翼子朂哉後嗣恪循
祖訓念茲罔斁受益靡窮世世子
孫尚其永久敬承哉謹序

雍正八年四月初一日御筆

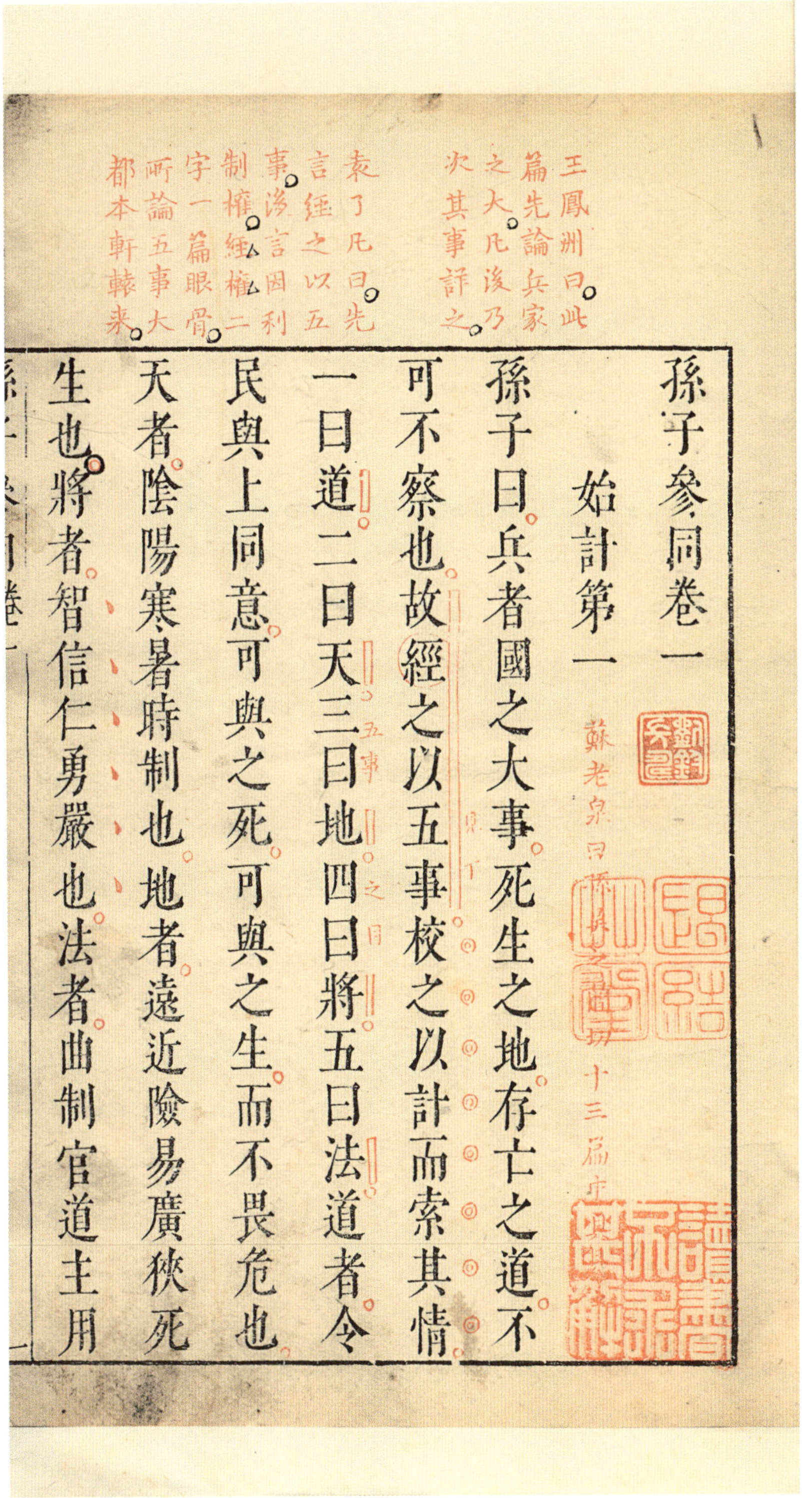
王鳳洲曰此篇先論兵家之大凡後乃次其事詳之
袁了凡曰先言經之以五事後言因利制權經權二字一篇眼骨所論五事大都本軒轅來

孫子參同卷一

始計第一

孫子曰兵者國之大事死生之地存亡之道不可不察也故經之以五事校之以計而索其情一曰道二曰天三曰地四曰將五曰法道者令民與上同意可與之死可與之生而不畏危也天者陰陽寒暑時制也地者遠近險易廣狹死生也將者智信仁勇嚴也法者曲制官道主用

0075　孫子參同五卷　（明）閔于忱輯　明刻朱墨套印本　六册

匡高20.1厘米，寬14.6厘米。半葉八行，行十八字，白口，四周單邊。蘇老泉、王鳳洲等批校本。鈐有“劉明陽王靜宜夫婦讀書之印”“天津劉氏研理芦藏”等藏書印。河北大學圖書館藏。

孫子批釋序

世傳孫子十三篇。其言或不盡傳。大要與管子六韜越語相出入。太史遷載。孫武齊人。而用於吳闔閭時。破楚入郢。為大將。武稱雄於言兵。其書自始計

起孫武而面質之者與卓吾子而參
膽合因請以歸集為合璧付剞劂
氏公之宇内之時萬曆庚申歲菊
月望日吳興松筠館主人識

孫子參同小引

按孫武事吳左傳不載史記列傳稱武為臏之祖臏之兵法傳於後世云則是書殆傳於臏而本於武者與余謂吳入郢事在周敬王十四年孫臏救趙事在顯王十六年相去一百三十九年太史公從五百餘歲後作傳而稱祖孫蓋本於此或曰孫武本

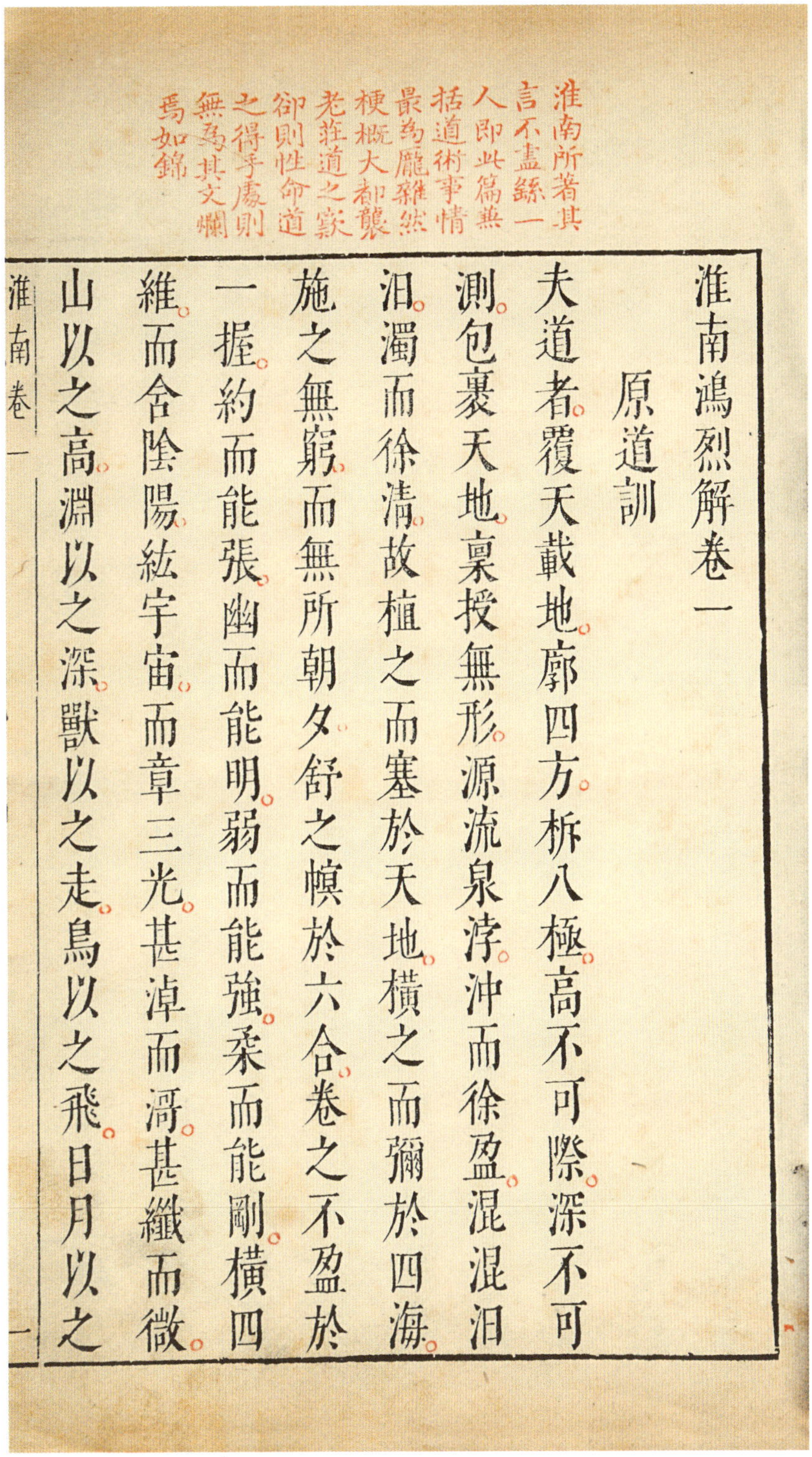

淮南所著其言不盡繇一人即此篇兼括道術事情最為龐雜然梗概大都襲老莊道之窾御則性命道之得乎處則無為其文爛焉如錦

淮南鴻烈解卷一

原道訓

夫道者覆天載地廓四方柝八極高不可際深不可測包裹天地稟授無形源流泉浡沖而徐盈混混汩汩濁而徐清故植之而塞於天地橫之而彌於四海施之無窮而無所朝夕舒之幎於六合卷之不盈於一握約而能張幽而能明弱而能強柔而能剛橫四維而含陰陽紘宇宙而章三光甚淖而滒甚纖而微山以之高淵以之深獸以之走鳥以之飛日月以之

淮南卷一　一

0076　淮南鴻烈解二十一卷　（漢）劉安撰　明刻朱墨套印本　八册

匡高20.8厘米，寬14.6厘米。半葉九行，行二十字，白口，四周單邊。封面鈐有“家居茂林修竹下”“家居鼓峰洺水間”藏書印。每卷首葉有“王秀文章”等藏書印。武安市圖書館藏。

淮南鴻烈解秕評序

不佞得請臥田間日從友人歷

門子品隲百氏兩京諸家言班

馬成信史不朽於春秋而淮南

安當建元右文之餘亦集賢豪

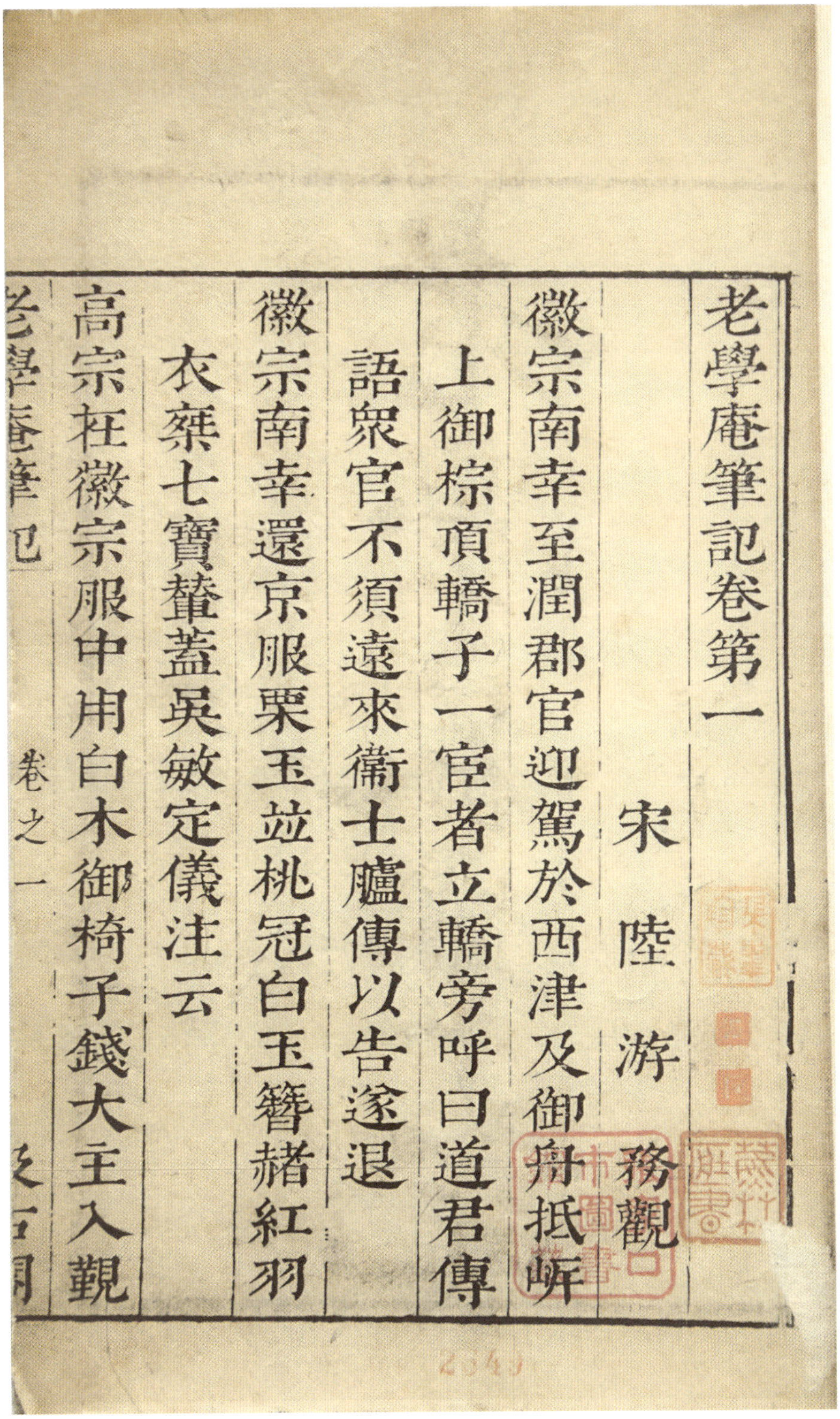
老學庵筆記卷第一
宋 陸 游 務觀
徽宗南幸至潤郡官迎駕於西津及御舟抵岸
上御棕頂轎子一宦者立轎旁呼曰道君傳
語衆官不須遠來衛士臚傳以告遂退
徽宗南幸還京服栗玉竝桃冠白玉簪赭紅羽
衣乘七寶輦蓋吳敏定儀注云
高宗在徽宗服中用白木御椅子錢大主入覲
老學庵筆記 卷之一 汲古閣

0077　老學庵筆記十卷家世舊聞一卷　（宋）陸游撰　明崇禎毛氏汲古閣刻本　四册

匡高18.5厘米，寬14.4厘米。半葉八行，行十七字至十八字不等，白口，左右雙邊。張家口市圖書館藏。

近日士大夫家衣服尚洋物如大呢羽毛之類雜玩如鐘表烟壺之屬乃至牌畫燈采皆繪洋人一切皆以洋為貴亦可怪矣言官宜專摺奏禁止

如節物則春旛燈毬競渡艾虎雲月之類花則桃杏荷花菊花梅花皆併爲一景謂之一年景而靖康紀元果止一年蓋服妖也

老學庵筆記卷第二

憾釋氏也每爲金狄亂華又剏圖宮殿爲仙女
騎麟鳳之狀名之曰女眞皆言妖也

余于放翁逸詩遺文凡史籍載記及稗官野
冊摭拾幾盡又訂正南唐書及老學庵筆記
附之意謂放翁小碎亦無遺珠矣既閱說郛
學海又得家世舊聞若干則喜而讀之真不啻
登積書岩者第其卷末載蔡京述妖異事獨
詳不解何也湖南毛晉識

家世舊聞　終

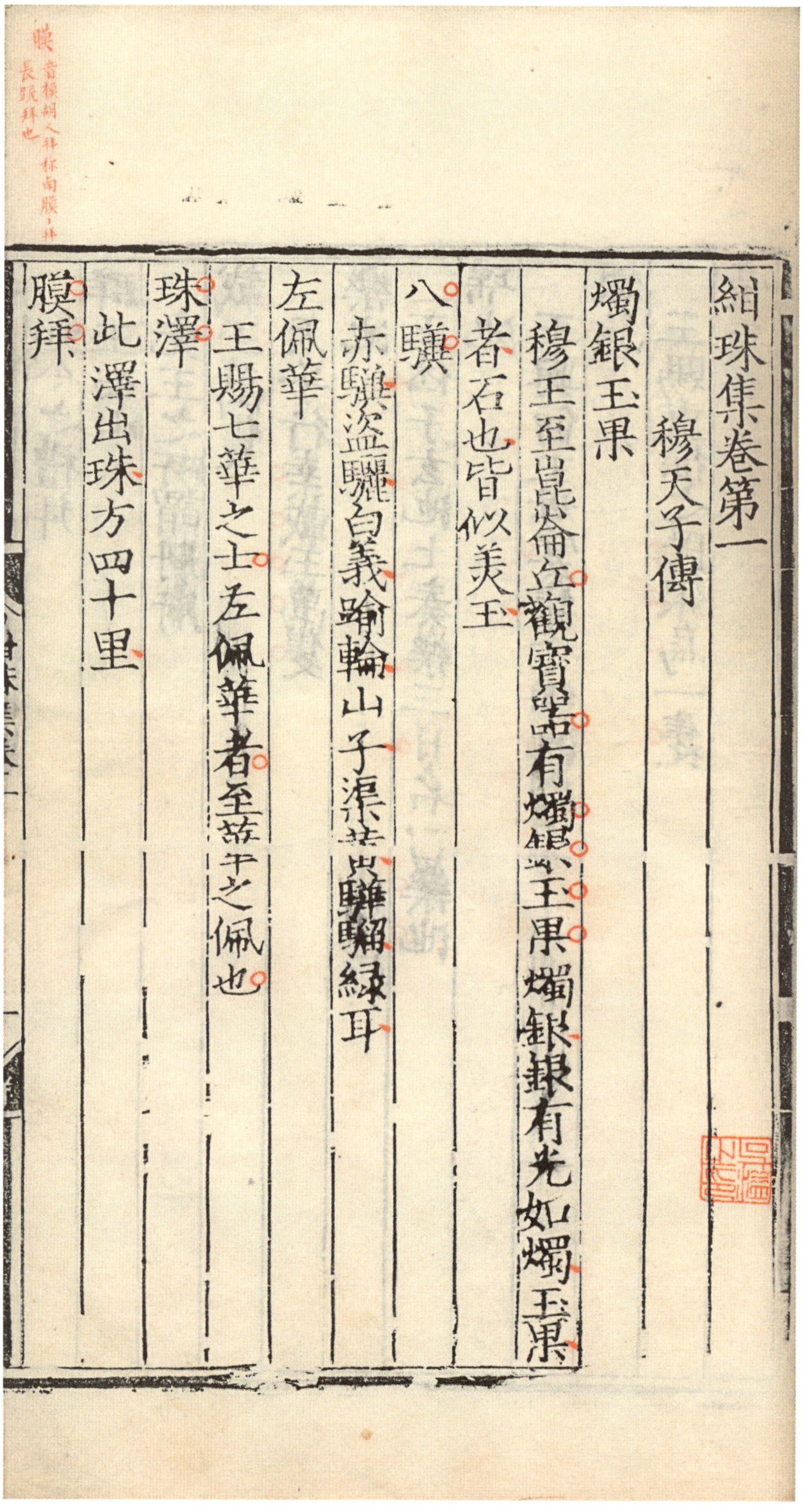
紺珠集卷第一

穆天子傳

燭銀玉果

穆王至崑崙丘觀寶器有燭銀玉果燭銀銀有光如燭玉果者石也皆似美玉

八驥

赤驥盜驪白義踰輪山子渠黃驊騮綠耳

左佩華

王賜七華之士左佩華者至茲平之佩也

珠澤

此澤出珠方四十里

膜拜

0078　紺珠集十三卷　佚名撰　明天順刻本　四册

匡高21.5厘米，寬15.1厘米。半葉十二行，行二十四字，黑口，四周雙邊，雙對黑魚尾。鈐有“吴溢之印”藏書印。入選第三批《國家珍貴古籍名録》（名録號08552）。河北大學圖書館藏。

右紺珠集十三卷宋紹興丁巳灌陽令王宗哲序其首云不知起自何代當時以遺作者姓名及觀曾慥類説亦作自紹興六年其立言命意不少差別意曾鍾其書而作也後貫師憲集諸雜説之會者如

南陽公書五十簏其守滎州時自
夕讐校着讀書志二十卷此皆以
有所據邪復識末編以待知者
昔天順七年秋八月存有居士樊
識

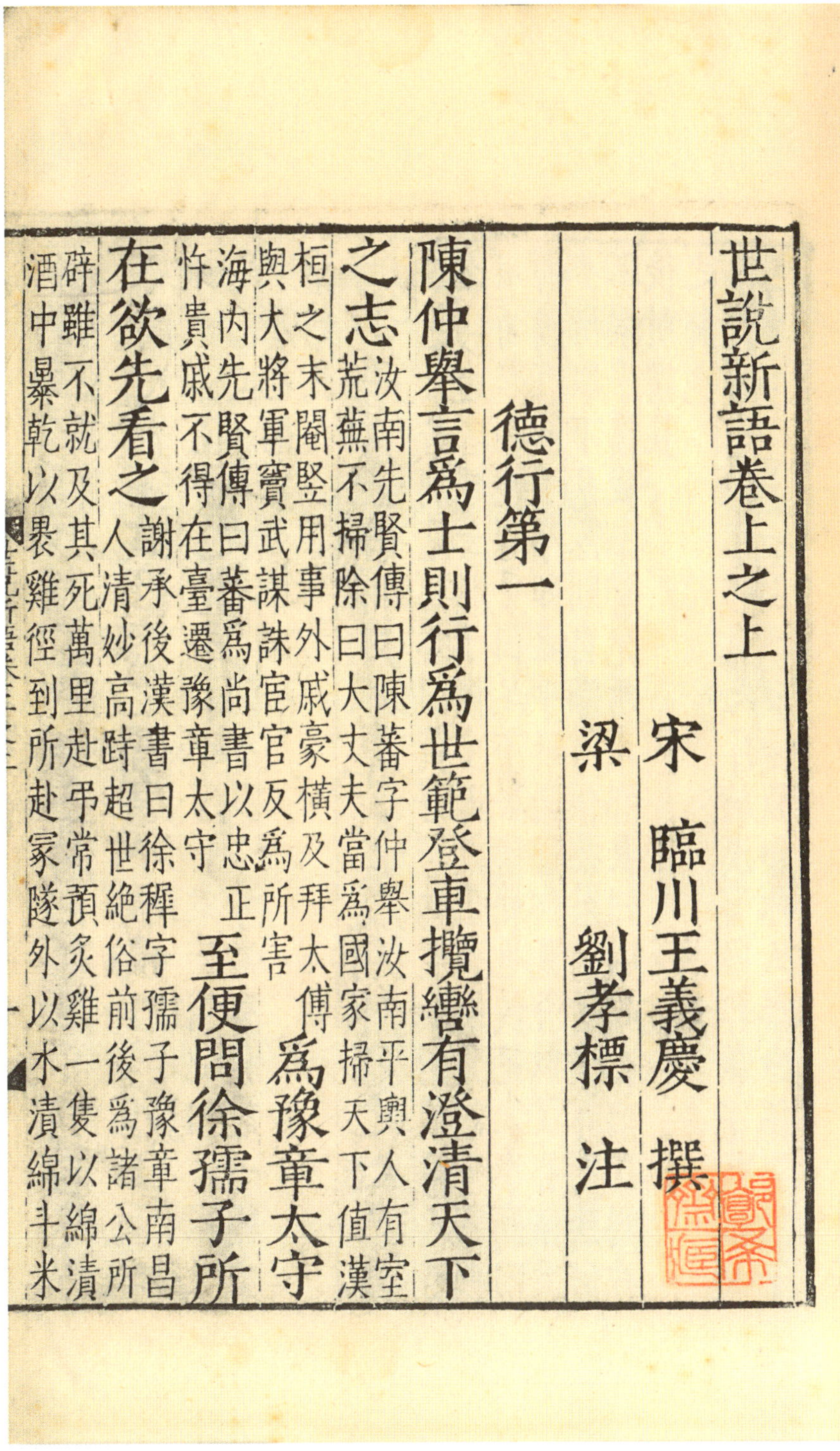

世說新語卷上之上

宋　臨川王義慶　撰

梁　劉孝標　注

德行第一

陳仲舉言爲士則行爲世範登車攬轡有澄清天下之志汝南先賢傳曰陳蕃字仲舉汝南平輿人有室荒蕪不掃除曰大丈夫當爲國家掃天下值漢桓之末閹竪用事外戚豪横及拜太傅與大將軍竇武謀誅宦官反爲所害爲豫章太守海內先賢傳曰蕃爲尚書以忠正忤貴戚不得在臺遷豫章太守至便問徐孺子所在欲先看之謝承後漢書曰徐稺字孺子豫章南昌人清妙高跱超世絶俗前後爲諸公所辟雖不就及其死萬里赴弔常預炙雞一隻以綿漬酒中暴乾以裹雞徑到所赴冢隧外以水漬綿斗米

0079　世說新語三卷　（南朝宋）劉義慶撰　（南朝梁）劉孝標注　明嘉靖刻本　六册

匡高20.1厘米，寬15.2厘米。半葉十行，行二十字，小字雙行同，白口，左右雙邊，雙對黑魚尾。鈐有“宜興李書勲藏書記”“郭希齋藏”等藏書印。入選第三批《國家珍貴古籍名録》（名録號08533）。河北大學圖書館藏。

刻世說新語序

吳郡袁褧撰

嘗攷載記所述晉人話言簡約玄澹爾雅有韻世言江左善清談今閱新語信乎其言之也臨川撰爲此書採掇綜叙明暢不繁孝標所注能收録諸家小史分釋其義詁訓之賞見於高似孫緯略余家藏宋本是放翁校刊本謝湖躬耕之暇手披心寄自謂可觀爰付梓人傳之同好因嘆昔人論司馬氏之祚亡於清談斯言也無乃過甚矣乎竹林之儔希慕沂樂蘭亭之集咏歌堯風陶荆州之勤敏謝東山之恬鎮解

莊易則輔嗣平叔擅其宗析梵言則道林法深領其乘或詞冷而趣遠或事瑣而意奧風旨各殊人有興託王茂弘祖士雅之流才通氣峻心翼王室又斑斑載諸冊簡是可非之者哉詩不云乎濟濟多士文王以寧余以琅琊王之渡江諸賢弘贊之力爲多非強說也夫諸晤言率遇藻裁遂爲終身品目故類以標格相高玄虛成習一時雅尚有東京廚俊之流風焉然曠達拓落濫觴莫拯取譏世教撫卷惜之此於諸賢不無遺憾焉耳矣刻成序之嘉靖乙未歲立秋日也

世說新語目錄

郡中舊有南史劉賓客集版皆廢于火世說亦不復在游到官始重刻之以存故事世說最後成因併識于卷末淳熈戊申重五日新定郡守笠澤陸游書

嘉靖乙未歲吳郡袁氏嘉趣堂重雕

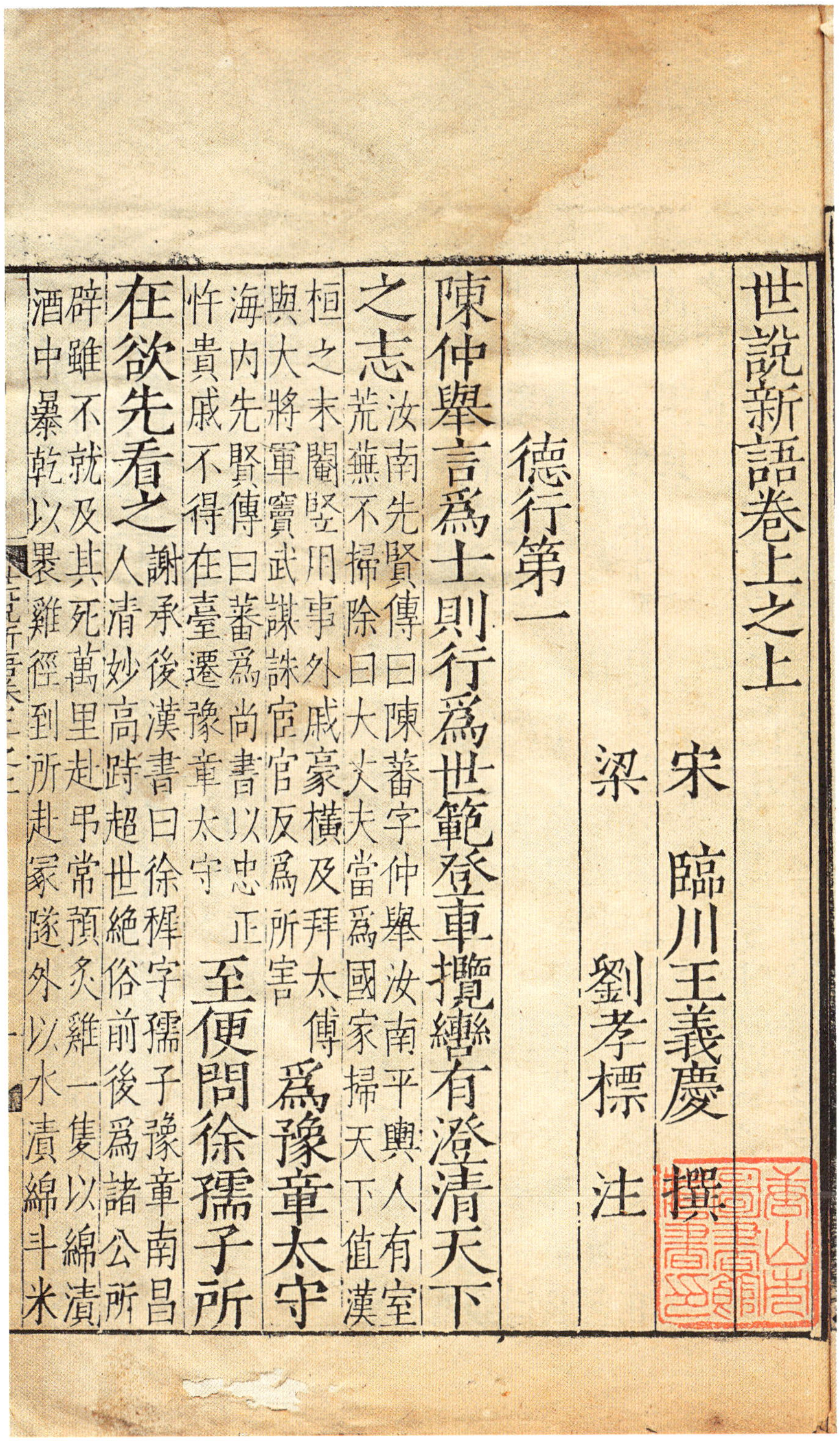

0080　世說新語三卷　（南朝宋）劉義慶撰　（南朝梁）劉孝標注　明嘉靖刻本　六册

匡高20.3厘米，寬15厘米。半葉十行，行二十字，小字雙行同，白口，左右雙邊，雙對黑魚尾。唐山市圖書館藏。

刻世說新語序

吳郡袁褧撰

嘗攷載記所述晉人話言簡約玄澹爾雅有韻世言江左善清談今閱新語信乎其言之也臨川撰爲此書採掇綜叙明暢不繁孝標所注能收録諸家小史分釋其義詁訓之賞見於高似孫緯略余家藏宋本是放翁校刊本謝湖躬耕之暇手披心寄自謂可觀爰付梓人傳之同好因嘆昔人論司馬氏之祚亡於清談斯言也無乃過甚矣乎竹林之儔希慕沂樂蘭亭之集詠歌堯風陶荆州之勤敏謝東山之恬鎮解

郡中舊有南史劉賔客集版皆廢于火世說亦不復在游到官始重刻之以存故事世說最後成因併識于卷末淳熙戊申重五日新定郡守笠澤陸游書

嘉靖丙寅歲太倉曹氏重刊

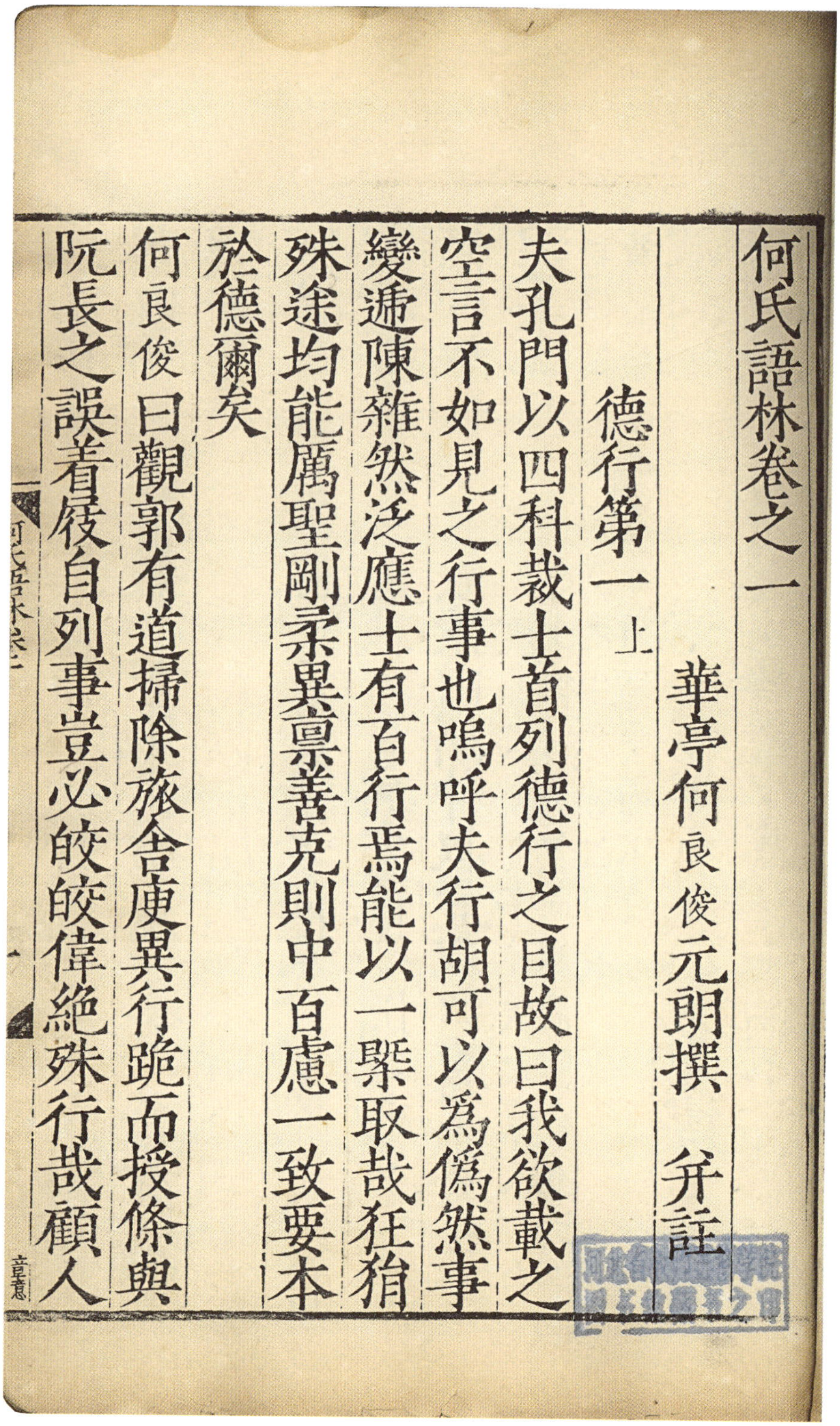

何氏語林卷之一

華亭何良俊元朗撰　幷註

德行第一上

夫孔門以四科裁士首列德行之目故曰我欲載之空言不如見之行事也嗚呼夫行胡可以爲僞然事變遞陳雜然泛應士有百行焉能以一槩取哉狂狷殊途均能厲聖剛柔異禀善克則中百慮一致要本於德爾矣

何良俊曰觀郭有道掃除旅舍庾異行跪而授條與阮長之誤着屐自列事豈必皎皎偉絶殊行哉顧人

何氏語林卷一　一

0081　何氏語林三十卷　（明）何良俊撰并注　明嘉靖二十九年（1550）何氏清森閣刻本　十册

匡高20.7厘米，寬15.3厘米。半葉十行，行二十字，小字雙行同，白口，左右雙邊，雙對黑魚尾。版心下有刻工姓名。入選第三批《國家珍貴古籍名録》（名録號08538）。石家莊市圖書館藏。

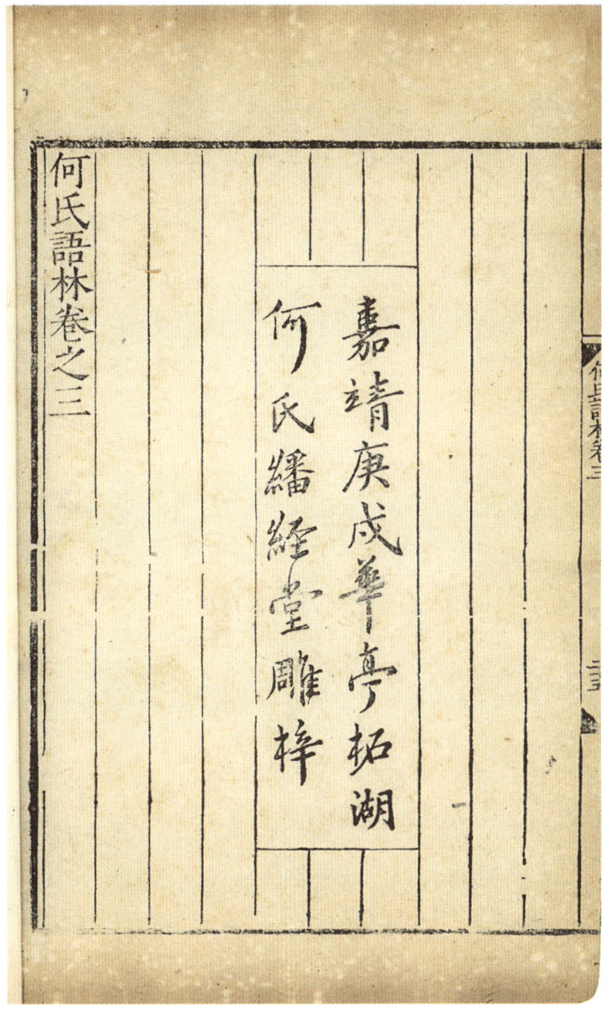
何氏語林卷之三

嘉靖庚戌華亭柘湖
何氏繙經堂雕梓

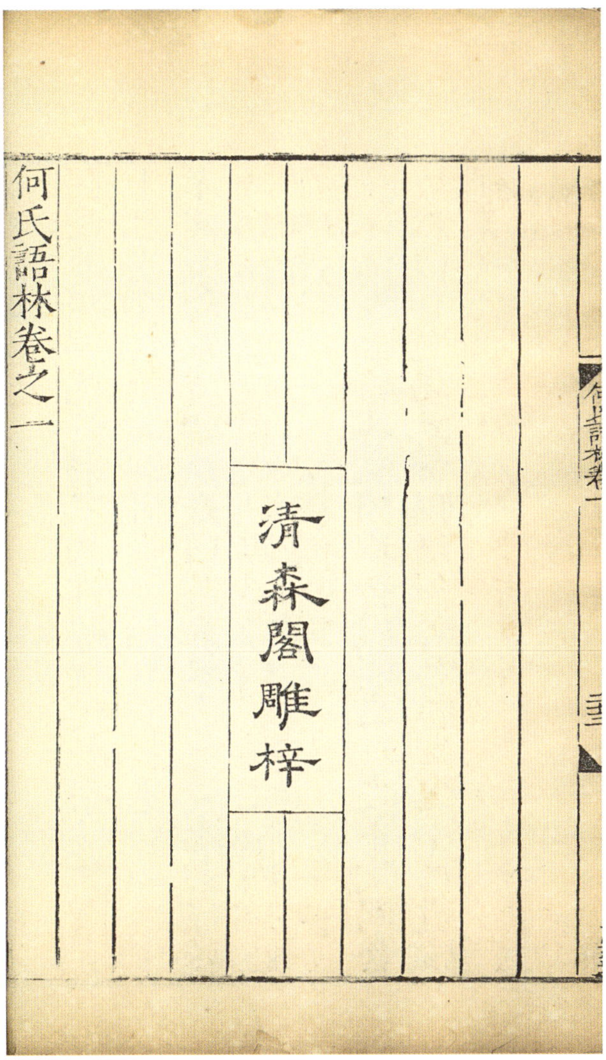
何氏語林卷之一

清森閣雕梓

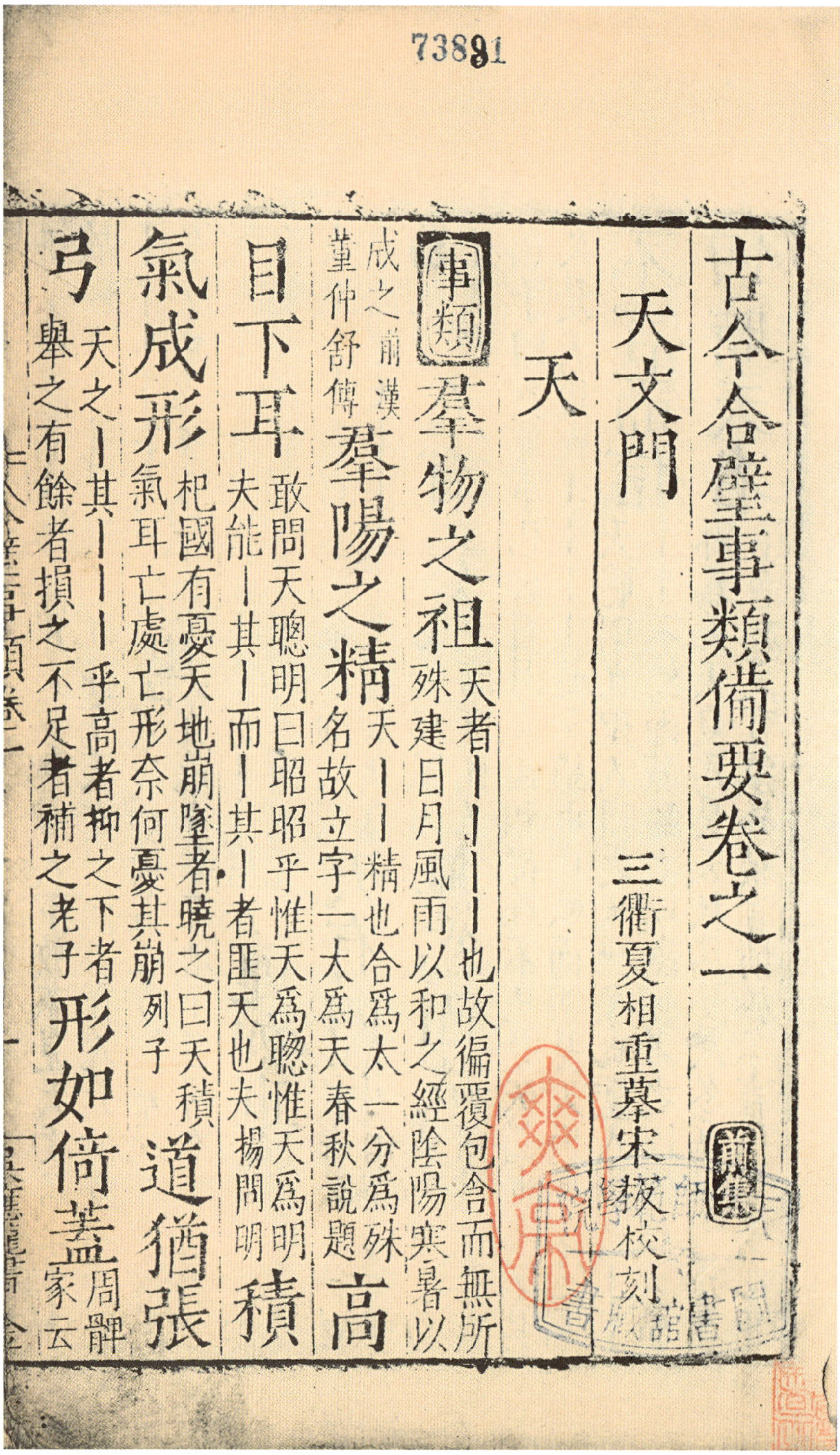

古今合璧事類備要卷之一　前集

天文門　　三衢夏相重摹宋板校刻

天

事類　羣物之祖　天者｜｜｜｜也故徧覆包含而無所殊建日月風雨以和之經陰陽寒暑以成之前漢董仲舒傳　羣陽之精　天｜｜｜精也合爲太一分爲殊名故立字一大爲天春秋說題　高目下耳　敢問天聰明曰昭昭乎惟天爲聰惟天爲明夫能｜其｜而｜其｜者匪天也夫揚問明　積氣成形　杞國有憂天地崩墜者曉之曰天積氣耳亡處亡形奈何憂其崩列子　道猶張弓　天之｜其｜｜｜乎高者抑之下者舉之有餘者損之不足者補之老子　形如倚蓋　周髀家云

0082　古今合璧事類備要前集六十九卷後集八十一卷續集五十六卷別集九十四卷外集六十六卷

（宋）謝維新　虞載輯　明嘉靖刻本　一百册

匡高19.7厘米，寬14.1厘米。半葉八行，行十五至十六字不等，小字雙行二十四字，白口，左右雙邊，單白魚尾。鈐有“爽亭”等藏書印。河北大學圖書館藏。

重刊合璧事類序

易之象曰君子以類族辨物至孔子繫易復曰方以類聚觸類而長之是類之時義大矣哉易備之矣而類之爲書寔自唐始也武德初文皇重瀛洲之選爰集詞英輯彙章固如虞永興之鈔北堂歐率更之聚藝文其言

無錫曹祜

莫不著之令衢人夏相業以書
居吳將精加繕錄而重繡之梓
甫飭材鳩工會以飛語繫訟公
府久而始能白其事及釋則費
且莫繼於是力貸之別族又自
傾其田廬越四三歲而局始罷
其用志亦良可憫矣後之觀於
是書也可與談辯可與言聚可

與觸長而君子之所以善用易
者惜不因之寔翅為藝圃之幸
哉實吾州里之幸也請書首簡
以啓之

嘉靖丙辰冬十月既望
柱國光祿大夫　太子太保禮
部尚書
諡侍　詔尚熊

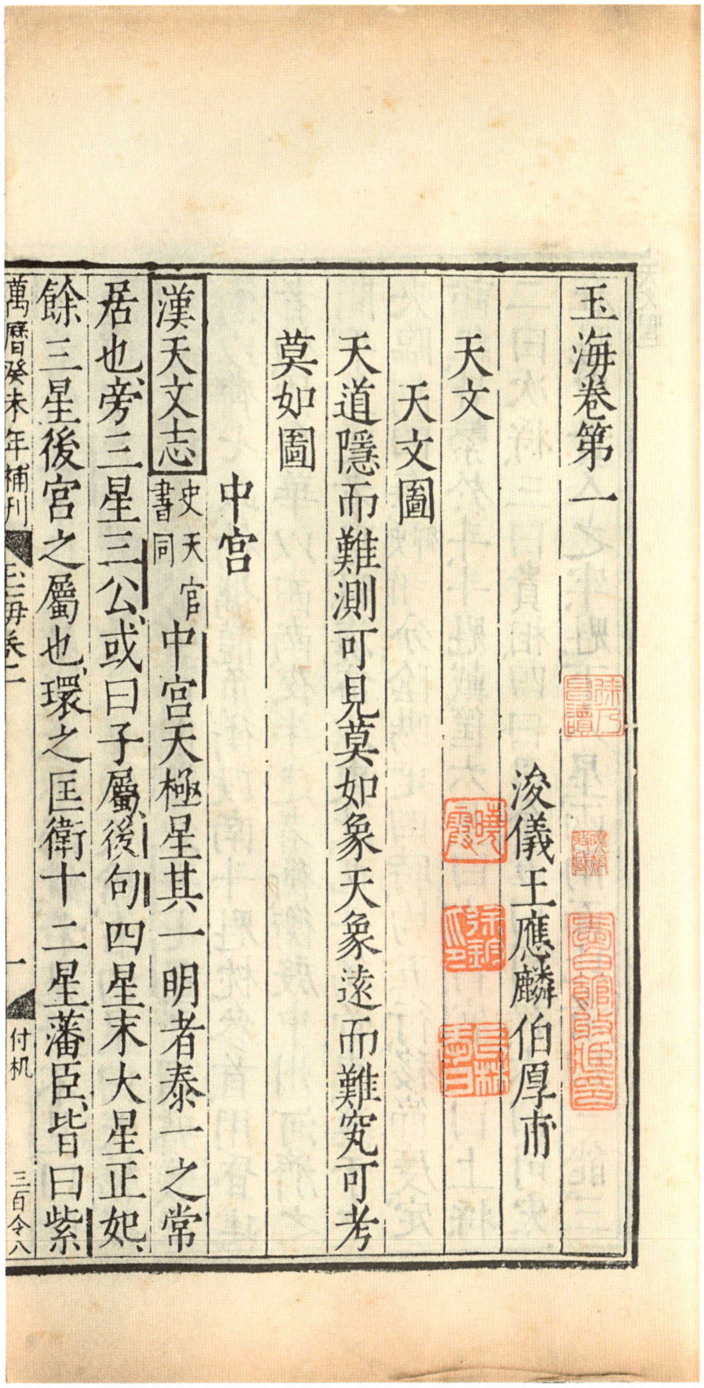
玉海卷第一

浚儀王應麟伯厚甫

天文

天文圖

天道隱而難測可見莫如象天象遠而難究可考

莫如圖

中宮

漢天文志史天官書同中宮天極星其一明者泰一之常

居也旁三星三公或曰子屬後句四星末大星正妃

餘三星後宮之屬也環之匡衛十二星藩臣皆曰紫

萬曆癸未年補刊　玉海卷之一　一　付机　三百令八

0083　玉海二百卷辭學指南四卷詩考一卷詩地理考六卷漢藝文志考證十卷通鑑地理通釋十四卷周書王會補注一卷漢制考四卷踐阼篇集解一卷急就篇補注四卷小學紺珠十卷姓氏急就篇二卷六經天文篇二卷周易鄭康成注一卷通鑑答問五卷　（宋）王應麟撰　元後至元六年（1340）慶元路儒學刻明修本　一百册

匡高21.6厘米，寬13.9厘米。半葉十行，行二十字，小字雙行同，白口，四周雙邊，雙對黑魚尾。有書耳，版心有字數、刻工。鈐有“南陵徐乃昌校勘經籍記”“積學齋徐乃昌藏書”等藏書印。入選第一批《國家珍貴古籍名録》（名録號00820）。河北大學圖書館藏。

玉海序

玉海天下奇書也經史子集百家傳記稗官小說咸采摭焉其爲書也至顯而至微至精而至密至高而至深至博而至約凡天地山川古今事物道德性命律歷制度文章禮樂刑政

是書之行也世之君子皆得以覽觀考索焉譬如涉滄溟而求至寶無不滿意隨其所入之淺深取之無窮而用之不竭詎庸有限量涯涘哉若其門類卷帙之目則李君叙之詳矣茲不復書至元四年龍集戊寅四月初

吉前翰林　國史院編脩官東陽

胡助序

東陽胡助

古愚

大明萬曆十一年重修玉海書

南京國子監祭酒王弘誨

司業趙志皐　校刊

監丞楊秉鉞

博士葉世治

臧懋循

助教莊文龍

周仕揩

黃應春

學正袁惟慶

典簿　鄭子俊
典籍　吴　聘同校

原本誤刻三葉今校正作闕
第一百二十二卷十一同一百二十一卷十一號
第一百三十九卷二十七同本卷十七號
紺珠第九卷二十同玉海五十七卷四十二號

玉海目録

浚儀王應麟伯厚甫

第一卷

天文　天文圖

第二卷

天文　天文書

第三卷

天文

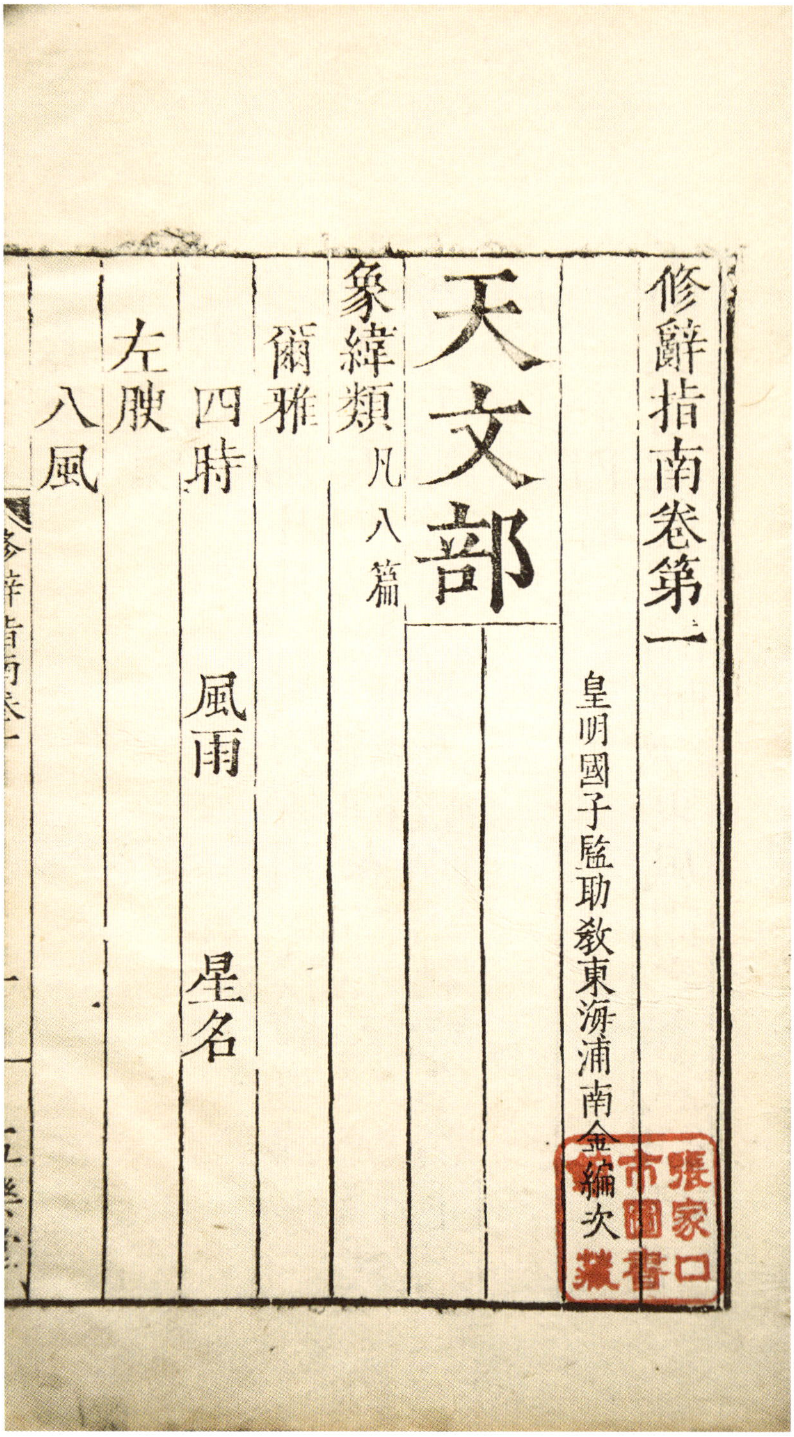
修辭指南卷第一
皇明國子監助教東海浦南金編次
天文部
象緯類凡八篇
爾雅
四時　風雨　星名
左腴
八風

0084　修辭指南十卷　（明）浦南金編　明嘉靖三十六年（1557）浦氏五樂堂刻本　四册

匡高18.7厘米，寬13.3厘米。半葉九行，行十八字，小字雙行同，白口，左右雙邊，單黑魚尾。版心上方鎸字數，下方鎸“五樂堂”，每卷末有“吴曜寫”。各卷刻工名有章衮、章聰、周瓚、周春、李顯、袁宏、章儒、章權、唐皓、袁宸。張家口市圖書館藏。

修辭指南序

傳曰述事者必舉其要纂言者必鉤其玄是故纂述之家如杜君卿之通典王伯厚之玉海等書其考覈非不詳蒐輯非不廣而篇帙浩瀚如涉大海茫無津涯讀者苦之吳郡海濱浦先生夙稟異資䟗窺

古曰萋萋往來貌芳非反**佸佸**匈奴傳顏無喋喋佸佸師古曰佸佸衣裳貌言漢人且當思念無爲喋喋佸佸佸耳佸昌沾反**事事**王莽傳事事事謙退**物物**又物物卯市

喁喁又天下喁喁引領而歎師古曰喁喁衆口向上也

右匈匈

修辭指南卷第十

吳翟寫
袁宸刻

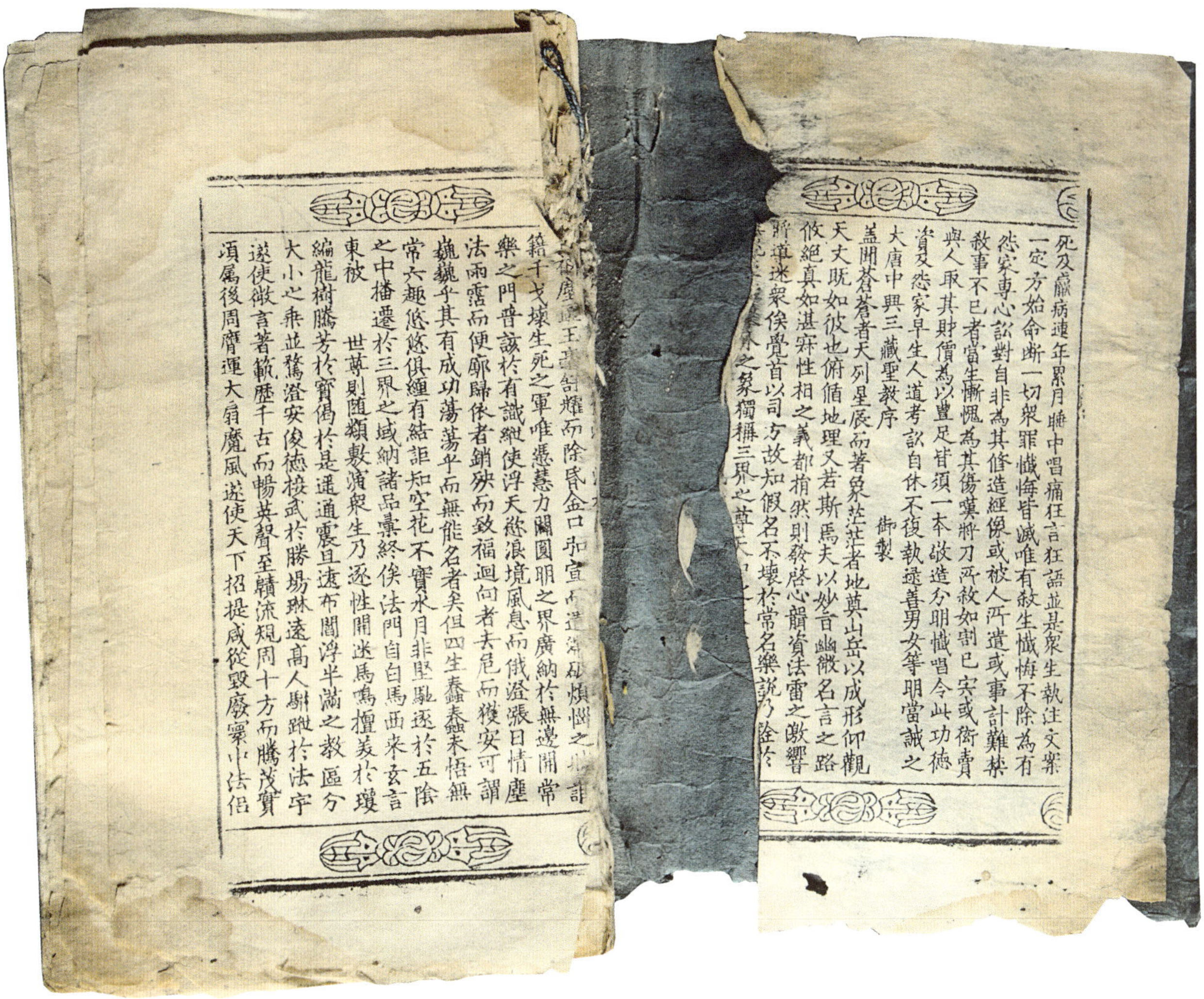

0085　金光明最勝王經十卷　（唐）釋義净譯　遼清寧五年（1059）刻本　一册

蝴蝶裝。匡高15.8厘米，寬9.1厘米。半葉十三行，行二十四字，白口，上下雙邊。入選第一批《國家珍貴古籍名録》（名録號00866）。唐山市豐潤區文物管理所藏。

所獲功德於恒沙劫說不能盡若有苾芻苾芻尼鄔波索迦鄔
波斯迦及餘善男子善女人等供養恭敬書寫流通為人解說

所獲功德亦復如是是故汝等應勤修習尒時大衆
聞佛說已皆大歡喜信受奉行
金光明最勝王經卷第十

左街仙露寺秘持大師賜紫比丘尼靈志彫造小字
金光明經板一部所集勝利先願上資
聖宗皇帝太皇太后興宗皇帝仙駕御靈速生樂國
更願
皇太后皇帝皇后[illegible]聖壽皇太叔與妃諸王公主
永納殊禎法界有情同霑[illegible]
清寧五年歲次己亥六月甲子朔十三日
丙子彫畢流通

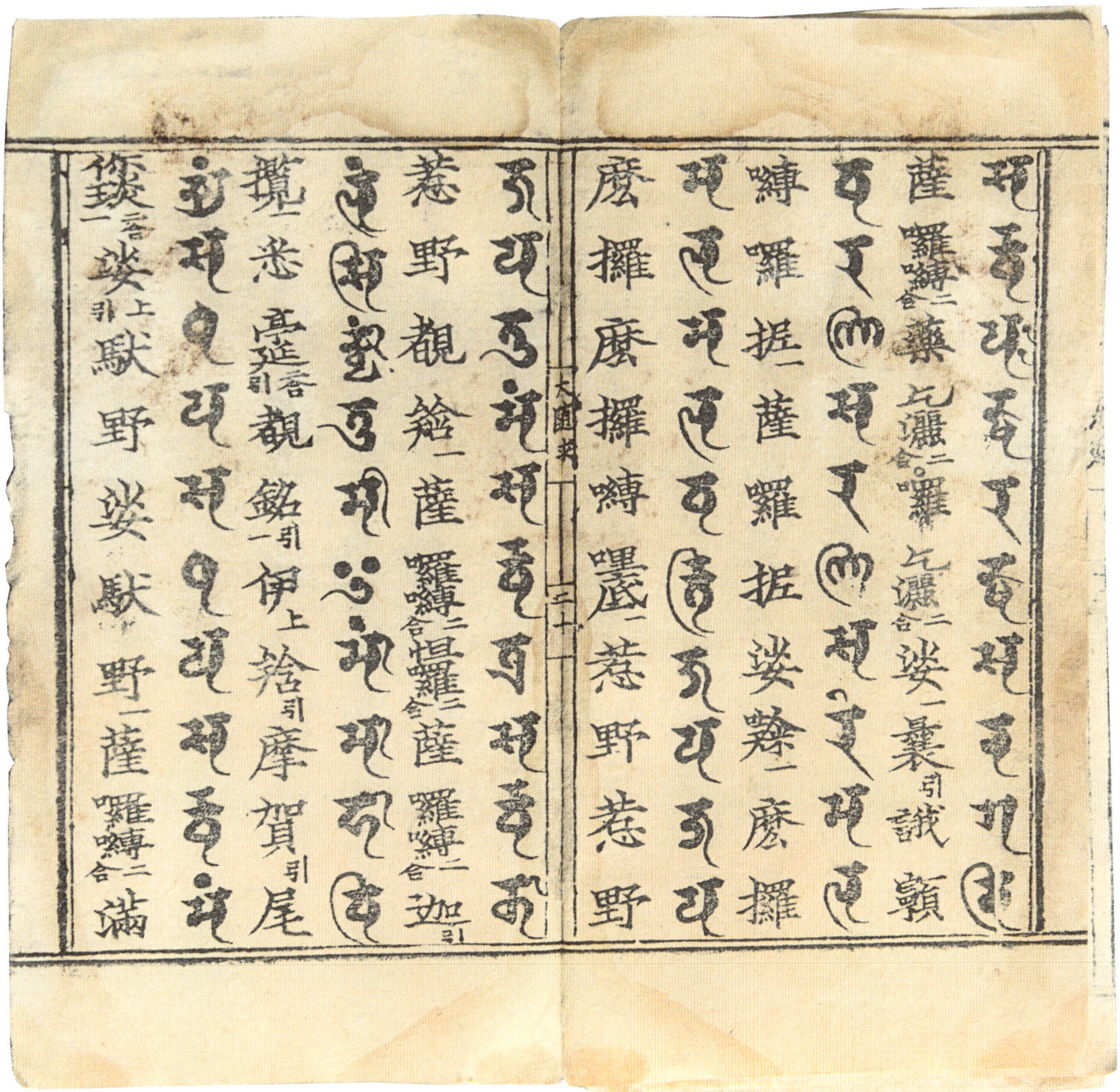

0086　梵本诸經咒　遼刻本　一册

匡高11.6厘米，寬6.6厘米。半葉六行，行十字，白口，四周雙邊。入選第三批《國家珍貴古籍名録》（名録號07194）。唐山市豐潤區文物管理所藏。

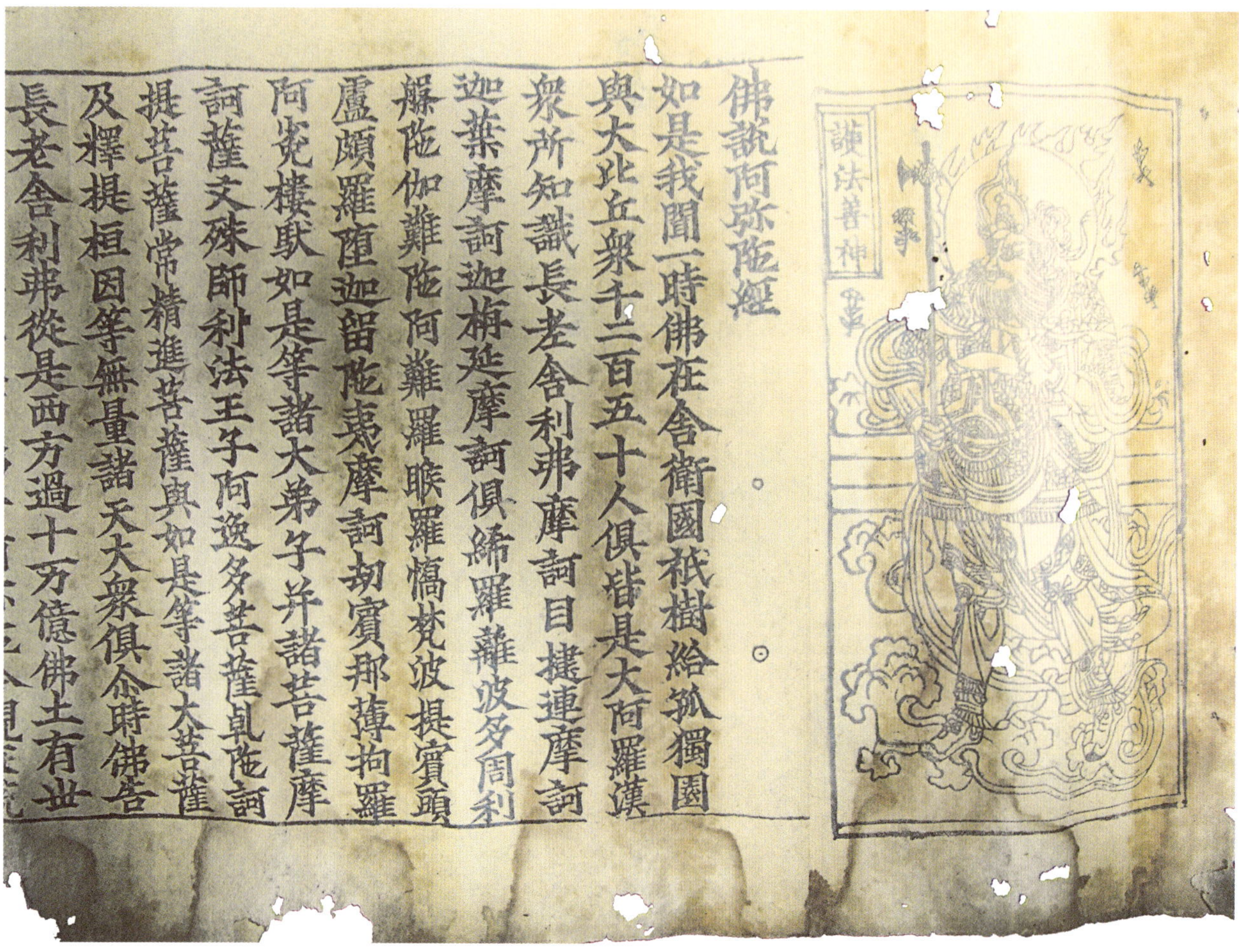

0087　佛說阿弥陁經一卷　（後秦）釋鳩摩羅什譯　遼刻本　一卷

卷轴裝。匡高21.6厘米，寬53.5厘米。每紙二十八行，行十七字。入選第三批《國家珍貴古籍名録》（名録號07183）。唐山市豐潤區文物管理所藏。

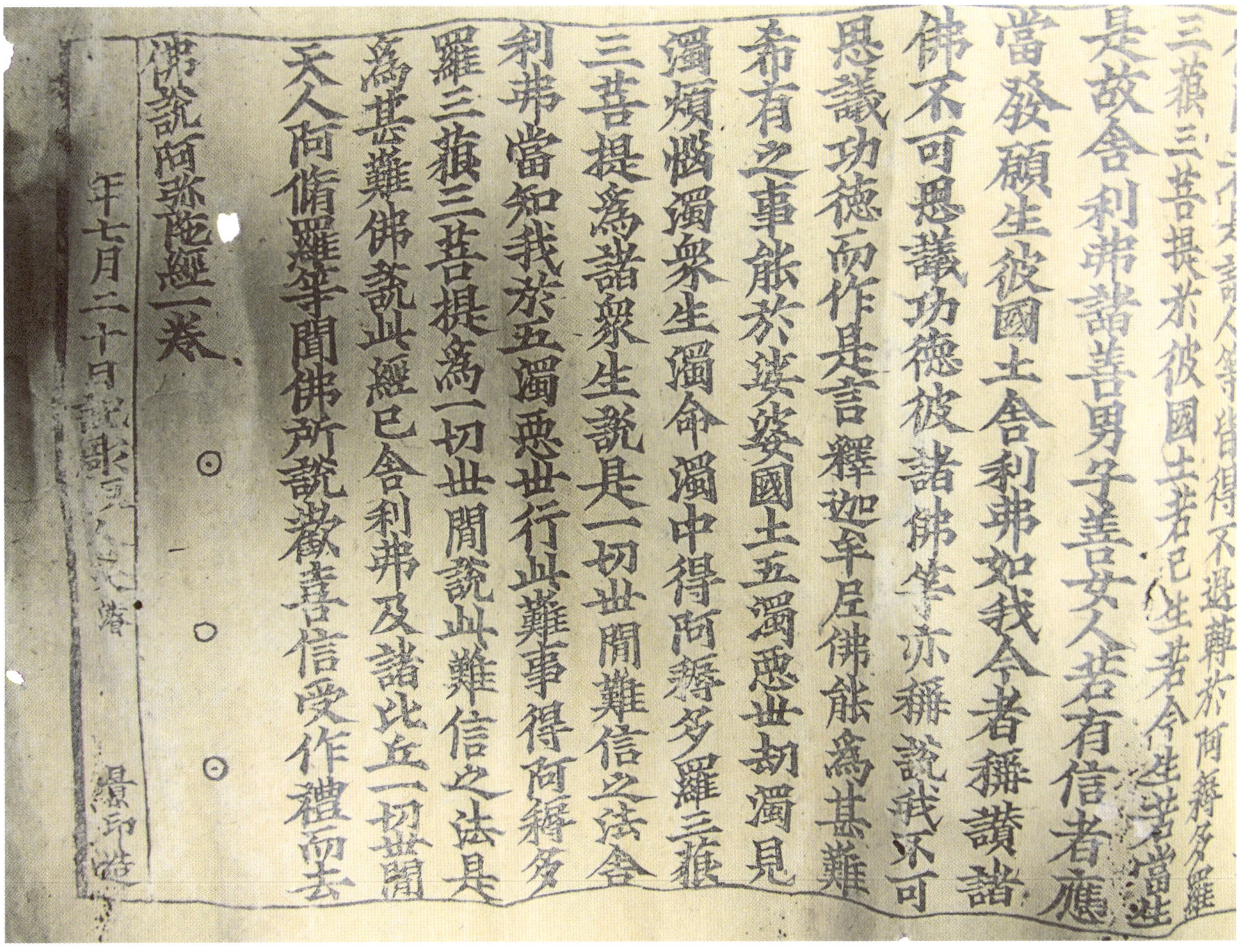

是諸人等皆得不退轉於阿耨多羅
三藐三菩提於彼國土若已生若今生若當生
是故舍利弗諸善男子善女人若有信者應
當發願生彼國土舍利弗如我今者稱讚諸
佛不可思議功德彼諸佛等亦稱說我不可
思議功德而作是言釋迦牟尼佛能為甚難
希有之事能於娑婆國土五濁惡世劫濁見
濁煩惱濁眾生濁命濁中得阿耨多羅三藐
三菩提為諸眾生說是一切世間難信之法舍
利弗當知我於五濁惡世行此難事得阿耨多
羅三藐三菩提為一切世間說此難信之法是
為甚難佛說此經已舍利弗及諸比丘一切世間
天人阿修羅等聞佛所說歡喜信受作禮而去
佛說阿彌陀經一卷
年七月二十日[illegible]潛　景印造

槃陁伽難陁阿難陁羅睺羅憍梵波提賓頭
盧頗羅墮迦留陁夷摩訶劫賓那薄拘羅
阿㝹樓馱如是等諸大弟子并諸菩薩摩
訶薩文殊師利法王子阿逸多菩薩乾陁訶
提菩薩常精進菩薩與如是等諸大菩薩
及釋提桓因等無量諸天大衆俱尒時佛告
長老舍利弗從是西方過十万億佛土有世
界名曰極樂其土有佛号阿弥陁今現在說
法舍利弗彼土何故名為極樂其國衆生無
有衆苦但受諸樂故名極樂又舍利弗極
樂國土有七重欄楯七重羅網七重行樹皆
是四寶周逥圍遶是故彼國名曰極樂又舍
利弗極樂國土有七寶池八功德水充滿其中
池底純以金沙布地四邊階道金銀琉璃頗
梨合成上有樓閣亦以金銀琉璃頗梨車渠
赤珠馬瑙而嚴飾之池中蓮花大如車輪青
色青光黃色黃光赤色赤光白色白光微妙
香潔舍利弗極樂國土成就如是功德莊嚴
又舍利弗彼佛國土常作天樂黃金為地晝
夜六時而雨曼陁羅花其國衆生常以清旦
各以衣裓盛衆妙花供養他方十万億佛即
以食時還到本國飯食經行舍利弗極樂國
土成就如是功德莊嚴復次舍利弗彼國常
有種種奇妙雜色之鳥白鶴孔雀鸚鵡舍利

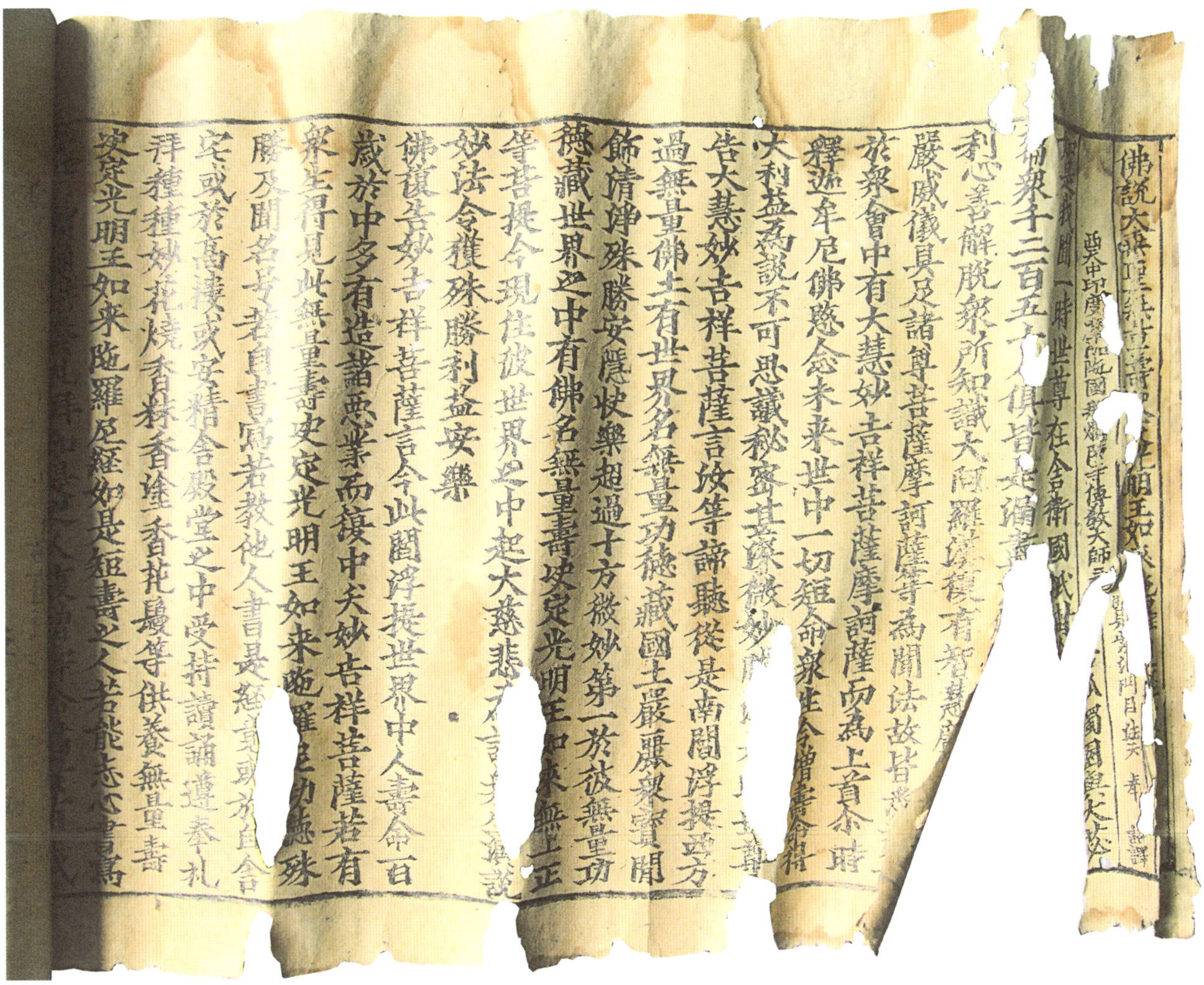

0088　佛說大乘聖無量壽决定光明王如來陁羅尼經一卷　（宋）釋法天譯　遼刻本　一卷

卷轴裝。匡高23.9厘米，寬54.5厘米。行十九至二十三字不等 。入選第三批《國家珍貴古籍名録》（名録號07186）。唐山市豐潤區文物管理所藏。

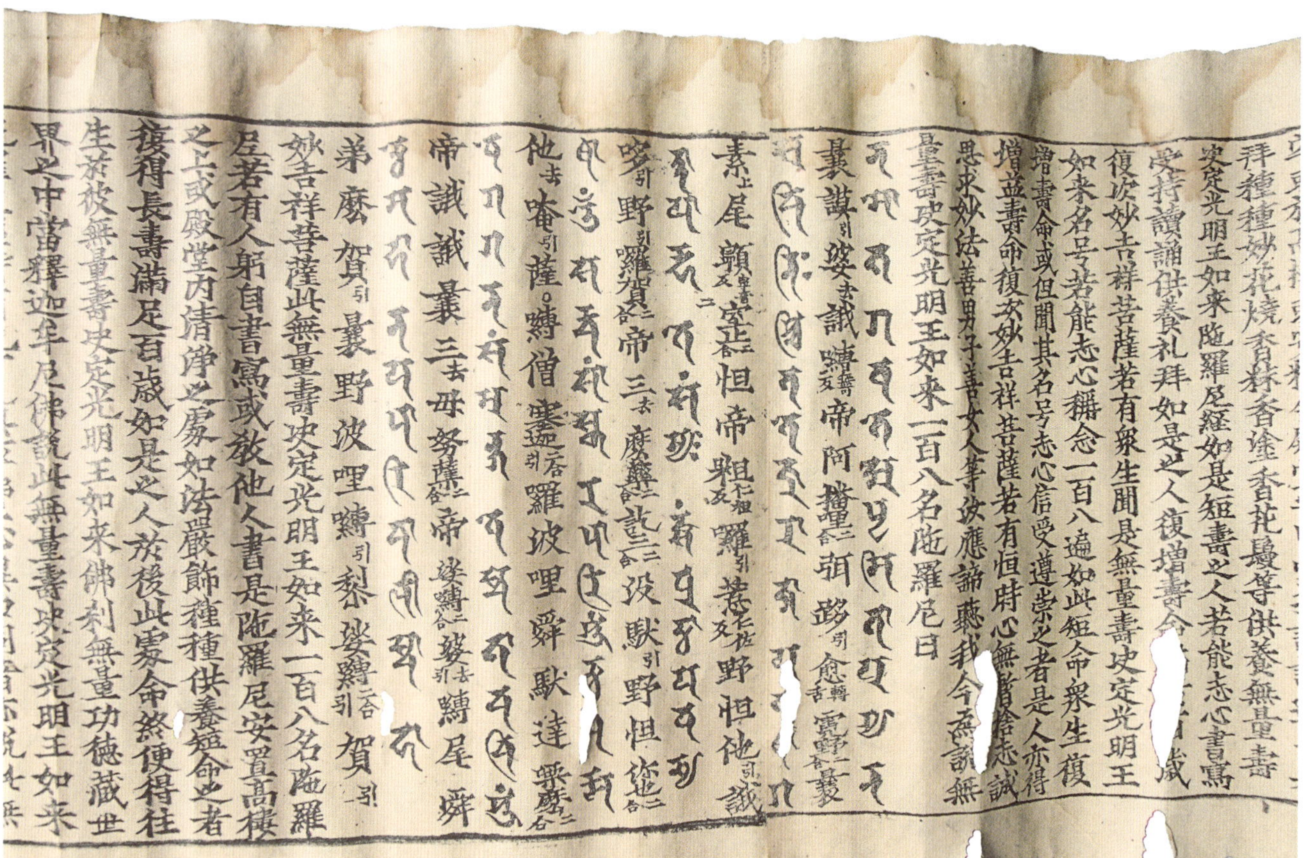

拜種種妙花燒香抹香塗香花鬘等供養無量壽
決定光明王如來陁羅尼經如是短壽之人若能志心書寫
受持讀誦供養礼拜如是之人復增壽命……歲
復次妙吉祥菩薩若有衆生聞是無量壽決定光明王
如來名号若能志心稱念一百八遍如此短命衆生復
增壽命或但聞其名号志心信受遵崇之者是人亦得
增益壽命復次妙吉祥菩薩若有恒時心無昝捨志誠
思求妙法善男子善女人等汝應諦聽我今爲說無
量壽決定光明王如來一百八名陁羅尼曰
曩謨婆誐嚩帝阿播哩弭跢愈…孃曩
素尾顊室止怛帝孺囉野怛他誐
哆野囉賀帝三藐三沒馱野怛姪他
他唵薩嚩僧塞迦羅波哩秫馱達囉麼
帝誐誐曩三母努蘖帝娑嚩婆嚩尾秫
弟摩賀曩野波哩嚩黎娑嚩賀
妙吉祥菩薩此無量壽決定光明王如来一百八名陁羅
尼若有人躬自書寫或教他人書是陁羅尼安置高樓
之上或殿堂內清淨之處如法嚴飾種種供養短命之者
復得長壽滿足百歲如是之人於後此處命終便得往
生於彼無量壽決定光明王如來佛刹無量功德藏世
界之中當釋迦牟尼佛說此無量壽決定光明王如来

寶如妙高山王盡能捨於所[illegible]
數量若復有人爲此無量壽決定光明王如來陁羅
尼經而能布施之者所得福德亦復不能度量知其
限數若復有人書寫此無量壽決定光明王如來陁
羅尼經礼拜供養者如是之人則爲礼拜供養十方
諸佛刹土一切如来而無有異
尒時釋迦牟尼世尊說是伽陁曰
修行布施力成就　布施力故得成佛　若入大悲精室中
耳暫聞此陁羅尼　設使布施未圓滿　是人速證天人師
修行持戒力成就　持戒力故得成佛　若入大悲精室中
耳暫聞此陁羅尼　設使持戒未圓滿　是人速證天人師
修行忍辱力成就　忍辱力故得成佛　若入大悲精室中
耳暫聞此陁羅尼　設使忍辱未圓滿　是人速證天人師
修行精進力成就　精進力故得成佛　若入大悲精室中
耳暫聞此陁羅尼　設使精進未圓滿　是人速證天人師
修行禪定力成就　禪定力故得成佛　若入大悲精室中
耳暫聞此陁羅尼　設使禪定未圓滿　是人速證天人師
修行智慧力成就　智慧力故得成佛　若入大悲精室中
耳暫聞此陁羅尼　設使智慧未圓滿　是人速證天人師
佛說是經已諸大苾芻衆及諸菩薩一切世間天人
阿素囉彥闥嚩等聞佛所說皆大歡喜信受奉行
佛說大乘聖無量壽王經一卷　[illegible]刻

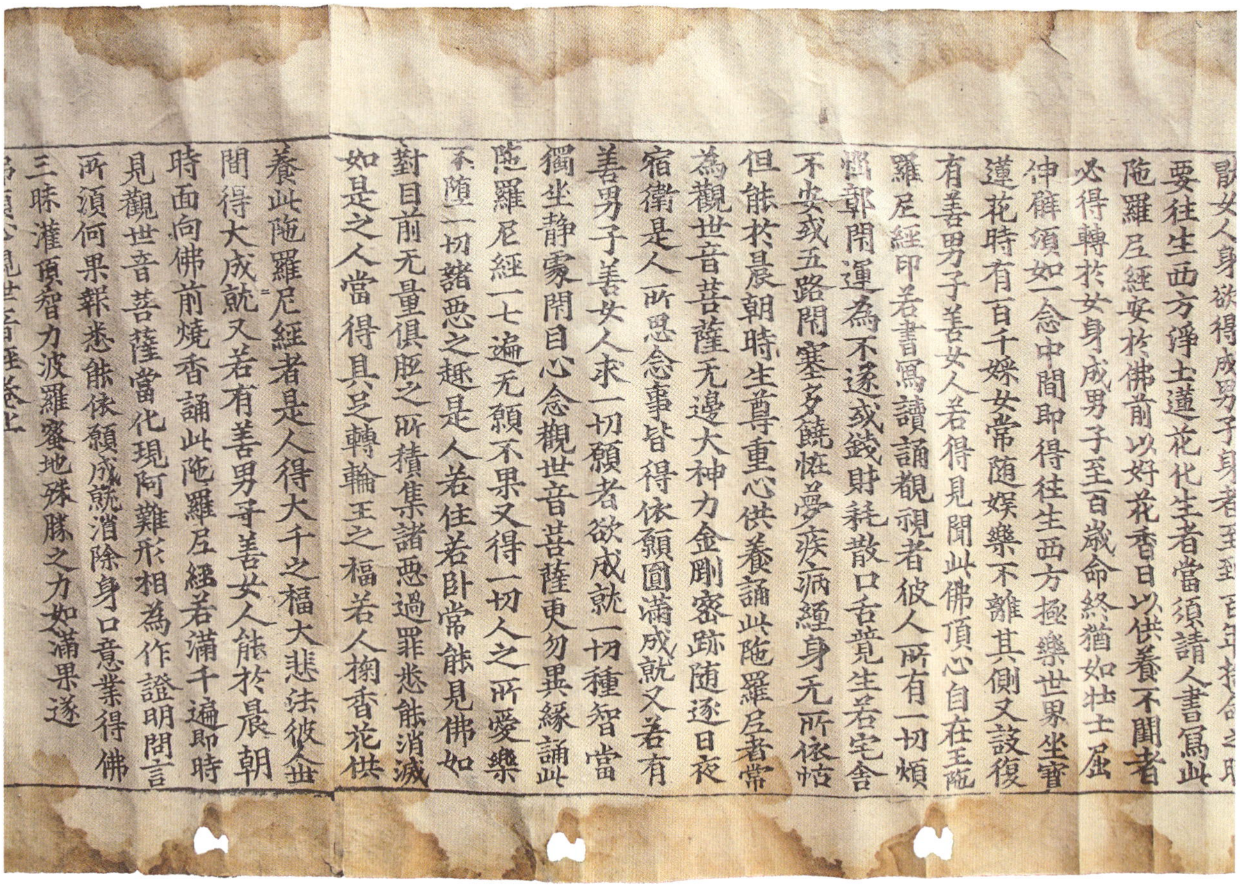

0089　佛頂心觀世音經三卷　遼刻本　一卷

卷轴裝。匡高21.9厘米，寬50.7厘米。每紙二十九行，行十九至二十一字不等。入選第三批《國家珍貴古籍名録》（名録號07191）。唐山市豐潤區文物管理所藏。

獨坐靜處閉目心念觀世音菩薩更勿異緣誦此
陁羅尼經一七遍无願不果又得一切人之所愛樂
不隨一切諸惡之趣是人若住若卧常能見佛如
對目前无量俱胝之所積集諸惡過罪悉能消滅
如是之人當得具足轉輪王之福若人擲香花供
養此陁羅尼經者是人得大千之福大悲法彼岳
聞得大成就又若有善男子善女人能於晨朝
時面向佛前燒香誦此陁羅尼經若滿千遍即時
見觀世音菩薩當化現阿難形相為作證明問言
所須何果報悉能依願成就消除身口意業得佛
三昧灌頂智力波羅蜜地殊勝之力如意滿果遂
佛頂心觀世音經卷上

佛頂心觀世音菩薩療病催產方卷中
又設復若有一切諸女人或身懷六甲至十月滿足
坐草之時忽分解不得被諸惡鬼神為作鄣難令
此女人苦痛叫喚悶絕號哭无處投告者即以好
朱砂書此陁羅尼及秘字印密用香水吞之當時
分解產下智惠之男有相之女令人愛樂
又若復胎衣不下致損胎傷煞不然兒為母死乃
至母為兒亡或復母子俱喪速以朱砂書此頂輪王
秘字印用香水吞之當即便推下亡兒可以速弃
向水中若懷妊婦人不得喫猶肉鱔魚鳥雀物命之
類卯日須常念寶月智嚴光音自在王佛
又若復有善男子善女人或身遭重病經年累

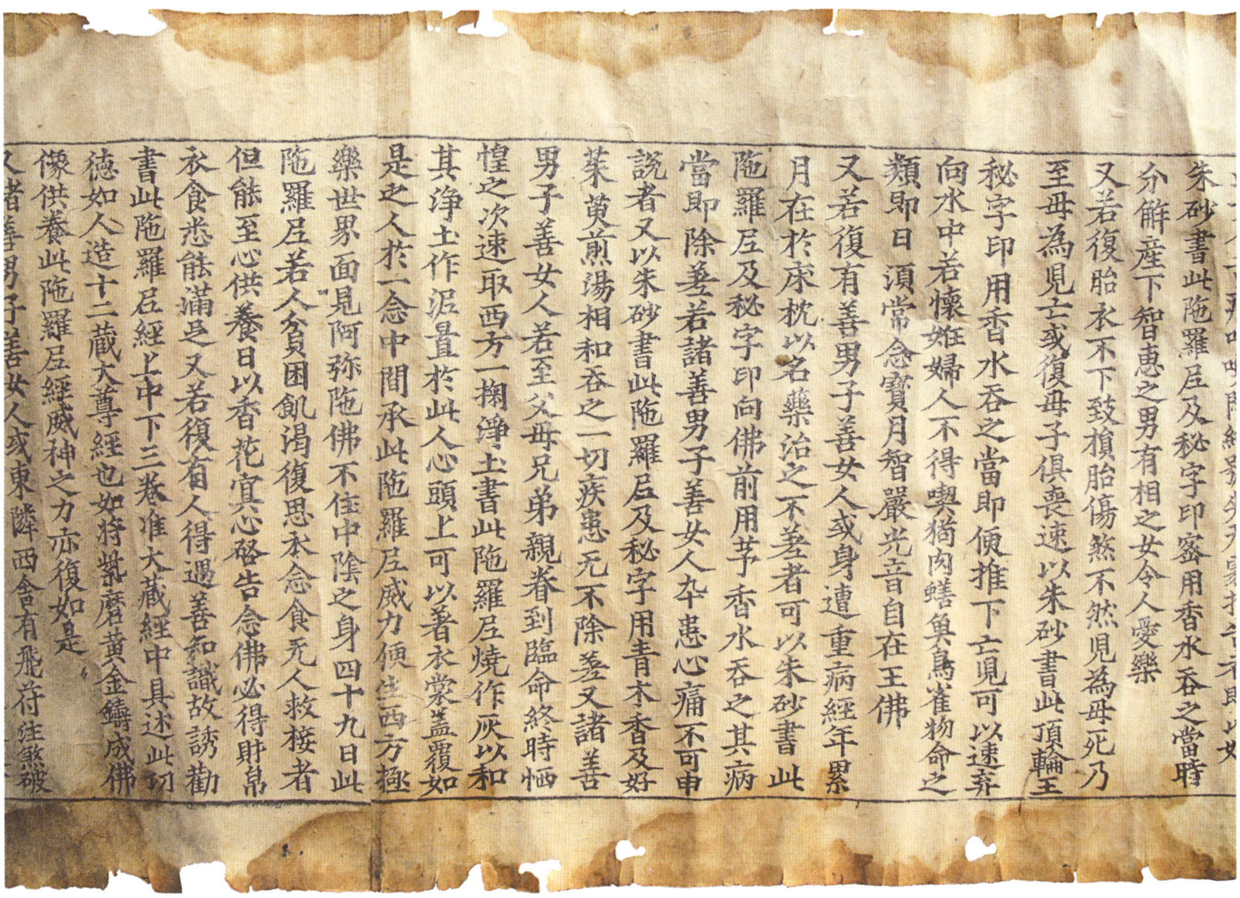
朱砂書此陁羅尼及秘字印密用香水吞之當時
分觧產下智惠之男有相之女令人愛樂
又若復胎衣不下致損胎傷煞不然見為母死乃
至母為見亡或復母子俱喪速以朱砂書此頂輪王
秘字印用香水吞之當即便推下亡兒可以速弃
向水中若懷姙婦人不得喫猪肉蟮魚鳥雀物命之
類即日須常念寶月智嚴光音自在王佛
又若復有善男子善女人或身遭重病經年累
月在於床枕以名藥治之不差者可以朱砂書此
陁羅尼及秘字印向佛前用茅香水吞之其病
當即除差若諸善男子善女人卒患心痛不可申
說者又以朱砂書此陁羅尼及秘字用青木香及好
茱萸煎湯相和吞之一切疾患无不除差又諸善
男子善女人若至父母兄弟親眷到臨命終時恓
惶之次速取西方一掬淨土書此陁羅尼燒作灰以和
其淨土作泥置於此人心頭上可以著衣裳蓋覆如
是之人於一念中間承此陁羅尼威力便往西方極
樂世界面見阿弥陁佛不住中陰之身四十九日此
陁羅尼若人貧困飢渴復思衣念食无人救接者
但能至心供養日以香花真心啓告念佛必得財帛
衣食悉能滿足又若復有人得遇善知識故誘勸
書此陁羅尼經上中下三卷准大藏經中具述此功
德如人造十二藏大尊經也如將紫磨黃金鑄成佛
像供養此陁羅尼經威神之力亦復如是
又者善男子善女人或東隣西舍有飛符往來破

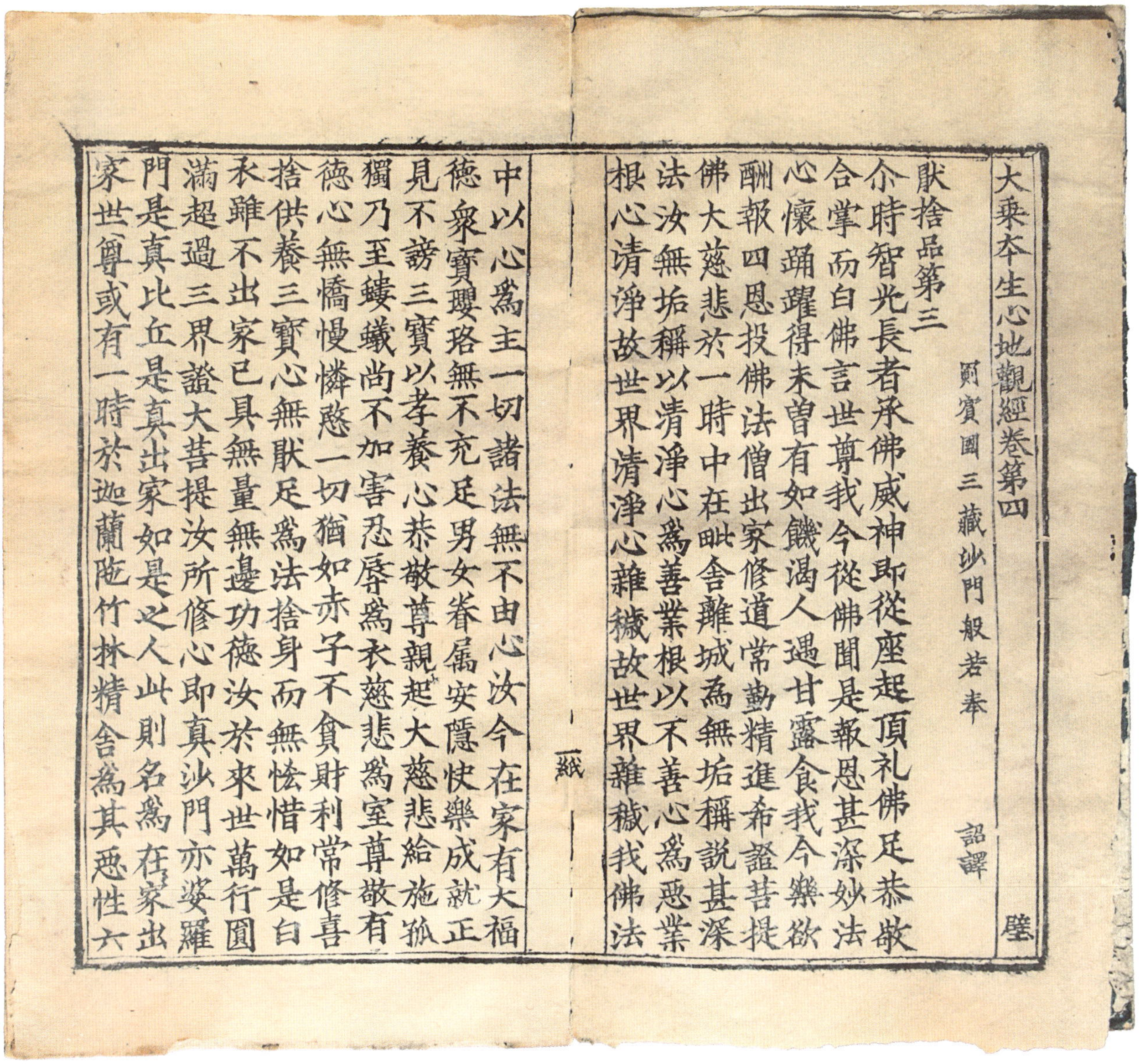

0090　大乘本生心地觀經八卷　（唐）釋般若譯　遼咸雍六年（1070）刻本　三册

蝴蝶裝。匡高21厘米，寬11.3厘米。半葉十行，行二十字，四周雙邊。入選第三批《國家珍貴古籍名録》（名録號07184）。唐山市豐潤區文物管理所藏。

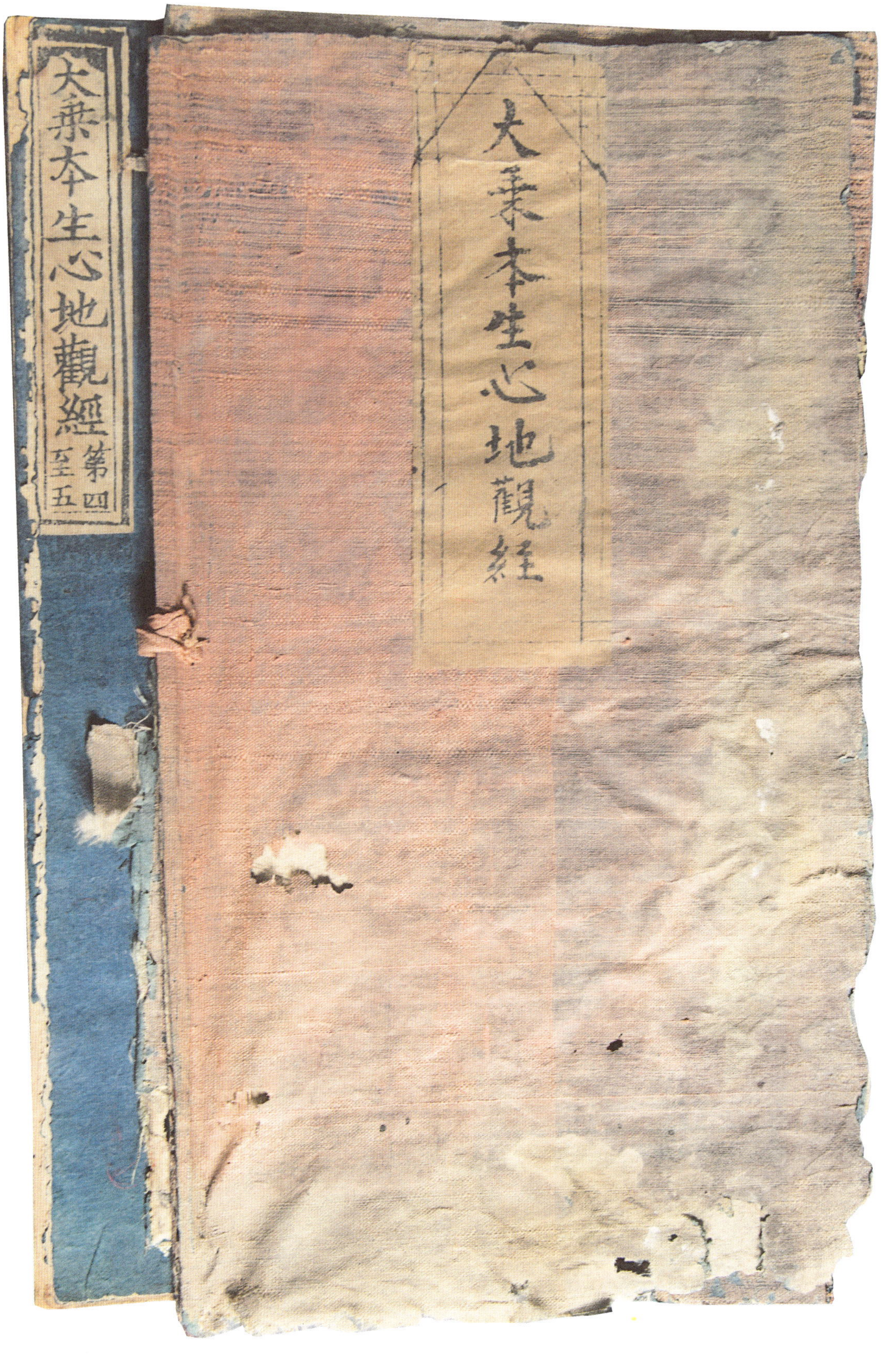
大乘本生心地觀經
第四至五
大乘本生心地觀經

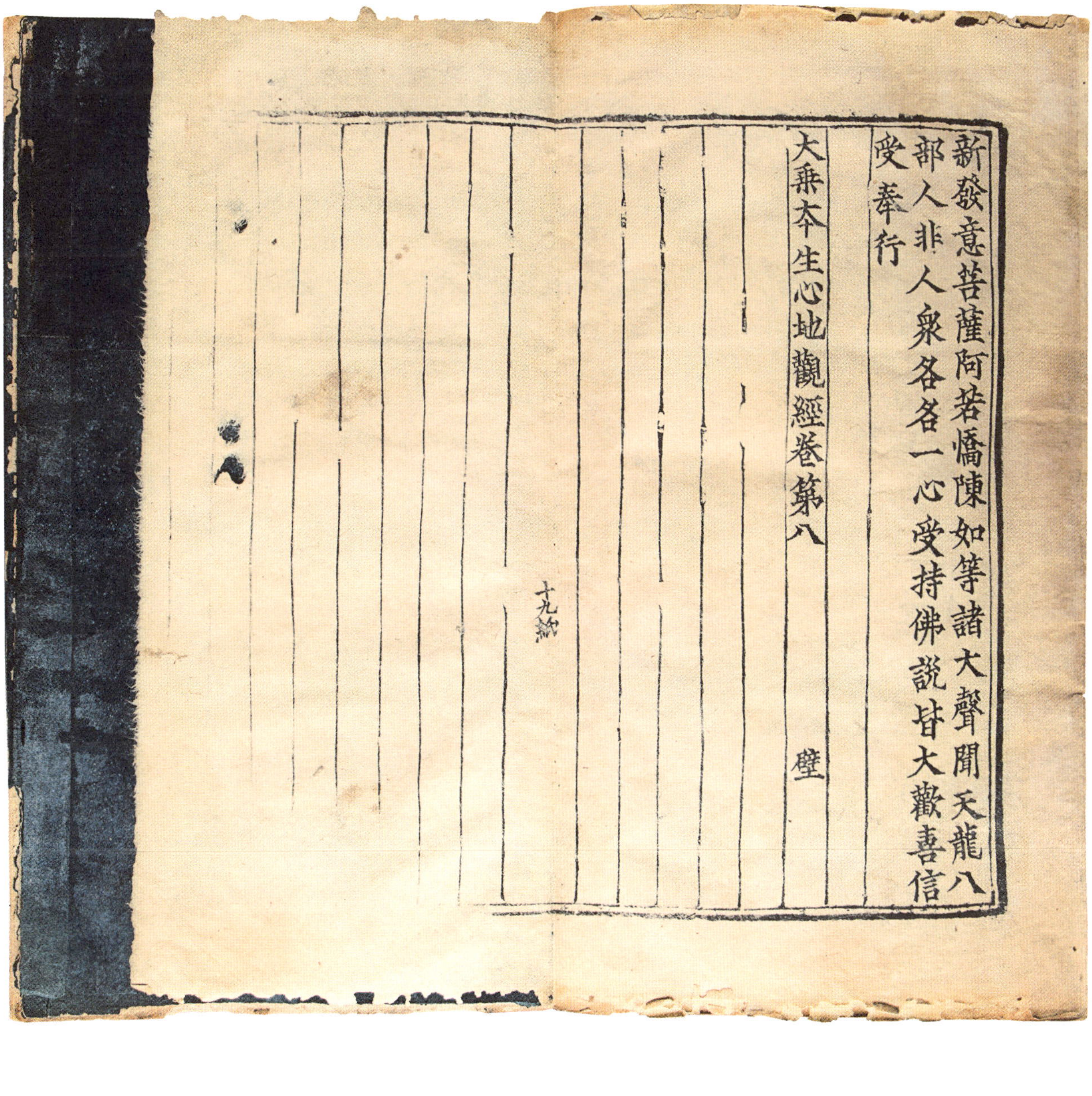
新發意菩薩阿若憍陳如等諸大聲聞天龍八
部人非人衆各各一心受持佛說皆大歡喜信
受奉行

大乘本生心地觀經卷第八　　壁

十九紙

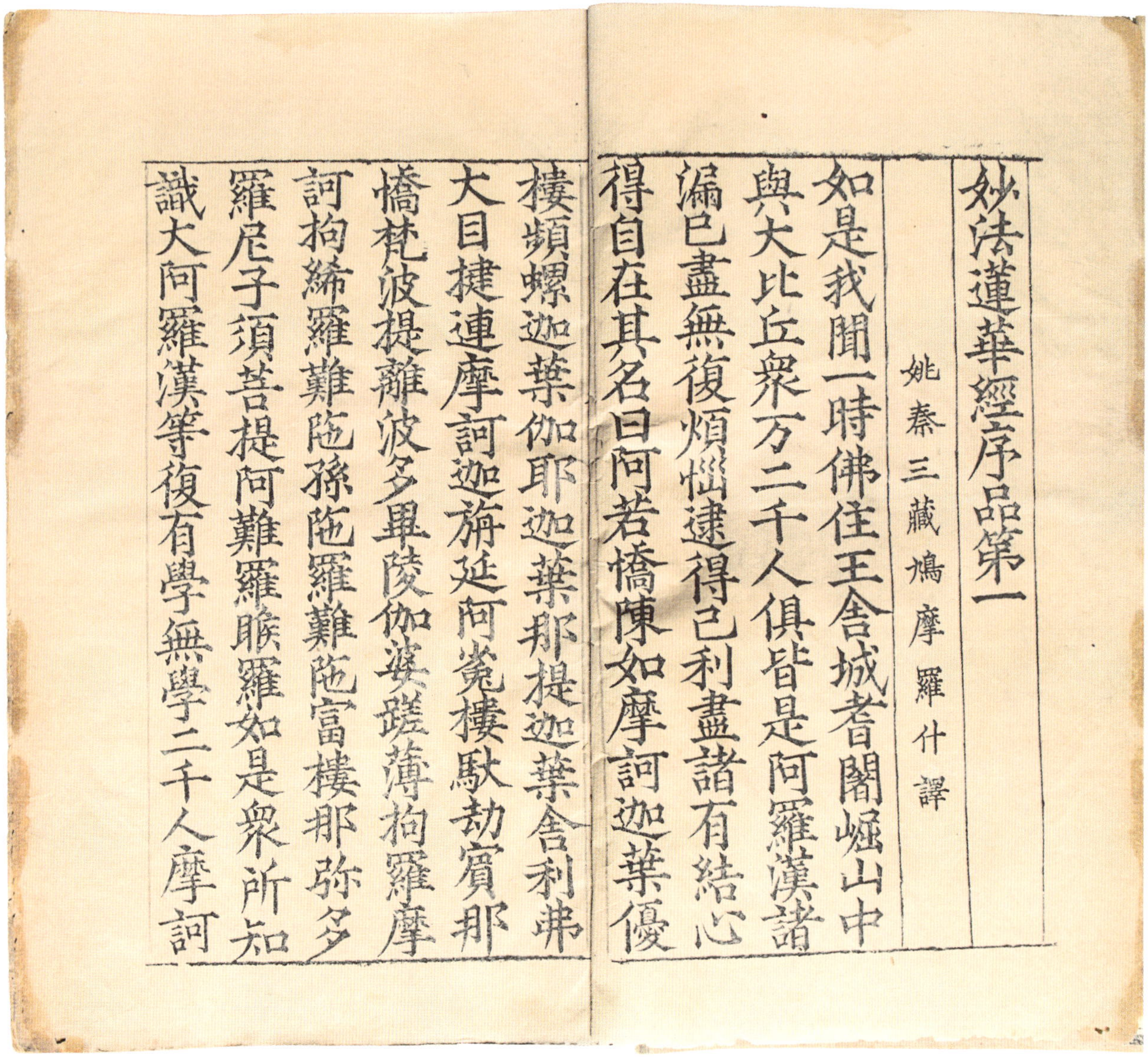

妙法蓮華經序品第一
姚秦三藏鳩摩羅什譯
如是我聞一時佛住王舍城耆闍崛山中
與大比丘衆万二千人俱皆是阿羅漢諸
漏已盡無復煩惱逮得己利盡諸有結心
得自在其名曰阿若憍陳如摩訶迦葉優
樓頻螺迦葉伽耶迦葉那提迦葉舍利弗
大目揵連摩訶迦旃延阿㝹樓馱劫賓那
憍梵波提離波多畢陵伽婆蹉薄拘羅摩
訶拘絺羅難陁孫陁羅難陁富樓那弥多
羅尼子須菩提阿難羅睺羅如是衆所知
識大阿羅漢等復有學無學二千人摩訶

0091　妙法蓮華經八卷　（後秦）釋鳩摩羅什譯　遼咸雍五年（1069）燕京弘法寺刻本　八册

蝴蝶裝。匡高24.5厘米，寬13.6厘米。半葉六行，行十六字，白口，四周單邊。入選第三批《國家珍貴古籍名録》（名録號07175）。唐山市豐潤區文物管理所藏。

妙法蓮華經卷第一

般若

徒用鏤方版俾印摹而有在期闡布以無窮
所積勝緣敬伸迴向伏願
皇太后皇帝皇后延聖壽於剎塵
皇太子妃主王公等遐齡於劫石百執永綏於
吉祿兆民咸樂於熙辰共趣一乘速超三界
時咸雍五年十月十五日記
燕京弘法寺都勾當詮法大德沙門 方矩 提點雕造
天王寺文英大德賜紫沙門 志延 校勘

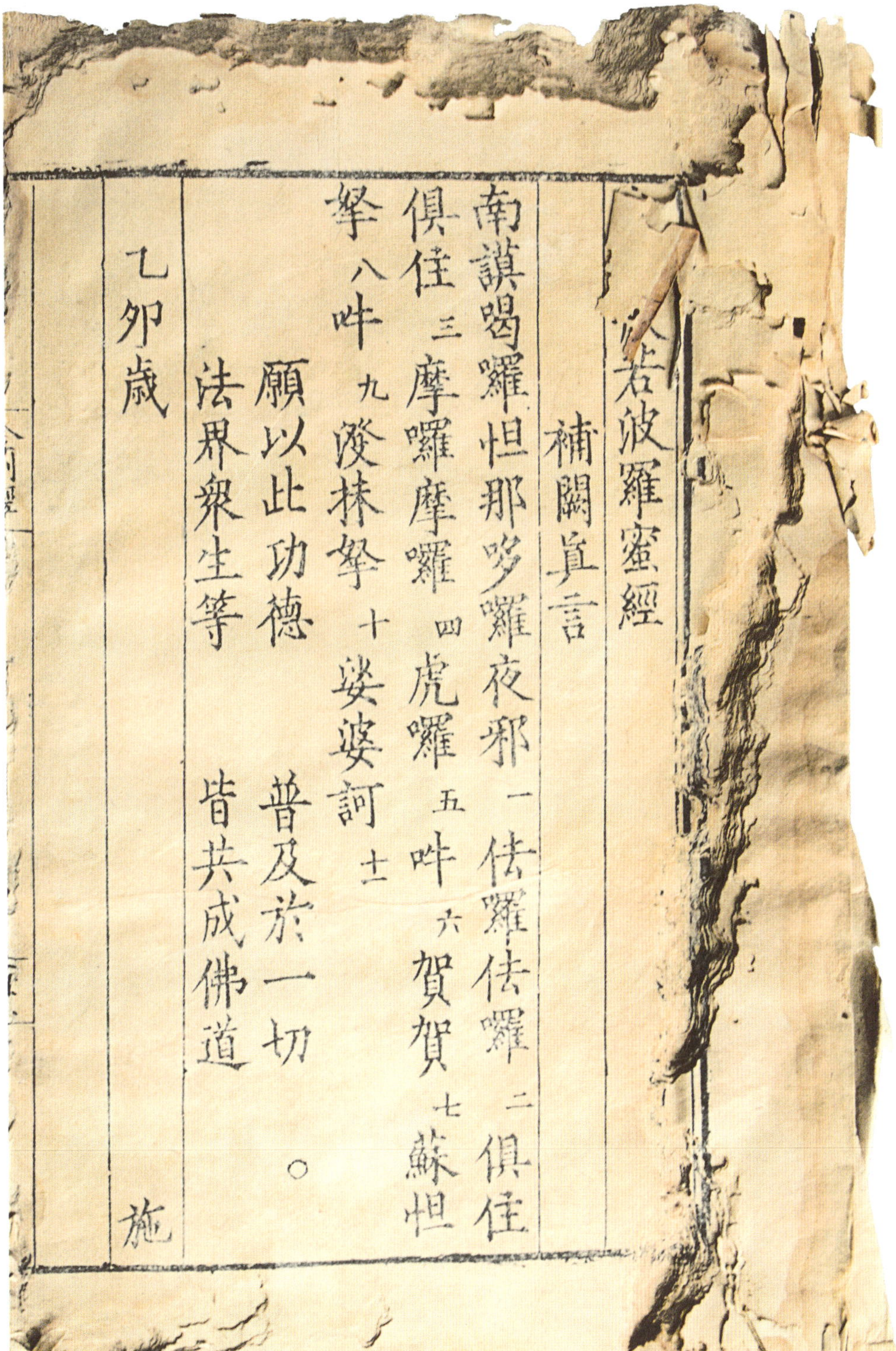

0092　金剛般若波羅蜜經　（後秦）釋鳩摩羅什譯　遼重熙八年（1039）刻本　一册

蝴蝶裝。匡高21厘米，寬12.3厘米。半葉九行，行十八字，白口，左右雙邊。入選第三批《國家珍貴古籍名録》（名録號07166）。唐山市豐潤區文物管理所藏。

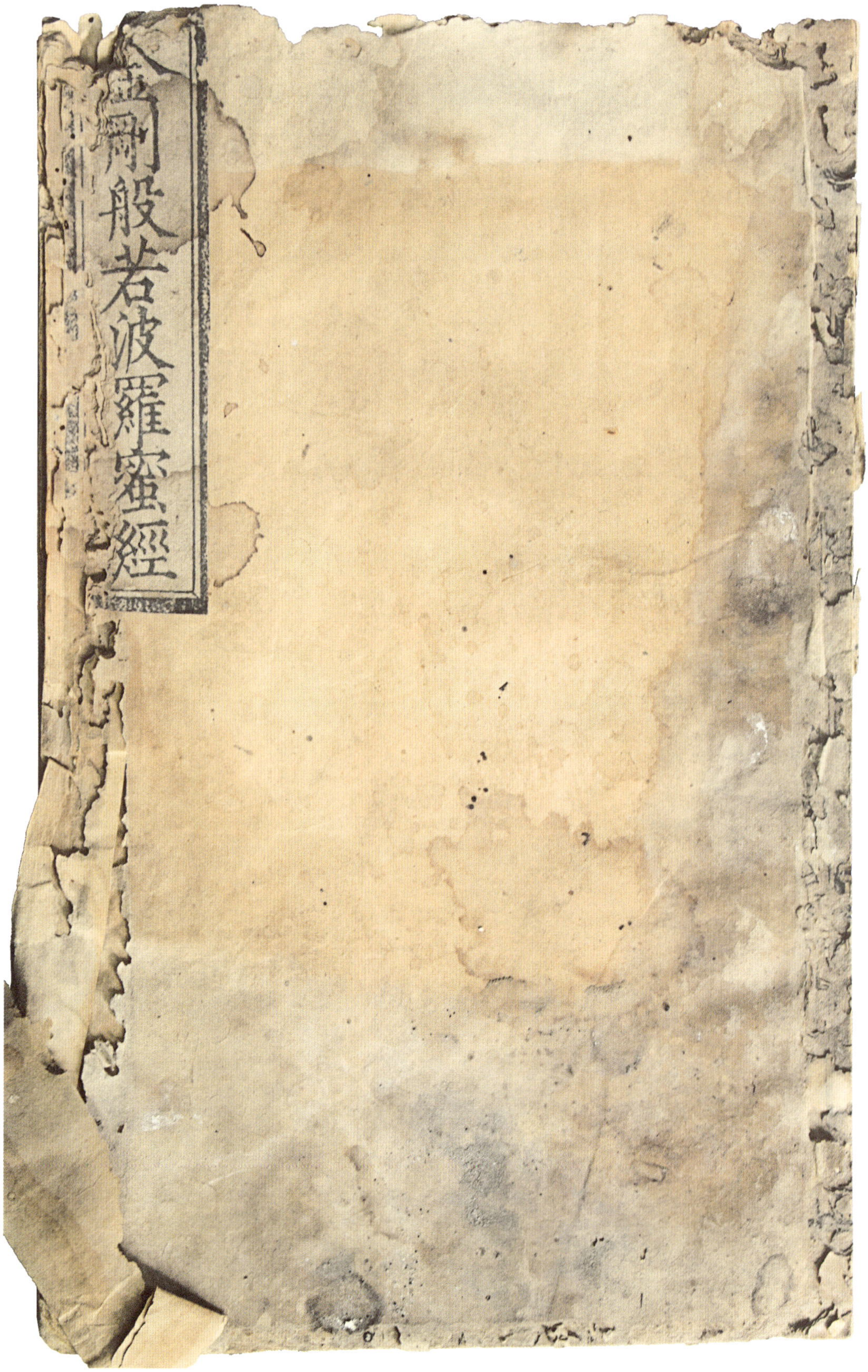
剛般若波羅蜜經

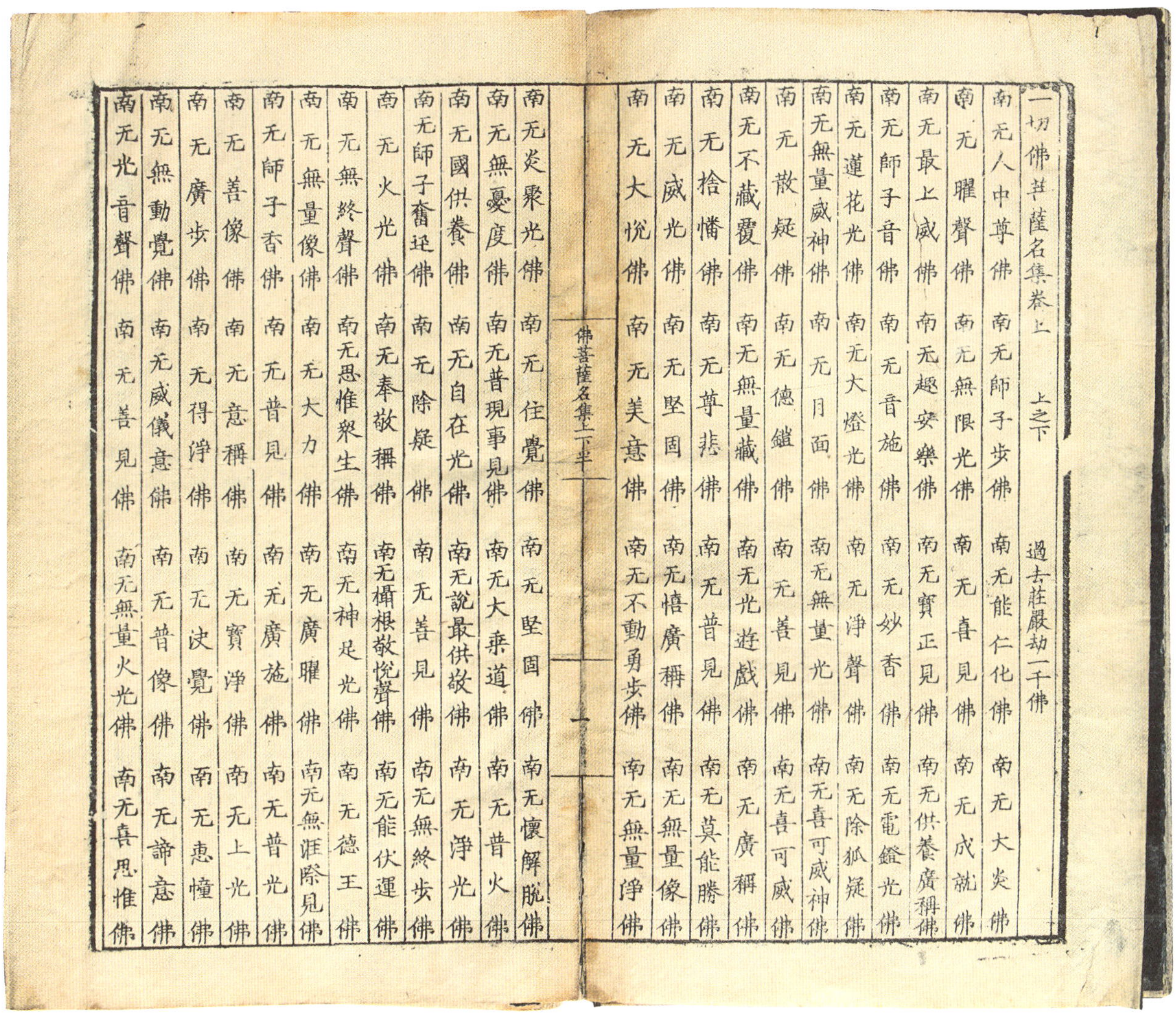

0093　诸佛菩薩名集　（遼）釋思孝撰　遼重熙二十二年（1053）刻本　六册

蝴蝶裝。匡高22.5厘米，寬12.6厘米。半葉十二行，白口，左右雙邊。入選第三批《國家珍貴古籍名録》（名録號07195）。唐山市豐潤區文物管理所藏。

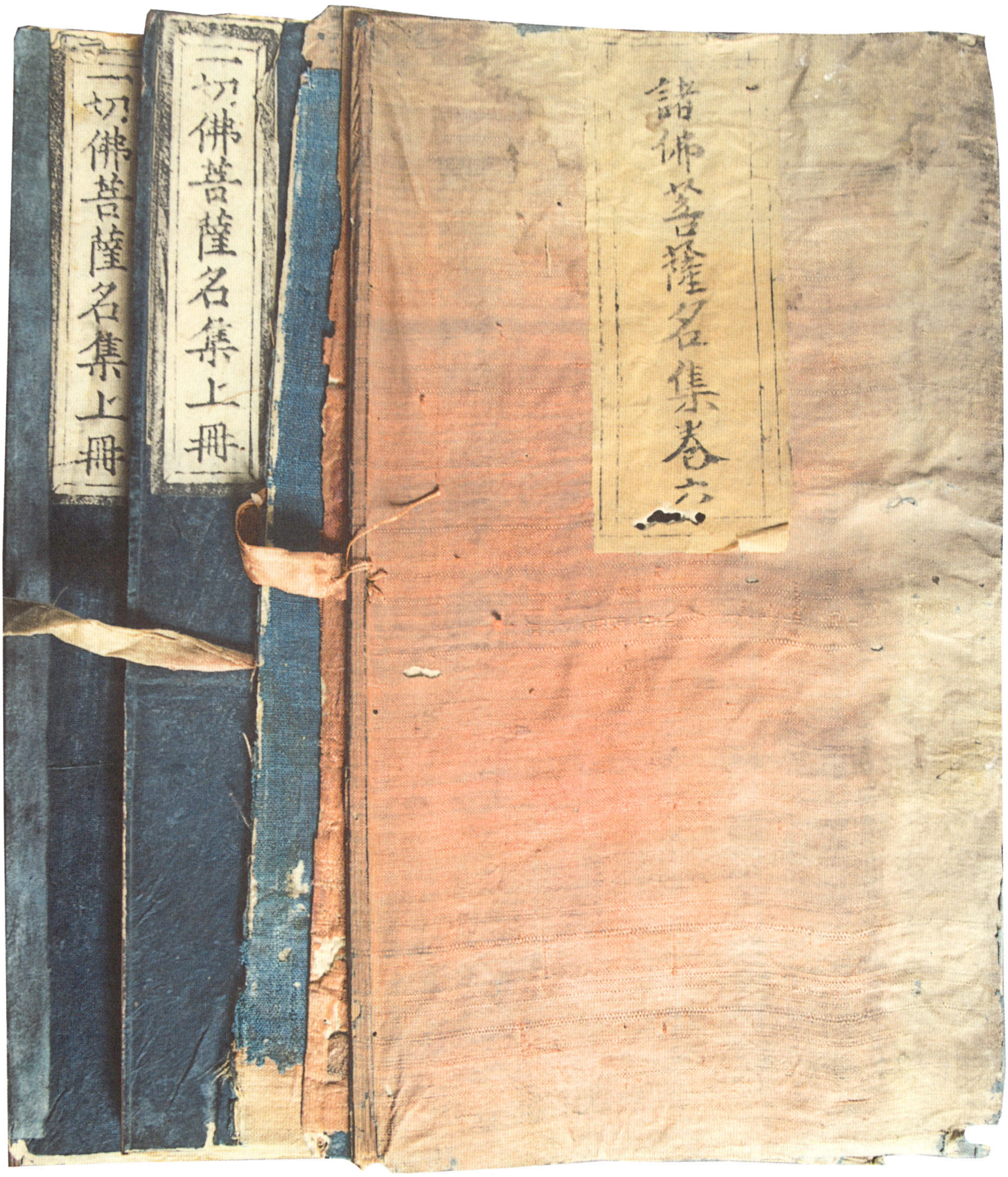
一切佛菩薩名集上冊
一切佛菩薩名集上冊
諸佛菩薩名集卷六

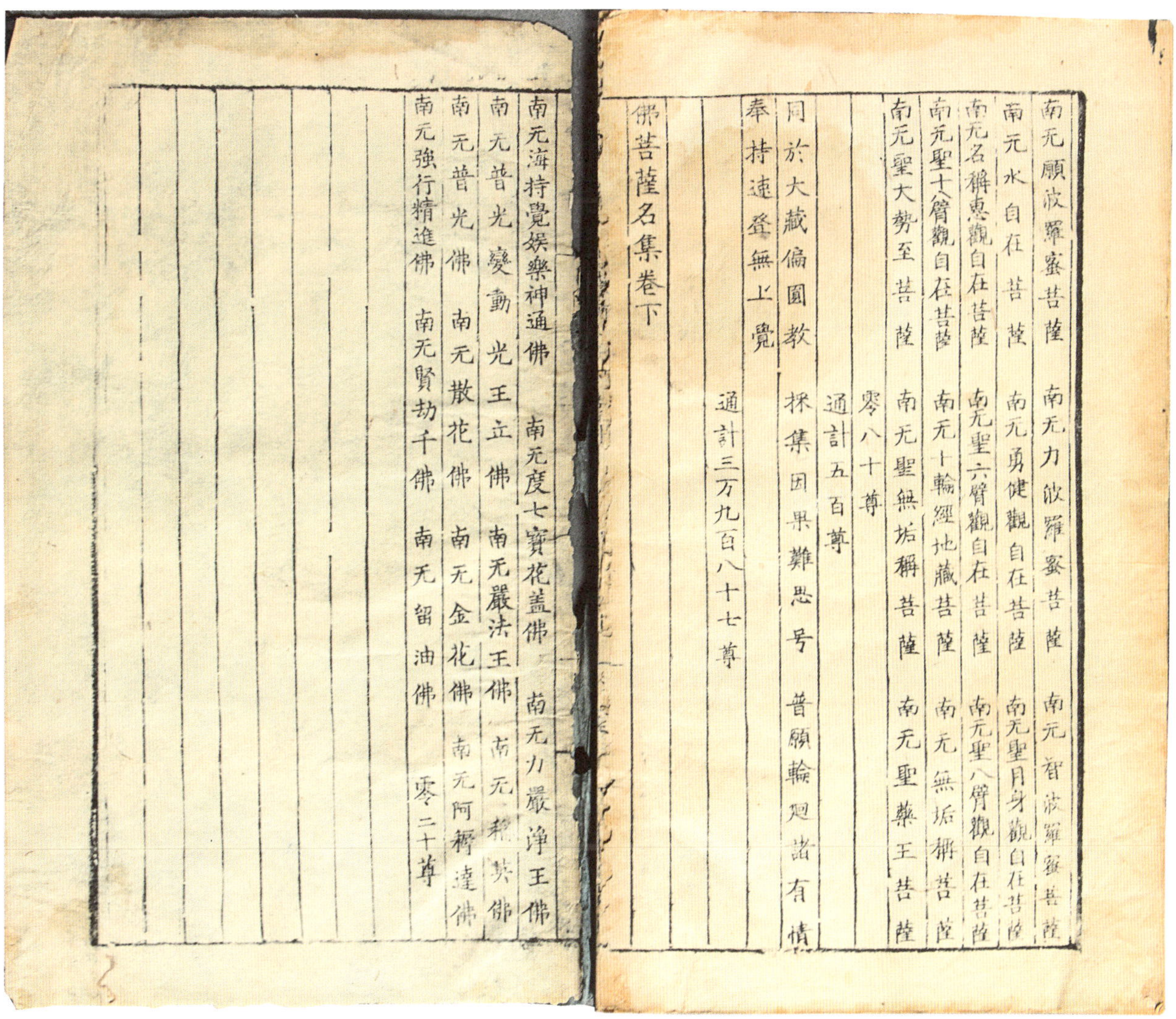

南无海持覺娛樂神通佛　南无度七寶花蓋佛　南无力嚴淨王佛
南无普光變動光王立佛　南无嚴法王佛　南无和英佛
南无普光佛　南无散花佛　南无金花佛　南无阿耨達佛
南无強行精進佛　南无賢劫千佛　南无留油佛　零二十尊

南无願波羅蜜菩薩　南无力波羅蜜菩薩　南无智波羅蜜菩薩
南无水自在菩薩　南无勇健觀自在菩薩　南无聖月身觀自在菩薩
南无名稱惠觀自在菩薩　南无聖六臂觀自在菩薩　南无聖八臂觀自在菩薩
南无聖十八臂觀自在菩薩　南无十輪經地藏菩薩　南无無垢稱菩薩
南无聖大勢至菩薩　南无聖無垢稱菩薩　南无聖藥王菩薩
零八十尊
通計五百尊
同於大藏偏圓教　採集因果難思号　普願輪廻諸有情
奉持速登無上覺
通計三万九百八十七尊

佛菩薩名集卷下

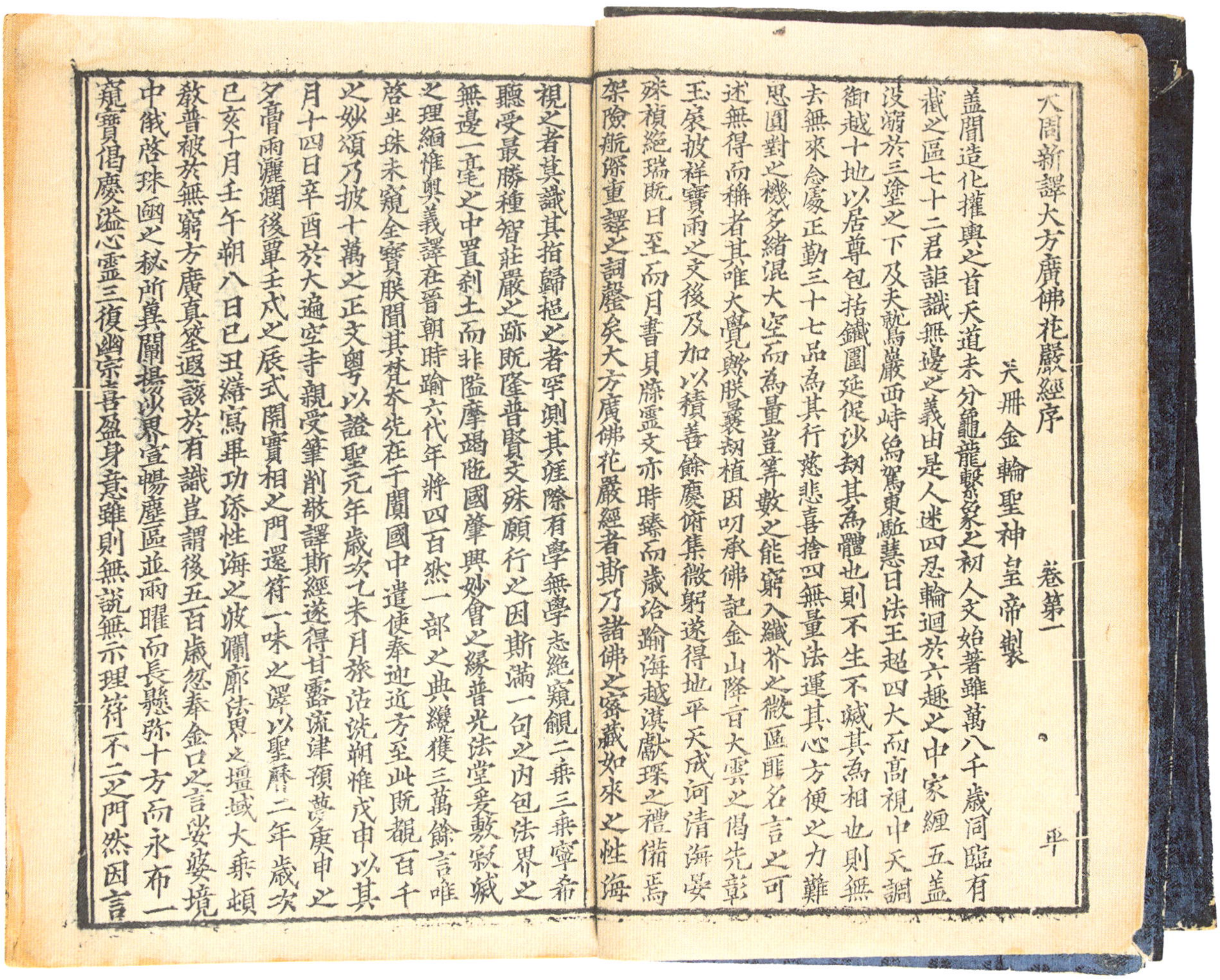
大周新譯大方廣佛花嚴經序　卷第一　平
天冊金輪聖神皇帝製
蓋聞造化權輿之首天道未分龜龍繫象之初人文始著雖萬八千歲同臨有
截之區七十二君詎識無邊之義由是人迷四忍輪迴於六趣之中家纏五蓋
沒溺於三塗之下及夫鷲巖西峙象駕東驅慧日法王超四大而高視中天調
御越十地以居尊包括鐵圍延促沙劫其為體也則不生不滅其為相也則無
去無來念處正勤三十七品為其行慈悲喜捨四無量法運其心方便之力難
思圓對之機多緒混大空而為量豈算數之能窮入纖芥之微區匪名言之可
述無得而稱者其唯大覺歟朕曩劫植因叨承佛記金山降旨大雲之偈先彰
玉扆披祥寶雨之文後及加以積善餘慶俯集微躬遂得地平天成河清海晏
殊禎絕瑞既日至而月書貝牒靈文亦時臻而歲洽踰海越漠獻琛之禮備焉
架險航深重譯之詞罄矣大方廣佛花嚴經者斯乃諸佛之密藏如來之性海
視之者莫識其指歸挹之者罕測其涯際有學無學志絕窺覦二乘三乘寧希
聽受最勝種智莊嚴之跡既隆普賢文殊願行之因斯滿一句之內包法界之
無邊一毫之中置剎土而非隘摩竭陀國肇興妙會之緣普光法堂爰敷寂滅
之理緬惟奧義譯在晉朝時踰六代年將四百然一部之典纔獲三萬餘言唯
啓半珠未窺全寶朕聞其梵本先在于闐國中遣使奉迎近方至此既覩百千
之妙頌乃披十萬之正文粵以證聖元年歲次乙未月旅沽洗朔惟戊申以其
月十四日辛酉於大遍空寺親受筆削敬譯斯經遂得甘露流津預夢庚申之
夕膏雨灑潤後覃壬戌之辰式開實相之門還符一味之澤以聖曆二年歲次
己亥十月壬午朔八日己丑繕寫畢功添性海之波瀾廓法界之疆域大乘頓
教普被於無窮方廣真筌遐該於有識豈謂後五百歲忽奉金口之言娑婆境
中俄啓珠函之秘所冀闡揚沙界宣暢塵區並兩曜而長懸彌十方而永布一
窺寶偈慶溢心靈三復幽宗喜盈身意雖則無說無示理符不二之門然因言

0094　大方廣佛花嚴經八十卷　（唐）釋實叉難陁譯　遼重熙十一年（1042）燕京刻本　八册

蝴蝶裝。匡高24厘米，寬14.5厘米。半葉十二行，行三十字，白口，左右雙邊。入選第三批《國家珍貴古籍名録》（名録號07169）。唐山市豐潤區文物管理所藏。

大方廣佛花嚴經第四帙

或為粟散諸小王 或作飛行轉輪帝 令諸王子婇女衆 悉皆受化無能測
或作護世四天王 統領諸龍夜叉等 為其衆會而說法 一切皆令大欣慶
或為忉利大天王 住善法堂歡喜園 首戴花冠說妙法 諸天覲仰莫能測
或住夜摩兜率天 化樂自在魔王所 居處摩尼寶宮殿 說真實行令調伏
或至梵天衆會中 說四無量諸禪道 普令歡喜便捨去 而莫知其往來相
或至阿迦尼吒天 為說覺分諸寶花 及餘無量聖功德 然後捨去無知者
如來無礙智所見 其中一切諸衆生 悉以無邊方便門 種種教化令成就
譬如幻師善幻術 現作種種諸幻事 佛化衆生亦如是 為其示現種種身
譬如淨月在虛空 令世衆生見增減 一切河池現影像 所有星宿奪光色
如來智月出世閒 亦以方便示增減 菩薩心水現其影 聲聞星宿無光色
譬如大海寶充滿 清淨無濁無有量 四洲所有諸衆生 一切於中現其像
佛身功德海亦尒 無垢無濁無邊際 乃至法界諸衆生 靡不於中現其影
譬如淨日放千光 不動本處照十方 佛日光明亦如是 無去無來除世暗
譬如龍王降大雨 不從身出及心出 而能霑洽悉周遍 滌除炎熱使清凉
如來法雨亦復然 不從於佛身心出 而能開悟一切衆 普使滅除三毒火
如來清淨妙法身 一切三界無倫匹 以出世閒言語道 其性非有非無故
雖無所依無不住 雖無不至而不去 如空中畫夢所見 當於佛體如是觀
三界有無一切法 不能與佛為譬喻 譬如山林鳥獸等 無有依空而住者
大海摩尼無量色 佛身差別亦復然 如來非色非非色 隨應而現無所住
虛空真如及實際 涅槃法性寂滅等 唯有如是真實法 可以顯示於如來
刹塵心念可數知 大海中水可飲盡 虛空可量風可繫 無能盡說佛功德
若有聞斯功德海 而生歡喜信解心 如所稱揚悉當獲 慎勿於此懷疑念

大方廣佛花嚴經卷第八十 伏

大方廣佛花嚴經第四帙

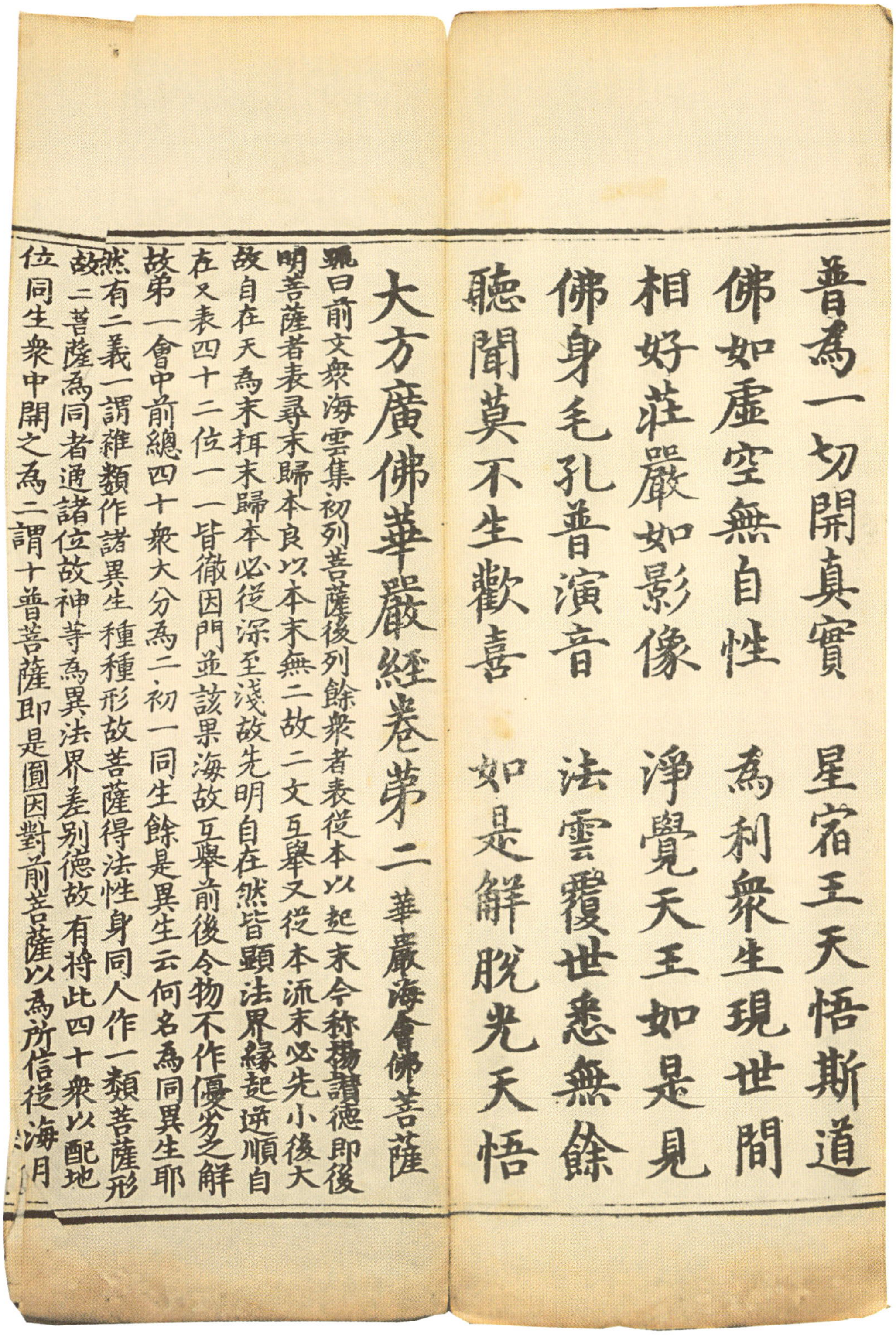

普為一切開真實　星宿王天悟斯道
佛如虛空無自性　為利衆生現世間
相好莊嚴如影像　淨覺天王如是見
佛身毛孔普演音　法雲覆世悉無餘
聽聞莫不生歡喜　如是解脫光天悟

大方廣佛華嚴經卷第二　華嚴海會佛菩薩

疏曰前文衆海雲集初列菩薩後列餘衆者表從本以起末令稱揚諸德即後明菩薩者表尋末歸本良以本末無二故二文互舉又從本流末必先小後大故自在天為末攝末歸本必從深至淺故先明自在然皆顯法界緣起逆順自在又表四十二位一一皆徹因門並該果海故互舉前後令物不作優劣之解故第一會中前總四十衆大分為二初一同生餘是異生云何名為同異生耶然有二義一謂雜類作諸異生種種形故菩薩得法性身同人作一類菩薩形故二菩薩為同者通諸位故神等為異法界差別德故有將此四十衆以配地位同生衆中開之為二謂十普菩薩即是圓因對前菩薩以為所信從海月

0095　大方廣佛華嚴經八十卷　（唐）釋實叉難陁譯　明永樂十八年（1420）刻本　五十六册

經折裝。匡高27.4厘米，寬12.2厘米。半葉五行，行十五字，小字雙行三十字。武安市圖書館藏，存五十六卷（卷二、六至十、十二至十五、二十四、二十七至三十九、四十一至四十六、四十九至五十四、五十六至七十五）。

御製

六合清寧　七政順序　雨暘時若　萬物阜豐
億兆康和　九幽融朗　均躋壽域　溥種福田
上善攸臻　障礙消釋　家崇忠孝　人樂慈良
官清政平　訟簡刑措　化行俗美　泰道咸亨
凡厥有生　俱成佛果　永樂十八年四月十七日

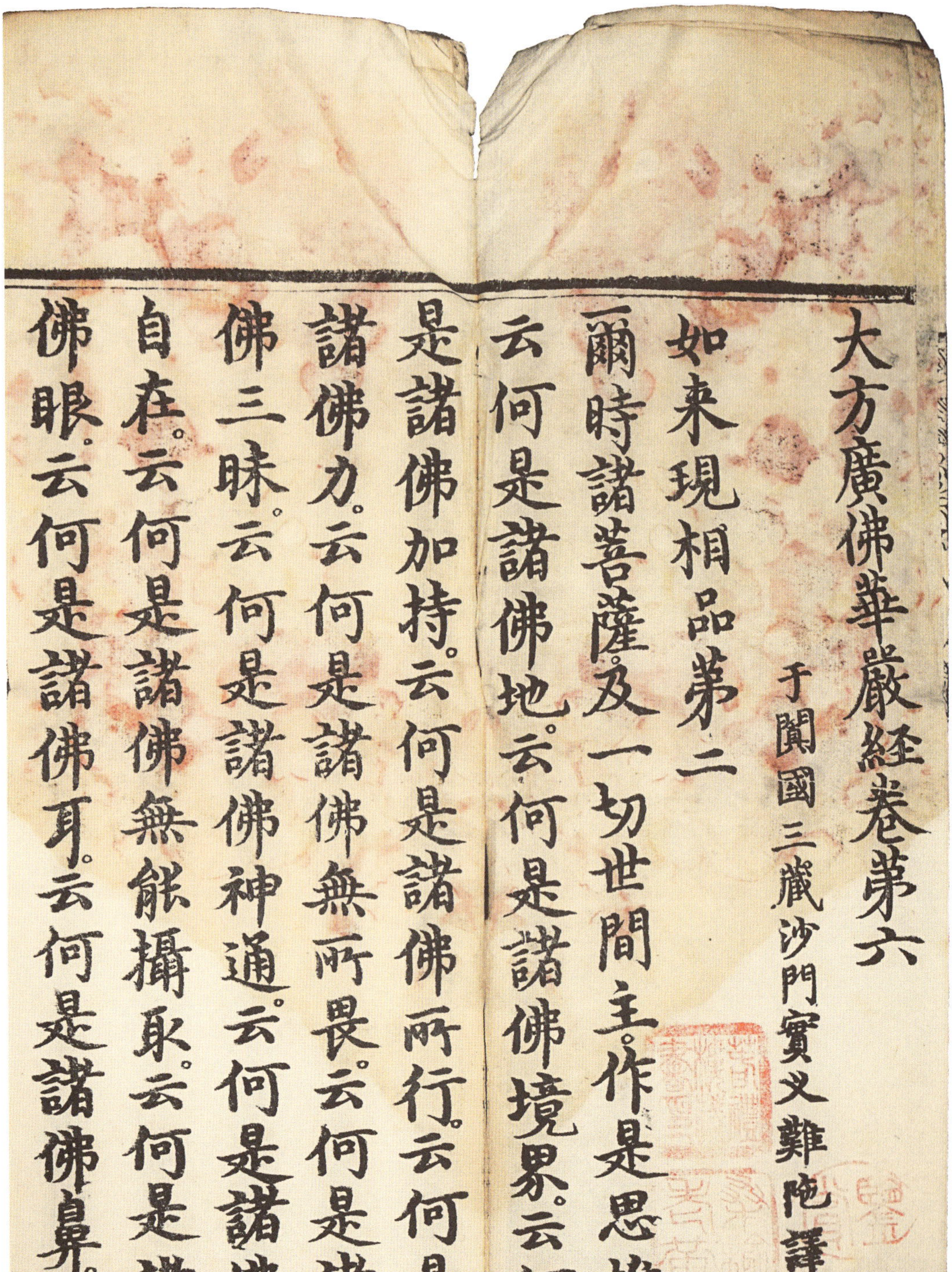
大方廣佛華嚴經卷第六
于闐國三藏沙門實叉難陀譯
如来現相品第二
爾時諸菩薩。及一切世間主。作是思惟。
云何是諸佛地。云何是諸佛境界。云何
是諸佛加持。云何是諸佛所行。云何是
諸佛力。云何是諸佛無所畏。云何是諸
佛三昧。云何是諸佛神通。云何是諸佛
自在。云何是諸佛無能攝取。云何是諸
佛眼。云何是諸佛耳。云何是諸佛鼻。云

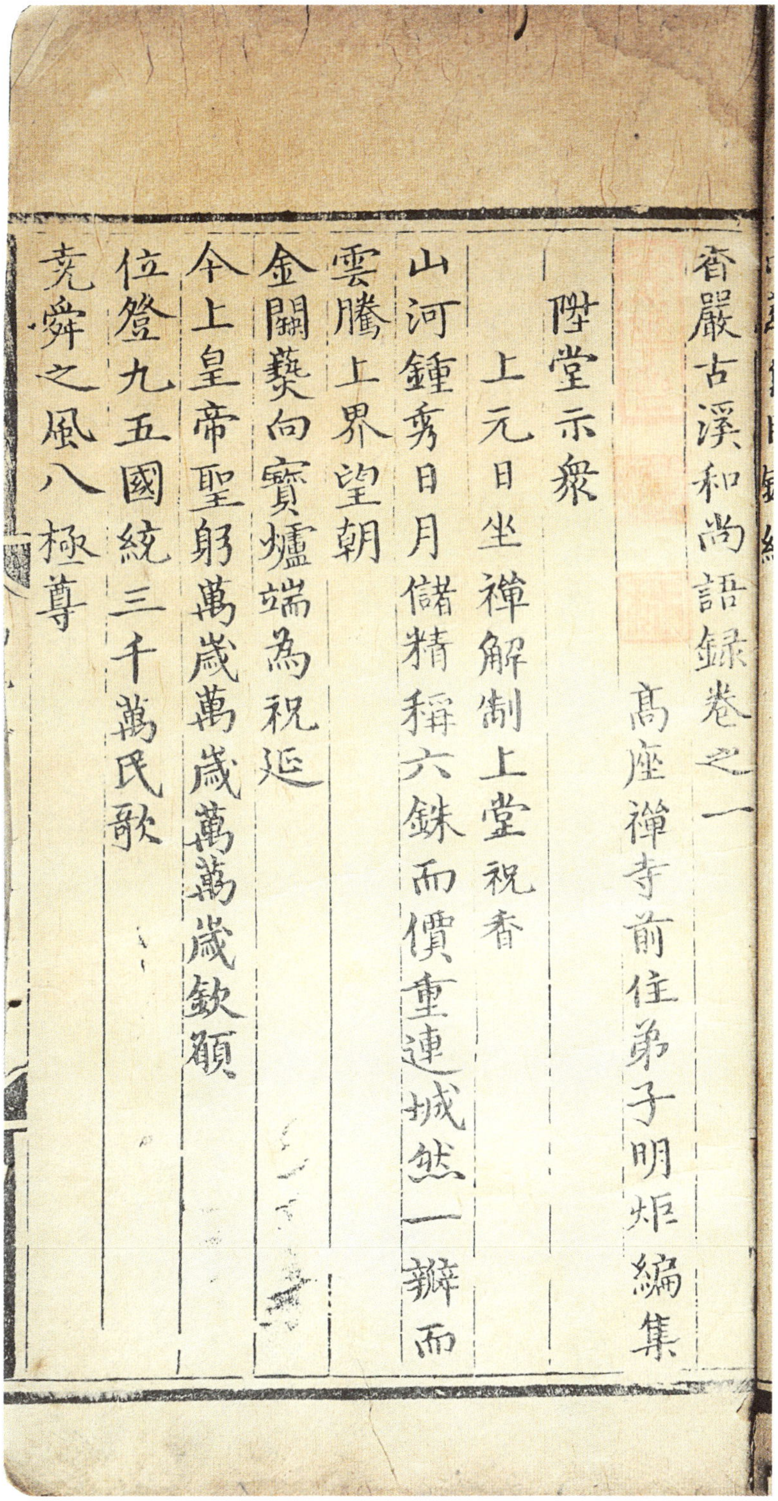

0096 香嚴古溪和尚語録十二卷　（明）沙門明炬編集　明成化九年（1473）刻本　二册

匡高20.2厘米，寬13厘米。半葉十行，行二十字，黑口，四周雙邊，雙對黑魚尾。武安市圖書館藏，存六卷（卷一至三、七至九）。

書雨花續集

香嚴古溪澄禪師有雨花集旣傳

矣師化去及三年其徒寕菴湛禪

人慮其遺逸將所著稿若干篇

成雨花續集復鐫梓以行以予知師

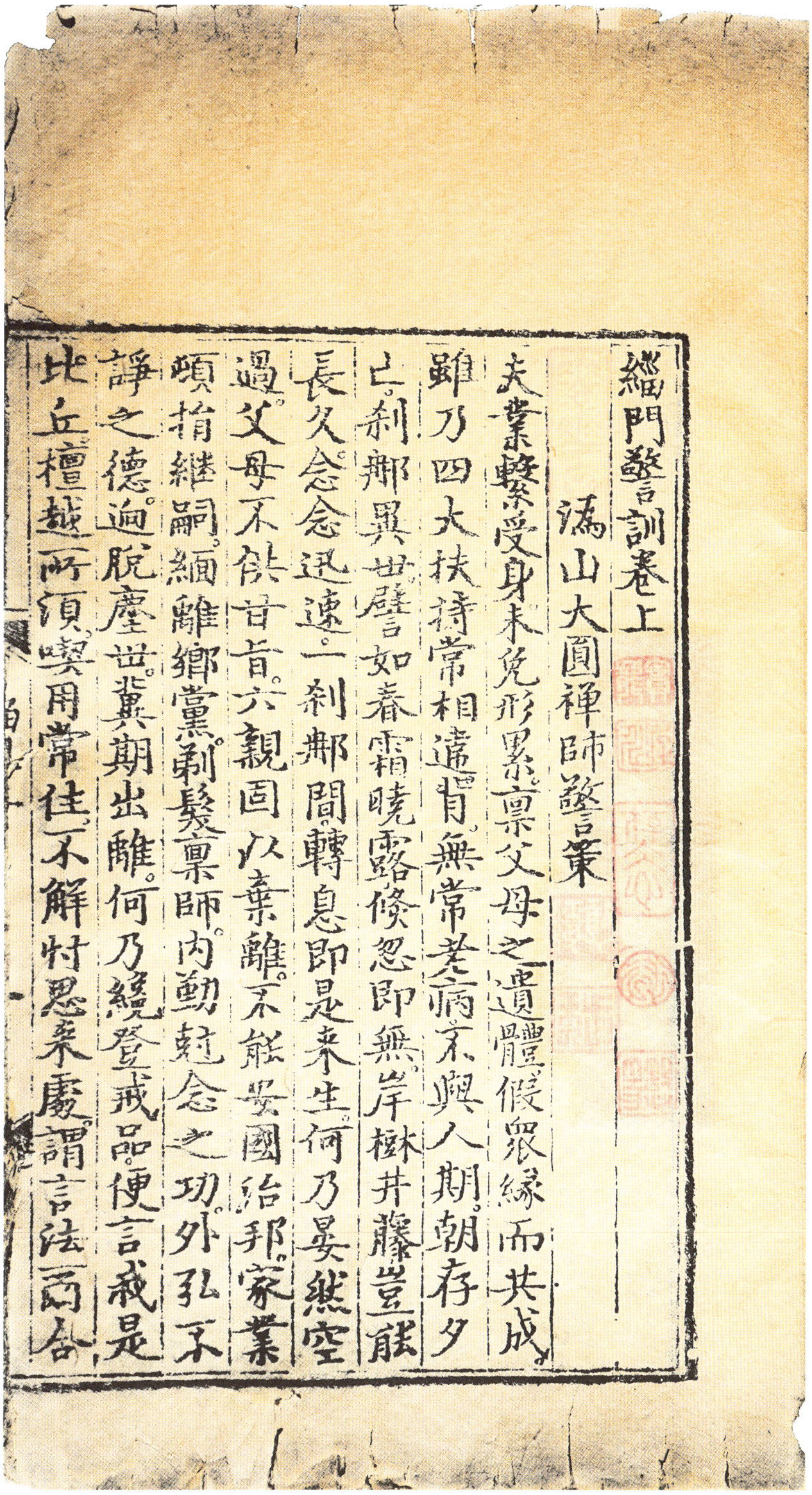
緇門警訓卷上
潙山大圓禪師警策
夫業繫受身未免形累稟父母之遺體假衆緣而共成
雖乃四大扶持常相違背無常老病不與人期朝存夕
亡剎那異世譬如春霜曉露倏忽即無岸樹井藤豈能
長久念念迅速一剎那間轉息即是來生何乃晏然空
過父母不供甘旨六親固以棄離不能安國治邦家業
頓捐繼嗣緬離鄉黨剃髮稟師內勤尅念之功外弘不
諍之德迥脫塵世冀期出離何乃纔登戒品便言我是
比丘檀越所須喫用常住不解忖思來處謂言法爾合

0097　緇門警訓二卷　明成化十年（1474）刻本　二册

匡高19.5厘米，寬12.4厘米。半葉十行，行二十一字，黑口，四周雙邊，雙對黑魚尾。武安市圖書館藏。

重刊緇門警訓序

一性圓明人人具足瞥然妄念

遽爾輪迴大哀曠濟拔滯溺之

沈流方便多門俾脩爲以復家

性然必志至焉氣次焉弗能

志師氣者往往陷於過差之地

而不反由是而有具大根器者

緇門警訓卷下

長蘆慈覺賾禪師龜鏡文

夫兩桂垂陰一華現瑞自爾叢林之設要之本為衆僧是以開示衆僧故有長老表儀衆僧故有首座荷負衆僧故有監院調和衆僧故有維那供養衆僧故有典座為衆僧作務故有直歲為衆僧出納故有庫頭為衆僧主典翰墨故有書狀為衆僧守護正教故有藏主為衆僧迎待檀越故有知客為衆僧請召故有侍者為衆僧看守衣鉢故有寮主為衆僧供侍湯藥故有堂主為衆僧洗濯故有浴主水頭為衆僧禦寒故有炭頭爐頭為

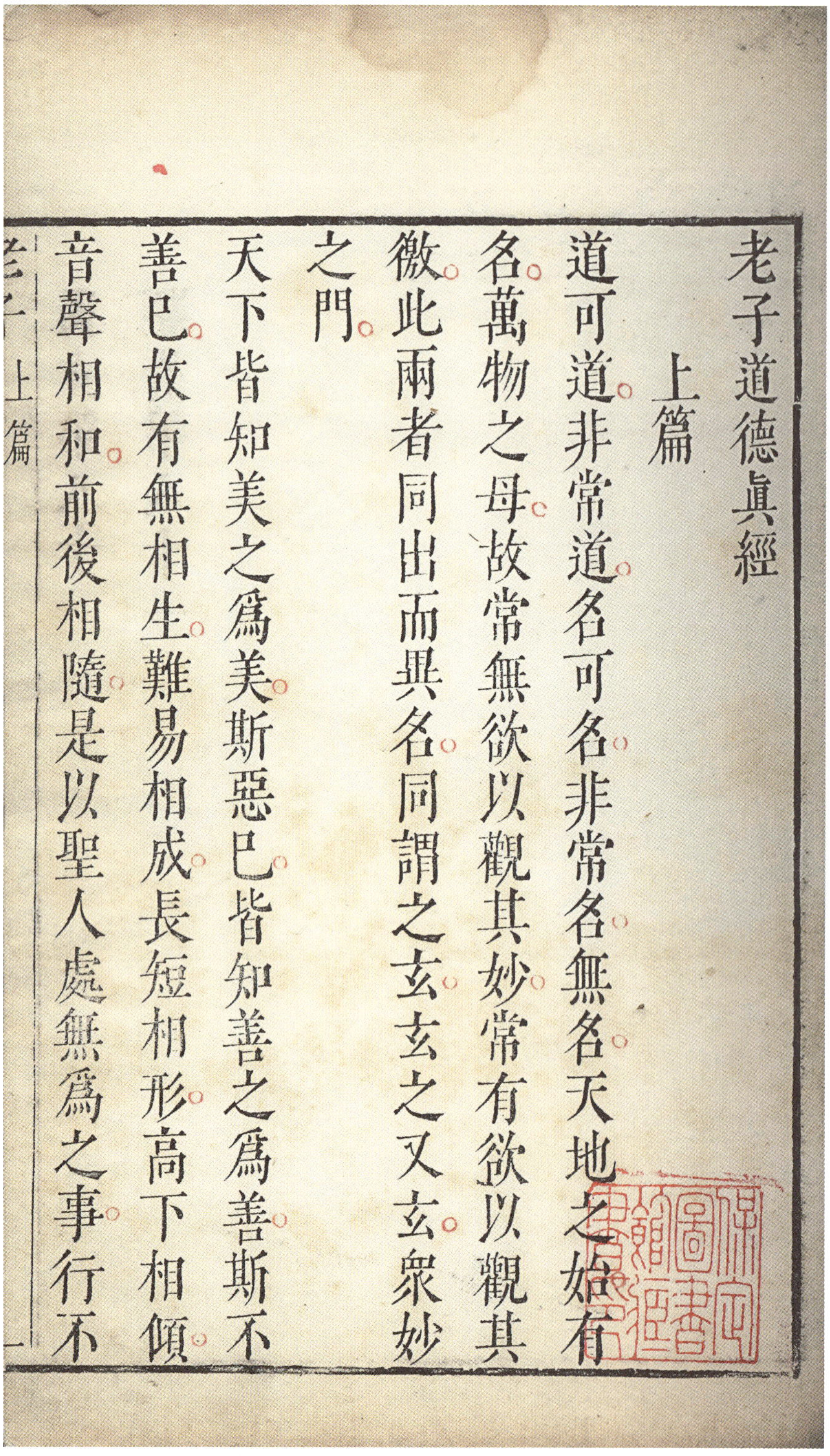

老子道德眞經

上篇

道可道非常道名可名非常名無名天地之始有名萬物之母故常無欲以觀其妙常有欲以觀其徼此兩者同出而異名同謂之玄玄之又玄衆妙之門

天下皆知美之爲美斯惡已皆知善之爲善斯不善已故有無相生難易相成長短相形高下相傾音聲相和前後相隨是以聖人處無爲之事行不

老子 上篇 一

0098　三子合刊十三卷　（明）閔齊伋輯　明閔齊伋刻朱墨套印本　十六册

匡高21.4厘米，寬14.3厘米。半葉九行，行十九字，白口，四周單邊。鈐有“寶古堂”“司馬氏”“直隸圖書館收藏記”“齊伋”“閔氏遇五”等藏書印。入選第二批《國家珍貴古籍名録》（名録號04981）。保定市圖書館藏。

老子道德眞經序

老子體自然而然生乎太無之先起乎無因經歷天地終始不可稱載終乎無終窮乎無窮極乎無極故無極也與大道而倫化爲天地而立根布炁於十方抱道德之至淳浩浩蕩蕩不可名也煥乎其有文章巍巍乎其有成功淵乎其不可量堂堂乎爲神明之宗三光恃以朗照天地稟以得生乾坤運以吐精高而無民貴而無位覆載無窮闡教八方諸天普弘大道開闢以前復下爲國師代代

千鍾百鍊篇章字句無不妙力勁而色濃調諧而味永

一事兩敘繁

看他是何等節奏

換拍

此三句本要形容下句却先安頓於此

莊子南華眞經一

內篇逍遙遊第一

北冥有魚其名爲鯤鯤之大不知其幾千里也化而爲鳥其名爲鵬鵬之背不知其幾千里也怒而飛其翼若垂天之雲是鳥也海運則將徙於南冥南冥者天池也齊諧者志怪者也諧之言曰鵬之徙於南溟也水擊三千里摶扶搖而上者九萬里去以六月息者也野馬也塵埃也生物之以息相吹也天之蒼蒼其正色邪其遠而無所至極邪其

○與翼字相應

怒字○甚奇

造語雅妙

嫁字下得特奇簡

只生化二字七轉意機軸甚巧然效之卻不難且望

列子冲虛真經

天瑞第一

子列子居鄭圃四十年人無識者國君卿大夫眎之猶衆庶也國不足將嫁於衞弟子曰先生往無反期弟子敢有所謁先生將何以教先生不聞壺丘子林之言乎子列子笑曰壺子何言哉雖然夫子嘗語伯昏瞀人吾側聞之試以告女其言曰有生不生有化不化不生者能生生不化者能化化生者不能不生化者不能不化故常生常化常生

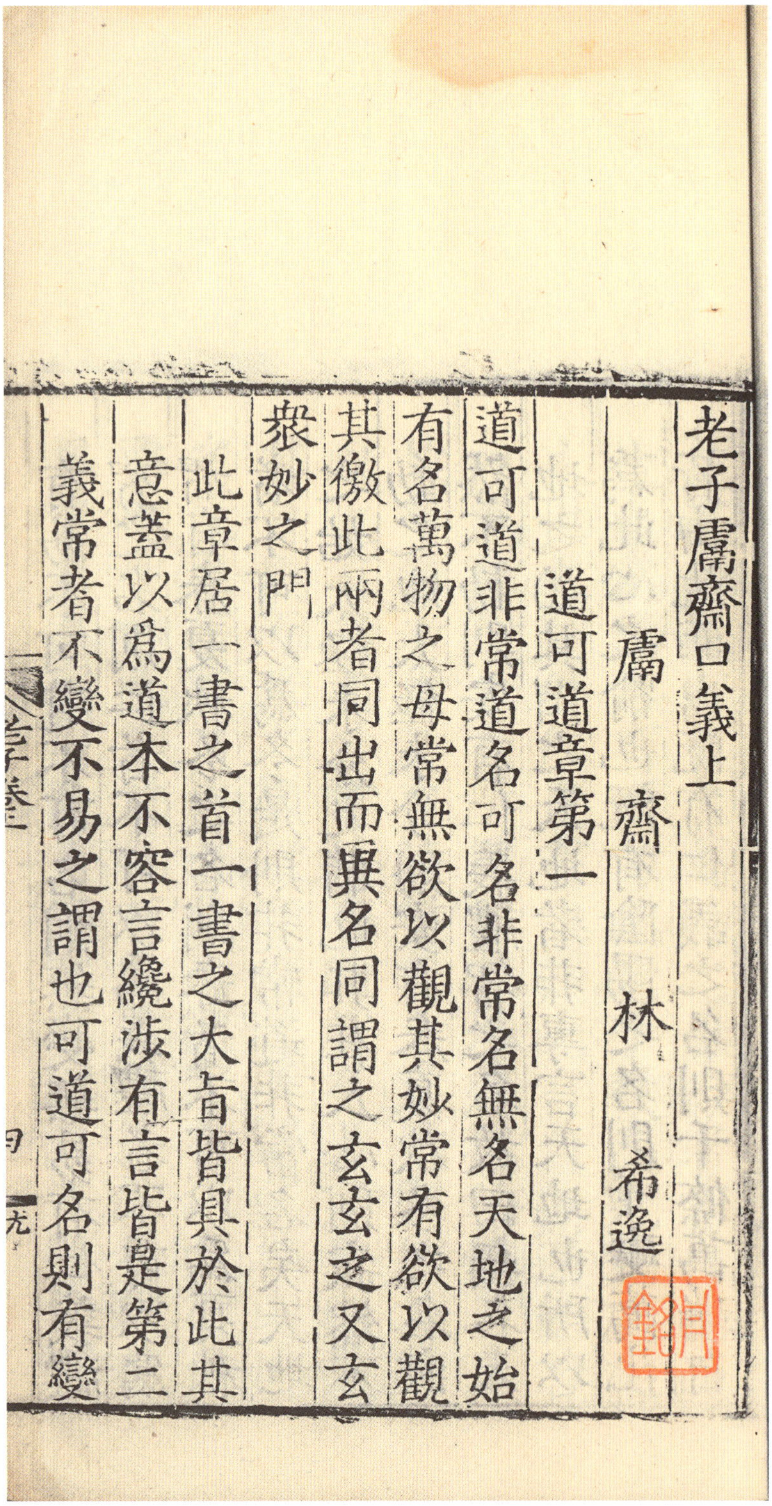

老子鬳齋口義上

鬳齋林希逸

道可道章第一

道可道非常道名可名非常名無名天地之始有名萬物之母常無欲以觀其妙常有欲以觀其徼此兩者同出而異名同謂之玄玄之又玄衆妙之門

此章居一書之首一書之大旨皆具於此其意蓋以爲道本不容言纔涉有言皆是第二義常者不變不易之謂也可道可名則有變

0099　三子口義十五卷　（宋）林希逸撰　明嘉靖刻本　八册

匡高18.4厘米，寬13.8厘米。半葉十行，行十八字，白口，左右雙邊，單花魚尾。版心下有刻工姓名。鈐有“溫氏丹明”“劉明陽王靜宜夫婦讀書之印”等藏書印。河北大學圖書館藏。

老子鬳齋口義發題

鬳齋　林希逸

老子姓李氏名耳字伯陽以其耳漫無輪故號曰聃楚國苦縣人也仕周爲藏室史當周景王時吾夫子年三十嘗問禮於聃其言婁見於禮記於夫子爲前一輩語曰述而不作竊比於我老彭太史公謂夫子所嚴事亦非過與也及夫子沒後百二十九年有周太史儋嘗見秦獻公言離合之數或曰儋即老子非也儋與聃同音傳者訛云周室既衰老子西遊將出散關關令

叙因次其語以識公諱擇之意云公名士鎬字景周西潭其號也其剌吾信也簡而文而其通變宜民之理於是乎可觀矣

嘉靖乙酉冬十月之吉貴溪江汝璧書

近已罕得
祭酒臨潁賈公藏善本偶諸生胡旻有活字印
因命摹之以代抄寫夫三氏之言有須解者有
不必解者有可以意了而不可以言解者亦有
不可解者讀者要自得之賈公謂予盍題數語
以示摹印之意遂書所見於簡末云時正德戊
寅夏四月既望南京國子司業弋陽汪偉跋

重刊三子口義後序

老列莊氏口義舊梓書林蓋勝國時
本也而今弗傳吾郡侯西潭張公將以
所藏活字摹本謀復梓之謂其於文
章家有裨云爾今夫爲文必主理勝
夫三子者之言跌宕恢詭讀之良可
尚已顧其旨歸視吾濂洛關閩之論
爲何如也茍曰惟其法是取焉則古

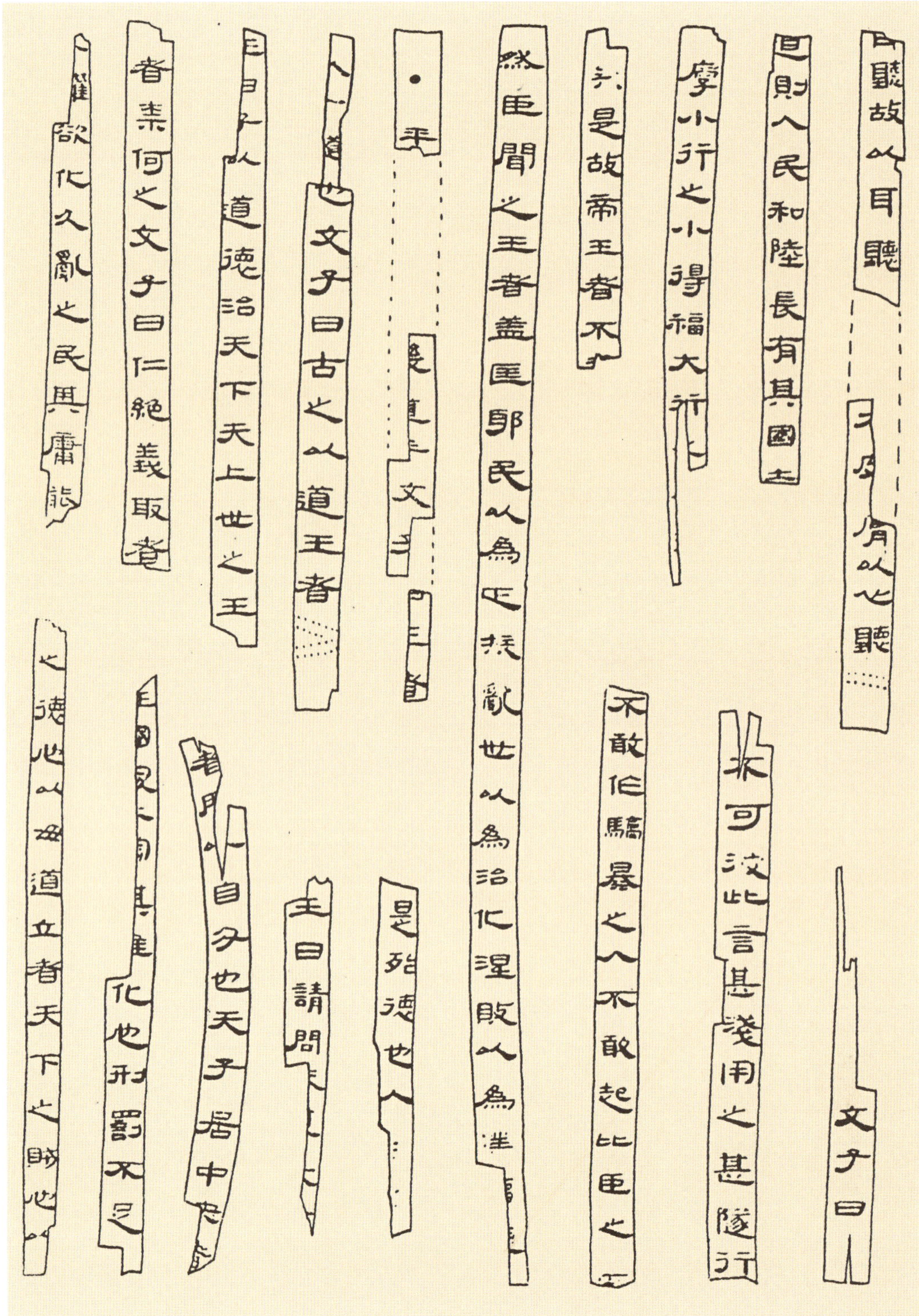

0100　文子　西漢竹簡

河北定縣八角廊40號漢墓出土。

入選第一批《國家珍貴古籍名録》（名録號00079）。河北省文物研究所藏。

集　部

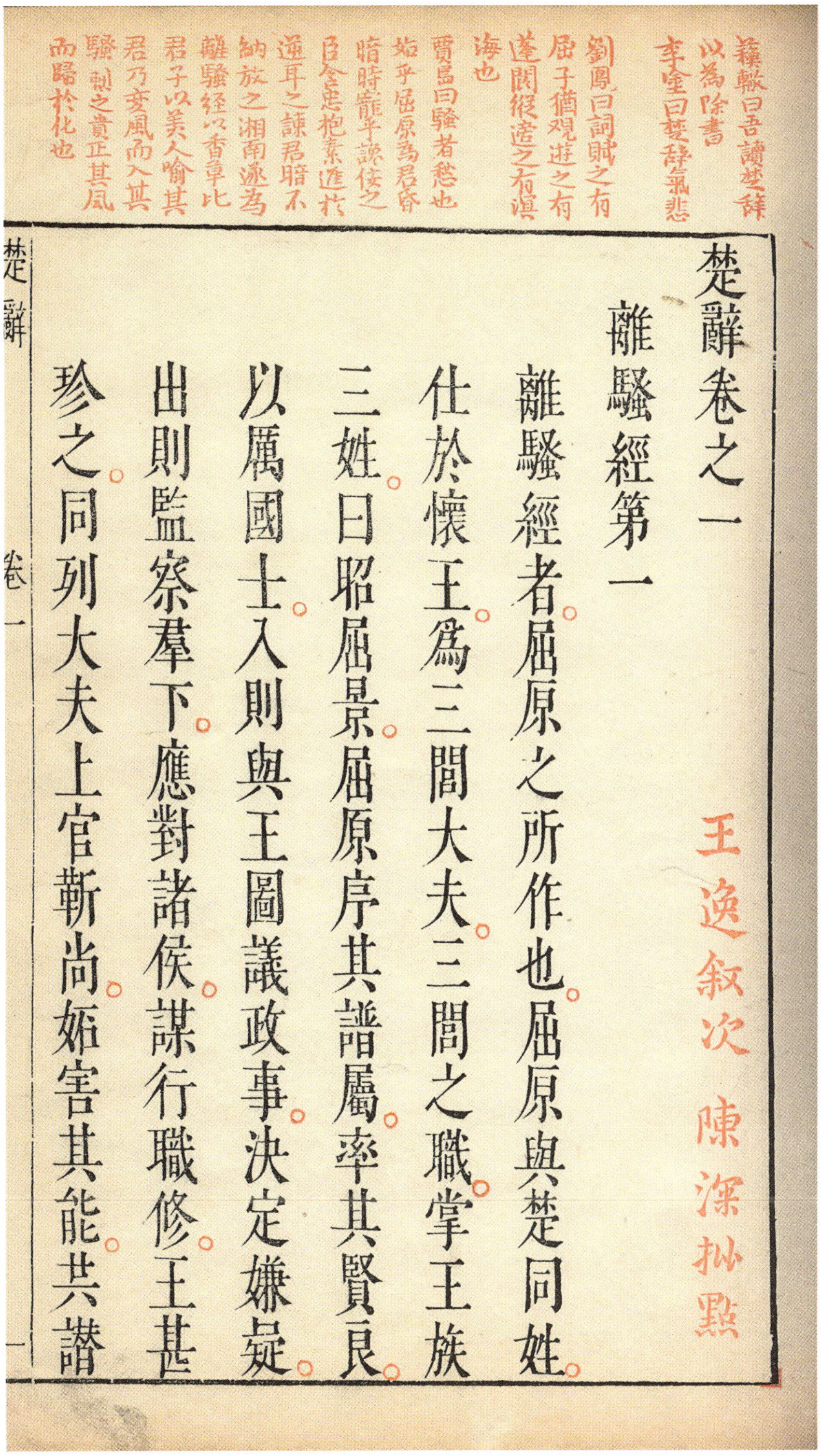

蘇轍曰吾讀楚辭以爲除書

李奎曰楚辭氣悲劉鳳曰詞賦之有屈子猶觀遊之有蓬閬從遊之有溟海也

賈島曰騷者愁也始乎屈原爲君昏暗時寵乎讒佞之臣含忠抱素進於逆耳之諫君暗不納放之湘南遂爲離騷經以香草比君子以美人喻其君乃變風而入其騷刺之貴正其風而歸於化也

楚辭卷之一

離騷經第一　　王逸叙次　陳深批點

離騷經者屈原之所作也屈原與楚同姓仕於懷王爲三閭大夫三閭之職掌王族三姓曰昭屈景屈原序其譜屬率其賢良以厲國士入則與王圖議政事決定嫌疑出則監察羣下應對諸侯謀行職修王甚珍之同列大夫上官靳尚妬害其能共譖

楚辭　卷一　一

0101　楚辭十七卷附録一卷　（漢）王逸叙次　（明）陳深批點　明萬曆刻朱墨套印本　八册

匡高21.7厘米，寬14.7厘米。半葉八行，行十八字，白口，四周單邊。鈐有“殿卿父”“凌毓枏印”“養元”等藏書印。入選第二批《國家珍貴古籍名録》（名録號05066）。河北大學圖書館藏。

陳沂曰二子一傳自成一片詞皆儁而意皆可悲者

茅坤曰以議論行敘事体

楚騷附錄

屈原賈生列傳　司馬遷

屈原者名平楚之同姓也為楚懷王左徒博聞彊志明於治亂嫻於辭令入則與王圖議國事以出號令出則接遇賓客應對諸侯王

萬曆庚子九月既望王稺登書

爲孔子獨廢楚夫孔子而廢楚欲斥其僭王則
可然何至脂轍方城之内哉夫亦以筳篿妖淫
之俗蟬緩其文而侏鴃其音爲不足被金石也
藉令屈原及孔子時所謂離騷者縱不敢方響
清廟亦何渠出齊秦二風下哉孔子不云乎詩
可以興可以怨邇之事父遠之事君多識乎鳥
獸草木之名以此而等屈氏何忝也是故孔子
而不遇屈氏則已孔子而遇屈氏則必採而列

黄汝亨曰宋玉而下有其才而非其情賈誼有其情而非其才

之楚風夫庶幾屈氏者宋玉也蓋不佞之言曰
班固得屈氏之顯者也而迷於隱故輕詆中壘
王逸得屈氏之隱者也而畧於顯故輕擬夫輕
擬之與輕詆其失等也然則爲屈氏宗者太史
公而已矣

吳興凌毓柟殿卿父校

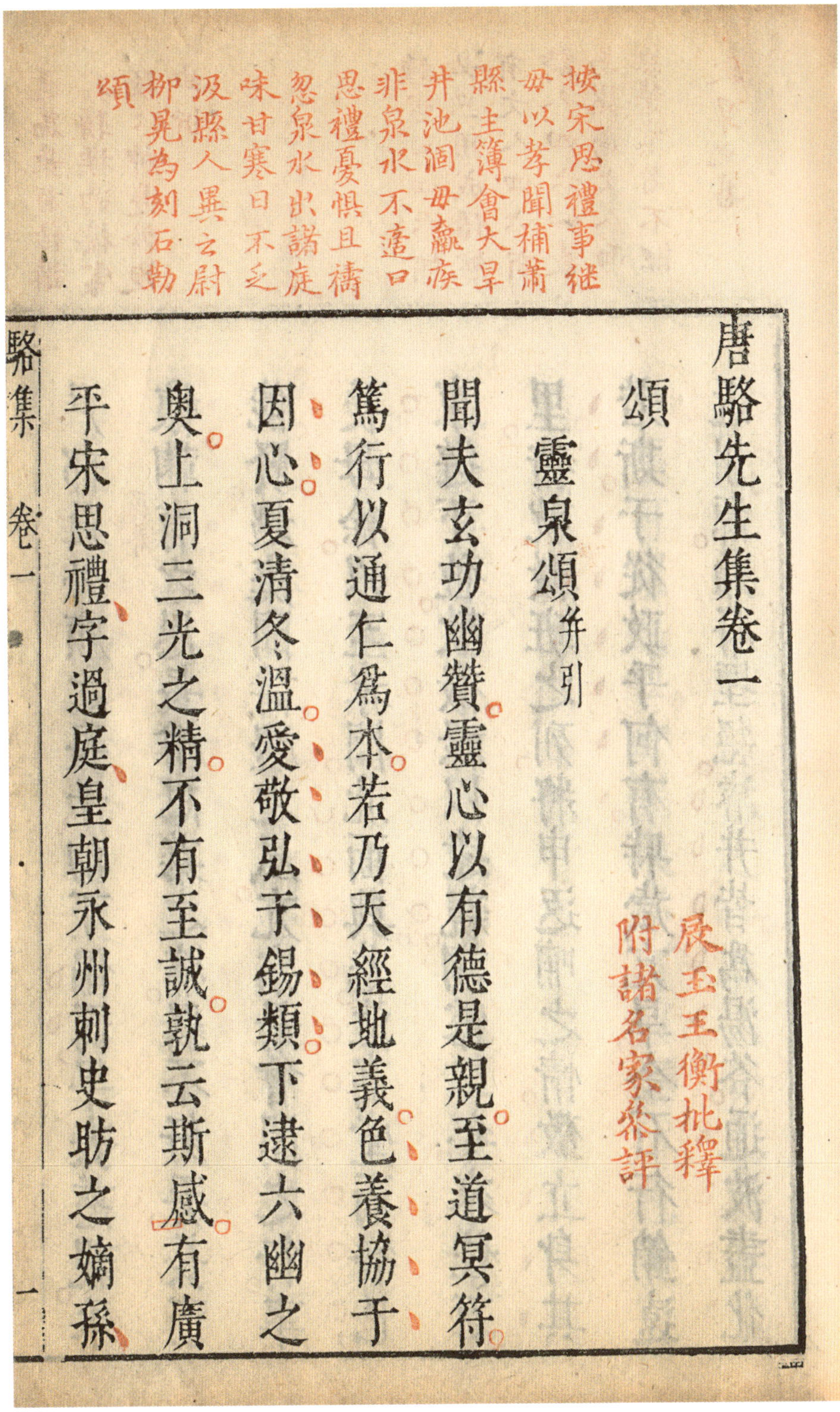

0102　唐駱先生集八卷　（唐）駱賓王撰　（明）王衡批釋　明萬曆刻朱墨套印本　四册

匡高19.3厘米，寬14.7厘米。半葉八行，行十八字，白口，四周單邊。入選第二批《國家珍貴古籍名録》（名録號05135）。河北大學圖書館藏。

刻羲烏駱先生文集叙

夫中情懷而不諭當其技有文之用故情以披文〻以相質則文之技已頗胡論文者之固也曰文人無行夫曰文人無行者則纂組鞶帨之中悃而闊外貌

業名顏士也夫武林虞君更生
眘古而雅言詩於初唐獨左袒
義烏因以暇蒐其全而閒爲之
校其著歸緣注自足行不朽嗟
嗟文以行重行以文遠是寧以
文士篆烏義烏益不朽矣

萬曆辛卯三月社日千秋里人
汪道昆著并書

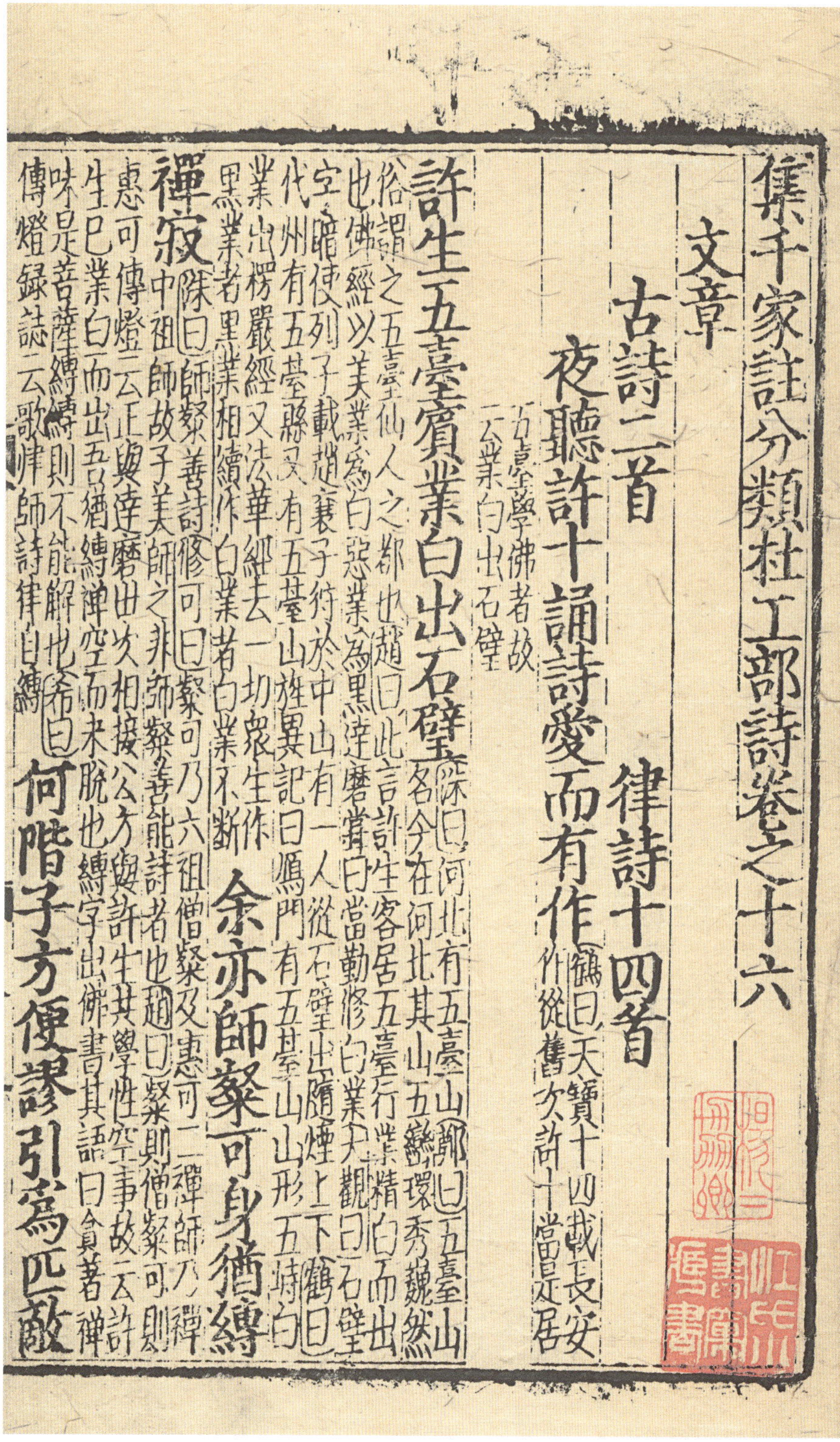
集千家註分類杜工部詩卷之十六
文章
古詩二首　律詩十四首
夜聽許十誦詩愛而有作 鶴曰天寶十四載長安 作從舊次許十當是定居
五臺學佛者故 云業白出石壁
許生五臺賓業白出石壁 洙曰河北有五臺山鄭曰五臺山 名今在河北其山五巒環秀巍然
俗謂之五臺仙人之都也趙曰此言許生客居五臺行業精白而出
也佛經以美業為白惡業為黑達磨嘗曰當勤修白業又觀曰石壁
宅曉使列子載趙襄子狩於中山有一人從石壁出隨煙上下鶴曰
代州有五臺縣又有五臺山旌異記曰鴈門有五臺山山形五峙白
業出楞嚴經又法華經去一切衆生作
黑業者黑業相續作白業者白業不斷　余亦師粲可身猶縛
禪寂 洙曰師粲善詩修可曰粲可乃六祖僧粲及惠可二禪師乃禪
中祖師故子美師之非弥粲善能詩者也趙曰粲則僧粲可則
惠可傳燈云正與達磨由次相接公方與許生共學性空事故云許
生已業白而出五臺猶縛禪空而未脫也縛字出佛書其語曰貪著禪
味是菩薩縛縛則不能解也希曰
傳燈錄誌公云歌律師詩律自縛　何階子方便謬引為匹敵

0103　集千家註分類杜工部詩二十五卷　（唐）杜甫撰　（宋）徐居仁編　（宋）黄鶴補注　明初刻本　一册

匡高19.8厘米，寬13.3厘米。半葉十二行，行二十字，小字雙行二十六字，黑口，四周雙邊，雙順黑魚尾。鈐有“衡齋珍藏”“高蘇垣印”“威縣高蘇垣印”“江氏小書窠藏書”“楊二協卿”等藏書印。書後有高蘇垣題識。河北博物院藏，存一卷（卷十六）。

威縣 高蘇垣 謹贈

保定市人民文化館

杜集前十五册，三十三年春，余於紫河套敬古堂見之，書估謂為聊城楊氏故物，以其價昂未敢過問。翌年六月，復於敬古堂得見此册，詢其價，曰三千元。余曾紀以詩云：「楊氏海源閣，藏書天下聞。宋刊夥於鄴，孤本聚如雲。諸邑悲離亂，長安歎蕩焚。翁書作幟蓋，誰識索樓勤。」蓋仍以其價昂，而歎無力購置之也。至十一月二十日，乃以他書多種，易此一册，歸校之後，歡忭累日。

三十六年夏蘇垣識於保定同仁中學。

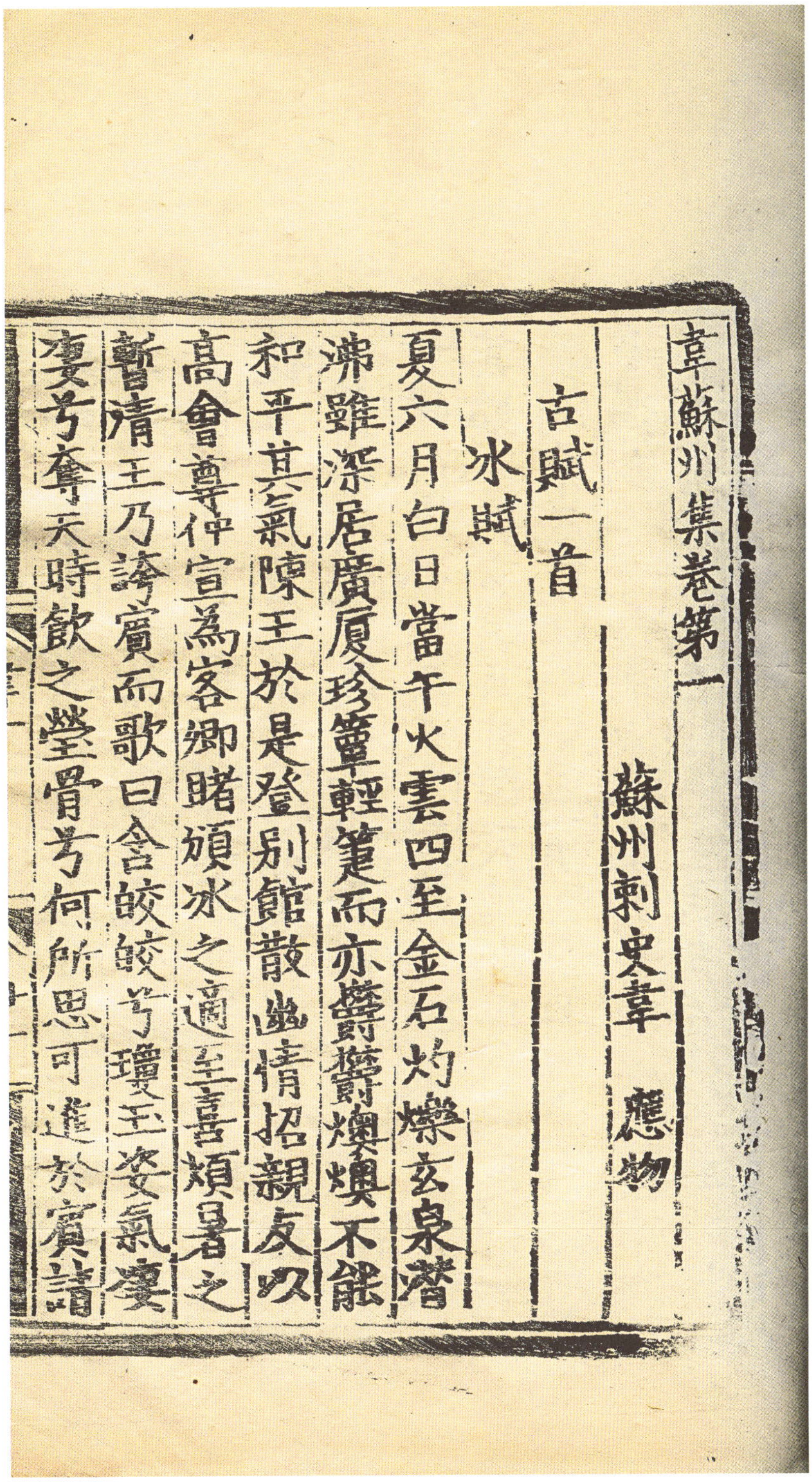
韋蘇州集卷第一
蘇州刺史韋　應物
古賦一首
冰賦
夏六月白日當午火雲四至金石灼爍玄泉潛沸雖深居廣厦珍簟輕箑而亦鬱鬱燠燠不能和平其氣陳王於是登别館散幽情招親友以高會尊仲宣爲客卿睹頌冰之適至喜煩暑之暫清王乃誇賓而歌曰含皎皎兮瓊玉姿氣凄凄兮奪天時飲之瑩胃兮何所思可進於賓諸

0104　韋蘇州集十卷拾遺一卷　（唐）韋應物撰　明弘治九年（1496）李瀚、劉玘刻遞修本　二册

匡高19厘米，寬13.4厘米。半葉十行，行十八字，黑口，四周雙邊，雙順黑魚尾。鈐有“直隸圖書館收藏記”“鏡西珍賞”“青嵒”等藏書印。入選第二批《國家珍貴古籍名録》（名録號05209）。保定市圖書館藏。

韋蘇州集序

韋蘇州唐史不載其行事林寶姓纂云周逍遥公夐之後左僕射扶陽公待價生司門郎中令儀令儀生鑾鑾生應物應物生監察御史河東節度掌書記慶復李肇國史補云爲性高潔鮮食寡欲所居焚香掃地而坐其爲詩馳驟建安已還各得風韻詳其集中詩天寶時扈從遊幸疑爲三衛永泰中任洛陽丞京兆府功曹大曆十四年自鄠縣令制除櫟陽令以疾辭歸善福精舍建中二年由前資除比部員外郎出爲滁

余性耆舊籍脩脯所入徃徃購書以自娛然皆 本朝精校精雕者
識以宋元板乏力購置明板嫥輒删改素所不憙故也此韋蘇
州集兩册十卷第一册自一卷至四卷聯刻第二册自五卷至十卷聯
刻拾遺一卷併刻在背據其行款迺元代鍥本而紙係明紙實則
元板而明皆脩補印行者字畫流逸香韵盎延爰破例而置之
架閲者倘或以為元板或以為明板悠悠之口聽之可也
光緒歲陽在壬陰在辰小春之月武林旅舍人姚尹偶識

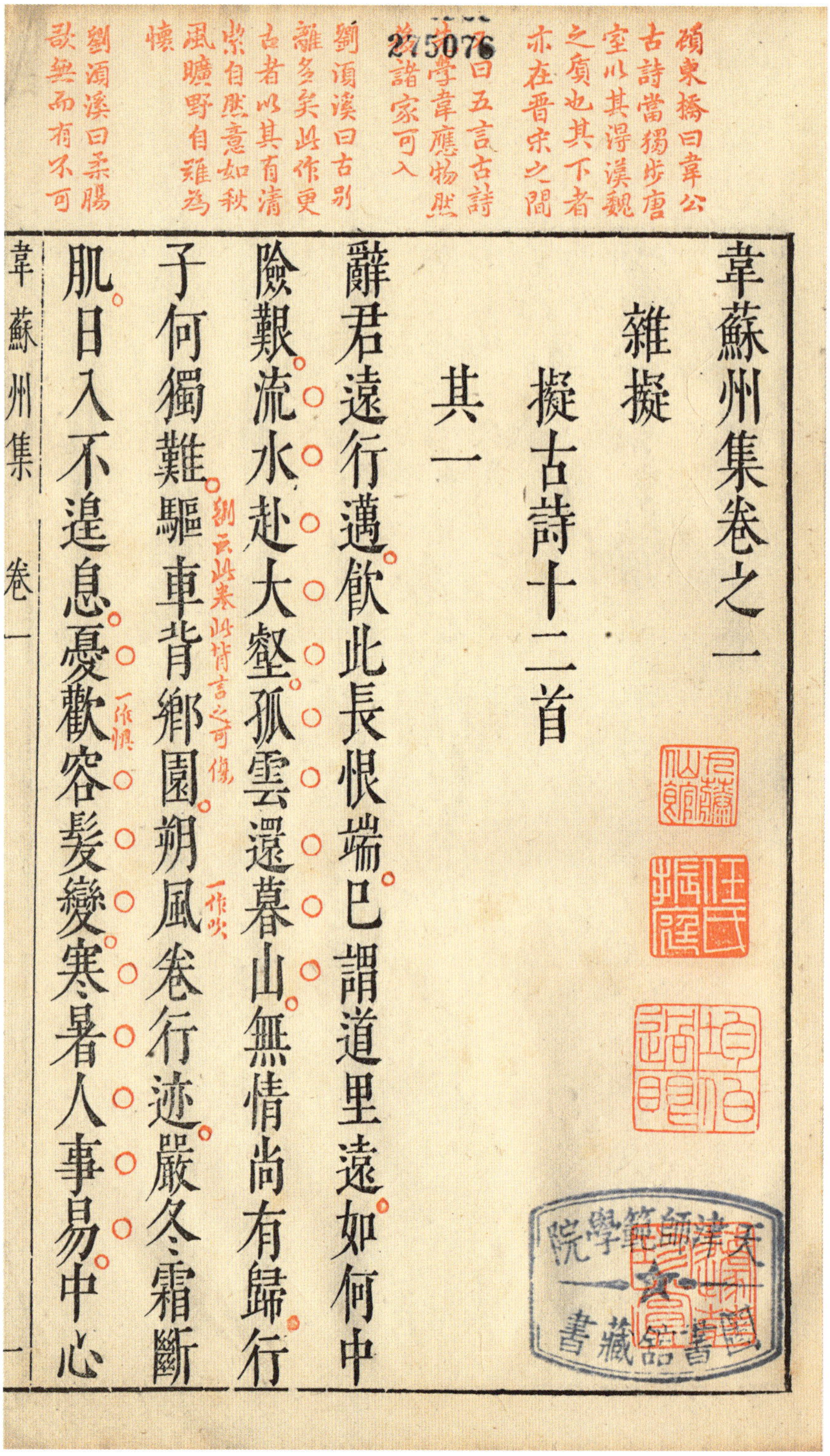

顧東橋曰韋公古詩當獨步唐室以其得漢魏之質也其下者亦在晋宋之間
[illegible]曰五言古詩[illegible]學韋應物然[illegible]諸家可入
劉須溪曰古別離多矣此作更古者以其有清思自然意如秋風曠野自難為懷
劉須溪曰柔腸歌無而有不可

韋蘇州集卷之一
雜擬
擬古詩十二首
其一
辭君遠行邁飲此長恨端已謂道里遠如何中
險艱流水赴大壑孤雲還暮山無情尚有歸行
子何獨難驅車背鄉園朔風卷行迹嚴冬霜斷
肌日入不遑息憂歡容髮變寒暑人事易中心

劉云此來以背言之可傷
一作恨
一作吹

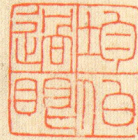

韋蘇州集　卷一　一

0105　韋蘇州集十卷拾遺一卷　（唐）韋應物撰　明刻朱墨套印本　六册

匡高21.3厘米，寬14.6厘米。半葉八行，行十八字，白口，四周單邊。鈐有“任氏振庭”等藏書印。入選第二批《國家珍貴古籍名録》（名録號05219）。河北大學圖書館藏。

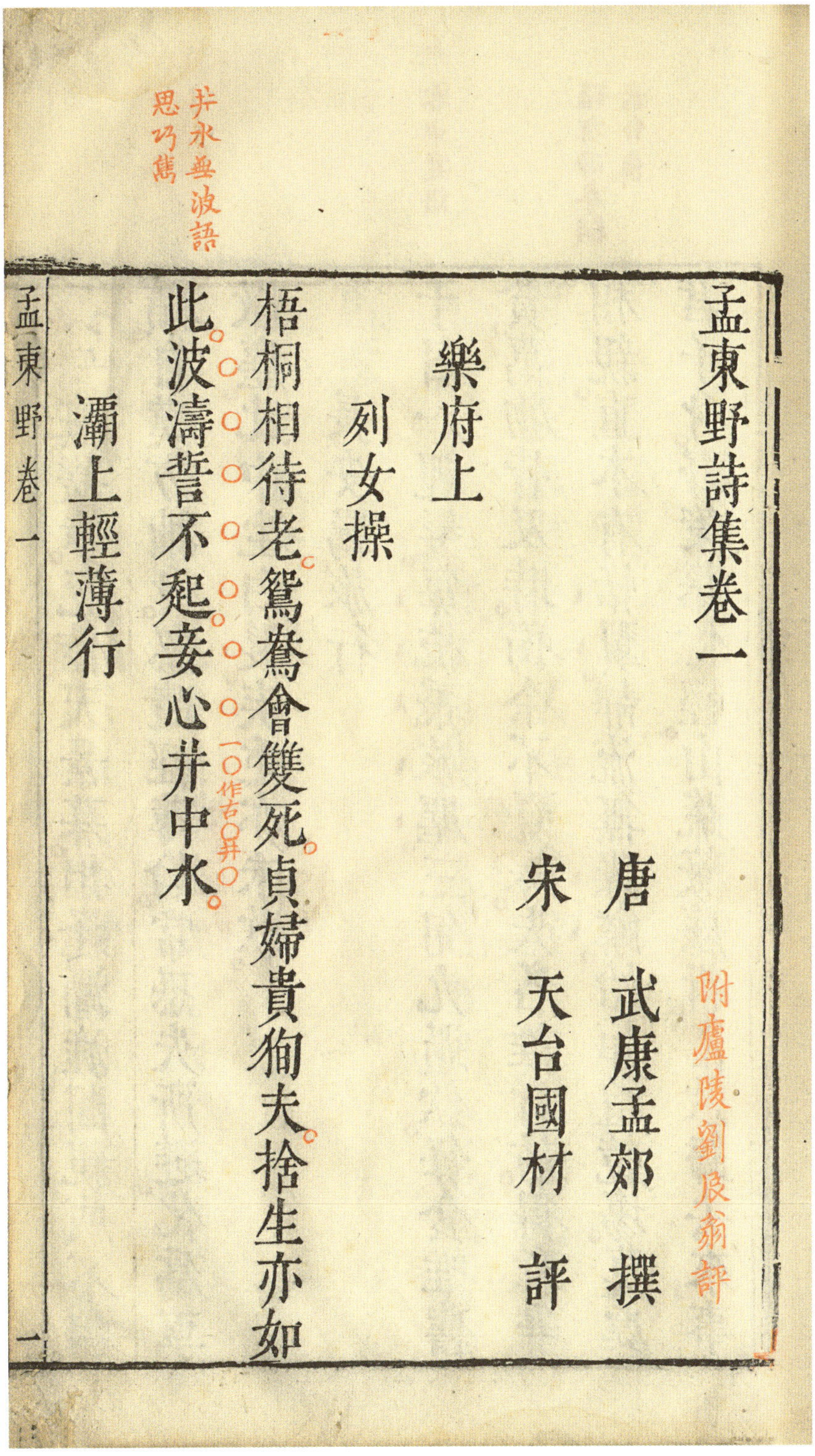
孟東野詩集卷一

附廬陵劉辰翁評

唐　武康孟郊　撰

宋　天台國材　評

樂府上

列女操

梧桐相待老鴛鴦會雙死貞婦貴徇夫捨生亦如此波濤誓不起妾心井中水

一作古井

井水無波語思巧雋

灞上輕薄行

孟東野卷一　一

0106　孟東野詩集十卷　（唐）孟郊撰　（宋）國材評　（宋）劉辰翁附評　明刻朱墨套印本　四册

匡高20.8厘米，寬14.8厘米。半葉八行，行十九字，白口，左右雙邊。入選第二批《國家珍貴古籍名録》（名録號05416）。河北大學圖書館藏。

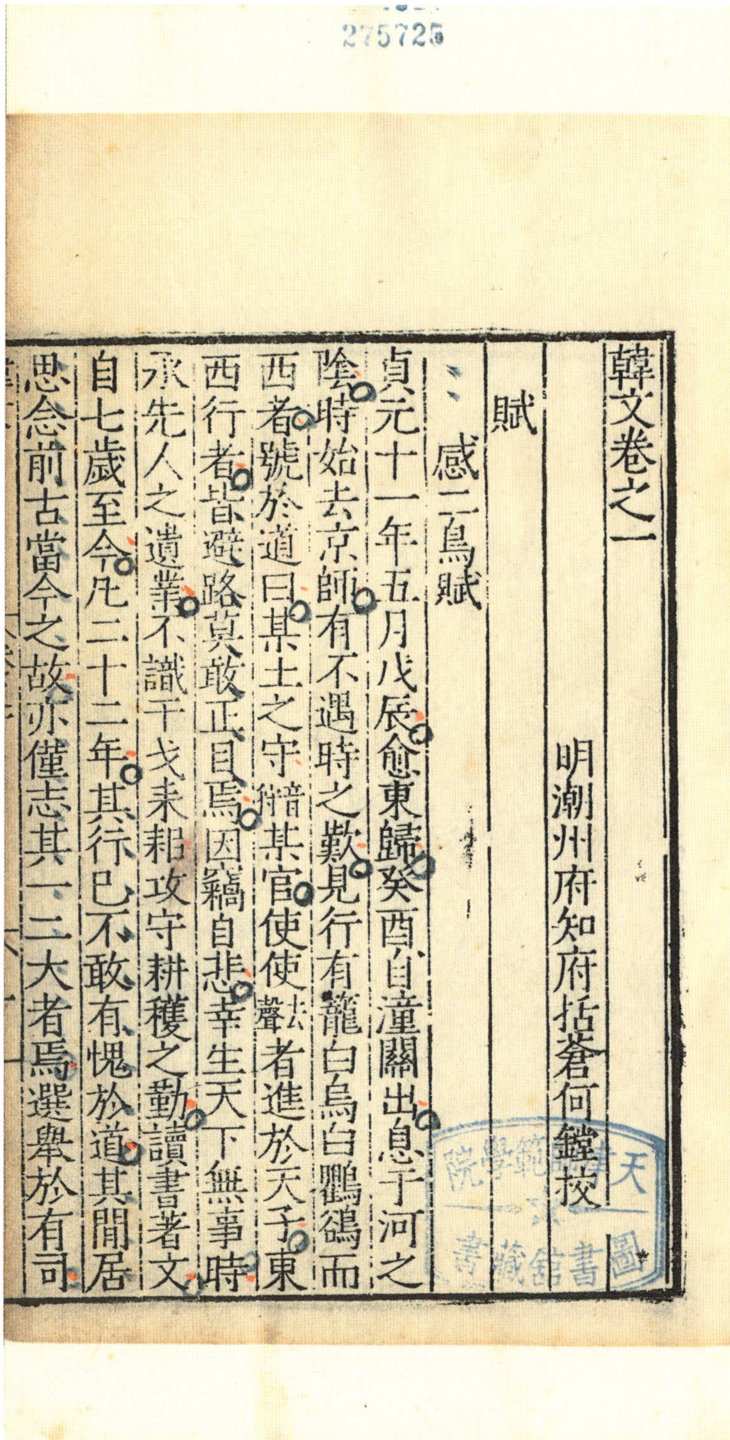

0107　韓文四十卷外集十卷遺集一卷集傳一卷　（唐）韓愈撰　（明）何鏜校　明嘉靖刻本　十六册

匡高18.5厘米，寬13.1厘米。半葉十一行，行二十二字，白口，左右雙邊，雙順白魚尾。鈐有“青天如許那堪問”等藏書印，另有讀書人批點。入選第三批《國家珍貴古籍名録》（名録號08753）。河北大學圖書館藏。

韓文卷之十三

雜著

子產不毀鄉校頌

我思古人伊鄭之僑以禮相國人未安其教遊于鄉之校衆口囂囂或謂子產毀鄉校則止曰何患焉可以成美夫豈多言亦各其志善也吾行不善吾避維善維否音鄙我於此視川不可防言不可弭下塞上聾邦其傾矣既鄉校不毁而鄭國以理在周之興養老乞言及其已衰謗者使監成敗之迹昭哉可觀維是子產執政之式維其不遇化止一國誠率是道相天下君交暢旁達施及無垠於虖四海所以不理有君無臣誰其嗣之我思古人

愈判官司勳員外郎兼侍御史李正封都官員外郎兼侍
御史馬宿掌書記禮部員外郎兼侍御史李宗閔都知兵
馬使左驍衛將軍咸遠軍使兼御史大夫李文悅左廂都
押衙兼都虞候左衛將軍兼御史中丞密國公高承簡元
和十一年八月丞相奉詔平淮右八日東過華陰禮于嶽
廟總等八人實備將佐以從

韓文遺集終

重刻韓文後語

三代而下以文辭名世者數什百家
惟韓文為之宗韓公之文根本六經
貫穿百氏馳驅八代以還如化工造
物因性賦形各極其趣為類亦數什
百篇惟佛骨表祭鱷魚文為之最乃
忠言悟主中孚及物此公剌潮已事

隆同功所謂曠世相感非耶夫奮乎
百世之上百世之下聞者莫不興起
况鏜後公守茲郡執是役也余與諸
生余敎蔡端夫輩讐正三百七十五
字去攷異以便覽存音註以代問奇
削梨于辛酉冬十月至壬戌夏六月
摹諸楷始可讀凡九閱月告成刻遡

公爲文時計七百七十餘歲庶幾備
文獻之遺云

嘉靖壬戌歲七月七日梧蒼何鏜撰

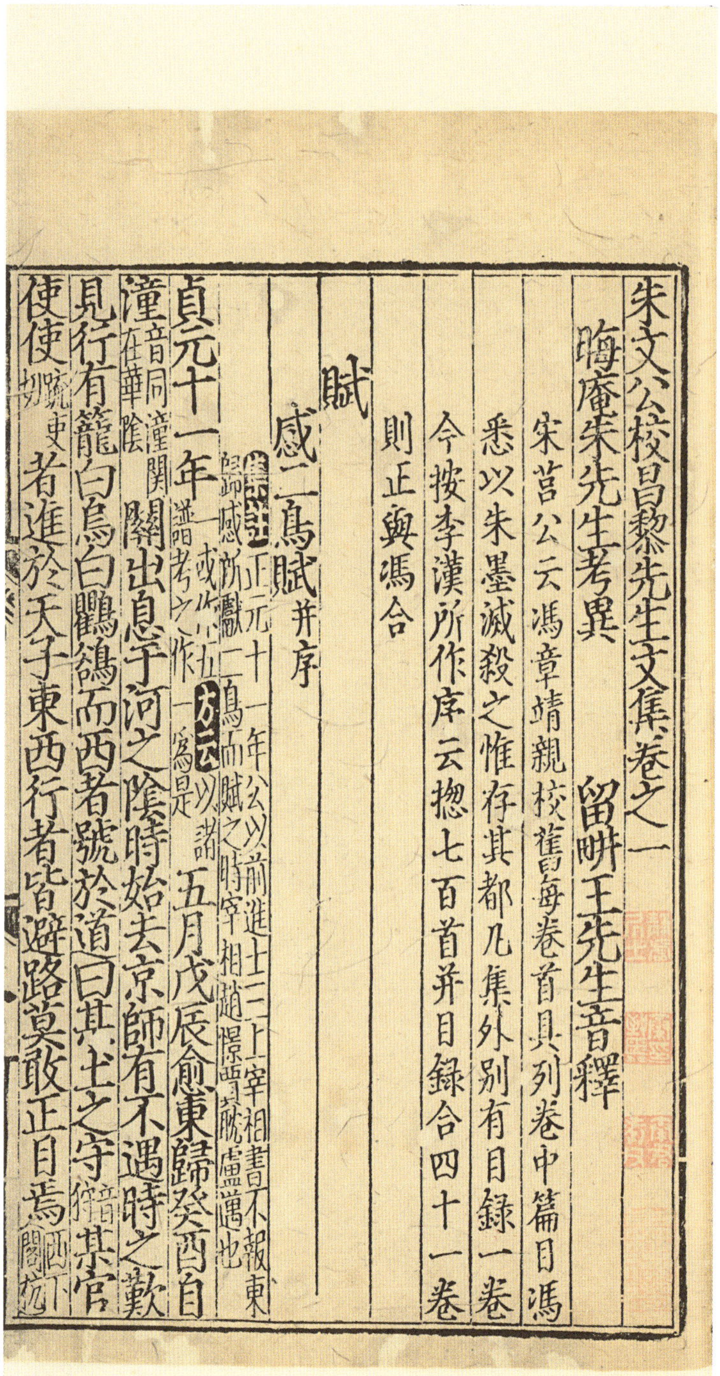
朱文公校昌黎先生文集卷之一

晦庵朱先生考異　留畊王先生音釋

宋莒公云馮章靖親校舊每卷首具列卷中篇目馮悉以朱墨滅殺之惟存其都凡集外别有目録一卷今按李漢所作序云揔七百首并目録合四十一卷則正與馮合

賦

感二鳥賦并序

集注 正元十一年公以前進士三上宰相書不報東歸感所獻二鳥而賦之時宰相趙憬賈耽盧邁也

貞元十一年一或作十五方云以諸本考之作一為是五月戊辰愈東歸癸酉自潼音同潼關在華陰關出息于河之陰時始去京師有不遇時之歎見行有籠白烏白鸜鵒而西者號於道曰天子之守音狩某官使使疏吏切者進於天子東西行者皆避路莫敢正目焉

0108　朱文公校昌黎先生文集四十卷外集十卷遺文一卷附傳一卷　（唐）韓愈撰　（宋）朱熹考異　（宋）王伯大音釋　明正統刻本　十二册

匡高19.6厘米，寬12.5厘米。半葉十三行，行二十三字，小字雙行同，黑口，四周雙邊，雙順黑魚尾。鈐有“堯峰學人”“静虛居士”等藏書印。入選第三批《國家珍貴古籍名録》（名録號08756）。河北大學圖書館藏。

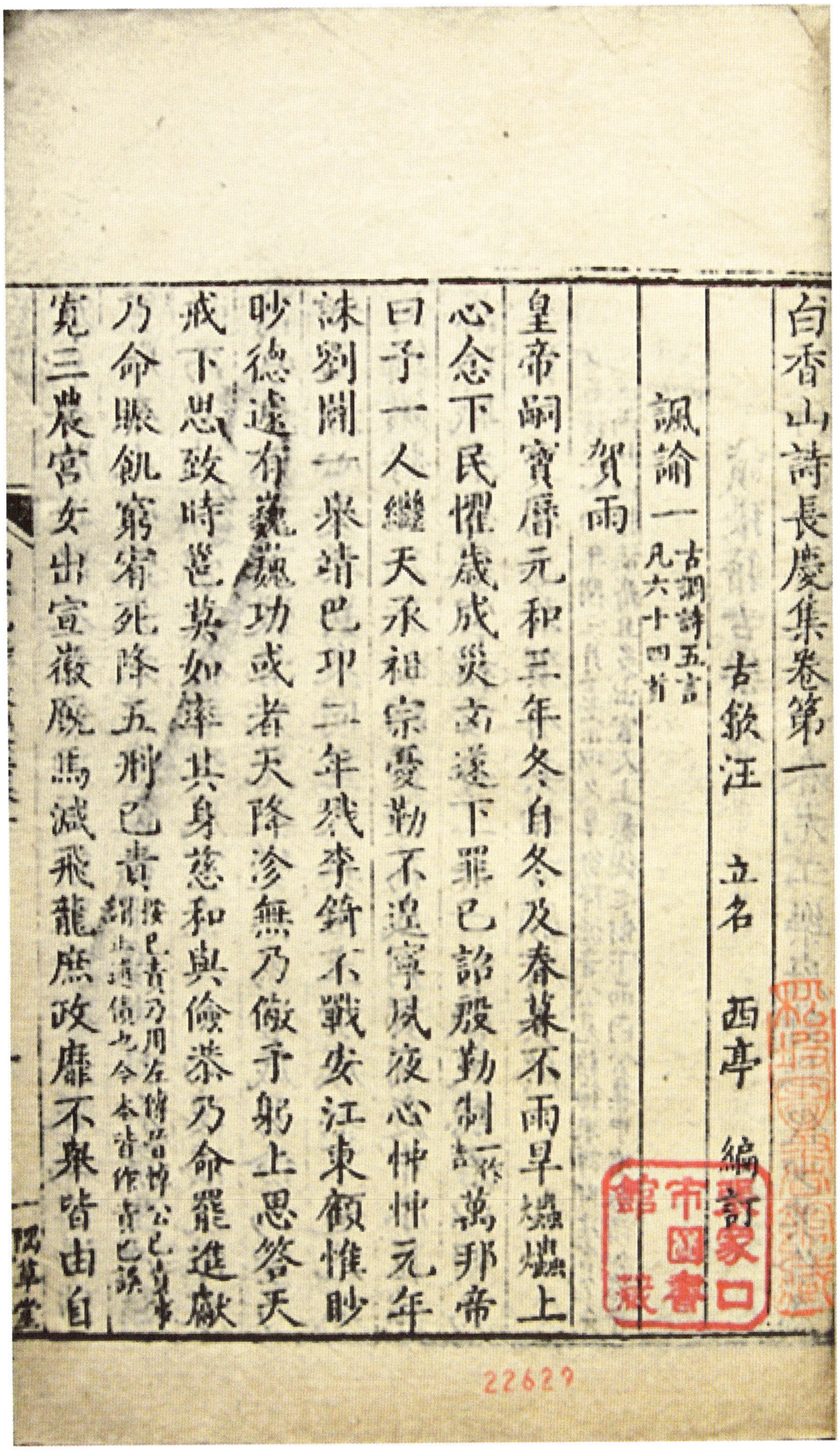

0109　白香山詩集四十卷年譜舊本一卷年譜一卷本傳一卷　（唐）白居易撰　（清）汪立名編訂　清康熙四十二年（1703）一隅草堂刻本　十册

匡高18.5厘米，寬15厘米。半葉十二行，行二十一字，小字雙行三十字，白口，左右雙邊。书中有朱笔圈点。版心上方镌字数，下镌“一隅草堂”。張家口市圖書館藏。

古歙汪西亭編訂

白香山詩集

長慶集　後集

別集　白集補遺

一隅草堂藏板

白氏長慶集序

白氏長慶集者太原人白居易之所作居易字樂天樂天始言試指之無二字能不誤（原注事具樂天與余書內）始旣言讀書勤敏與他兒異五六歲識聲韻十五志詩賦二十七舉進士（按公貞元十五年舉進士年二十八十六年及第此云二十七傳寫之誤也說詳本傳注）貞元末進士尚馳競不尚文就中六籍尤擯落禮部侍郎高郢始用經藝爲進退樂天一舉擢上第明年中拔萃甲科（按此序各本皆互異疑有傳寫脫誤如樂天十六年進士第十八年登拔萃科鑿然可據此云二十七舉進士是次年登第爲十五年矣明年中拔萃是十六年矣元白書判同年校正同省又同登元和元年制科公作元相墓志云二十四試判入等二十八應制科入三等又元集同州刺史謝表云年二十四登乙科授校書郎二十八蒙制舉首選是首尾凡五年蓋貞元十八年壬午至元和元年丙戌相去正是五年若樂天十六年中拔萃去元和元年首尾七年矣以元證白可以知諸本之誤總之舊本爲妄人改盡此殆誤以及第之年爲判選之年也）由是性習相近遠求玄珠斬白蛇等賦洎百道判新進士競相傳於京師矣會憲宗皇帝冊召天下士

白香山年譜

世系

- 始祖勝（白氏芊姓楚公族楚/熊居太子建奔鄭建/之子勝居於吳楚間/號白公因氏焉）
  - 裔孫起（有功於秦封武/安君有廟在咸/陽）
    - 仲（秦始皇封諸太原/是爲白氏太原始/祖仲以下無可考/凡二十六代而有建）
- 七世祖建（北齊五兵尚書贈司空/賜莊宅各一區在同州/韓城）
  - 士通（宋利州/都督）
    - 志善（朝散大夫/尚衣奉御）
      - 溫（朝散大夫/檢校都官/郎中徙下/邽生六子/長三四五/亡考）
        - 次子鏻（揚州錄/事參軍）
          - 季康（溧水/令）
            - 敏中（太傅/敏中有二兄官/縣尉名字亡考）
        - 六子鍠（鞏縣/令）
          - 季庚（襄州別駕/集誤作庚）
            - 幼文（浮梁/簿）
            - 居易
              - 阿新
            - 行簡（主客/郎中）
              - 龜郎
            - 幼美（即金/剛奴）
          - 季般（沛縣/令）
          - 季軫（許昌/令）
          - 季寧（河南/參軍）
          - 季平（鄉貢/進士）

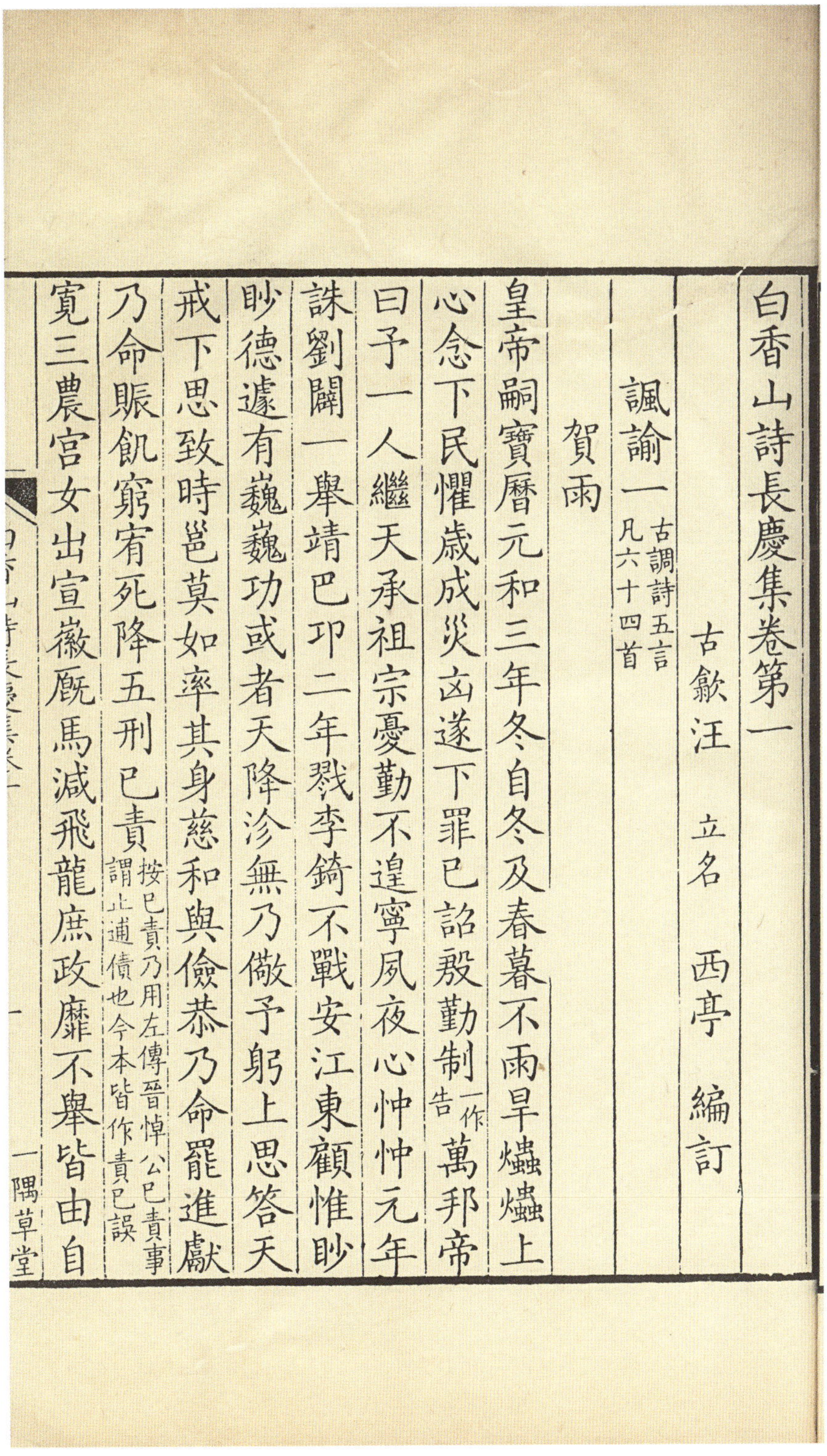
白香山詩長慶集卷第一

古歙汪　立名　西亭　編訂

諷諭一 古調詩五言凡六十四首

賀雨

皇帝嗣寶曆元和三年冬自冬及春暮不雨旱熾熾上心念下民懼歲成災凶遂下罪己詔殷勤制一作告萬邦帝曰予一人繼天承祖宗憂勤不遑寧夙夜心忡忡元年誅劉闢一舉靖巴邛二年戮李錡不戰安江東顧惟眇眇德遽有巍巍功或者天降沴無乃儆予躬上思答天戒下思致時邕莫如率其身慈和與儉恭乃命罷進獻乃命賑飢窮宥死降五刑已責按已責乃用左傳晉悼公已責事謂止逋債也今本皆作責已誤寬三農宮女出宣徽廄馬減飛龍庶政靡不舉皆由自

白香山詩長慶集卷一　一　一隅草堂

0110　白香山詩長慶集二十卷後集十七卷別集一卷補遺二卷年譜一卷年譜舊本一卷　（唐）白居易撰　（清）汪立名編訂　清康熙四十二年（1703）一隅草堂刻本　二十册

匡高18.6厘米，寬14.9厘米。半葉十二行，行二十一字，小字雙行三十一字，白口，左右雙邊，單黑魚尾。鈐有“聶氏書鈐”陰文方章、“樾山堂藏書印”藏書印。石家莊市圖書館藏。

白氏長慶集序

白氏長慶集者太原人白居易之所作居易字樂天樂天始言試指之無二字能不悞（原注事具樂天與余書內）始旣言讀書勤敏與他兒異五六歲識聲韻十五志詩賦二十七舉進士（按公貞元十五年舉進士年二十八十六年及第此云二十七傳寫之誤也説詳本傳注）貞元末進士尚馳競不尚文就中六籍尤擯落禮部侍郎高郢始用經藝爲進退樂天一舉擢上第明年中拔萃甲科（按此序各本皆互異疑有傳寫脫誤如樂天十六年進士第十八年登拔萃科鑿然可據此云二十七舉進士是次年登第爲十五年矣明年中拔萃是十六年矣元白書判同年校正同省又同登元和元年制科公作元相墓志云二十四試判入等二十八應制科入三等又元集同州刺史謝表云年二十四登乙科授校書郎二十八蒙制舉首選是首尾凡五年蓋貞元十八年壬午至元和元年丙戌相去正是五年若樂天十六年中拔萃去元和元年首尾七年矣以元證白可以知諸本之誤總之舊本爲妄人改盡此殆誤以及第之年爲判選之年也）由是性習相近遠求玄珠斬白蛇等賦洎百道判新進士競相傳於京師矣會憲宗皇帝冊召天下士

余好爲詩尤喜讀古人書嘗以爲詩者載道之文言若止嘲風雪弄花草則於六義盡去矣其後觀唐書至白公樂天傳公所言往往與余合因愛讀其詩不輟乃知公立身本末無不合乎道特餘事作詩人耳公爲左拾遺時史載其諫草不一而足皆人所難言嘗殿中面對情辭切至論執強梗憲宗未喻輒進曰陛下誤矣帝變色罷謂李絳云云賴絳救免噫公眞古之大臣以道事君者與而或徒以詩人目之豈知公者哉公嘗與元稹書略云大丈夫所守者道所待者時進退出處何往而不自得僕志在兼濟行在獨善奉而始終之則爲道言而發明之則爲詩又曰今僕之詩人所愛者悉不過雜律詩與長恨歌以下耳時之所重僕之所輕則公之立

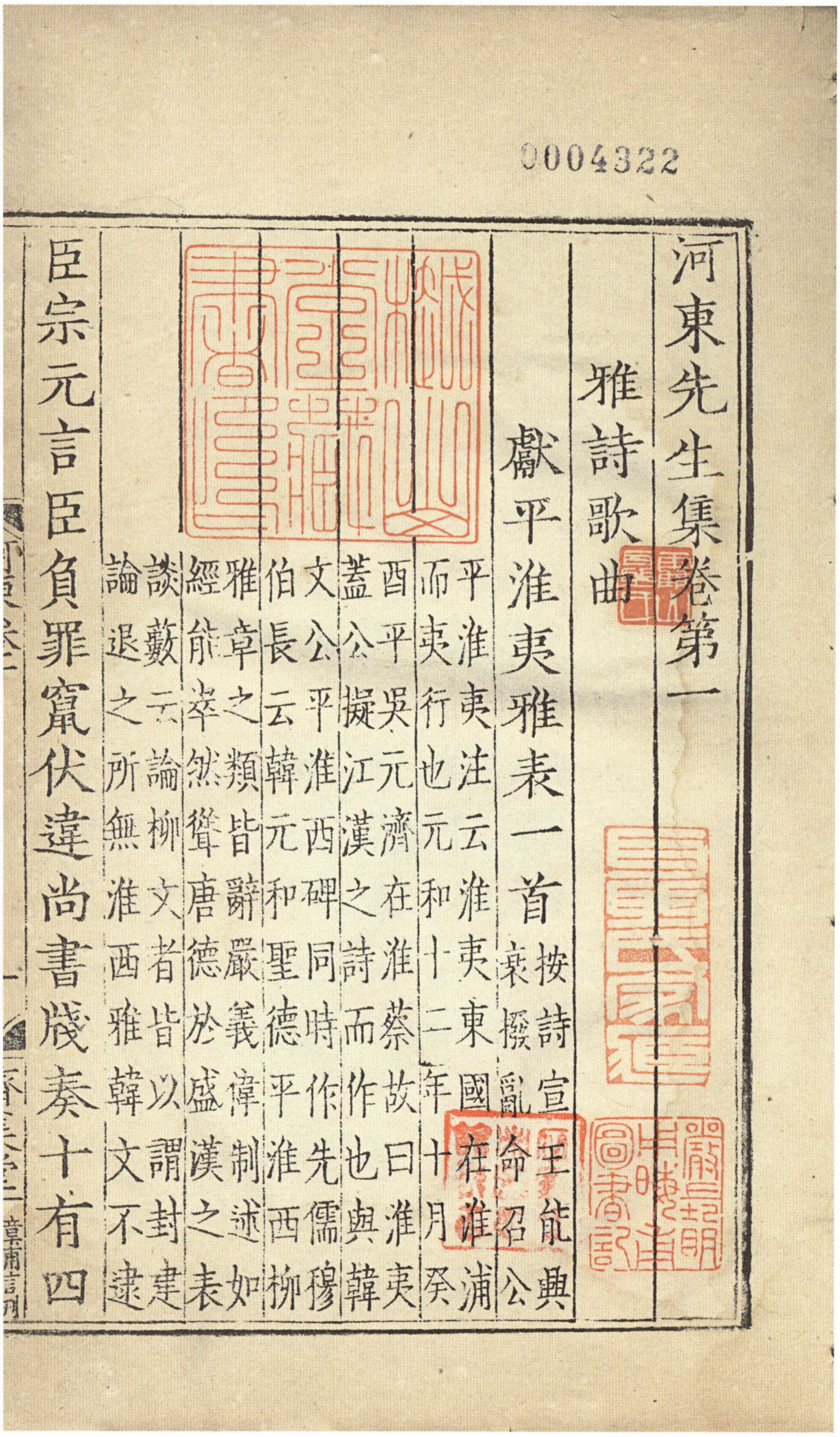
0004322

河東先生集卷第一

雅詩歌曲

獻平淮夷雅表一首 按詩宣王能興衰撥亂命召公平淮夷注云淮夷東國在淮浦而夷行也元和十二年十月癸酉平吳元濟在淮蔡故曰淮夷蓋公擬江漢之詩而作也與韓文公平淮西碑同時作先儒穆伯長云韓元和聖德平淮西柳雅章之類皆辭嚴義偉制述如經能崒然聳唐德於盛漢之表談藪云論柳文者皆以謂封建論退之所無淮西雅韓文不逮

臣宗元言臣負罪竄伏違尚書牋奏十有四

0111　河東先生集四十五卷外集二卷龍城録二卷附録二卷傳一卷　（唐）柳宗元撰　明嘉靖郭云鵬濟美堂刻本　二十册

匡高20厘米，寬13.5厘米。半葉九行，行十七字，小字雙行同，黑口，四周雙邊，雙對黑魚尾。版心下有刻工姓名，鈐有“嚴長明用晦甫圖書記”“樾山堂藏書印”“敦好堂印”“聶氏家藏”等藏書印。入選第三批《國家珍貴古籍名録》（名録號08776）。石家莊市圖書館藏。

出入惟同攝儀以引以遵以肆音曳其風既流品物載休品物載休惟天子守乃二公之久惟天子明乃二公之成惟百辟正乃二公之令惟百辟穀穀善也書凡厥正人既富方穀乃二公之祿二公行矣弗敢憂縱是獲憂共二公居矣弗敢泰止是獲泰巳既柔一德四夷是則四夷是則永懷不忒忒差忒也詩其儀不忒

河東先生集卷第一

東吳郭雲鵬校壽梓

河東先生集卷第三十

書明謗責躬

寄許京兆孟容書

許孟容字公範元和初再遷尚書右丞京兆尹公謫永州已五年與京兆書望其與之爲地一除罪籍耳

宗元再拜五丈座前伏蒙賜書誨諭微悉重厚欣躍恍惚疑若夢寐捧書叩頭悸不自定伏念得罪來五年未嘗有故舊大臣肯以書見及者何則罪謗交積群疑當道誠可怪而

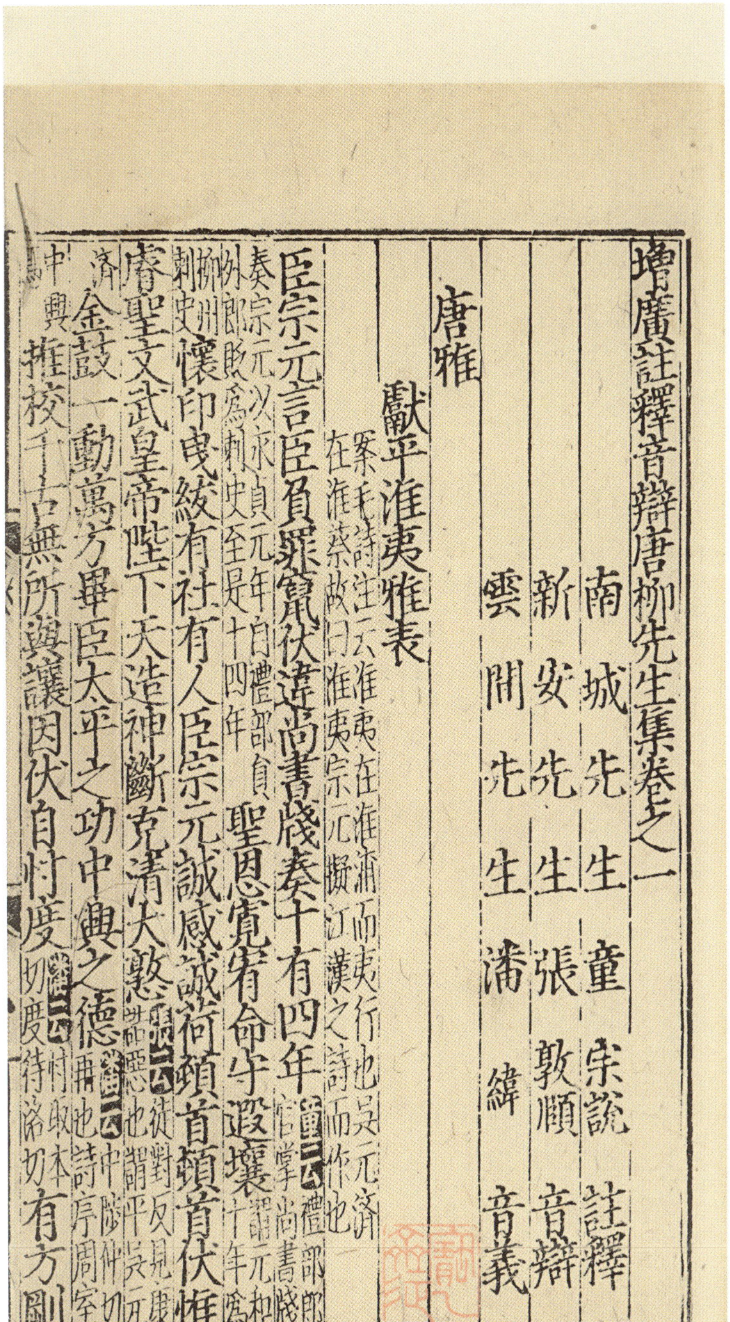
增廣註釋音辯唐柳先生集卷之一

南城先生童宗說註釋

新安先生張敦頤音辯

雲間先生潘緯音義

唐雅

獻平淮夷雅表 案毛詩注云淮夷在淮浦而夷行也是元濟在淮蔡故曰淮夷宗元擬江漢之詩而作也

臣宗元言臣負罪竄伏違尚書牋奏十有四年 禮部郎官掌尚書牋奏宗元以永貞元年自禮部員外郎貶爲刺史至是十四年 聖恩寬宥命守遐壤 翻元和十年爲柳州刺史 懷印曳紱有社有人臣宗元誠感誠荷頓首頓首伏惟睿聖文武皇帝陛下天造神斷克清大憝 徒對反見康誥憝惡也翻平吳元濟 金鼓一動萬方畢臣太平之功中興之德 中陟仲切再也詩序周室中興 推校千古無所與讓因伏自忖度 忖取本切度待洛切 有方剛

0112　增廣註釋音辯唐柳先生集四十三卷別集二卷外集二卷年譜一卷附録一卷　（唐）柳宗元撰　（宋）童宗說注釋　（宋）張敦頤音辯　（宋）潘緯音義　明正統刻本　八册

匡高20.2厘米，寬12.7厘米。半葉十三行，行二十三字，小字雙行同，黑口，四周雙邊，雙順花魚尾。鈐有藏書印數枚。入選第三批《國家珍貴古籍名録》（名録號08782）。河北大學圖書館藏，存四十三卷（卷一至四十三）。

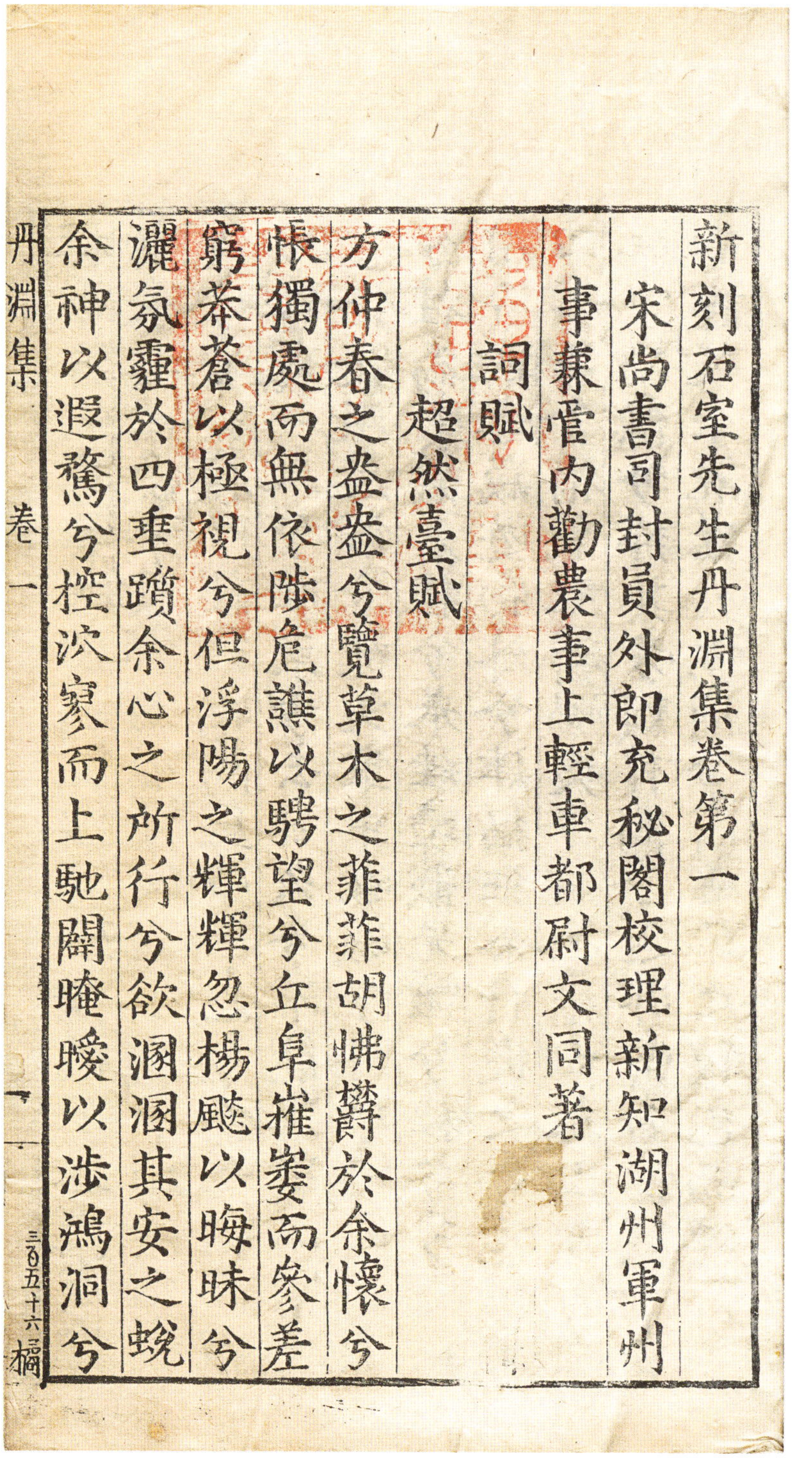

新刻石室先生丹淵集卷第一

宋尚書司封員外郎充秘閣校理新知湖州軍州事兼管内勸農事上輕車都尉文同著

詞賦

超然臺賦

方仲春之盎盎兮覽草木之菲菲胡怫鬱於余懷兮悵獨處而無依陟危譙以騁望兮丘阜崔嵬而參差窮莽蒼以極視兮但浮陽之輝輝忽楊颼以晦昧兮灑氛霾於四垂蹟余心之所行兮欲涸涸其安之蜕余神以遐騖兮控沆瀣而上馳闢晻曖以涉鴻洞兮

丹淵集　卷一　一　三百五十六　楄

0113　新刻石室先生丹淵集四十卷拾遺二卷年譜一卷續編諸公書翰詩文一卷雜紀一卷　（宋）文同　家誠之撰　明萬曆四十年（1612）蒲以懌刻本　八册

匡高21厘米，寬13.2厘米。半葉十行，行二十字，白口，四周單邊，單黑魚尾。版心下有李淵等刻工名。鈐有“蓮池書院收藏書籍印”“直隸圖書館收藏記”等藏書印。入選第四批《國家珍貴古籍名録》（名録號10621）。保定市圖書館藏。

丹淵集序

余論人最重襟韻如晉人陳留譙國華風流標映寫奕時代而乃至瑯琊持籌不休契疏鞅掌則不韻甚矣韻之在人真如司馬君實所謂晴雲秋月塵埃所

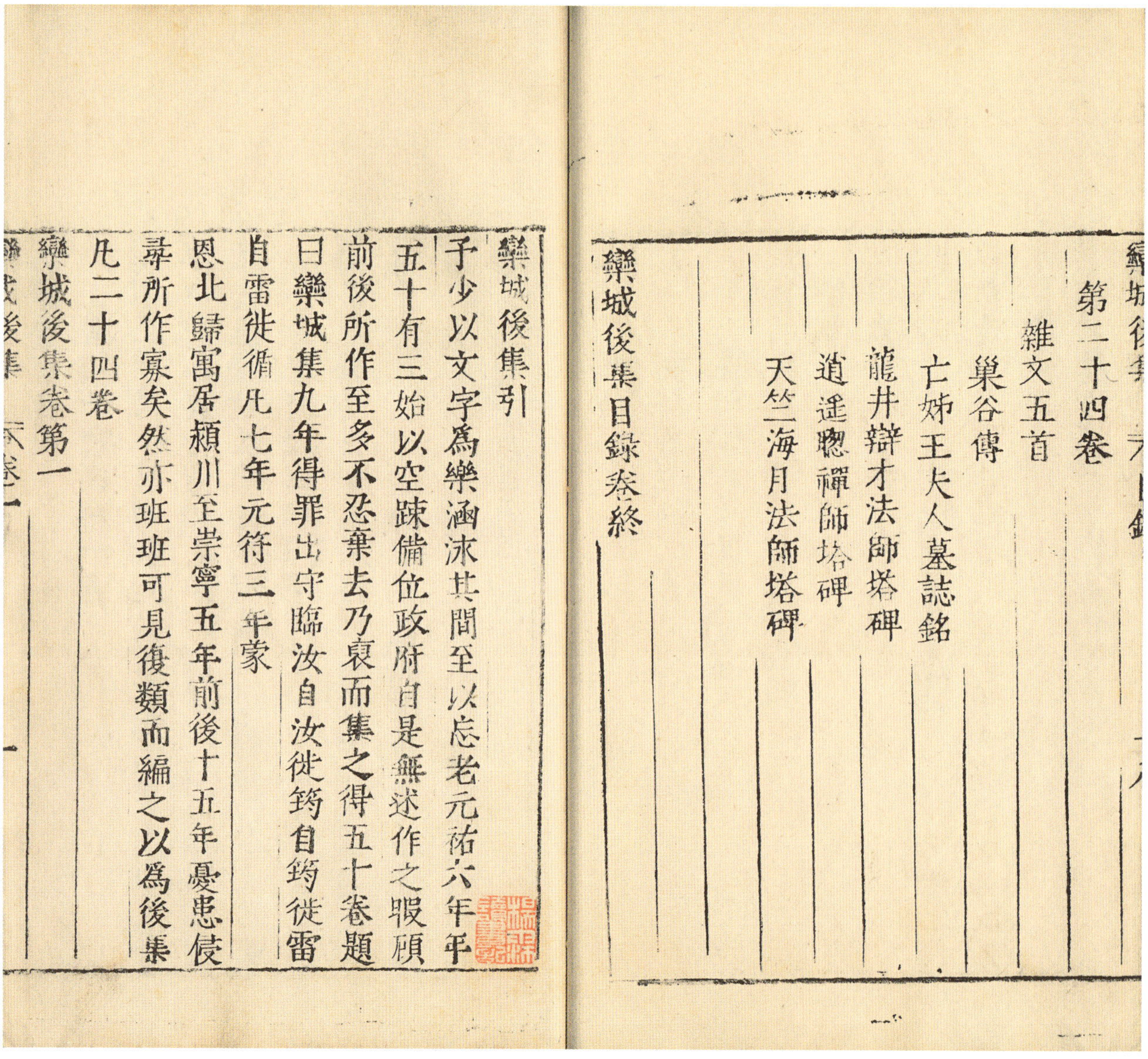

0114　欒城後集二十四卷　（宋）蘇轍撰　明活字印本　八册

匡高19.1厘米，寬14厘米。半葉十行，行二十字，白口，四周單邊，單白魚尾。河北大學圖書館藏。

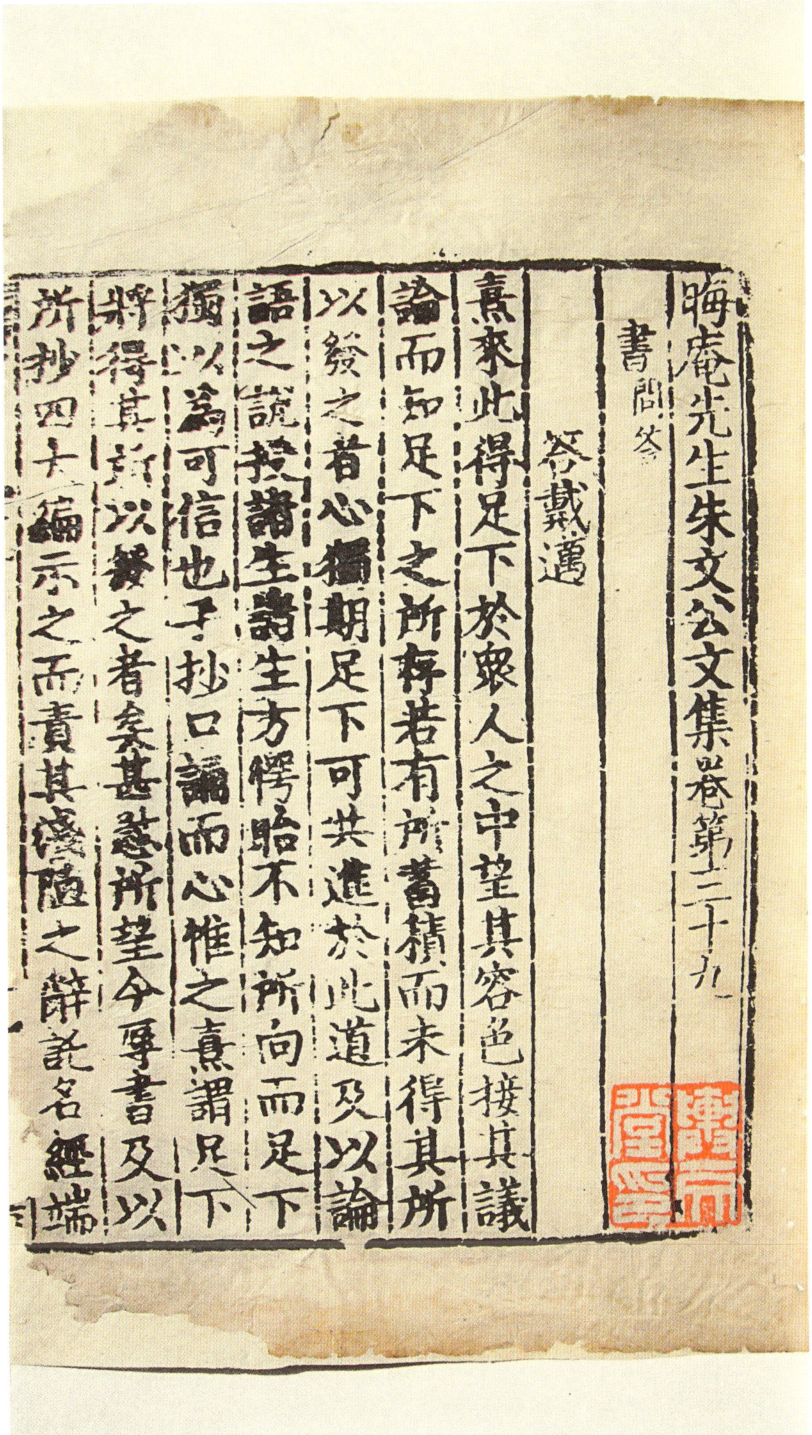

0115　晦庵先生朱文公文集一百二十三卷　（宋）朱熹撰　宋咸淳元年（1265）建安書院刻宋元明遞修本　八册

匡高20.5厘米，寬16厘米。半葉十行，行十八字，小字雙行同，黑口或白口，左右雙邊，雙對黑魚尾。入選第三批《國家珍貴古籍名録》（名録號07221）。赵俊傑藏，存四卷（卷三十九、八十二、九十三、九十八）。

跋

跋東坡與林子中帖

淳熙辛丑中冬乙酉觀此於衢州浮石舟中時浙東饑甚予以使事被旨入奏三復其言尤深感歎當摹刻諸石以視當世之君子新安朱熹書

再跋

淳熙辛丑浙東水旱民饑予以使事被召入奏道過三衢得觀此帖於玉山汪氏以爲仁人之

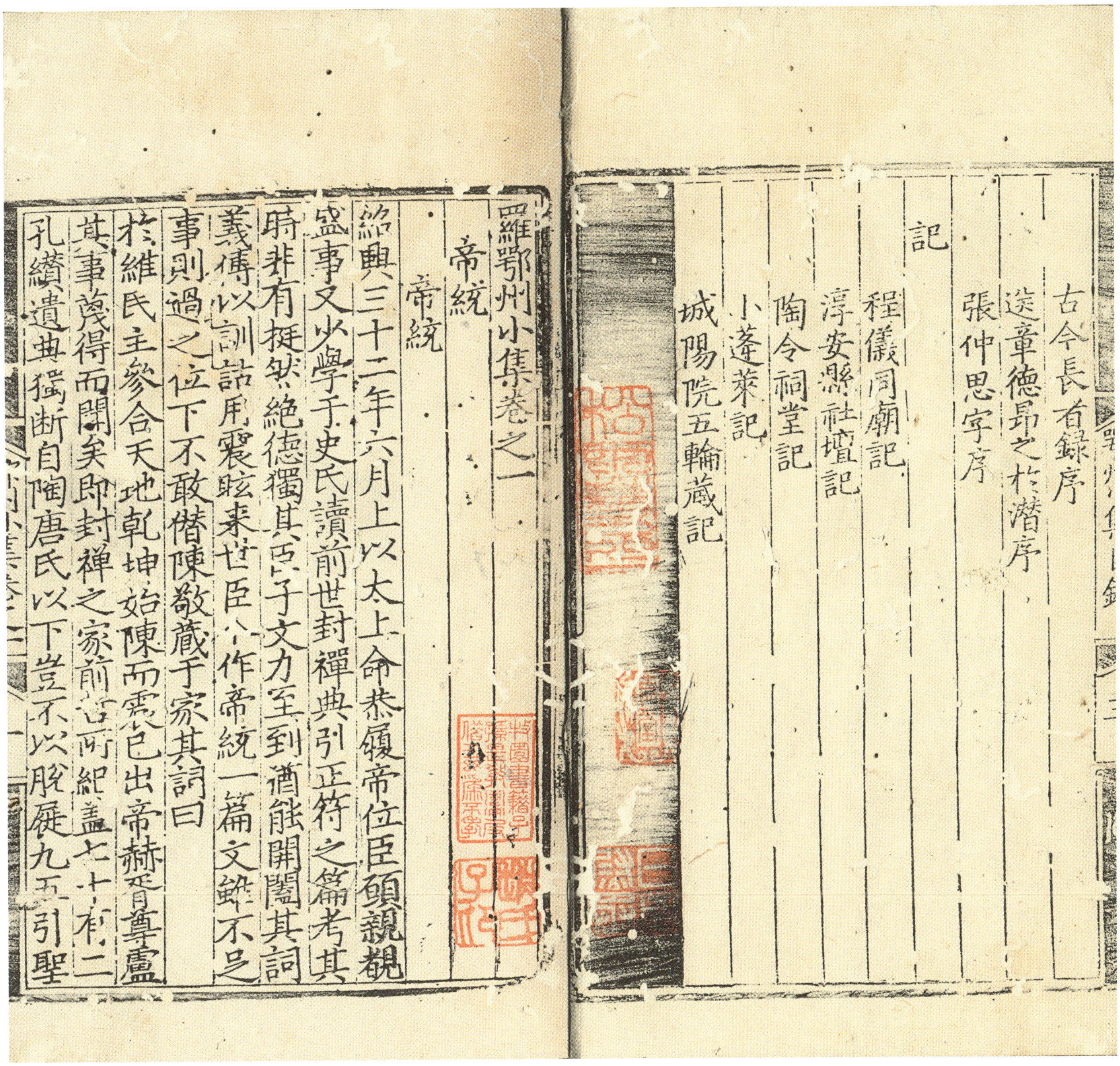

古今長者錄序
送章德昂之杭潛序
張仲思字序
記
程儀同廟記
淳安縣社壇記
陶令祠堂記
小蓬萊記
城陽院五輪藏記

羅鄂州小集卷之一
帝統
帝統
紹興三十二年六月上以太上命恭履帝位臣願親覩
盛事又少學于史氏讀前世封禪典引正符之篇考其
辭非有挺然絕德獨其臣子文力至到猶能開闔其詞
義傳以訓詁用震眩來世臣竊作帝統一篇文雖不足
事則過之位下不敢僭陳敬藏于家其詞曰
於維民主參合天地乾坤始陳而震已出帝赫胥尊盧
其事蔑得而聞矣即封禪之家前古所紀蓋七十有二
孔纘遺典獨斷自陶唐氏以下豈不以脫屣九五引聖

0116　羅鄂州小集五卷逸文一卷　（宋）羅願撰　明洪武二年（1369）刻本　二册

匡高19.2厘米，寬13厘米。半葉十一行，行二十一字，黑口，四周雙邊，雙順黑魚尾。版心下有刻工姓名。鈐有“古香簃珍藏記”等藏書印。河北大學圖書館藏，存三卷（卷一至三）。

趙子昂書跋云聚書藏書良非易事善觀書者澄神端慮淨几焚香勿捲腦勿折角勿以爪侵字勿以唾揭幅勿以作枕勿以夾刺隨損隨脩隨開隨掩後之得吾書者並奉贈此法

羅鄂州小集序

文章與天地相為終始視世道之升降而盛衰者也蓋自夫天地既判三辰順布五行錯出其文著矣伏羲氏畫卦而人文始開文王贊易而文益備矣及夫兩漢之馬楊班氏以紀事蹟著于策書或以述頌功德刻之金石文章之作始濫觴矣自是而降一代之興必有一代之制而文章亦由是而見焉豈唯是以傳其事功因以觀其治亂故唐之盛則稱韓柳宋之初則有歐蘇南渡以來又世道之一變也見稱於時則有吾州二羅公焉六朝五季蓋寥寥乎無聞矣然則三代而上聖賢迭

與其所述作尊以為經不傳於文章而不能不文
章兩漢而下文人才士相與論著流而為史必工於
文章而後能文章今之文章兩漢之謂也大羅名
頌嘗知鄂州小羅名願嘗知鄂州鄂州之文尤為縝密
古雅惜其全集不傳今行於世者鄂州通守劉清之
子澄之所刻蓋鄂州既終于郡子澄巨以所見裒集
成書號鄂州小集視其全蓋什一耳歲月既久小
集亦不復存予嘗得之於藏書之家讀而愛之乃謀
刻之梓以廣傳布從予遊者洪氏之兄弟曰斌曰杰
曰宅鮑氏之從姪曰元康曰深樂以其資共成之而請予
為之序予聞諸先生長者南渡後文章有先秦西漢

之邑新安二羅其人而淳安杜禋記尤為世所稱
頌以予觀之陶令祠堂記張烈女廟碑理嚴辭暢
讀之如登軒陛而聞鍾呂之音至於論成湯之慚德
則所以發千古聖賢之心明萬世綱常之正者為何
如哉宜其稱於當時傳於後世也但朱文公常欲附
名集後卒不及有所論作顧予何人而序其首此則
鄂州之不幸而予之大幸者也因為上下天地經史之文
古今盛衰之變使讀者知其所自而不苟吾是亦
為學之一助也鄂州字端良號存齋乾道二年進士
師以鄭　王子美　謹叙

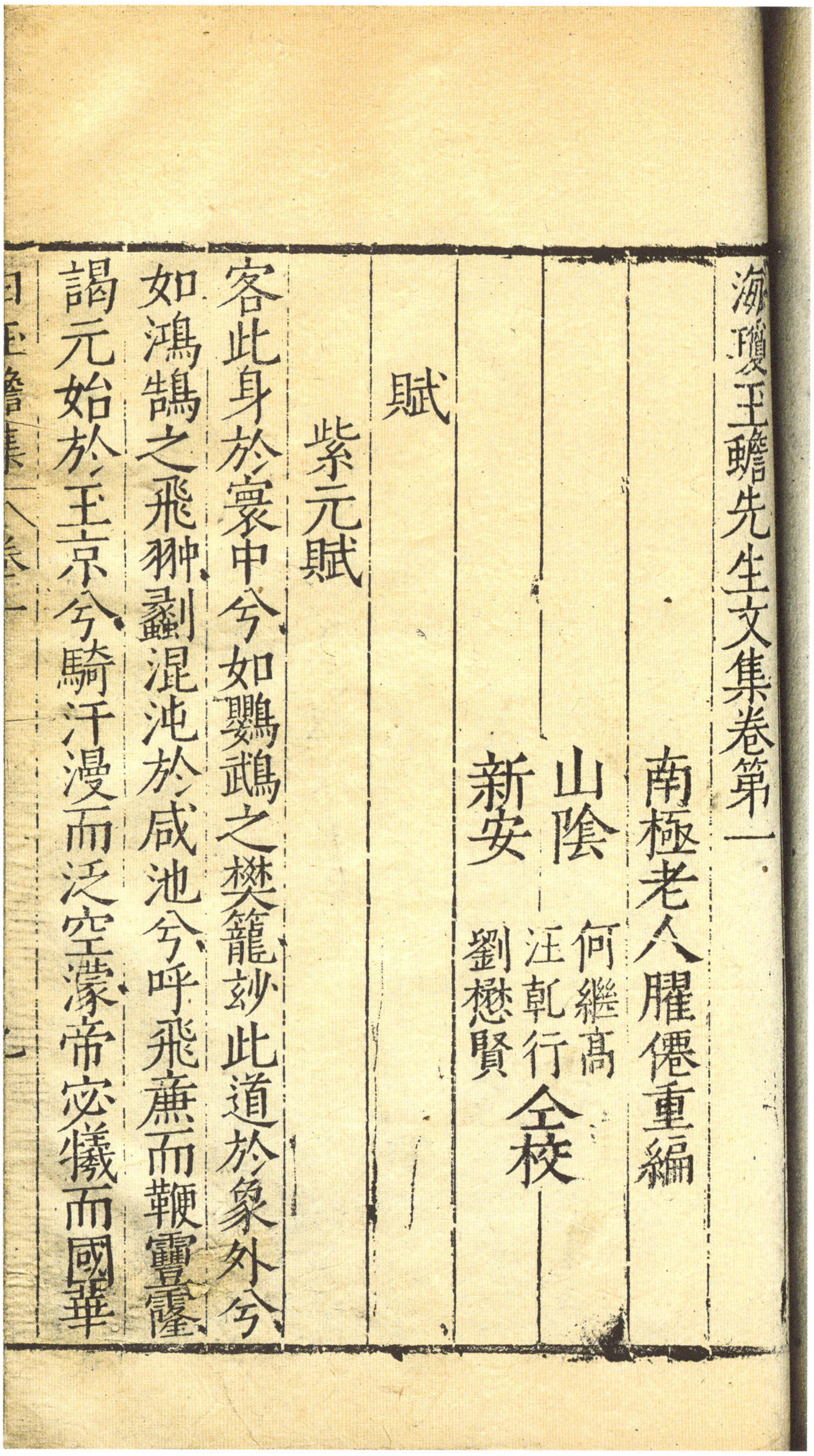

0117　海瓊玉蟾先生文集六卷續集二卷　（宋）葛長庚撰　（明）朱權重編　明萬曆何繼高刻本　六册

匡高19.4厘米，寬14厘米。半葉九行，行二十字，白口，左右雙邊，單白魚尾。保定市圖書館藏，存六卷（文集卷一至六）。

重編海瓊玉蟾先生文集序

且夫夷牟之作矢也非揮氏之為弓雖有決拾不能發也雖有砮鏃不能以威天下故一舉而兩利焉今以我而成是書猶矢之淂弧也審矣與先生非有夙契仙靈曷能續是書於既絶於是焚香祝筆而為之敘曰

有託附於其間者吾子他日爲我擇之邦不敢忘先生之遺言手自校勘妄加纂次併以諸賢詩文錄于篇末凡四十卷荷清湘史君紫元留兄偕諸同志喜其成書相與鋟梓因以先生出處之大畧直述于左期與斯文共垂不朽云耳時嘉熙改元仲冬甲寅鶴林彭邦謹書

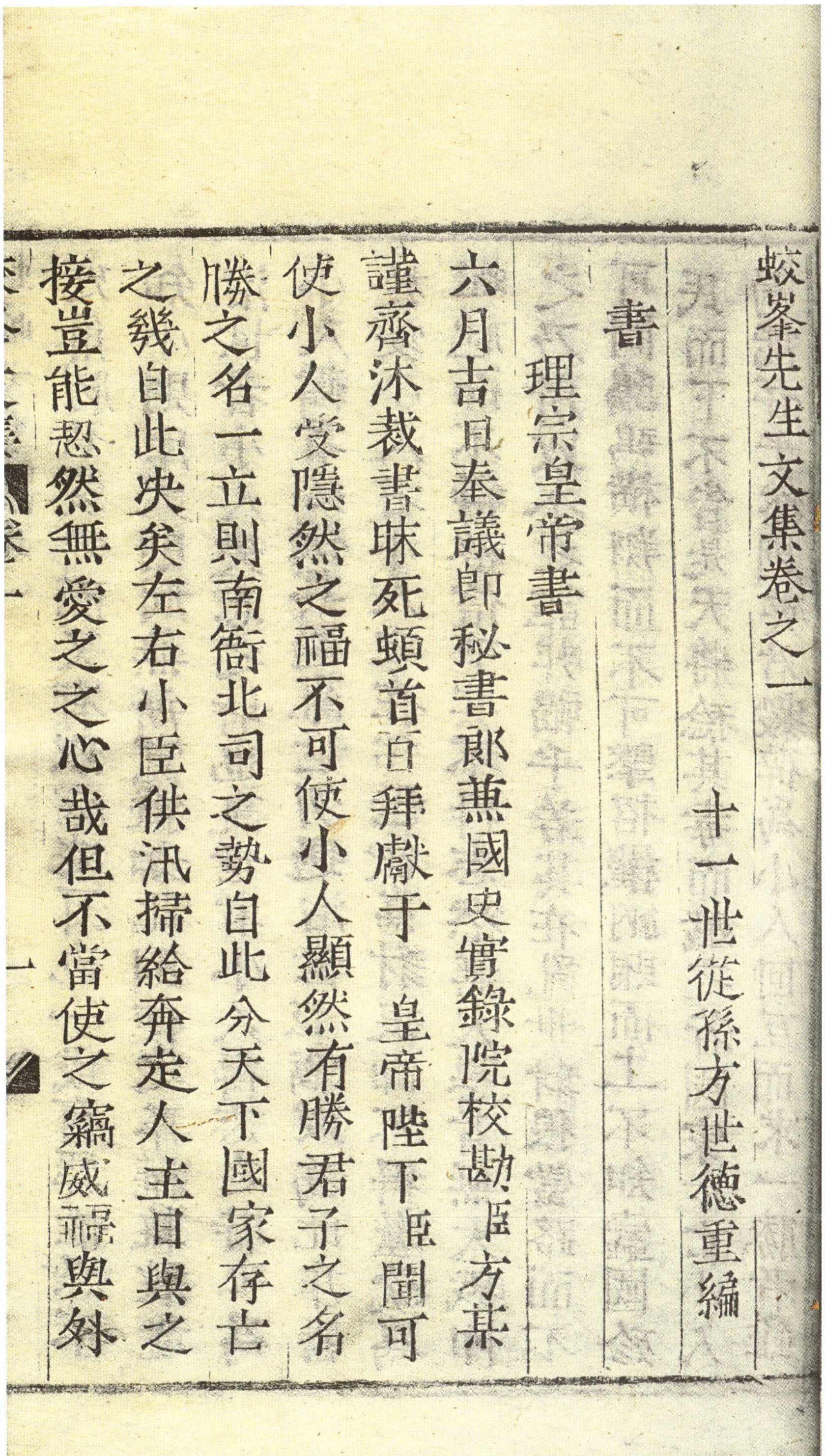
蛟峯先生文集卷之一
十一世從孫方世德重編
書
理宗皇帝書
六月吉日奉議郎秘書郎兼國史實錄院校勘臣方某
謹齋沐裁書昧死頓首百拜獻于 皇帝陛下臣聞可
使小人受隱然之福不可使小人顯然有勝君子之名
勝之名一立則南衙北司之勢自此分天下國家存亡
之幾自此决矣左右小臣供汛掃給奔走人主日與之
接豈能恝然無愛之之心哉但不當使之竊威福與斜

0118　蛟峯先生文集十卷外集三卷山房先生遺文一卷　（宋）方逢辰撰　明活字印本　四册

匡高19.9厘米，寬14.4厘米。半葉十行，行二十一字，白口，四周單邊，雙對黑魚尾。鈐有“蓮池書院收藏書籍印”“直隸圖書館收藏記”藏書印。入選第三批《國家珍貴古籍名録》（名録號08966）。保定市圖書館藏。

蛟峰方先生集序

制科所以待異材也而倫
魁之選又其材特異者始
畀焉然材易見也行難知
也故宋有神文特慎是選
廷試前一日取首卷焚香
祝曰願得忠孝状元洎唱

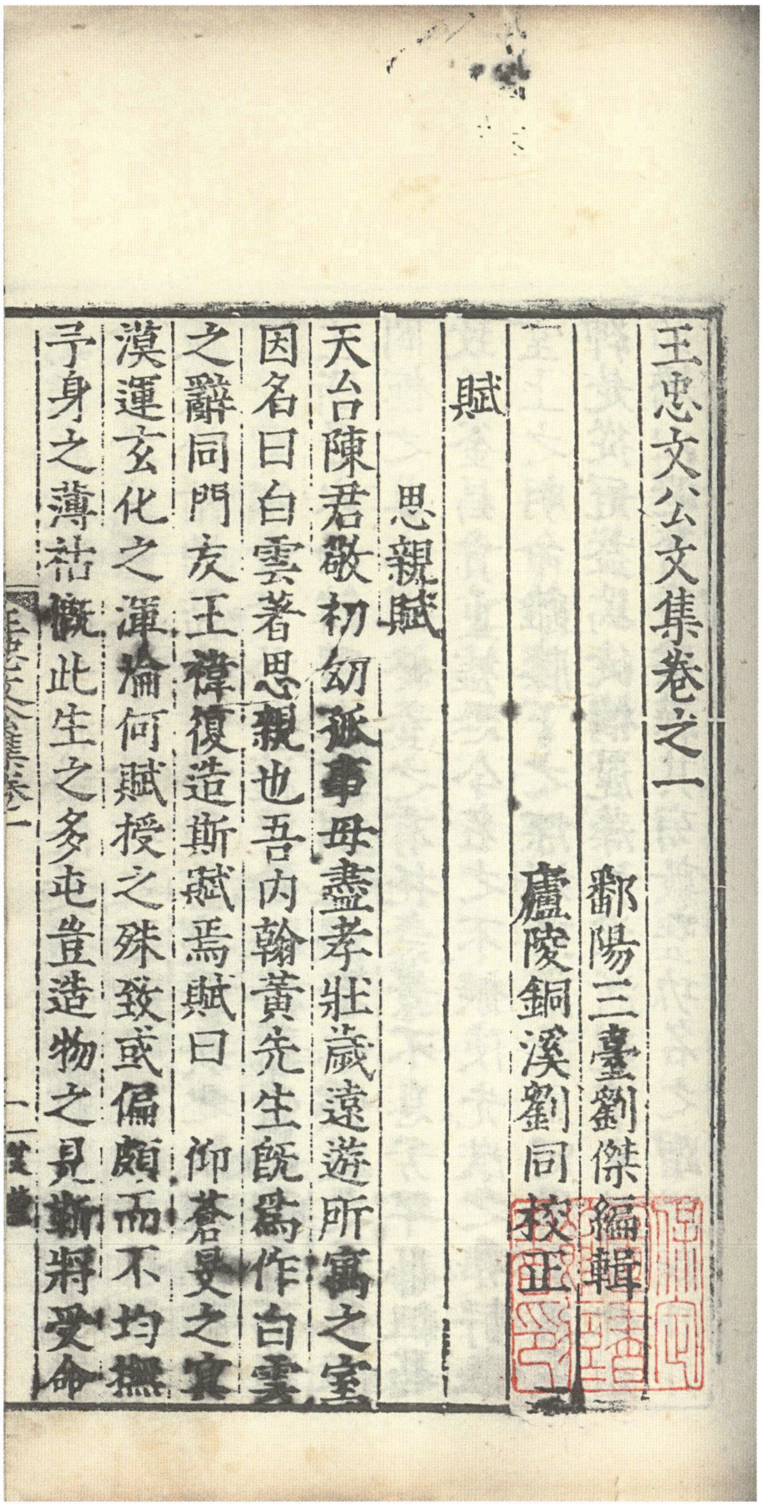

王忠文公文集卷之一

鄱陽三臺劉傑編輯

廬陵銅溪劉同校正

賦

思親賦

天台陳君敬初幼孤事母盡孝壯歳遠遊所寓之室因名曰白雲著思親也吾内翰黄先生旣爲作白雲之辭同門友王褘復造斯賦焉賦曰 仰蒼旻之寥漠運玄化之渾淪何賦授之殊致或偏頗而不均撫予身之薄祜慨此生之多屯豈造物之見靳將受命

0119　王忠文公文集二十四卷　（明）王褘撰　明嘉靖刻本　十二册

匡高19厘米，寬12.4厘米。半葉十行，行二十字，白口，左右雙邊，單黑魚尾。版心下有刻工姓名。鈐有“蓮池書院收藏書籍印”“直隸圖書館收藏記”“王士禛印”“祭酒學士御史中丞”等藏書印。入選第二批《國家珍貴古籍名録》（名録號05832）。保定市圖書館藏。

誥

奉

天承運

皇帝制曰爲臣奉君命出疆能毅然守節捐軀以明

君臣之大義者雖死必有旌異之榮此風化之

所係帝王之令典也前翰林待制王褘事我

太祖高皇帝於混一海宇之初以博學高文聯職待

近制作之美有光簡册暨奉命往諭南詔懔忠

秉義不屈而死臣節凛然光明俊偉歷年已久

雖没不忘今特贈翰林院學士奉議大夫賜謚

爲列仙降爲明神奚不可者而豈賴於枯骨耶故

先生可墓可以無墓墓而祀之所以哀死而勸生

也教道存焉爾

嘉靖十八年秋八月

賜進士第雲南按察司副使奉

勑提督學校後學建安李默謹撰

於人大矣惟義是蹈而視死如歸雖君子猶難之況女婦乎若李夫人之死就義無難如此稱之曰烈婦曷有媿哉夫褒德録美以示世勸者史氏之責也予是用重書其事以寓夫善善之意春秋之法具文以見意故亦不復爲之辭

嘉靖改元十月四日
分守浙東道委官金
華府同知張齊校刊

王忠文公文集卷之二十四終

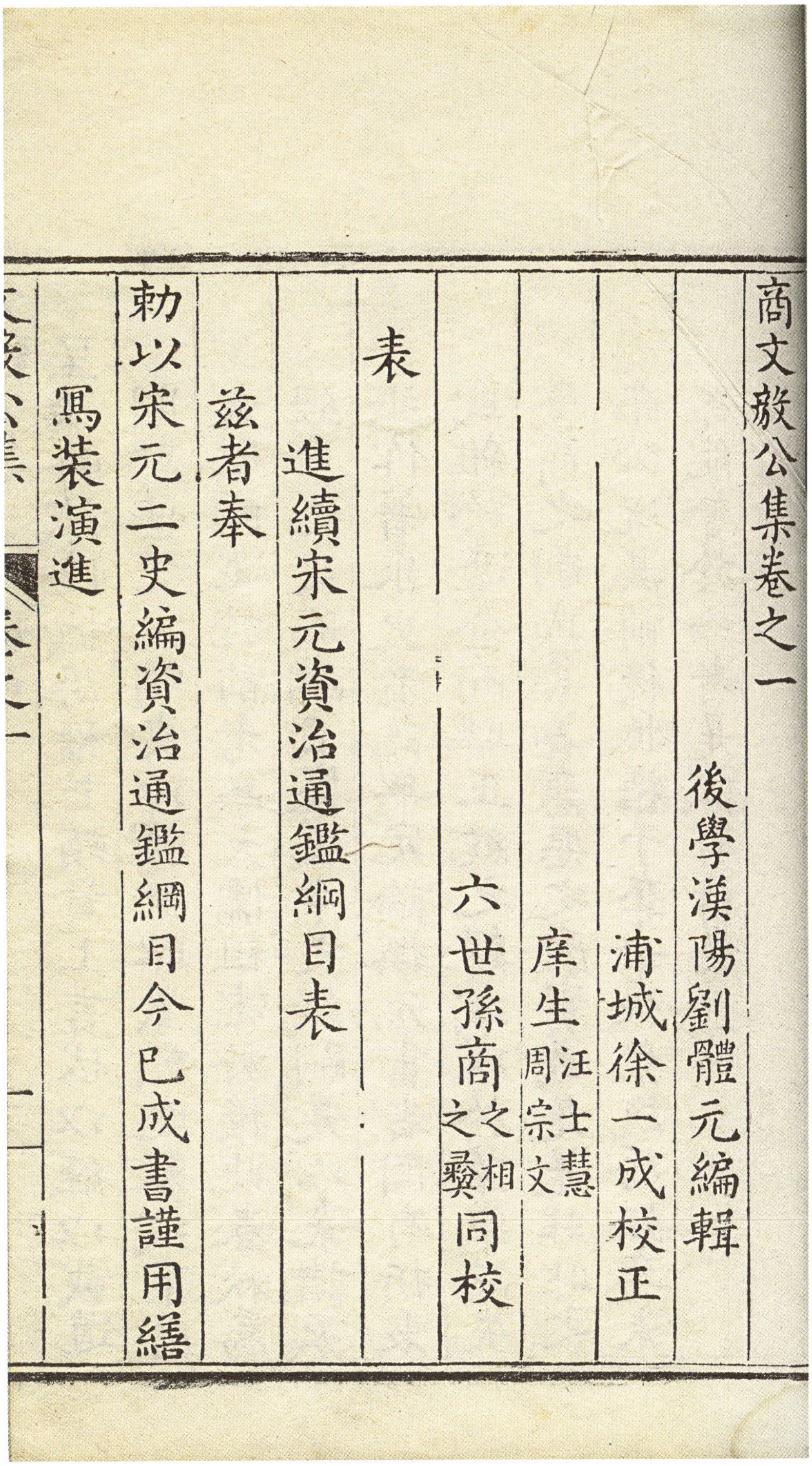

後學漢陽劉體元編輯

浦城徐一成校正

庠生汪士慧 周宗文

六世孫商之相 之彝同校

表

進續宋元資治通鑑綱目表

茲者奉

勅以宋元二史編資治通鑑綱目今已成書謹用繕

寫裝潢進

文毅公集 卷之一 一

0120　商文毅公集十卷　（明）商輅撰　明萬曆三十一年（1603）劉體元刻本 四册

匡高19.7厘米，寬14.7厘米。半葉十行，行二十字，白口，四周雙邊，單黑魚尾。鈐有“蓮池書院收藏書籍印”“直隸圖書館收藏記”等藏書印。保定市圖書館藏。

商文毅公文集序

當景泰易儲之議興商文毅公甫以史館修撰入內閣輔機政次第六輒毅然倡大義吐昌詞深明其不可卒雖見格然風槩凛凛為四海所歸英廟復正大位首召對許以忠義有意大用之以嘗忤石亨輩見誣毀遂被廢者八年

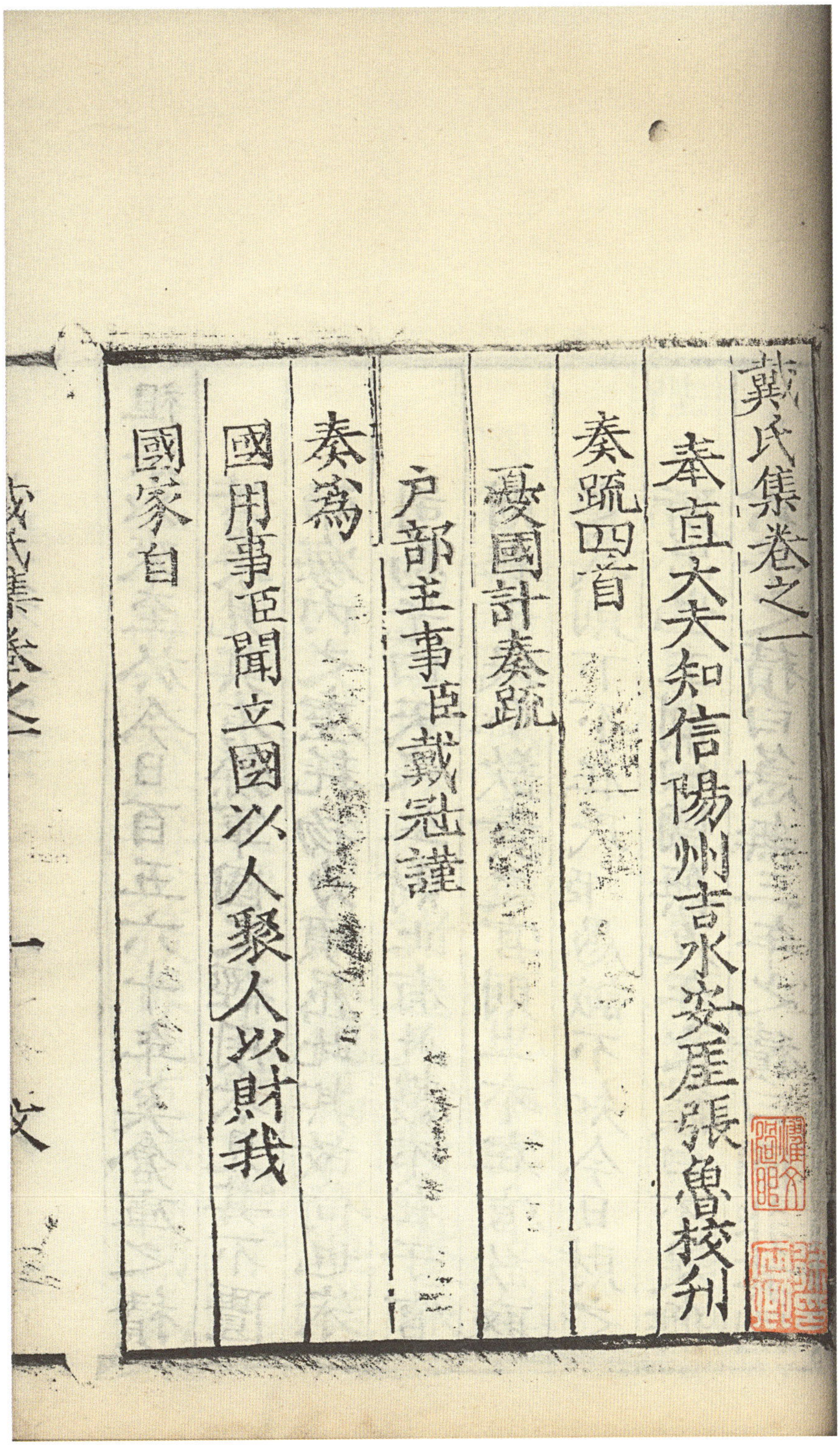

0121　戴氏集十二卷　（明）戴冠撰　明嘉靖二十七年（1548）張魯刻本　二册

匡高17.7厘米，寬14.5厘米。半葉八行，行十八字，白口，四周單邊。鈐有“寶翰堂藏書印”“慕齋鑒定”“宛平王氏家藏”等藏書印 。入選第三批《國家珍貴古籍名録》（名録號09167）。石家莊市圖書館藏。

續刻戴氏集引

邃谷戴公自少穎悟絕倫弱冠登正德戊辰進士任戶部廣東司主事歷員外郎憤時事之非也條陳治道極其剴切遂忤

旨落職直聲動天下謫居數年涵養

戴氏集卷之八

奉直大夫知信陽州吉水安厓張魯校刊

五言律詩

聞捷次韻答毛大巡

已喜官軍入遥聞接戰頻成擒須有日決勝定何人勢合回天地風傳避鬼神時時看獻馘鼓吹滿城春

次鳴岡弘濟二御史留別

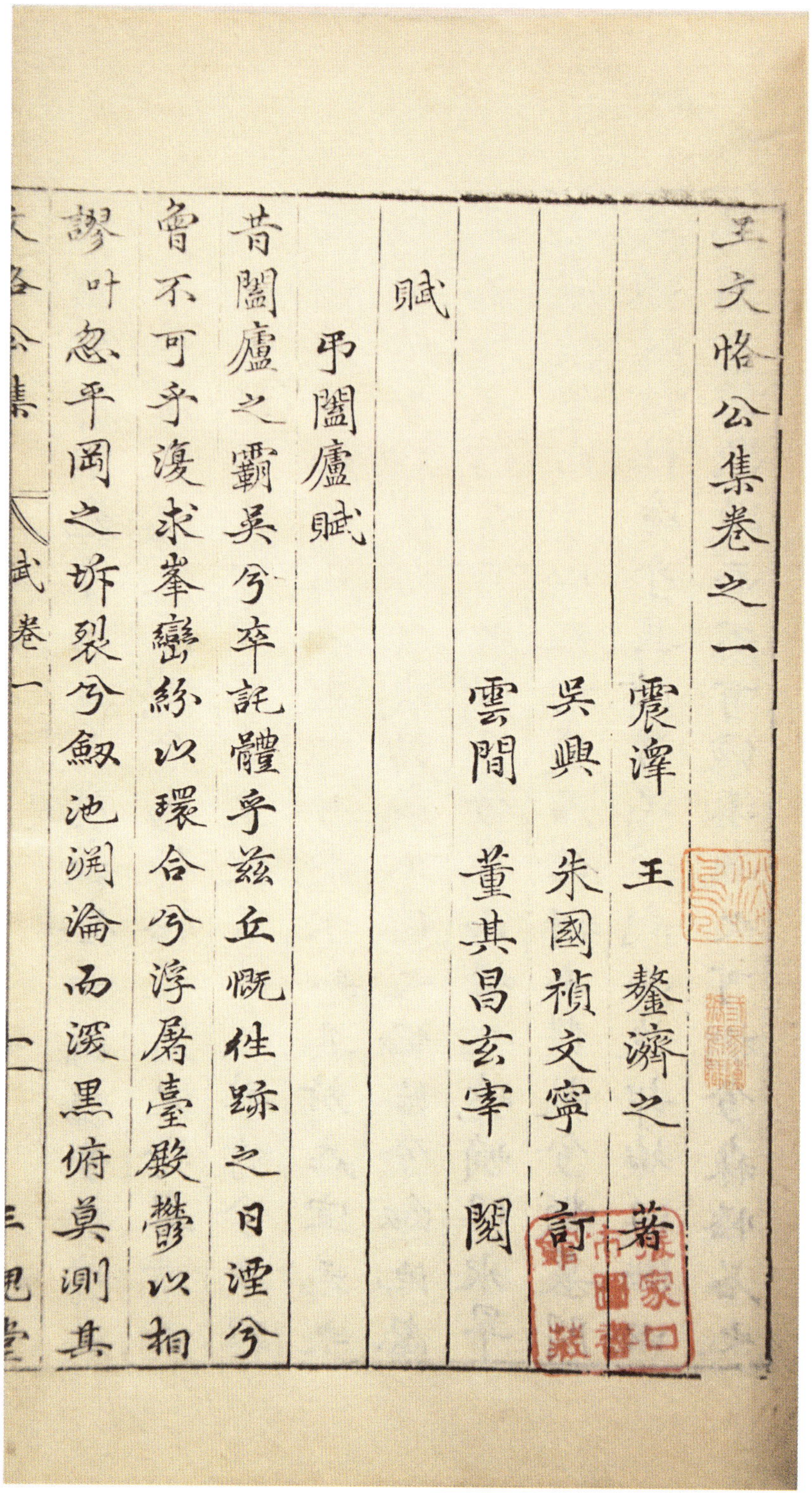

0122　王文恪公集三十六卷　（明）王鏊撰　（明）朱國禎訂　白社詩草一卷鶡音一卷　（明）王禹聲撰　明萬曆王氏三槐堂刻本　八册

匡高21.7厘米，寬14.3厘米。半葉九行，行二十字，白口，四周單邊，單白魚尾。張家口市圖書館藏。

欽文恪公集

文之傳三人品一也學力二也才格三也以人品者人爲世重

王文恪公集篇目

卷一

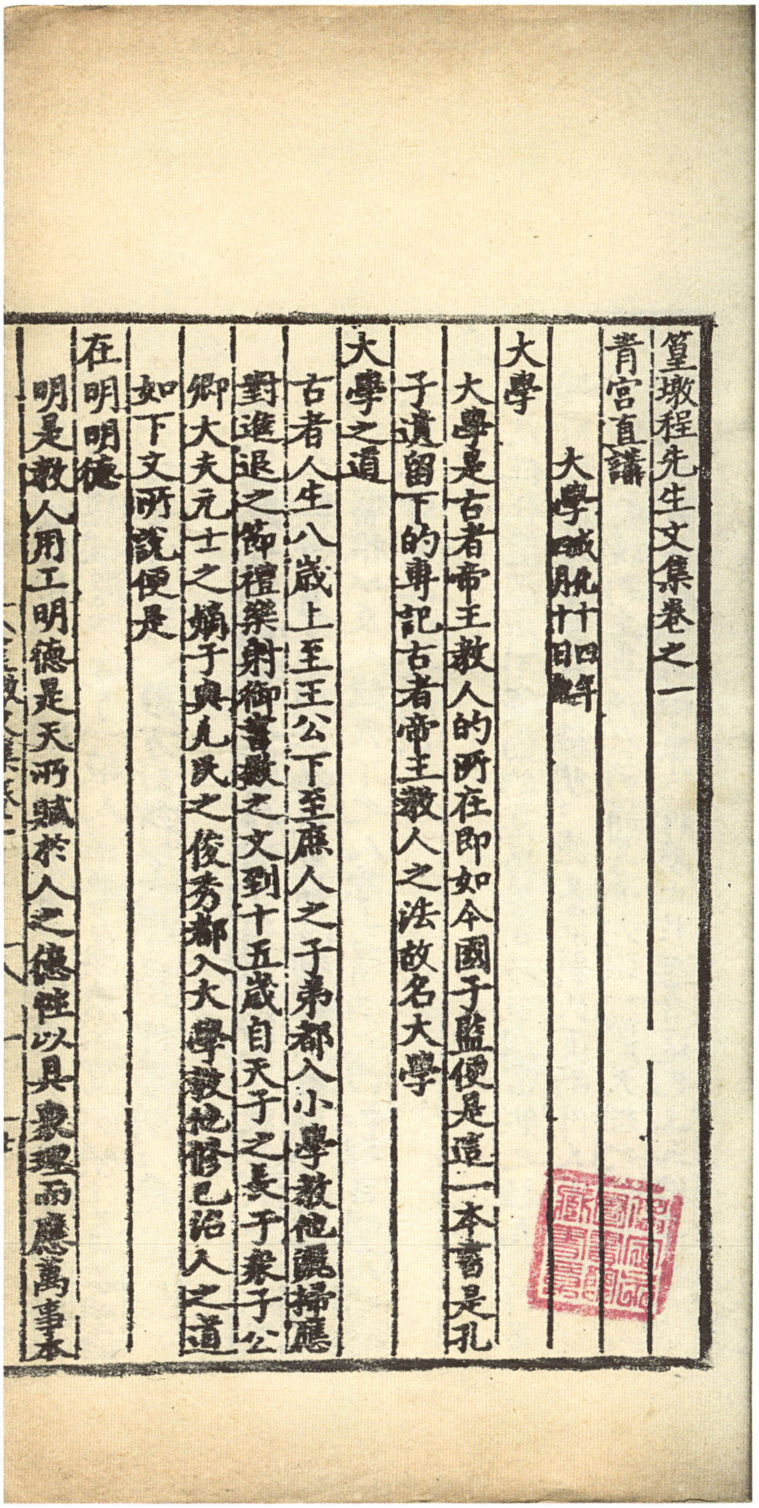

0123　篁墩程先生文集九十三卷拾遺一卷　（明）程敏政撰　明正德二年（1507）何歆刻本　三十册

匡高19.5厘米，寬13.1厘米。半葉十三行，行二十七字，白口，四周單邊或左右雙邊，雙順白魚尾。《行素稿一卷》《雜著十卷》《別集二卷》書中有目無書。入選第三批《國家珍貴古籍名録》（名録號09074）。保定市圖書館藏。

篁墩文集序

文之見于世者惟經與史經垂
憲史垂事載道之文易書詩春
秋禮樂備矣書之春秋雜之紀
事而叢圖者行焉及乎漸晦盡
于横之文章而剔歸于發之久而
愈曉則屬程張朱諸子表而明

篁墩程先生文集目録上

讀禮餘録

別集二卷

誥　行狀　墓誌銘　神道碑銘　傳　贊

畫像記　輓詩序　心喪録序　輓詩　年譜

里生東郭汪鑑董工鋟梓并董校對

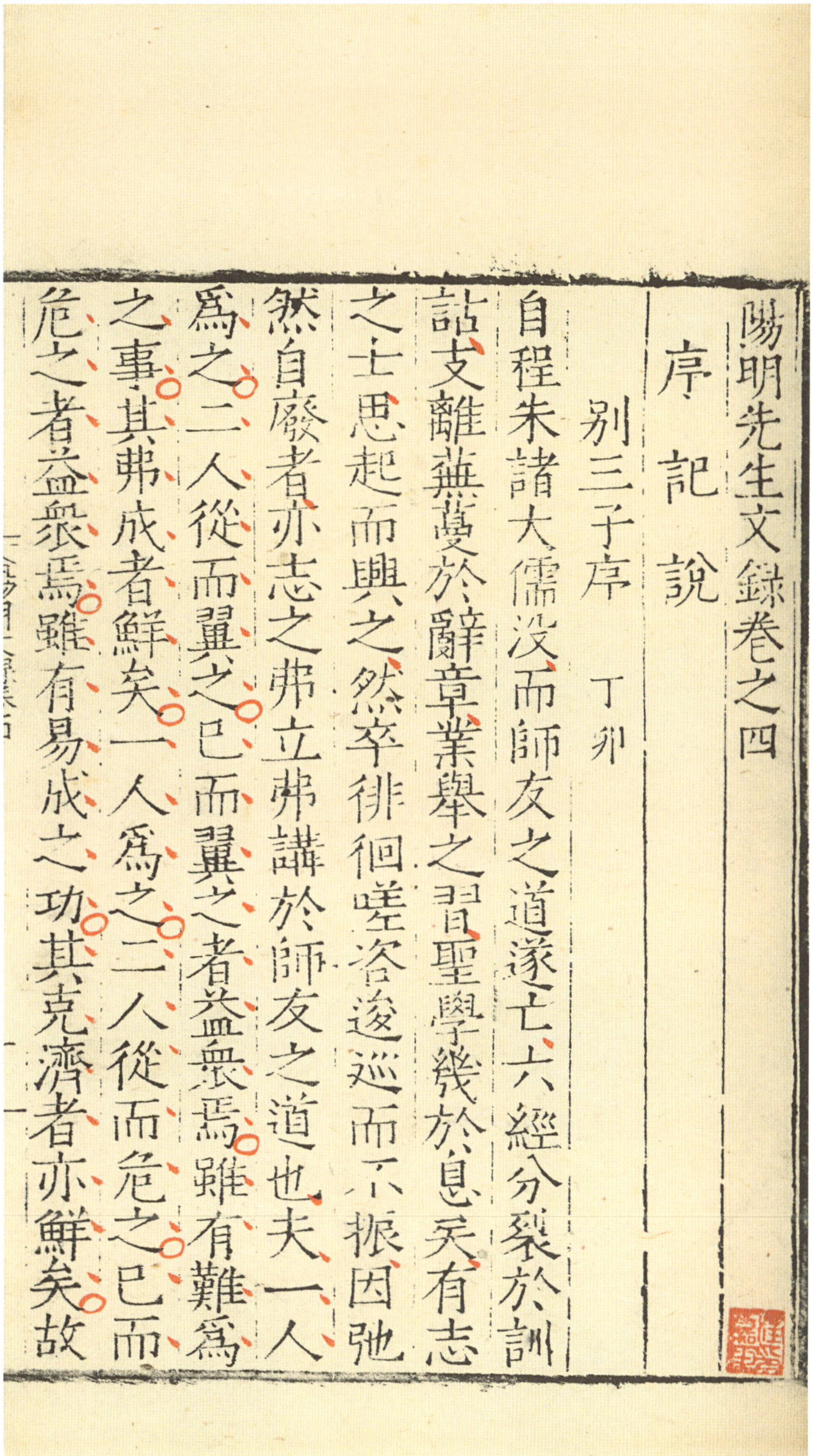
陽明先生文録卷之四

序記說

別三子序　丁卯

自程朱諸大儒沒而師友之道遂亡六經分裂於訓詁支離蕪蔓於辭章業舉之習聖學幾於息矣有志之士思起而興之然卒徘徊嗟咨逡巡而不振因弛然自廢者亦志之弗立弗講於師友之道也夫一人爲之二人從而翼之已而翼之者益衆焉雖有難爲之事其弗成者鮮矣一人爲之二人從而危之已而危之者益衆焉雖有易成之功其克濟者亦鮮矣故

0124　陽明先生文録五卷外集九卷别録十卷　（明）王守仁撰　明刻本　二十一册

匡高19.5厘米，寬14.3厘米。半葉十行，行二十字，白口，左右雙邊，單白魚尾。鈐有“汪嘉玉”藏書印。入選第二批《國家珍貴古籍名録》（名録號05968）。河北博物院藏，存二十一卷（文録卷四至五、外集一至九、别録一至十）。

陽明先生文録序

通議大夫禮部右侍郎前詹事府詹事兼翰林院侍講學士修 翼 經筵講官同修黄綰撰

古人之文實理而已理散兩間蘊諸人心無迹可見必俟言行而彰言行人之樞機君子慎之而實理形焉古者左史記言右史記事此其載籍之初文之權輿乎故文之爲用以之撰天地而天地爲昭以之體萬物而萬物爲備以之明人紀而人紀爲脩以之闡鬼神而鬼神爲顯以之理庶民而庶民爲從以之考三王而三王爲協以之俟後聖而後聖爲歸所以經緯天地肇脩人紀綱維萬物探索陰陽統貫今古變

陽明先生文錄卷之五

雜著

書汪汝成格物卷 癸酉

予於汝成格物致知之說博文約禮之說博學篤行之說一貫忠恕之說蓋不獨一論再論五六論數十論不止矣汝成於吾言始而駭以拂既而疑焉又既而大疑焉又既而稍釋焉而稍喜焉而又疑焉最後與予遊於玉泉蓋論之連日夜而始快然以釋油然以喜冥然以契不知予言之非汝成也不知汝成之言非予言也於戲若汝成可謂不苟同於予亦非苟

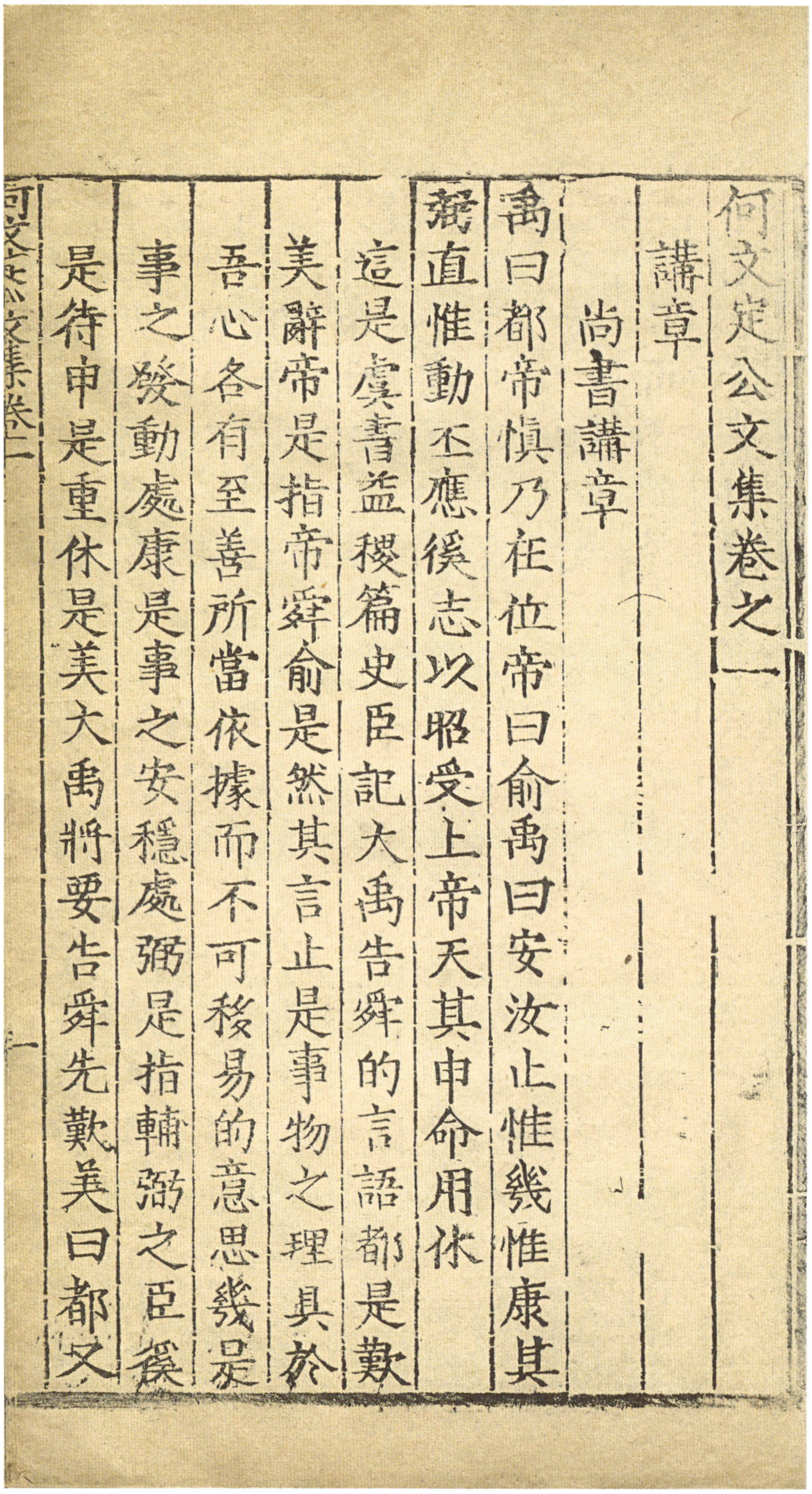

何文定公文集卷之一

講章

尚書講章

禹曰都帝慎乃在位帝曰俞禹曰安汝止惟幾惟康其
弼直惟動丕應徯志以昭受上帝天其申命用休
這是虞書益稷篇史臣記大禹告舜的言語都是歎
美辭帝是指帝舜俞是然其言止是事物之理具於
吾心各有至善所當依據而不可移易的意思幾是
事之發動處康是事之安穩處弼是指輔弼之臣徯
是待申是重休是美大禹將要告舜先歎美曰都又

何文定公文集卷之一　一

0125　何文定公文集十八卷　（明）何孟春撰　明萬曆郭崇嗣邵城刻本　十册

匡高20厘米，寬13厘米。半葉十行，行二十一字，白口，左右雙邊。鈐有“蓮池書院收藏書籍印”“直隸圖書館收藏記”等藏書印。保定市圖書館藏。

何文定公傳

賜進士第中憲大夫都察院右僉都御史儀封後學張鹵撰

公諱瑭字粹夫世號爲栢齋先生其先楊州如皋人洪武初有忠一者以總旗從天兵北定中原歷河南懷慶衛編管三傳至森配劉氏以成化甲午十月二十九日生公於武陟縣千秋鄉邑舍公生而端嶷不事嬉戲人

子　訓導何顯宗

姪　生　員何延祚

何延壽

何百善

孫　通　判何諾

生　員何詢

何謀

何詡　仝磨對

皆

萬曆四年夏五月五日重刻

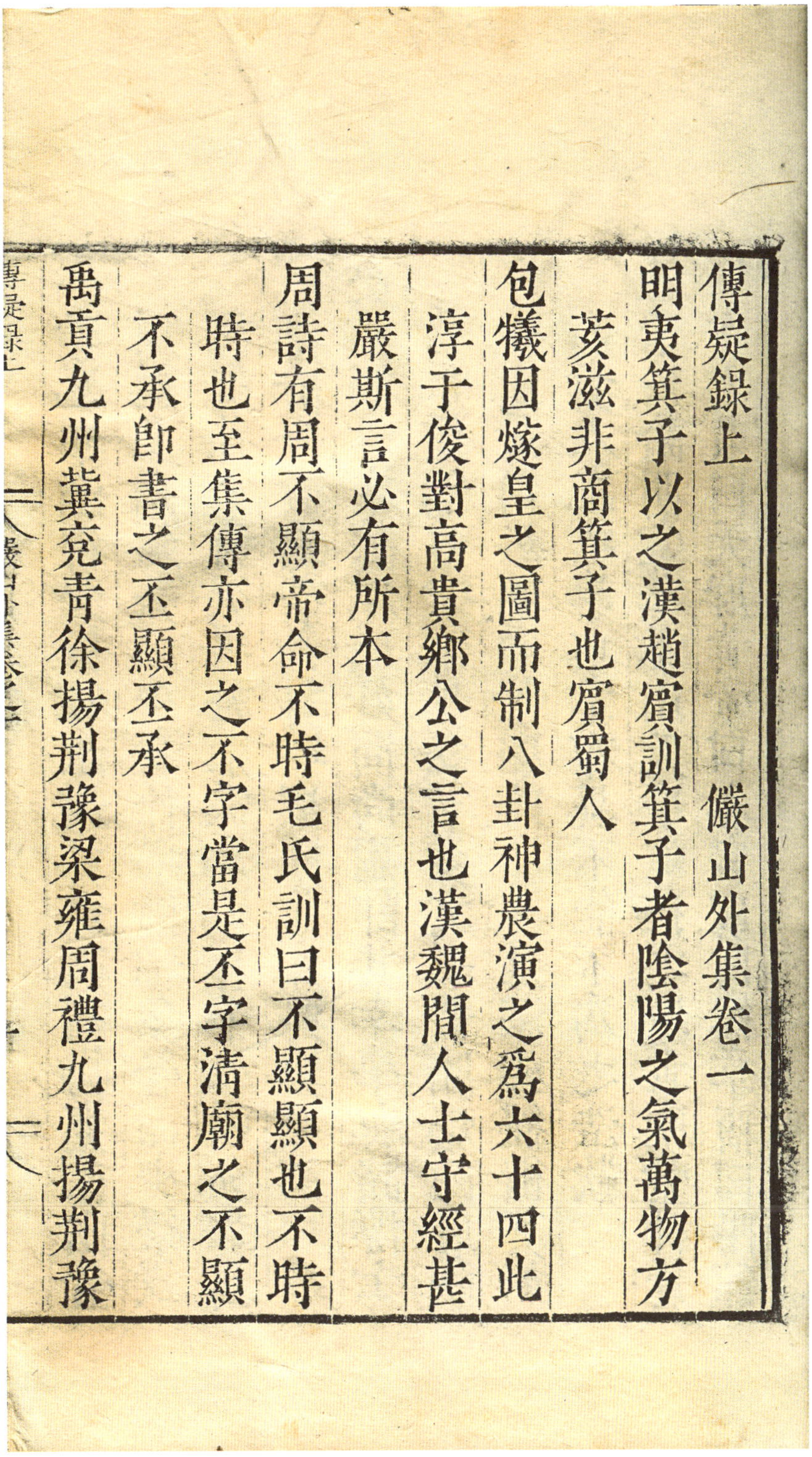

傳疑錄上　　儼山外集卷一

明夷箕子以之漢趙賓訓箕子者陰陽之氣萬物方荄滋非商箕子也賓蜀人

包犧因燧皇之圖而制八卦神農演之爲六十四此淳于俊對高貴鄉公之言也漢魏間人士守經甚嚴斯言必有所本

周詩有周不顯帝命不時毛氏訓曰不顯顯也不時時也至集傳亦因之不字當是丕字清廟之不顯不承卽書之丕顯丕承

禹貢九州冀兖青徐揚荆豫梁雍周禮九州揚荆豫

傳疑錄上　儼山外集卷一　二

0126　儼山外集四十卷陸文裕公續集十卷　（明）陸深撰　明嘉靖三十年（1551）陸楫刻本　十冊

匡高18.5厘米，寬13.5厘米。半葉十行，行二十字，白口，左右雙邊，雙順白魚尾。鈐有“蓮池書院收藏書籍印”“直隸圖書館收藏記”等藏書印。保定市圖書館藏。

陸文裕公外集序

詹事府詹事兼翰林院學士贈禮部右
侍郎謚文裕儼山先生外集者輯畧古
義有傳疑錄在史館立義有史通會要
以編脩官入試院有科塲條貫書法造
極三昧有書輯性嗜古有古奇罷錄考
求
聖祖刈夷之蹟及扈從

必欲儕於宰相以自附於郭李則唐中葉以後所
謂平章者如此文呂以碩德老臣爲之宜也自此
例一開於是蔡京王黼相繼以太師總知三省事
三日一朝赴都堂治事以至於韓侂胄賈似道擅
權專政之久者皆欲效之蓋卑宰相而不屑爲而
必求加於相以自附於文呂則宋中葉以後所謂
平章者如此其感歎於世變者深矣

雲間陸深子淵著

不肖孫揖泣血校刻

春雨堂雜抄終

儼山外集卷三十三

陸文裕公外集後序

良俊有友董宜陽蓋雅從陸文裕公儼山先生游先生嘗語之曰余集欲不傳余有撰著數種雖不敢自謂成一家之言其於網羅舊聞紀記時事庶不詭於述者之意矣使後世有知余者其在茲乎其在茲乎良俊後見先生之子揖與其甥黄子標訊之良然良俊曰嗟乎甚

陸文裕公續集序

江西提學按察副使致仕進封中憲大夫姻生唐錦撰

近代文章家非周秦不談非西京不談然騁宏博者唯叢靡是務而精觕醇駁無所决擇往往蛟螾混處而雅鄭之互鳴也慕古與者則刻削鍛鍊務極艱澁棘喉滯吻若梵唄然殆不可句而大雅之風泯矣周秦西京固若是乎哉文裕

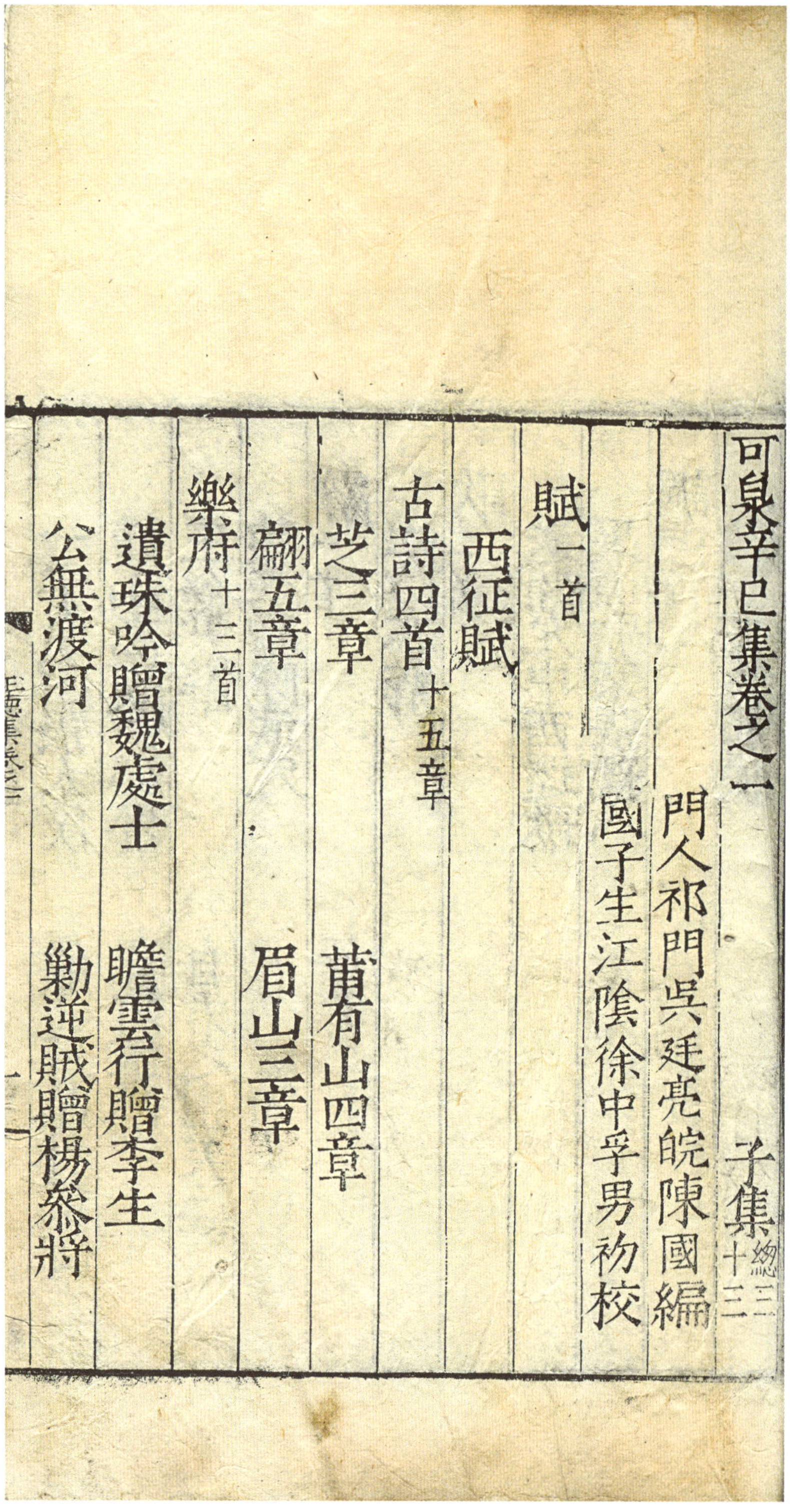
可泉辛巳集卷之一　子集總三十三
門人祁門吴廷亮皖陳國編
國子生江陰徐中孚男礿校
賦一首
西征賦
古詩四首十五章
芝三章　莆有山四章
翩五章　眉山三章
樂府十三首
遺珠吟贈魏處士　瞻雲行贈李生
公無渡河　勦逆賊贈楊叅將

0127　可泉辛巳集十二卷　（明）胡纘宗撰　明嘉靖四年（1525）刻本　四册

匡高17.2厘米，寬13.9厘米。半葉十一行，行二十字，白口，左右雙邊，單黑魚尾。鈐有“直隸圖書館收藏記”藏書印。入選第三批《國家珍貴古籍名録》（名録號09168）。保定市圖書館藏。

可泉辛巳集目録　凡十二卷

學生吳門馬驥門人祁門吳廷亮皖陳國編

國子生江陰徐中孚學生吳門陳津王寵校

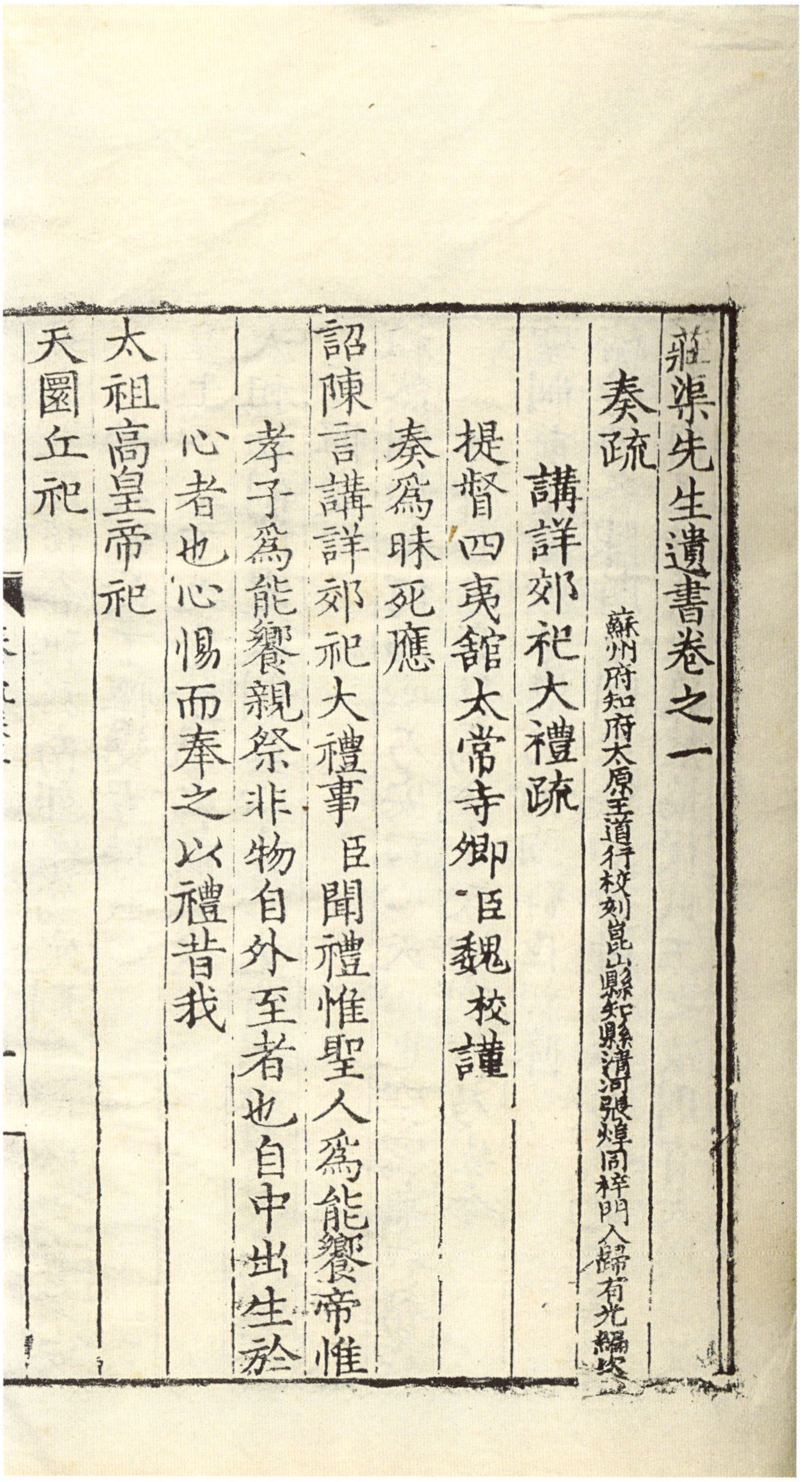

莊渠先生遺書卷之一

奏疏　蘇州府知府太原王道行校刻崑山縣知縣清河張煒同梓門人歸有光編次

講詳郊祀大禮疏

提督四夷館太常寺卿臣魏校謹

奏爲昧死應

詔陳言講詳郊祀大禮事臣聞禮惟聖人爲能饗帝惟

孝子爲能饗親祭非物自外至者也自中出生於

心者也心愓而奉之以禮昔我

太祖高皇帝祀

天圜丘祀

0128　莊渠先生遺書十六卷　（明）魏校撰　明嘉靖四十二年（1563）刻本　十册

匡高18.5厘米，寬13.3厘米。半葉十行，行二十一字，白口，左右雙邊，單黑魚尾。鈐有“蓮池書院收藏書籍印”“直隸圖書館收藏記”等藏書印。入選第二批《國家珍貴古籍名録》（名録號06013）。保定市圖書館藏。

莊渠魏先生遺書敘

他日讀書則常誦令人與居古人與稽之語不能休意謂今之世不復有斯人矣乃今盡讀莊渠魏先生集而夷考其行則先生蓋其人與先生

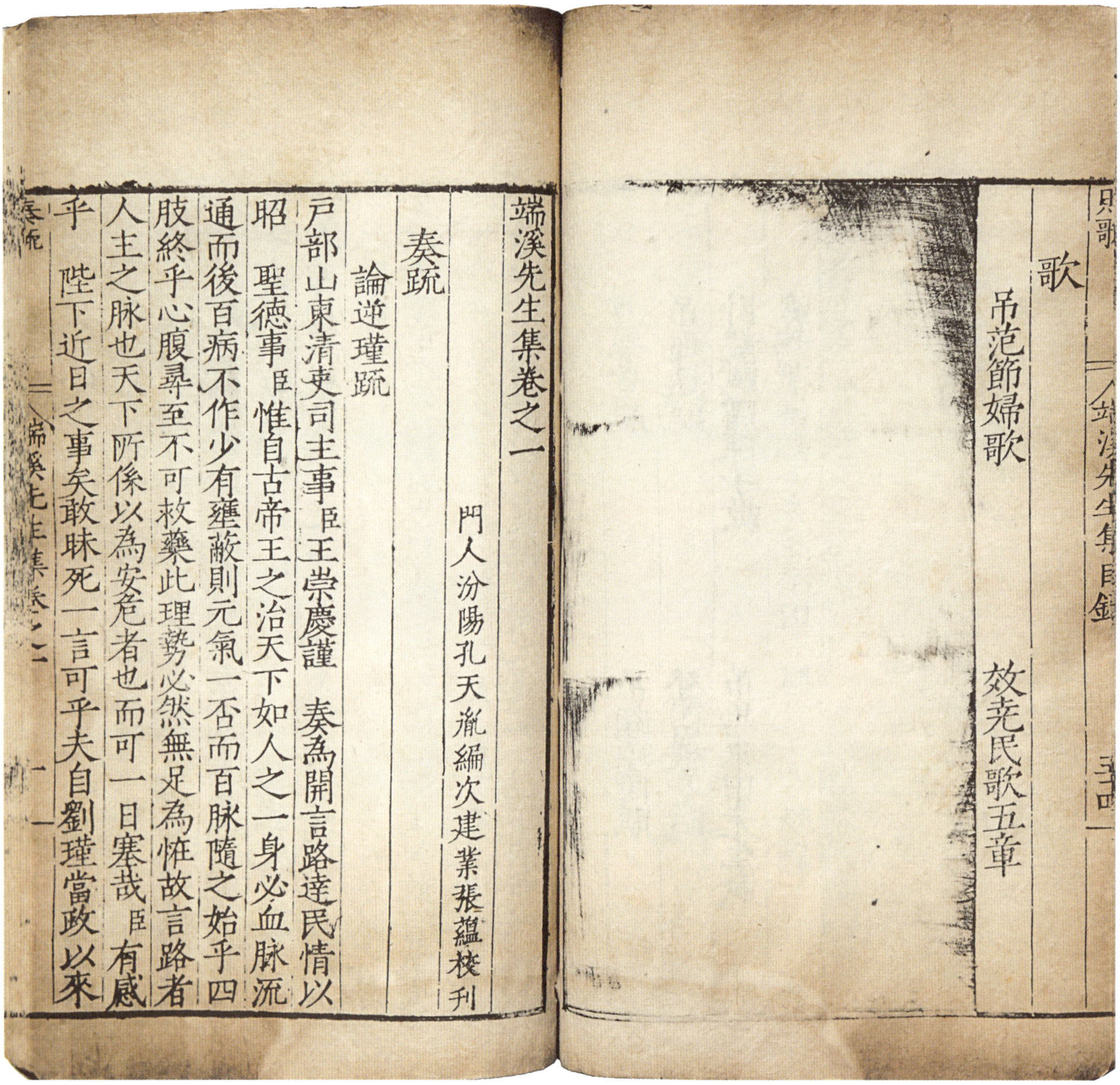
歌

吊范節婦歌

效尧民歌五章

端溪先生集卷之一

門人汾陽孔天胤編次建業張蘊梓刊

奏疏

論逆瑾疏

戶部山東清吏司主事臣王崇慶謹　奏為開言路達民情以
昭
聖德事臣惟自古帝王之治天下如人之一身必血脉流
通而後百病不作少有壅蔽則元氣一否而百脉隨之始乎四
肢終乎心腹尋至不可救藥此理勢必然無足為怪故言路者
人主之脉也天下所係以為安危者也而可一日塞哉臣有感
乎
陛下近日之事矣敢昧死一言可乎夫自劉瑾當政以來

0129　端溪先生集八卷　（明）王崇慶撰　明嘉靖三十一年（1552）張蘊刻本 八册

匡高20厘米，寬14厘米。半葉十行，行二十四字，白口，四周單邊，單白魚尾。入選第二批《國家珍貴古籍名録》（名録號06025）。武安市圖書館藏。

刊端溪先生集序

序曰昔我

聖皇疇咨宗伯修明禮樂我

端溪氏接武夔龍日聞明良喜起之歌

洋洋如也雝雝如也君子曰休哉乃嘉

靖庚戌洊膺

簡命晉位留都作司徒氏經濟之暇輙操觚

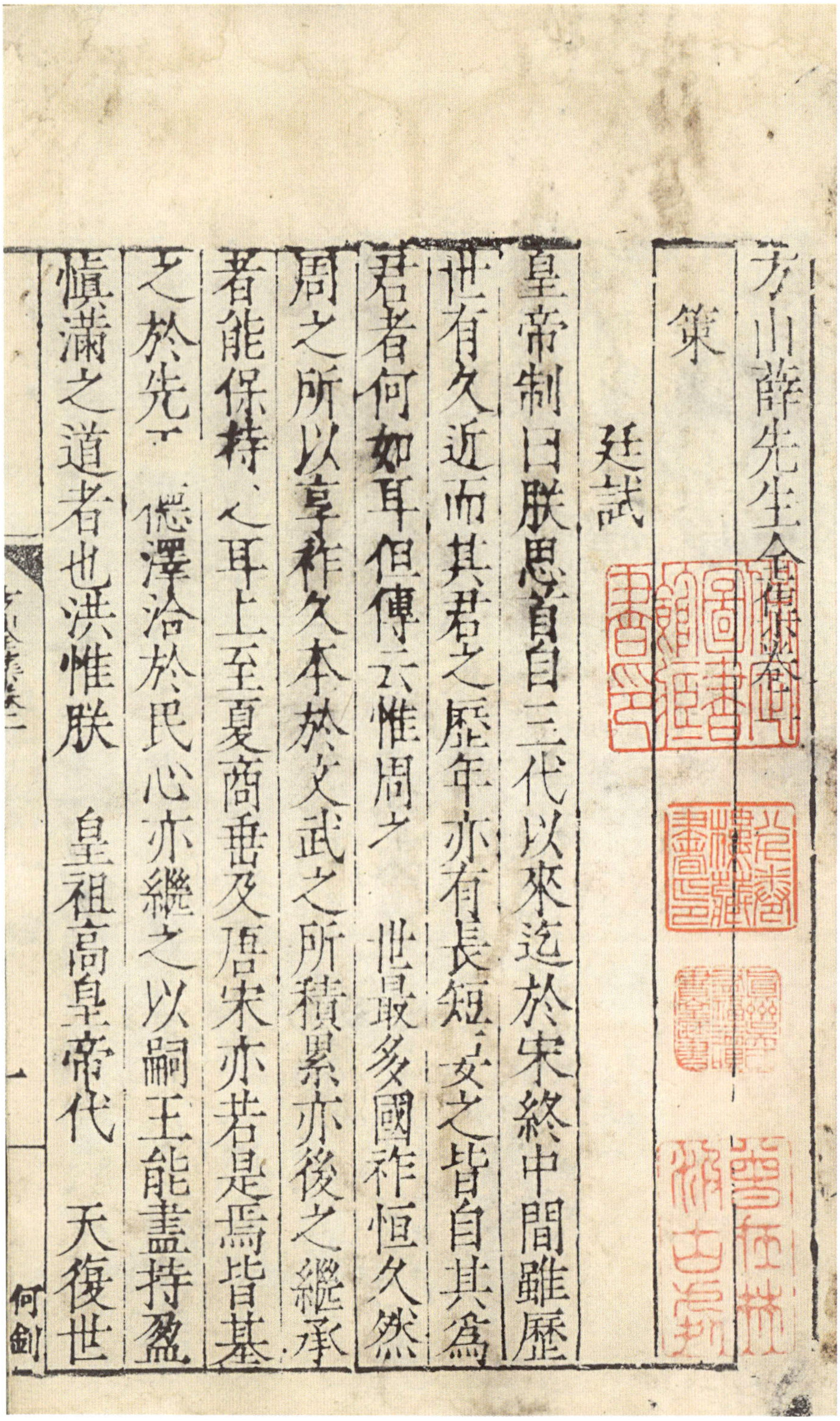
方山薛先生全集卷

策

廷試

皇帝制曰朕思首自三代以來迄於宋終中間雖歷世有久近而其君之歷年亦有長短攷之皆自其爲君者何如耳但傳云惟周之 世最多國祚恒久然周之所以享祚久本於文武之所積累亦後之繼承者能保持之耳上至夏商垂及唐宋亦若是焉皆基之於先王 德澤洽於民心亦繼之以嗣王能盡持盈愼滿之道者也洪惟朕 皇祖高皇帝代 天復世

0130　方山薛先生全集六十八卷　（明）薛應旂撰　明嘉靖刻本　二十二册

匡高18.3厘米，寬13.7厘米。半葉十行，行二十字，白口，四周單邊，單黑魚尾。鈐有“直隸圖書館收藏記”“八千卷樓藏書印”“真州吴氏有福讀書堂藏書”等藏書印。入選第二批《國家珍貴古籍名録》（名録號06104）。保定市圖書館藏。

方山先生文録序

華州王槐野宫諭示余文一帙曰此江左薛武進之文也維楨不敏行將叙之而未成公試覧之其謂斯文何余披誦旬月乃復之曰太上忘言其次有言其次多言非聖人之所貴也故曰予欲無言文則言之精而道之顯也且曰文莫猶人躬行不逮誠行矣安用文爲其垂諸文者非不逮於行也沮於行而不得已也不然空言何

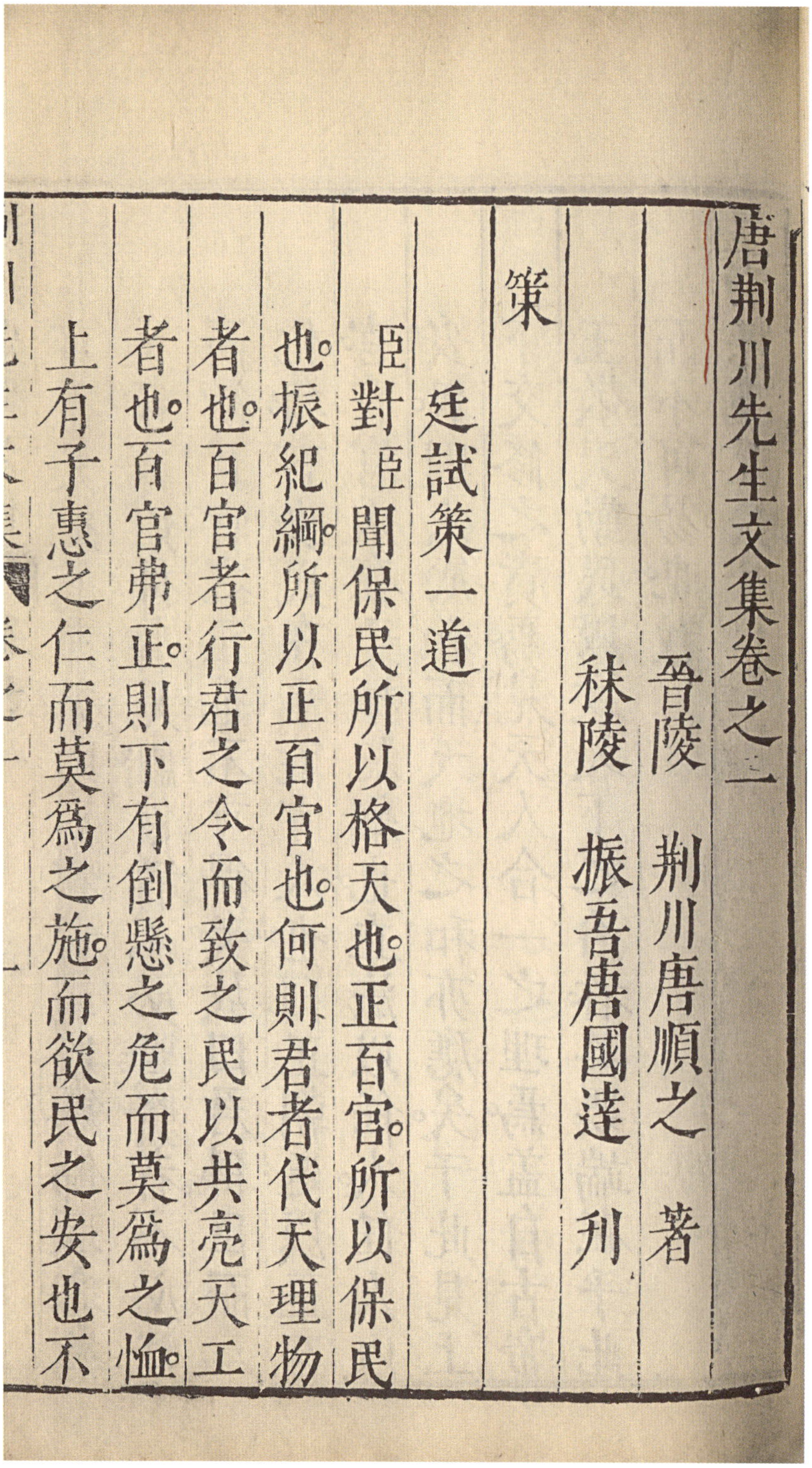
唐荊川先生文集卷之一
晉陵　荊川唐順之　著
秣陵　振吾唐國達　刊
策
廷試策一道
臣對臣聞保民所以格天也。正百官所以保民也。振紀綱所以正百官也。何則君者代天理物者也。百官者行君之令而致之民以共亮天工者也。百官弗正則下有倒懸之危而莫爲之恤。上有子惠之仁而莫爲之施。而欲民之安也不

0131　唐荊川先生文集十二卷　（明）唐順之撰　明嘉靖十六年（1537）唐國達刻本　六册

匡高21.6厘米，寬14.5厘米。半葉十行，行二十字，白口，四周單邊，單黑魚尾。河北師範大學圖書館藏。

唐荊川先生全集

古吳在茲堂藏板

唐荊川先生文集叙

吳之有文學舊矣諸樊爲國斷髮之治未變蓋方甚陋而吳季札已能盡通易詩書禮樂六藝之文以觀於中

唐荊川先生文集卷之三

詩

庚子歲海印寺再舉同年會紀事四首（此下係春坊時作）

伐木張新燕，攀鱗憶往時。重來散花處，更是聚星期。玉佩皆鵷侶，金河即鳳池。獨憐缸鏊質，還復接芳儀。

淨院早涼生，佳賓四座傾。花間重識面，塔裏舊題名。對酒憐萍跡，聞歌想鹿鳴。十年還此會，那得更無情。

故遊經繡陌，初地入松扉。可那看花伴，年年漸覺稀。一鐘收宿雨，雙樹帶餘暉。君問龍池劫，誰能不醉歸。

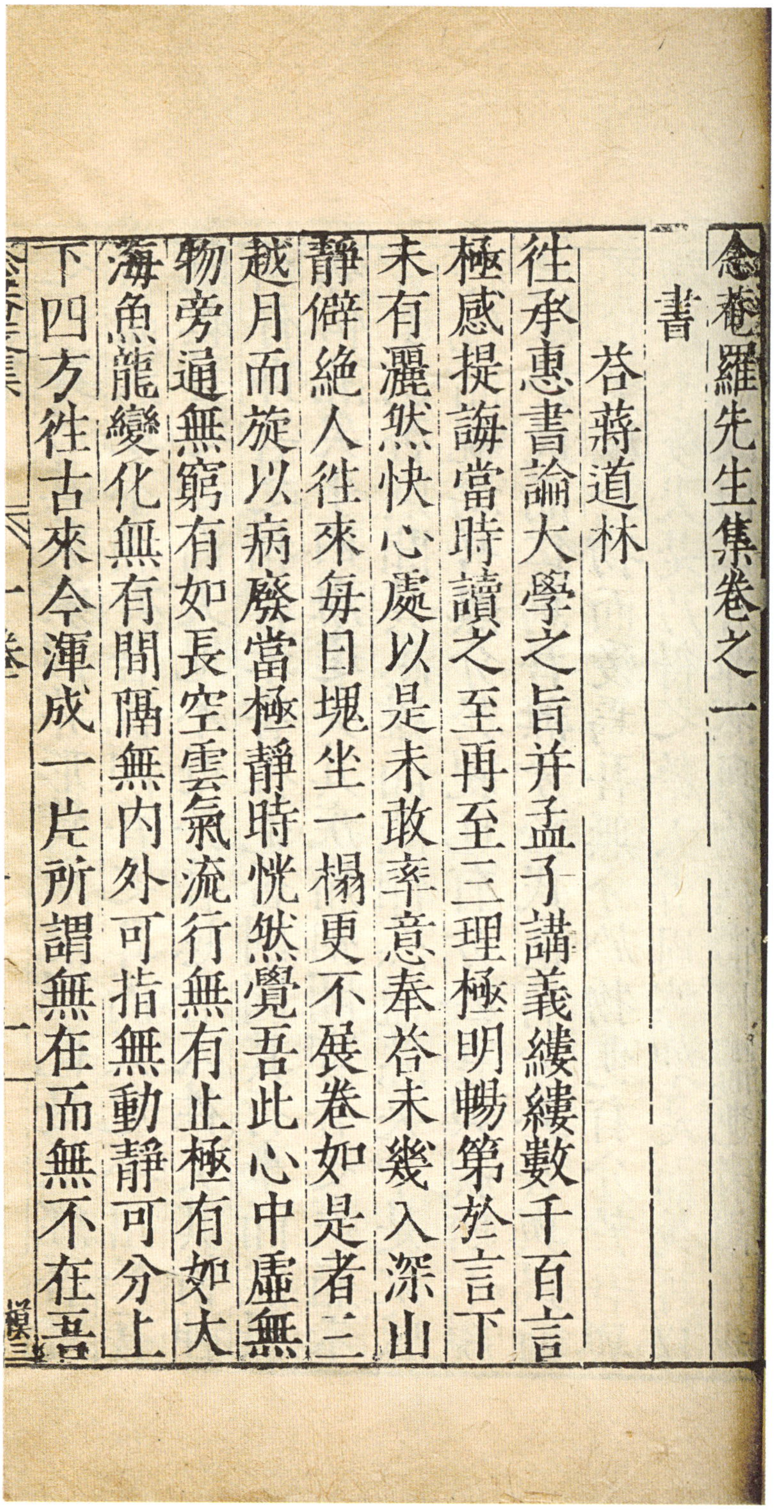
念菴羅先生集卷之一

書

荅蔣道林

往承惠書論大學之旨并孟子講義縷縷數千百言極感提誨當時讀之至再至三理極明暢第於言下未有灑然快心處以是未敢率意奉荅未幾入深山靜僻絕人往來每日塊坐一榻更不展卷如是者三越月而旋以病廢當極靜時恍然覺吾此心中虛無物旁通無窮有如長空雲氣流行無有止極有如大海魚龍變化無有間隔無內外可指無動靜可分上下四方往古來今渾成一片所謂無在而無不在吾

念菴集　卷一　一

0132　念菴羅先生集十二卷　（明）羅洪先撰　明嘉靖四十二年（1563）刻本　八册

匡高21.5厘米，寬14.4厘米。半葉十一行，行二十字，白口，四周單邊，單白魚尾。版心下有“王堂”等刻工名。鈐有“蓮池書院收藏書籍印”“直隸圖書館收藏記”等藏書印。保定市圖書館藏。

念菴羅先生文集叙

夫文字撰著非賢聖之得已也太上尚矣中古以來有百官焉有萬民焉書與文惡可已也然當是時言即其心文即其行今世所誦習若謨典誓誥訓命敷奏與雅頌二南之什三禮諸書大都是矣顧自姬室東王跡熄小雅漸廢而陽明之道日消禮壞樂崩失次渝節詩書

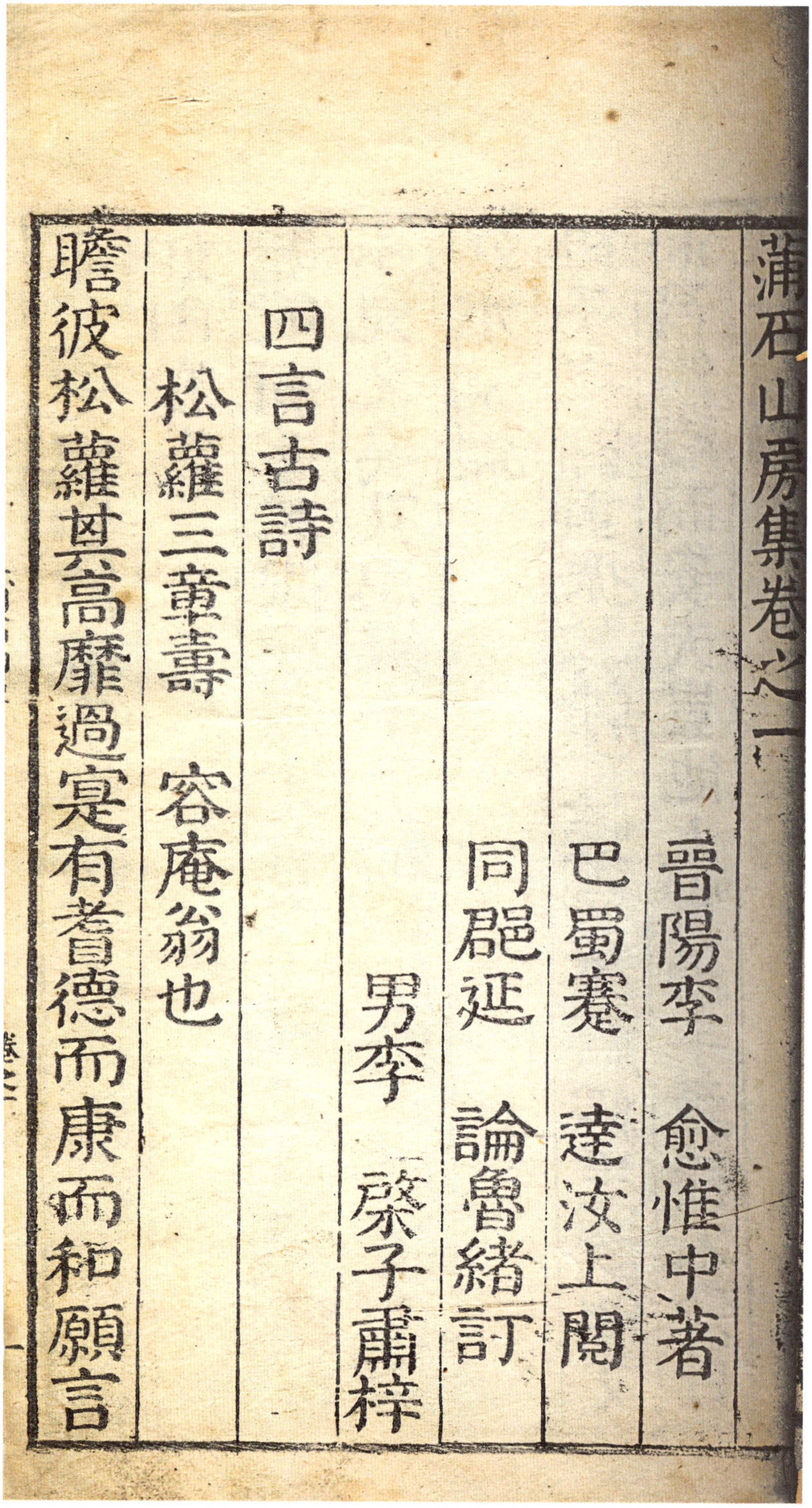

蒲石山房集卷之一

晉陽李　愈惟中著

巴蜀蹇　達汝上閱

同邑延　論魯緒訂

男李　棨子肅梓

四言古詩

松蘿三章壽　容庵翁也

瞻彼松蘿其高靡過寔有耆德而康而和願言

0133　蒲石山房集五卷　（明）李愈撰　明萬曆三十九年（1611）李棨刻本　五册
匡高21厘米，寬14.3厘米。半葉八行，行十八字，白口，四周單邊。保定市圖書館藏。

李匡為呂注野门徒而請文更不入
攷呂書係明刻又為四庫所不收
圓明人集中罕本也姑存之

蒲石山房集序

是余鄉中都守大夫李先生集也其名蒲石何也是先生生而所遊地也地故頗饒山水而父祖常棲焉而顯已又棲焉而顯自中都罷而復居之終始亦不可忘也先生

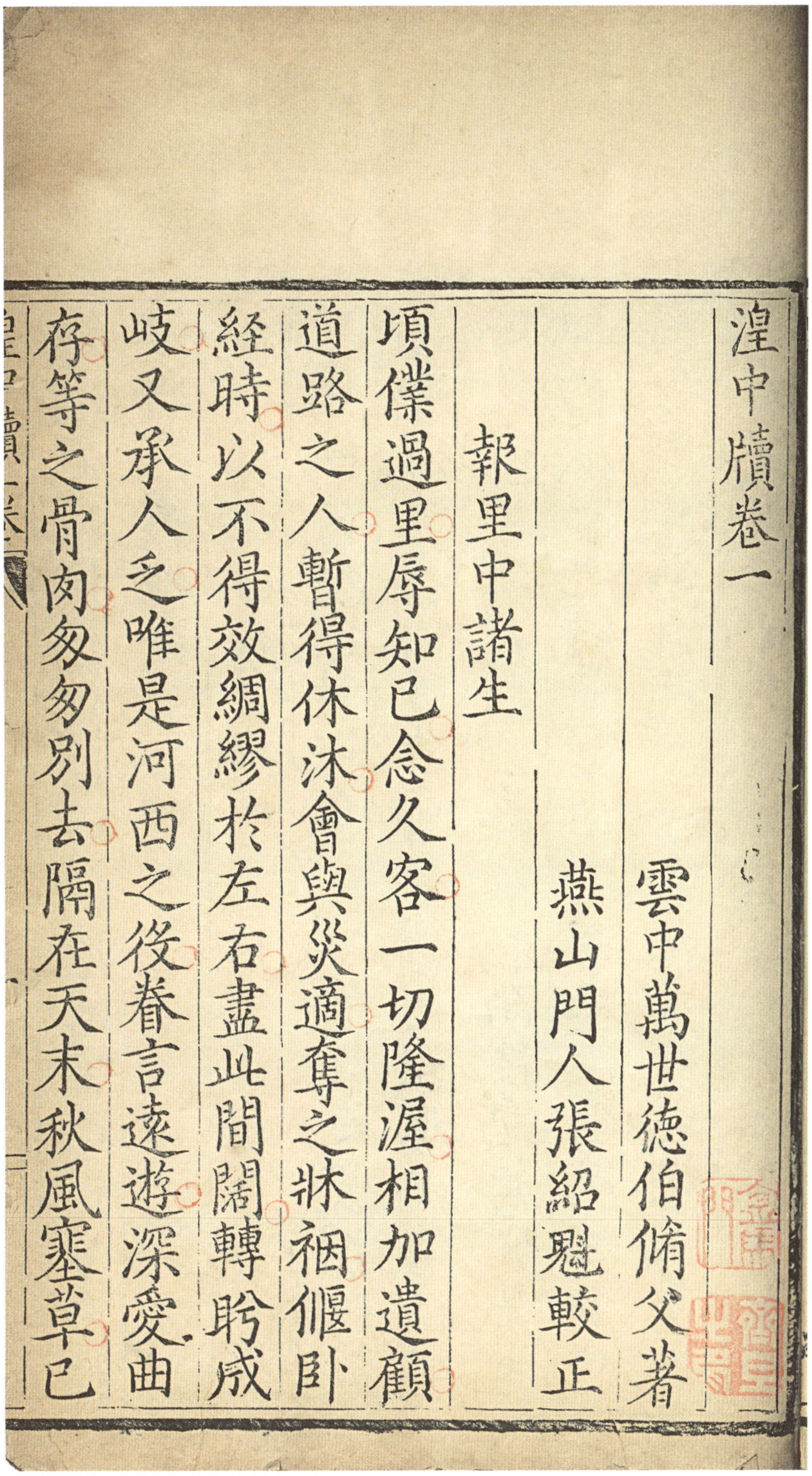
湟中牘卷一
雲中萬世德伯脩父著
燕山門人張紹魁較正
報里中諸生
頃僕過里辱知已念久客一切隆渥相加遺顧
道路之人暫得休沐會與災適奪之牀裀偃卧
經時以不得效綢繆於左右盡此間闊轉盼成
岐又承人乏之唯是河西之役眷言遠遊深愛曲
存等之骨肉匆匆别去隔在天末秋風塞草已

0134　湟中牘七卷家食藁一卷　（明）萬世德撰　明萬曆二十二年（1594）刻本　八册

匡高20.1厘米，寬14.1厘米。半葉九行，行十八字。白口，四周雙邊，單黑魚尾。入選第三批《國家珍貴古籍名録》（名録號09242）。石家莊市圖書館藏。

駸有燎原之勢矣余竊憂之而中外游談仍以虜意在復仇余極言老酋樹此為三穴計而火酋雄狡非諸酋比即不能驅之歸亦明白之

廟堂量以一空名羈之為立約束或掠熟番或及內地我亦出兵剿殺勿赦當事者弗是也後套虜掠湟中番

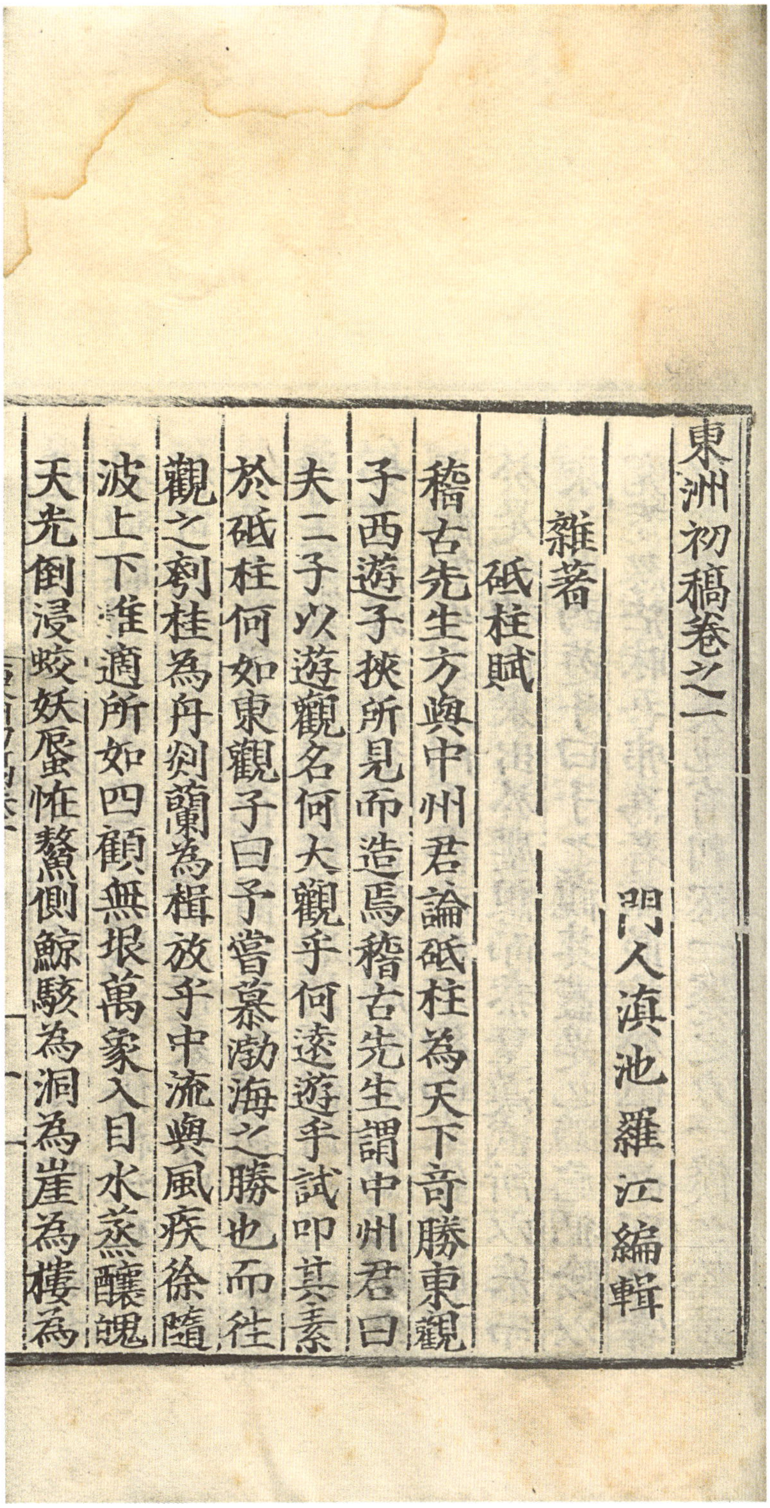
東洲初稿卷之一
門人滇池羅江編輯
雜著
砥柱賦
稽古先生方與中州君論砥柱為天下奇勝東觀
子西遊子挾所見而造焉稽古先生謂中州君曰
夫二子以遊觀名何大觀乎何遠遊乎試叩其素
於砥柱何如東觀子曰予嘗纍渤海之勝也而往
觀之刳桂為舟剡蘭為楫放乎中流與風疾徐隨
波上下惟適所如四顧無垠萬象入目水蒸釀魄
天光倒浸蛟妖蜃怪鰲側鯨駭為洞為崖為樓為

0135　東洲初稿十四卷　（明）夏良勝撰　（明）羅江輯　明正德嘉靖刻本　八册

匡高17.9厘米，寬13.6厘米。半葉十一行，行二十字，白口，左右雙邊。鈐有“蓮池書院收藏書籍印”“直隸圖書館收藏記”“鄭銓之印”等藏書印。入選第二批《國家珍貴古籍名録》（名録號06029）。保定市圖書館藏。

東洲初稿卷之十一

仕止隨錄　　門人滇池羅江　編輯

北瞻

人日啓行

栢酒漫將隨意話金花聊爾笑顔看丈夫弧矢志應遠廊廟江湖盟未寒庭草無人春自好落梅高調瑟須彈此身本是無歸定也信人間離別難

過三陸祠

道源有派開千古動靜差池只一間末學未教非陸學象山況復有梭山法懸竹簡無多事丹在心田見幾還誰為兩家下勍敵筆鋒拄閣共觀瀾

東洲初稿卷之十四

建昌府推官危德校刊

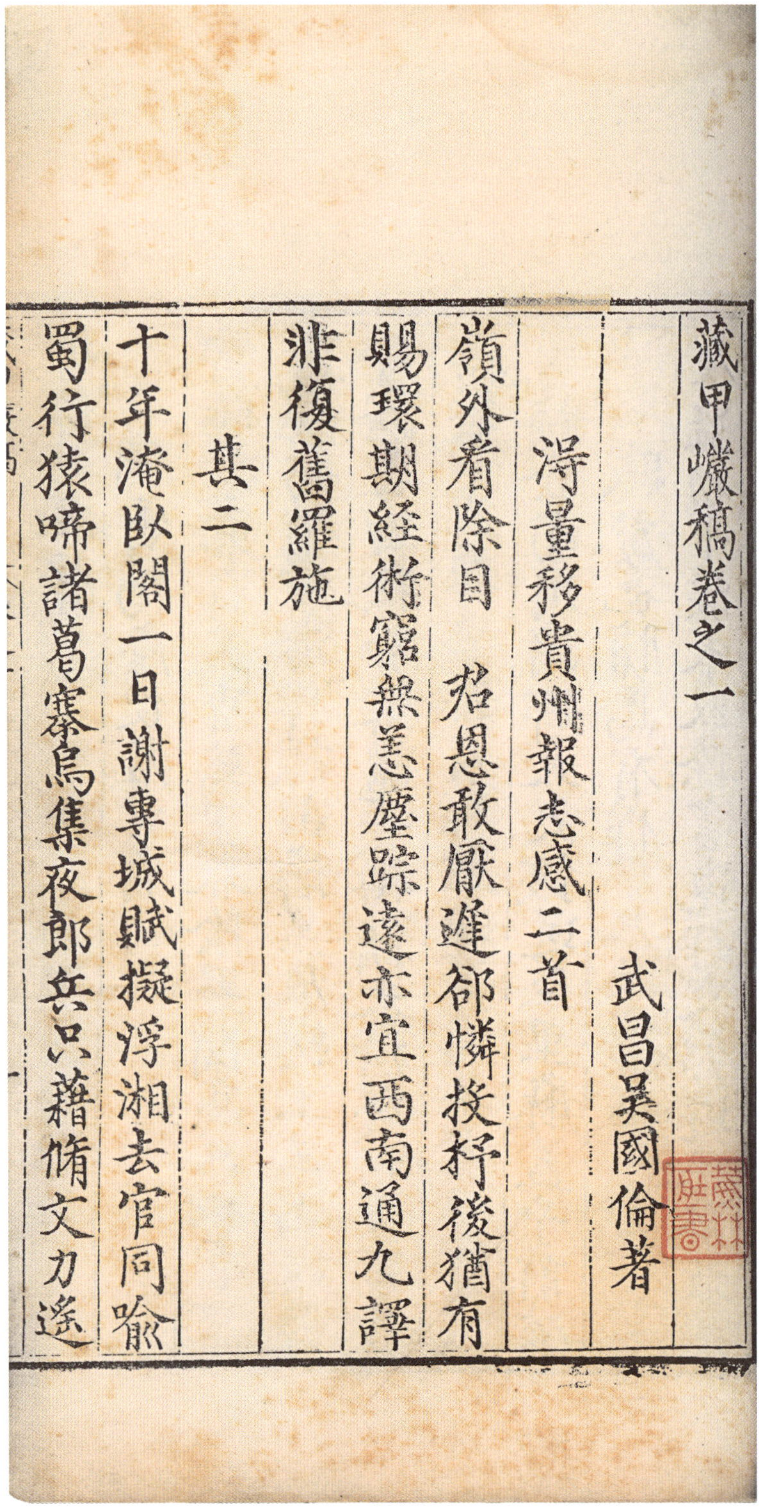

藏甲巇稿卷之一

武昌吴國倫著

淂量移貴州報志感二首

嶺外看除目　君恩敢厭遲郤憐投杼後猶有

賜環期經術窮無恙塵蹤遠亦宜西南通九譯

非復舊羅施

其二

十年淹臥閣一日謝專城賦擬浮湘去官同喻

蜀行猿啼諸葛寨烏集夜郎兵只藉脩文力遂

0136　藏甲巇稿六卷　（明）吴國倫撰　明萬曆二年（1574）唐汝禮刻本　二册

匡高20.5厘米，寬15厘米。半葉九行，行十八字，白口，四周雙邊，單白魚尾。鈐有“樾山堂藏書印”。保定市圖書館藏。

藏甲巖藁叙

藏甲巖者世傳爲孔明征南人藏甲之所吴門樓公奉命督學貴州其公署逼焉日恬息于巖中以發其歌詠述作之趣名曰藏甲巖藁云公晉參中州過家余得其藁而讀之

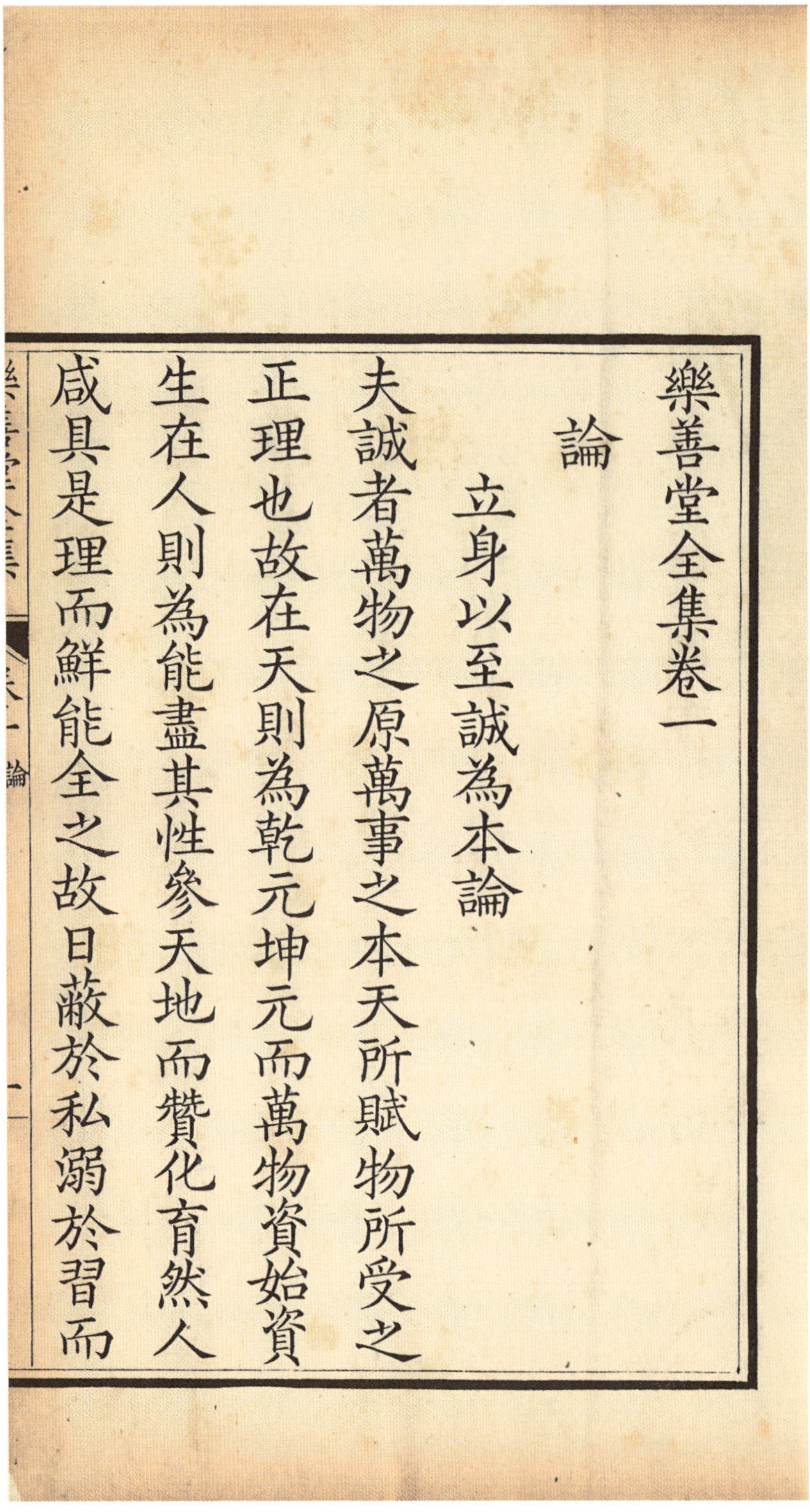
樂善堂全集卷一

論

立身以至誠為本論

夫誠者萬物之原萬事之本天所賦物所受之正理也故在天則為乾元坤元而萬物資始資生在人則為能盡其性參天地而贊化育然人咸具是理而鮮能全之故日蔽於私溺於習而

樂善堂全集　卷一　論　一

0137　樂善堂全集四十卷目録四卷　（清）高宗弘曆撰　清乾隆元年（1736）内府刻本　二十四册

匡高19.2厘米，寬14厘米。半葉七行，行十八字，白口，四周雙邊，單黑魚尾。河北大學圖書館藏。

樂善堂全集卷四十

乾隆元年冬

皇上萬幾餘暇取前後所著散體古文詩賦彙

為一集而

命疇昔侍學之臣跋之臣爾泰以雍正十年入

侍既嘗承

命敬序樂善堂文鈔今年秋復敬序日知薈說

聖性之誠一

宸極布德明教敷政寧人無一不與民心相應
萬邦忻戴如天地之蓋容而猶歉然自以
為未足文與治之日新皆由於
聖心之誠一可見矣伏讀前後
御製序文所時切於
聖心者於樂善堂文鈔則因文以檢躬行於日
知薈說則即文以考治法而是編之序言

之尤深切焉體道不息而與時偕行將見
聖德
聖治直接武於三王而是編之傳布於寰區皆
以典誥奉之矣是則臣心所厚幸也
乾隆元年歲次丙辰仲冬月少保大學士
臣鄂爾泰恭跋

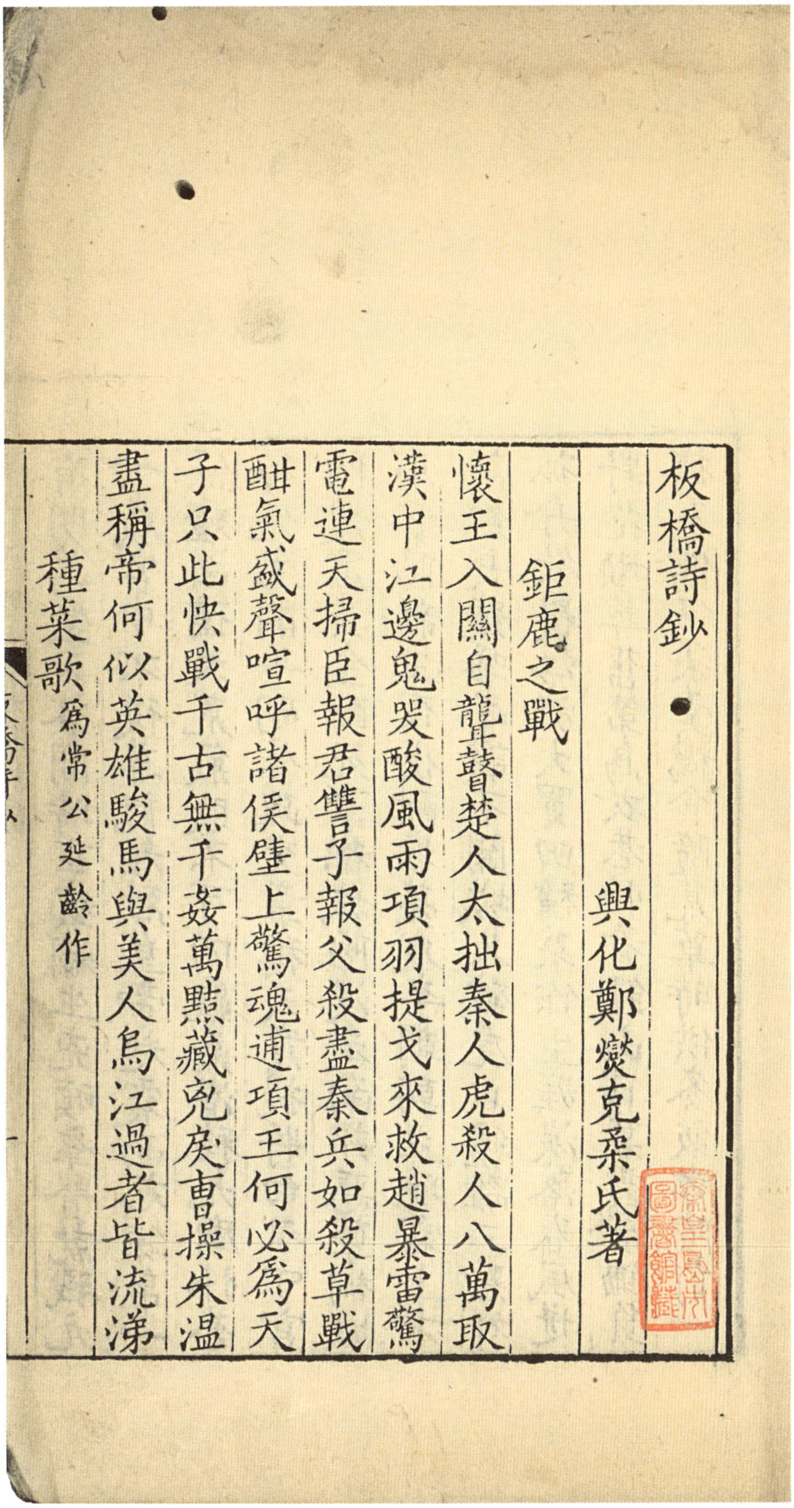
板橋詩鈔
興化鄭燮克柔氏著
鉅鹿之戰
懷王入關自聾瞽楚人太拙秦人虎殺人八萬取
漢中江邊鬼哭酸風雨項羽提戈來救趙暴雷驚
電連天掃臣報君讐子報父殺盡秦兵如殺草戰
酣氣盛聲喧呼諸侯壁上驚魂逋項王何必爲天
子只此快戰千古無千姦萬黠藏兇戾曹操朱溫
盡稱帝何似英雄駿馬與美人烏江過者皆流涕
種菜歌爲常公延齡作

0138　板橋集六編七卷　（清）鄭燮著　清乾隆清暉書屋刻本　四冊

匡高15.7厘米，寬12.7厘米不等。半葉十行，行十九字不等，白口，左右雙邊，單黑魚尾。秦皇島市圖書館藏。

清暉書屋

板橋集

清暉書屋刊

板橋詞鈔

興化縣鄭燮著

上元司徒文膏刻

漁家傲

王荆公新居

積雨新晴江日吐。小橋著水烟綿樹。茅屋數間誰是主。王介甫而今曉淂青苗誤。呂惠卿曾何足數。蘇

與舍弟書十六通

興化鄭燮板橋氏著

雍正十年杭州韜光庵中寄舍

弟墨

誰非黃帝堯舜之子孫而至于今日其不幸而為臧獲為婢妾為輿臺皂隸窘窮迫逼無可奈何非其數十代以前即自臧獲婢妾輿臺

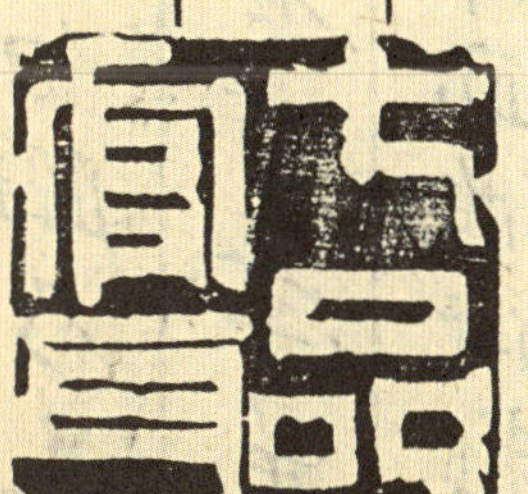

與舍弟書十六通　司徒文膏刻

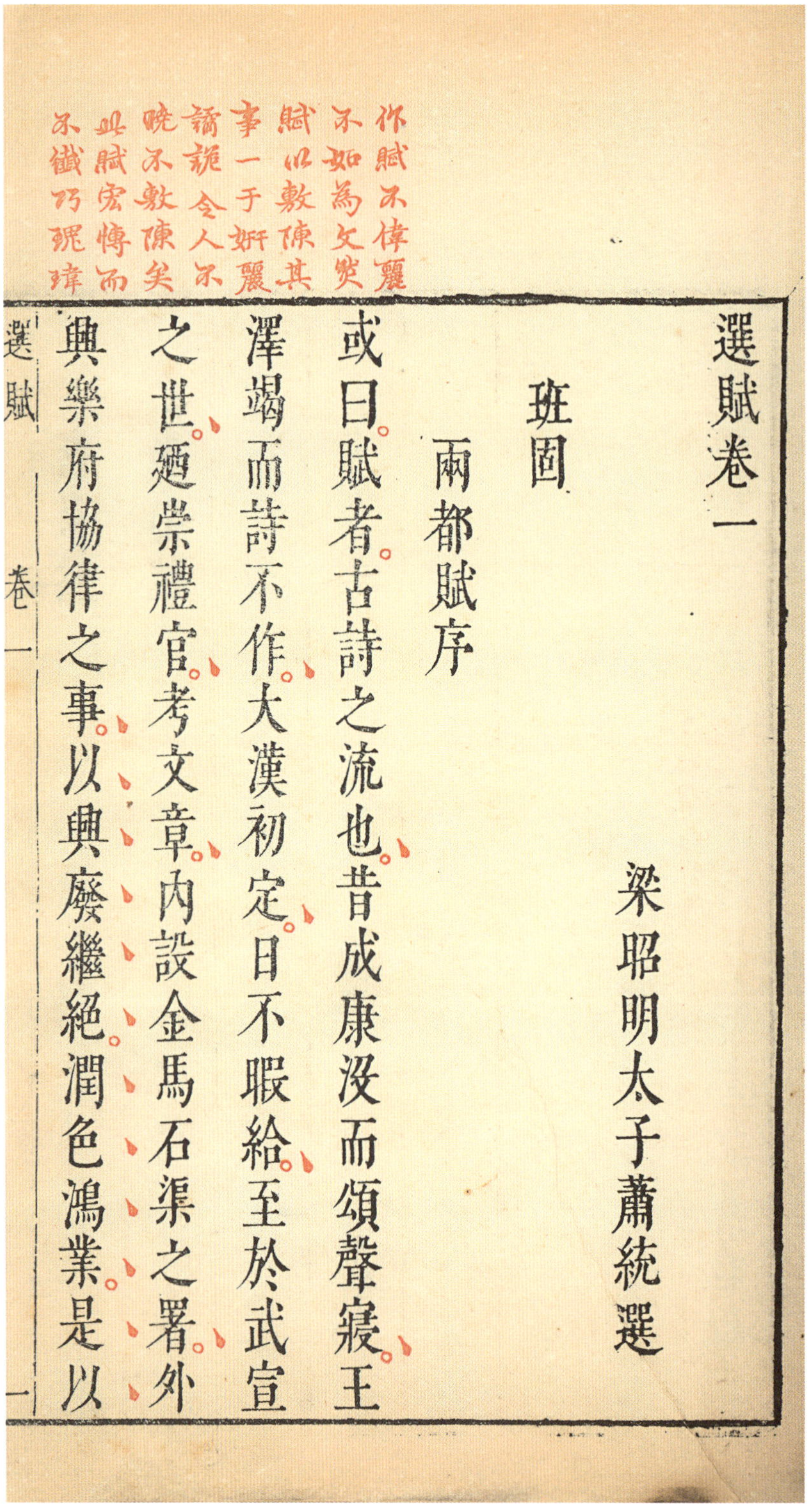
作賦不偉麗不如為文寔賦以敷陳其事一于姸麗謫詭令人不曉不敷陳矣此賦宏博而不識巧琨瑋

選賦卷一

梁昭明太子蕭統選

班固

兩都賦序

或曰賦者古詩之流也昔成康沒而頌聲寢王澤竭而詩不作大漢初定日不暇給至於武宣之世迺崇禮官考文章內設金馬石渠之署外興樂府協律之事以興廢繼絕潤色鴻業是以

選賦　卷一　一

0139　選賦六卷附名人世次爵里一卷　（南朝梁）蕭統選　（明）郭正域評點　明萬曆刻朱墨套印本　五册

匡高20.5厘米，寬14厘米。半葉八行，行十八字，白口，四周單邊。鈐有“大城劉氏地山堂世傳必讀”“陳春暉印”“鳳笙閣”等藏書印。河北博物院藏，存六卷（卷一、三至六、附一卷）。

京都上
善本
51
1-5

余見詞壇搖觚擬都麗媚雅動稱昭明選賦云顧文繁意奧句褻字綴每為呫嗶所苦江夏郭明龍先生削以丹鉛加之品騭甕牖繩樞之子亦得側弁而哦矣先儒用脩當世博雅著籍幾百種或間有發明者聊復綴之首玉屑盈車兼潤全璧耳若句字獨李善詳確五臣荒陋識者所歎力加校訂實不敢詩

吳興凌氏鳳笙閣主人識

梁昭明序

式觀元始眇覿玄風冬穴夏巢之時茹毛飲血之世世質民淳斯文未作逮乎伏羲氏之王天下也始畫八卦造書契以代結繩之政由是文籍生焉易曰觀乎天文以察時變觀乎人文以化成天下文之時義遠矣哉若夫椎輪爲大輅之始大輅寧有椎輪之質增冰爲積水所成積水曾微增冰之凜何哉蓋踵其事而增華變其

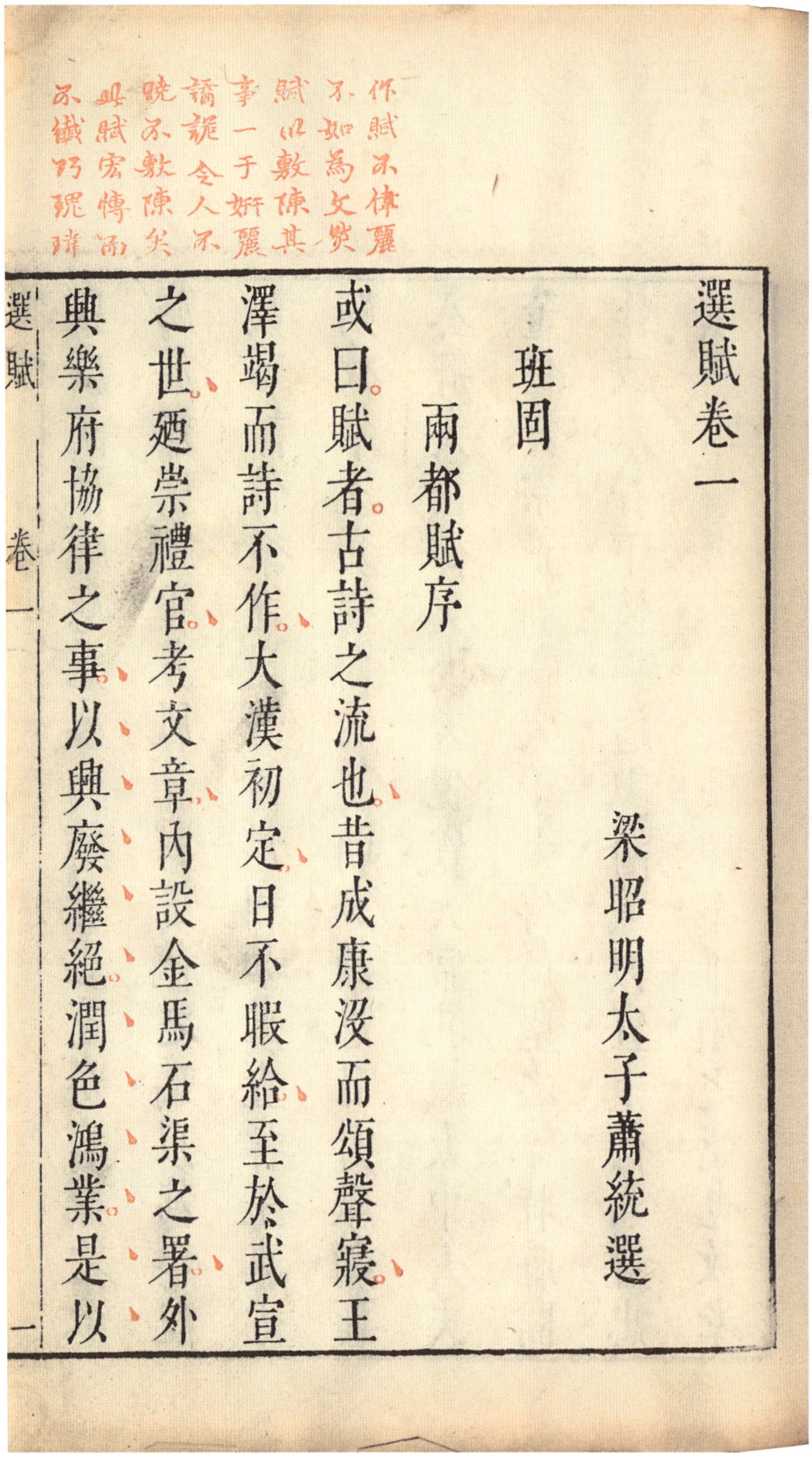

作賦不偉麗不如爲文然賦以敷陳其事一于妍麗譎詭令人不曉不敷陳矣此賦宏博而不纖巧瑰瑋

選賦卷一

班固　　　　　　　　梁昭明太子蕭統選

兩都賦序

或曰賦者古詩之流也昔成康沒而頌聲寢王澤竭而詩不作大漢初定日不暇給至於武宣之世廼崇禮官考文章内設金馬石渠之署外興樂府協律之事以興廢繼絕潤色鴻業是以

選賦　卷一　一

0140　選賦六卷附名人世次爵里一卷　（南朝梁）蕭統選　（明）郭正域評點　明刻朱墨套印本　六册

匡高20.3厘米，寬14.6厘米。半葉八行，行十八字，白口，四周單邊。鈐有“王氏”等藏書印。入選第二批《國家珍貴古籍名録》（名録號06273）。河北大學圖書館藏。

梁昭明傳

昭明太子者諱統字德施姓蕭氏南蘭陵人梁高祖叔達長子也天監元年立爲皇太子太子生而聰叡三歲受孝經論語五歲徧讀五經悉能諷誦及冠加金博山美姿貌善舉止讀書數行並下過目皆憶每遊宴祖道賦詩至十數韻或命劇韻皆屬思便成無所點易引納才學之士賞愛亡勸恒自討論篇籍或與商搉古今東

選賦　傳　一

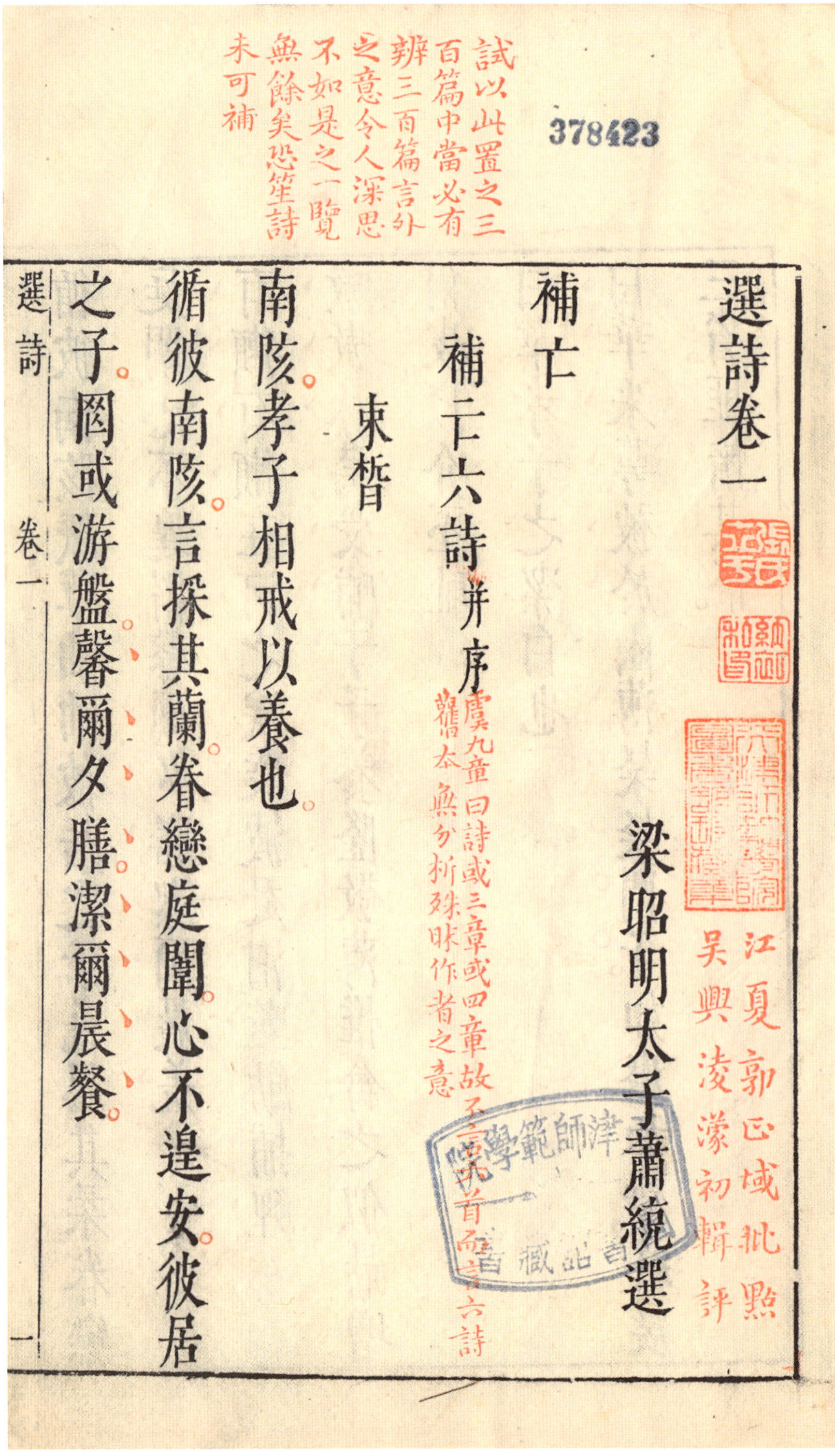

0141　選詩七卷附詩人世次爵里一卷　（南朝梁）蕭統輯　（明）郭正域批點　（明）凌濛初輯評　明刻朱墨套印本　六册

匡高20.5厘米，寬14.7厘米。半葉八行，行十八字，白口，四周單邊。鈐有“劍光閣圖書印”等藏書印。入選第二批《國家珍貴古籍名録》（名録號06262）。河北大學圖書館藏。

輯諸名家合評選詩序

嚴滄浪曰詩有別趣非關理也乃杜少陵論兒詩則曰熟精文選理昭明選詩漢魏莽蒼古道猶存晉宋之交聲多力露矣少陵不云精其詞其音而

笥蝕帙巾無彙而料之者余感少陵湛沈湎濡首隆固陋未及備蒐一臠之嘗竊有取焉後之君子以此彌緯揚扢恍然聆諸家之咳唾而睹言之宣也其於所

謂理思過半矣

吳興凌濛初撰并書

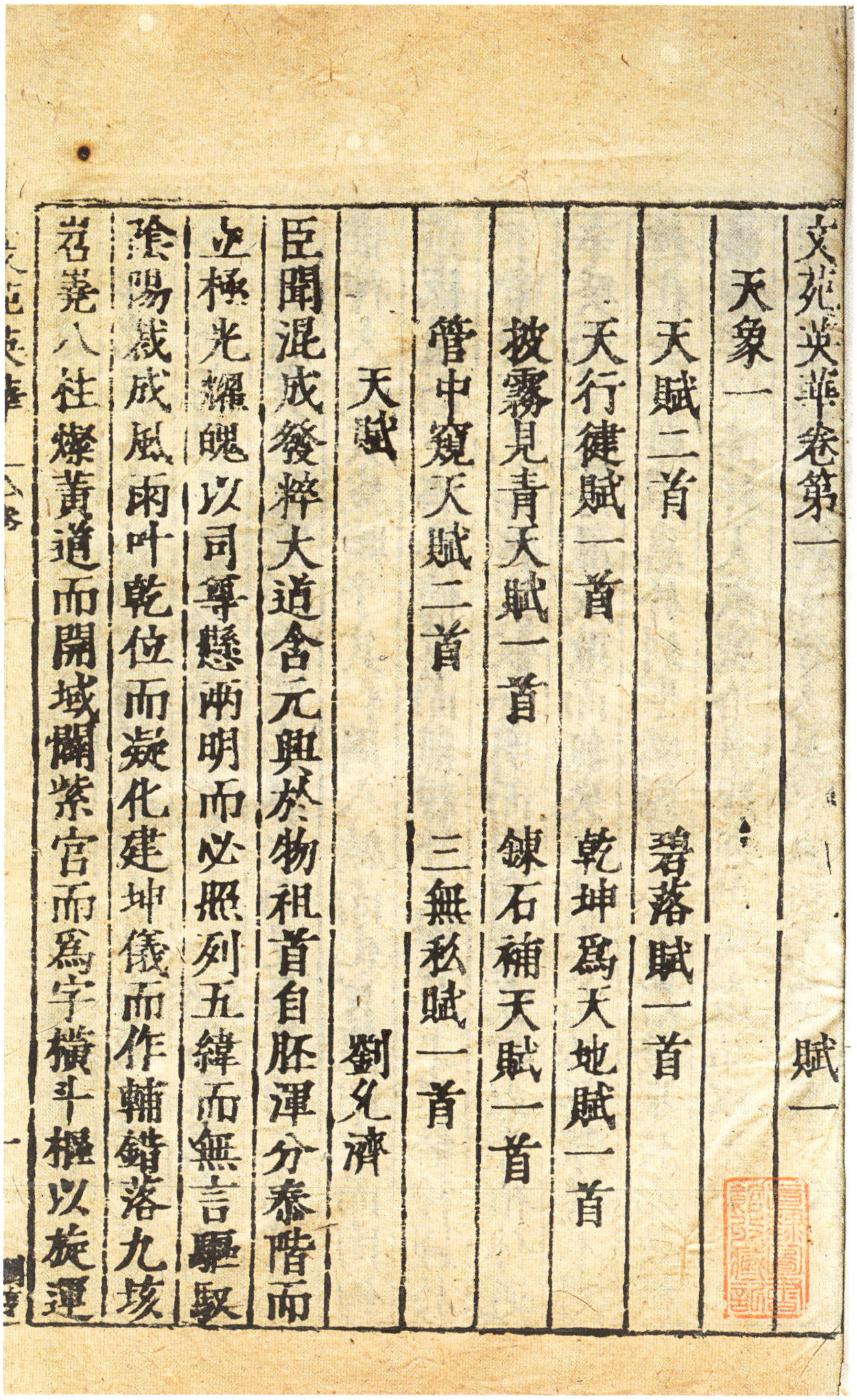

文苑英華卷第一　　　賦一
天象一
天賦二首　　　碧落賦一首
天行健賦一首　　乾坤爲天地賦一首
披霧見青天賦一首　鍊石補天賦一首
管中窺天賦二首　三無私賦一首
天賦　　　劉允濟
臣聞混成發粹大道含元與於物祖首自胚渾分泰階而
立極光耀魄以司尊懸兩明而必照列五緯而無言驅馭
陰陽裁成風雨叶乾位而凝化建坤儀而作輔錯落九垓
岧嶤八柱爍黃道而開域闢紫宮而爲宇橫斗樞以旋運

0142　文苑英華一千卷　（宋）李昉等輯　明隆慶元年（1567）胡維新、戚繼光刻隆慶六年（1572）萬曆六年（1578）三十六年（1608）遞修本　一百二十册

匡高21.2厘米，寬15.6厘米。半葉十一行，行二十二字，白口，四周單邊，單白魚尾。鈐有“王煦之印”“直隸圖書館收藏記”等藏書印。保定市圖書館藏。

文苑英華序

侍御雲屛胡君按部閩事不浹月既彬彬然祇於浚矣廼尤雅意文教購文苑英華繕本萬福泉胡守帛萬守慶庀梓之蓋侍御臺時大中公樂山先生曾摘錄日授今猶能

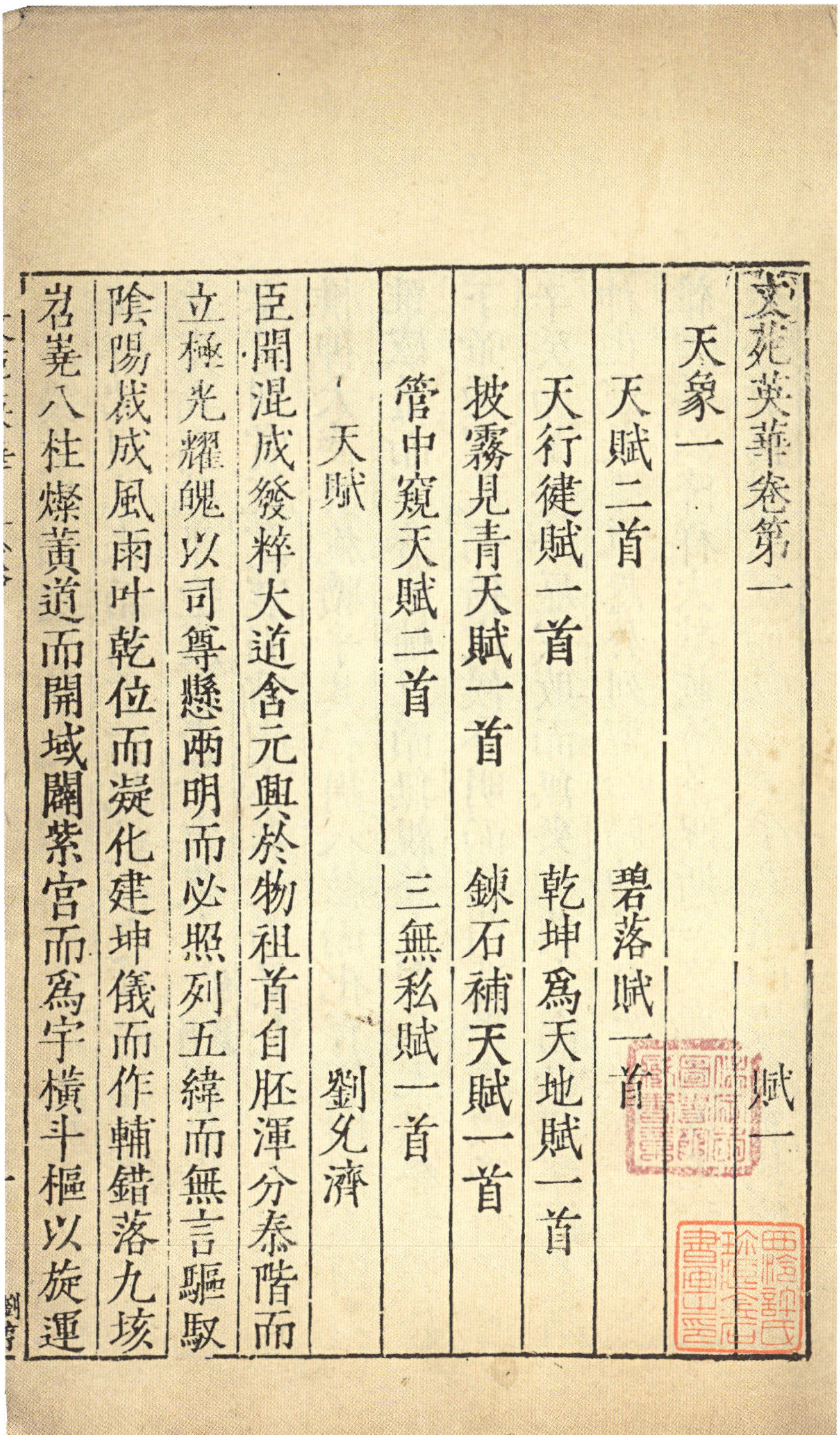

文苑英華卷第一　賦一

天象一

天賦二首　碧落賦一首

天行健賦一首　乾坤爲天地賦一首

披霧見青天賦一首　鍊石補天賦一首

管中窺天賦二首　三無私賦一首

天賦　劉允濟

臣聞混成發粹大道含元與於物祖首自胚渾分泰階而立極光耀魄以司尊懸兩明而必照列五緯而無言驅馭陰陽裁成風雨叶乾位而凝化建坤儀而作輔錯落九垓岧嶢八柱爍黃道而開域闢紫宮而爲宇橫斗樞以旋運

0143　文苑英華一千卷　（宋）李昉等輯　明隆慶六年（1572）刻本　一百零一册

匡高21.2厘米，寬15.6厘米。半葉十一行，行二十二字，白口，四周單邊，單白魚尾。鈐有“西泠許氏珍藏金石書畫之印”“直隷圖書館收藏記”藏書印。版心下鎸“壬申重刊（隆慶六年）”及刻工姓名。保定市圖書館藏，卷二百七十一至二百七十九配清抄本。

刻文苑英華序

文苑英華者爲宋學士李昉宋白輩奉勑輯次書出於雍熈初曁孝朝更命刪校反滋訛舛至嘉泰之再讐乃稱全本中所紀述肇梁陳迄唐季數百年名家綱羅略盡麗宬

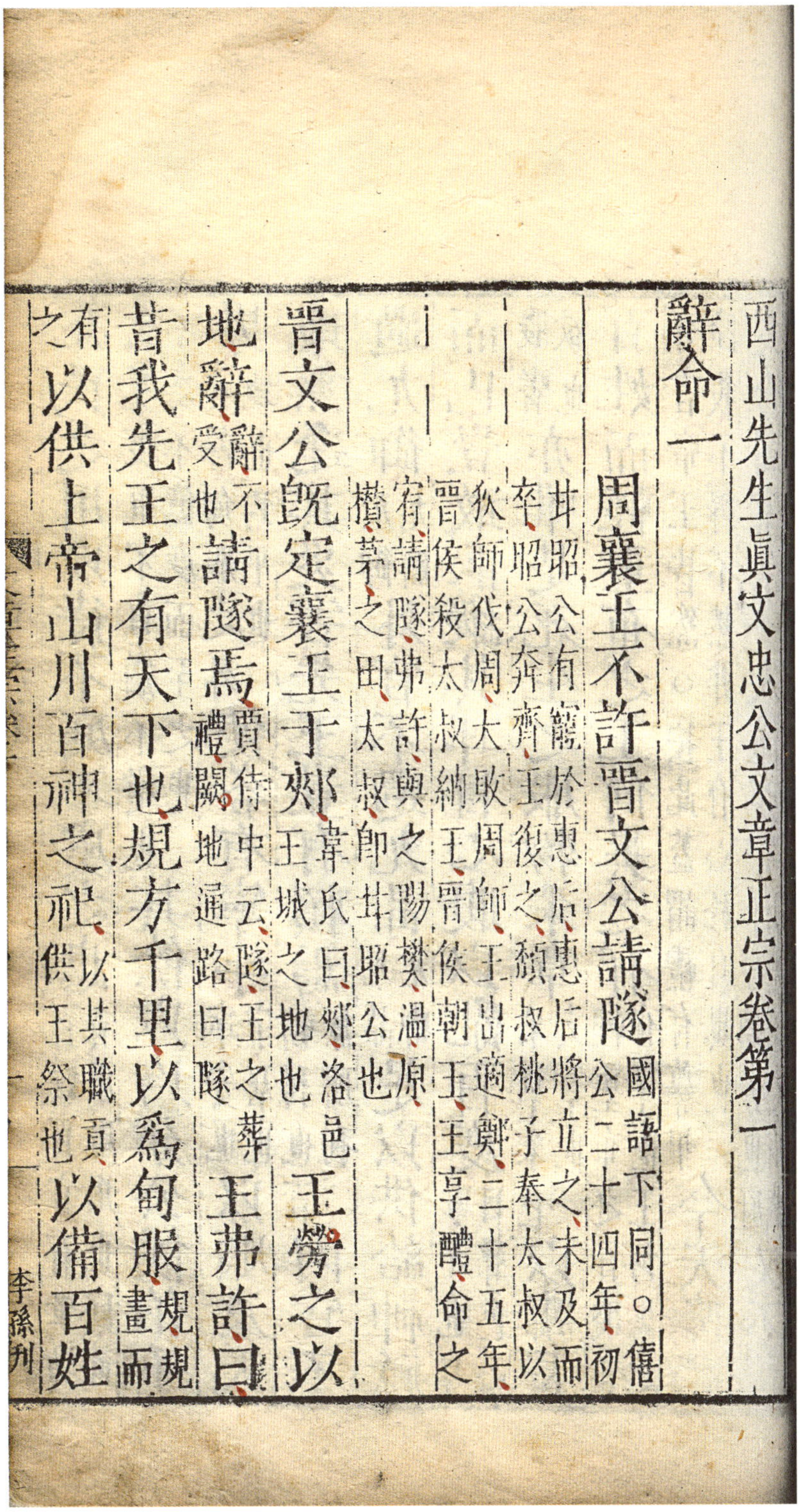

西山先生眞文忠公文章正宗卷第一

辭命一

周襄王不許晉文公請隧國語下同○僖公二十四年初甘昭公有寵於惠后惠后將立之未及而卒昭公奔齊王復之顏叔桃子奉太叔以狄師伐周大敗周師王出適鄭二十五年晉侯殺太叔納王晉侯朝王王享醴命之宥請隧弗許與之陽樊溫原欑茅之田太叔即甘昭公也

晉文公既定襄王于郟韋氏曰郟洛邑王城之地也王勞之以地辭辭不受也請隧焉賈侍中云隧王之葬禮闕地通路曰隧王弗許曰昔我先王之有天下也規方千里以爲甸服規規畫而有之以供上帝山川百神之祀以其職貢供王祭也以備百姓

李孫刊

0144　西山先生真文忠公文章正宗二十四卷　（宋）真德秀輯　明嘉靖四十三年（1564）刻本　十二册

匡高21.5厘米，寬15.9厘米。半葉十行，行十九字，小字雙行同，白口，左右雙邊，單黑魚尾。版心下有“唐林”“章儒”等刻工姓名。鈐有“蓮池書院收藏書籍印”“直隸圖書館收藏記”等藏書印。入選第三批《國家珍貴古籍名録》（名録號09422）。保定市圖書館藏。

刻文章正宗序

文章正宗者宋眞希元氏之編也芟蕪屛異將以翼經而正術其亦聖人之志與夫物生而有情情而思宣之斯生言矣訥者弗達陋者亡采則亡以敷事而喻物斯生文矣文言之善者也而貴於正其情夫幽賾之理彰

校刻文章正宗序

文以載道道歷萬世亡敝而文之變也恒與時爲汙隆昔三五之際淳厖醞釀溢爲芳潤于時不特廟廊之佐膠庠之士陳謨賡歌屬詞引類炳蔚可觀雖其田夫野老擊壤康衢亦莫不攄其所欲言之意

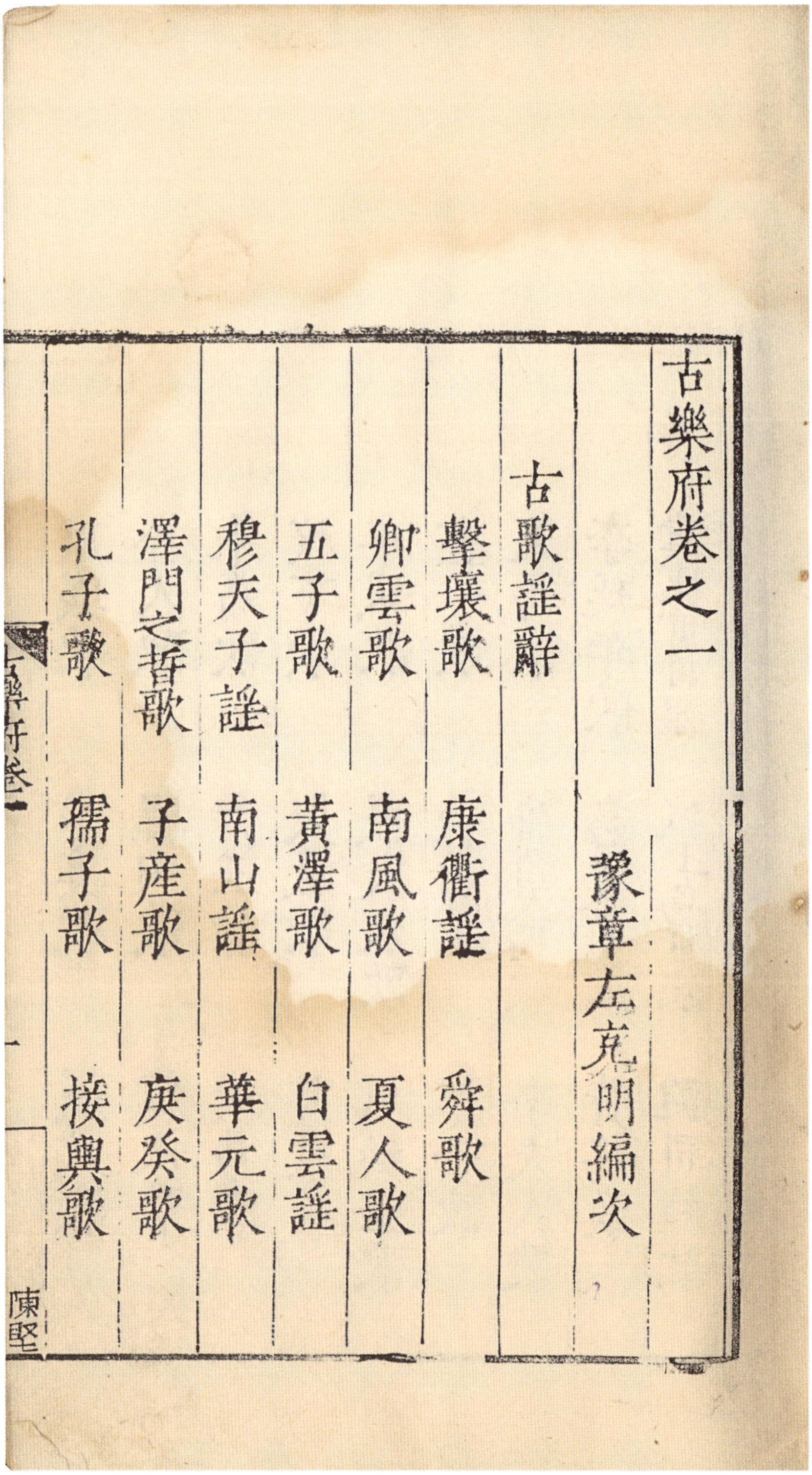
古樂府卷之一

豫章左克明編次

古歌謠辭

擊壤歌　康衢謠　舜歌

卿雲歌　南風歌　夏人歌

五子歌　黃澤歌　白雲謠

穆天子謠　南山謠　華元歌

澤門之晳歌　子産歌　庚癸歌

孔子歌　孺子歌　接輿歌

古樂府卷一　陳堅

0145　古樂府十卷　（元）左克明編次　明嘉靖二十三年（1544）蕭一中刻本　四册

匡高19厘米，寬15厘米。半葉九行，行十八字，小字雙行同，白口，左右雙邊，單黑魚尾。版心下有刻工“陳節”“陳奎”“何明”等。入選第二批《國家珍貴古籍名録》（名録號06319）。河北師範大學圖書館藏。

甲寅八月新購

古樂府叙

漢武帝立樂府官采詩以四方之聲合八音之調用之甘泉圜丘此樂府之名所由始也歷世相承古樂廢缺雖修舉不常而日就泯没博洽推究師授莫明於是凡其諸樂舞之有曲與夫歌辭可以被之管絃者通其前後俱謂之樂府上追三代下逮六朝作者迭興倣效繼

丈八蛇矛左右盤十盪
十決無當前

左右盤十盪十決無當前戰始三交失蛇矛棄我騙驄竄巖幽爲我外援而懸頭西流之水東流河一去不還奈子何

裴公歌

北史曰裴俠爲河北郡守躬履儉素愛民如子郡舊有漁獵夫三十人以供郡守俠曰以口腹役人吾所不爲也悉罷之又有丁三十人供郡守役俠亦罷之不以入私並敢庸爲市官馬歲時既積馬遂成馬羣去職之日一無所取民歌之云

肥鮮不食丁庸不取裴公貞惠爲世規矩

敕勒歌

風吹艸低見牛羊

文中子太平十二策

樂府廣題曰北齊神武攻周玉壁士卒死者十四五神武恚憤疾發周王下令曰高歡鼠子親犯玉壁劍弩一發元凶自斃神武聞之勉坐以安士衆悉引諸貴使斛律金唱敕勒神武自和之其歌本鮮卑語易爲齊言故其句長短不齊

敕勒川陰山下天似穹廬籠蓋四野天蒼蒼野茫茫風吹草低見牛羊

東征歌

杜淹文中世家曰隋仁壽中文中子西游長安見文帝奏太平十有二策帝下其議於公卿公卿不悅文中子知謀之不用作東征之歌而歸帝聞而再徵之不至

我思國家兮遠遊京畿忽逢帝王兮降禮布衣

重刻古樂府跋

南郡華容蕭一中撰

古樂府者元左克明所編次也有謠有歌有行有辭有操有曲始自唐虞迄于陳隋不及唐以下盖其音節雖殊而格律猶未變為近體也譬若商彞周鼎款識簡質雖弗適時用而識者寶之豈非以先王之澤猶存哉予每誦是編而愛

之顧板行歲久殘鈌至不可讀雅欲翻刻未能也歲甲辰秋予自江右謬轉浙藩思竟初志暇日謀之同寀諸公僉曰善嗟乎存遺音於絶響試使端冕而聽之寧不足以移淫哇之風而助流淳穆之化耶遂梓之與好古者共焉

嘉靖二十三年冬十二月朔

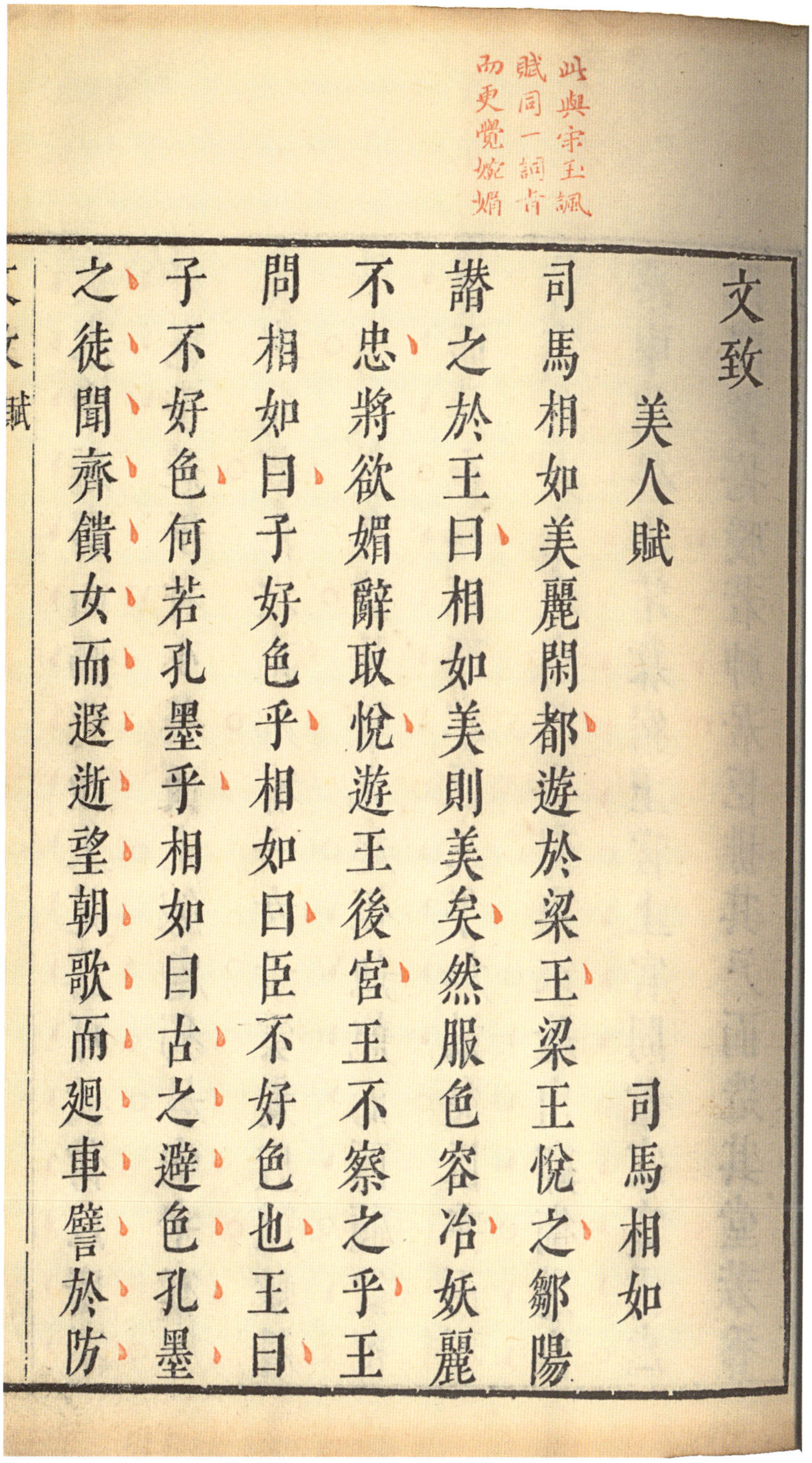

此與宋玉諷賦同一詞旨而更覺婉媚

文致

美人賦　　司馬相如

司馬相如美麗閑都遊於梁王梁王悅之鄒陽譖之於王曰相如美則美矣然服色容冶妖麗不忠將欲媚辭取悅遊王後宮王不察之乎王問相如曰子好色乎相如曰臣不好色也王曰子不好色何若孔墨乎相如曰古之避色孔墨之徒聞齊饋女而遐逝望朝歌而迴車譬於防

文致　賦

0146　文致不分卷　（明）劉士鏻選　（明）閔無頗　閔昭明集評　明刻朱墨套印本　四册

匡高20.8厘米，寬14.6厘米。半葉八行，行十八字，白口，四周單邊。河北大學圖書館藏。

文致小叙

愚嘗讀文致白集其

氣韻倩秀翁來娟

娟惜取材正而魚魯

俗腐儒矜嚴長爲
不讀乃不答人全
人捲卷而起志也余
於王戎孫復未敗

人意始後至初
憧有如此云
天啓元年
佛誕日正園

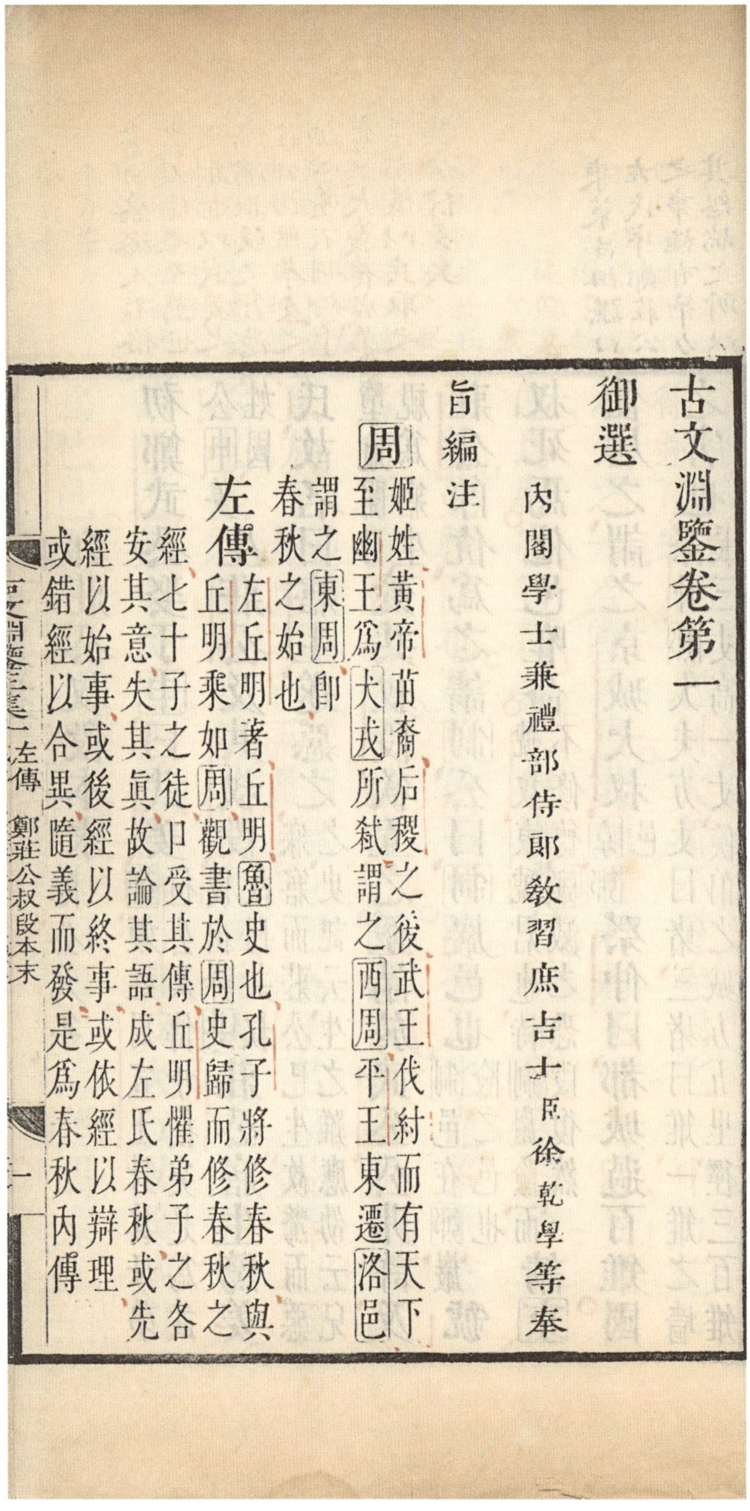

0147　古文淵鑒六十四卷　（清）徐乾學等輯　清康熙内府刻五色套印本　二十四册

匡高19厘米，寬13.5厘米。半葉九行，行二十字，小字雙行二十字，黑口，四周單邊，雙順黑魚尾。石家莊市圖書館藏。

御製古文淵鑑序
夫經緯天地之謂文文
者載道之器所以彌綸
宇宙統括古今化裁民
物者也是以乾苞坤絡

康熙二十四年十二月
題并書

臣鴻緒曰此辭典贍莊雅鏗鈜作金石聲

臣英曰納民軌物一句為一篇之主文從此立論氣格端重色澤濃縟

一篇之中論斷多於序事是史家又一格歐陽五代諸傳每得此法

水心葉適曰周任去惡之論蓋

登於俎皮革齒牙骨角毛羽不登於器則公不射古之制也若夫山林川澤之實器用之資皁隸之事官司之守非君所及也公曰吾將略地焉略總攝巡行之名遂往陳魚而觀之僖伯稱疾不從書曰公矢魚于棠矢亦陳也非禮也且言遠地也

鄭伯侵陳隱公六年

五月庚申鄭伯侵陳大獲大獲俘馘往歲鄭伯請成於陳成猶平也陳侯不許五父諫曰五父陳公子佗親仁善鄰國之寶也君其許鄭陳侯曰宋衛實難可畏難也鄭何能為遂不

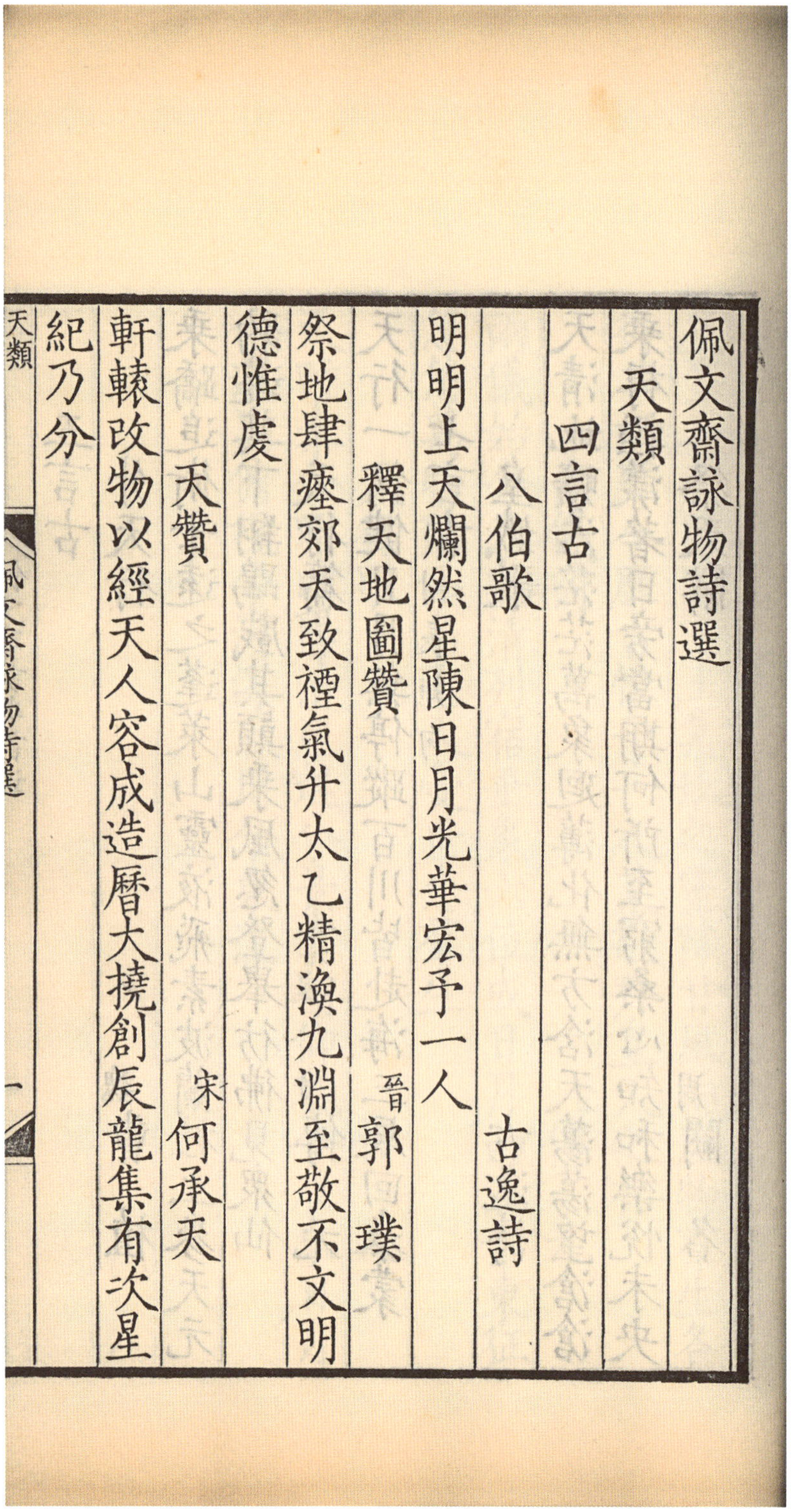

0148　佩文齋詠物詩選四百八十六卷　（清）高輿等輯　清康熙四十六年（1707）内府刻本　六十四册

匡高16.6厘米，寬11.6厘米。半葉十一行，行二十一字，黑口，左右雙邊，雙對黑魚尾。入選第三批《國家珍貴古籍名録》（名録號09404）。石家莊市圖書館藏。

冊爲類四百八十有六計古今各體詩一萬四千
五百九十首刊刻告成臣輿無任瞻
天仰
聖激切屏營之至謹奉
表隨
進以
聞
康熙四十六年三月初一日翰林院編修臣高輿
謹上表

御製佩文齋詠物詩選序

昔者子夏序詩謂正得失動天地感鬼神莫近於詩先王以是經夫婦成孝敬厚人倫美教化移風俗若是乎詩之道大矣哉而周

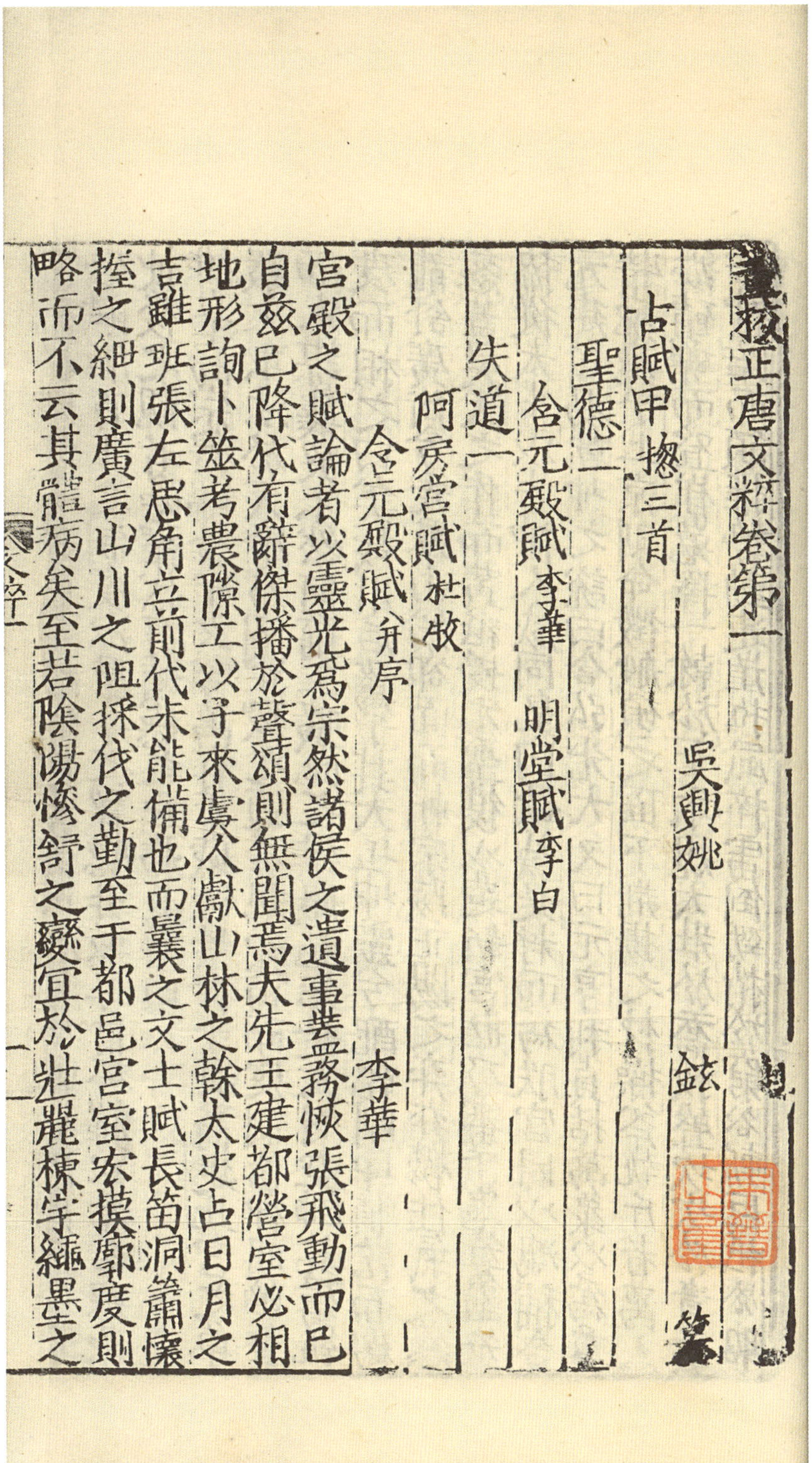

0149　重校正唐文粹一百卷　（宋）姚鉉輯　明嘉靖六年（1527）張大輪刻本　十六册

匡高20.2厘米，寬13.9厘米。半葉十四行，行二十五字，白口，左右雙邊，單黑魚尾。版心下有刻工姓名，鈐有“朱晉之章”藏書印。石家莊市圖書館藏。

唐文粹序

吳興姚鉉述

五代衰微之弊極於晉漢而漸革于周氏我宋敦興始以道德仁義根乎政次以詩書禮樂源乎化三聖繼作曄然文明霸一變至於王王一變至於帝風教逮下將五十年熈熈蒸黎久忘干戈戰伐之事侁侁儒雅盡識聲明文物之容堯典曰文思安安大雅云濟濟多士盛德大業英聲茂實弁届于一代得非崇文重學之明效歟况今歷代墳籍略無亡逸内則有龍圖閣

女陰也男陽也陽尊而陰卑雖大家以陰事主天然宜體取剛亢明烈以消羣陽陽消然後陰得志也今狎弄日至處大家夫宮尊位其勢陰求陽也陽勝而陰亦微不可久也大家始今日能屏去男妾獨立天下則陽之剛亢明烈可有矣如是過萬萬世男子益削女子益專妾之願在此后雖不能盡用然即日下令誅作明堂者

唐文粹閩坊舊本舛不可句蘇州近本視昔加善第中間鈌誤尚多盖校讎之漸其勢有如此者政暇参伍他書偶有所得因命郡庠生魏耕楊垚楊應詔謝阜録付坊間梓行仍習之訛猶有未得者不能不致望扵海内文獻之士也

嘉靖六年冬十月甲子後學東陽張大輪　識

重校正唐文粹卷第一百終

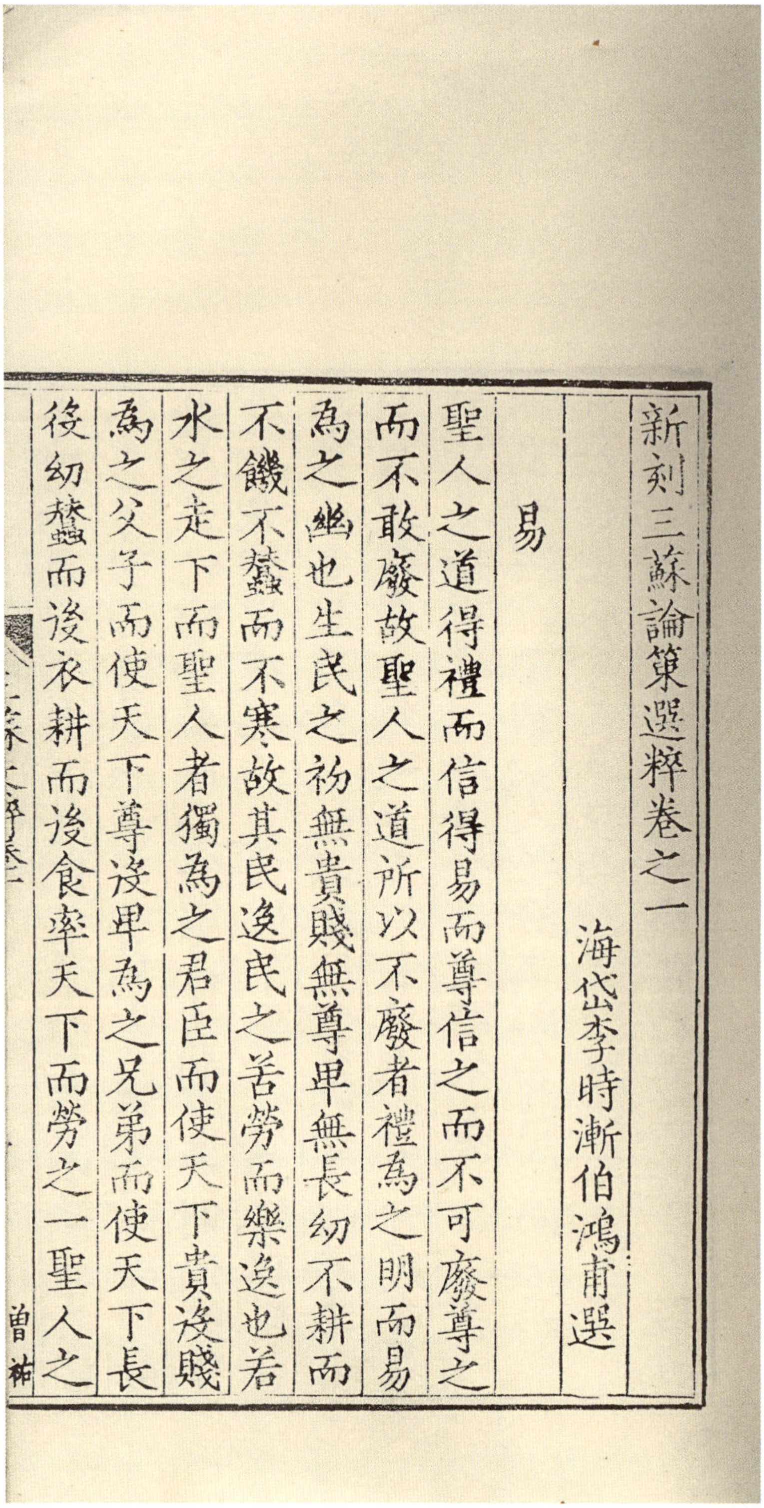
新刻三蘇論策選粹卷之一

海岱李時漸伯鴻甫選

易

聖人之道得禮而信得易而尊信之而不可廢尊之而不敢廢故聖人之道所以不廢者禮為之明而易為之幽也生民之初無貴賤無尊卑無長幼不耕而不饑不蠶而不寒故其民逸民之苦勞而樂逸也若水之走下而聖人者獨為之君臣而使天下貴役賤為之父子而使天下尊役卑為之兄弟而使天下長役幼蠶而後衣耕而後食率天下而勞之一聖人之

0150　新刻三蘇論策選粹八卷　（明）李時漸輯　明萬曆五年(1577)刻本　八册

匡高20.2厘米，寬13.9厘米。半葉十行，行二十字，白口，四周單邊，單黑魚尾。入選第四批《國家珍貴古籍名録》（名録號10953）。石家莊市圖書館藏。

三蘇選粹序

眉山三蘇凝千百年光岳之氣完具於一時萃億兆人靈異之精鍾秀於一門夫是以運於聰明發於文章有千百年所未嘗經見而億兆人所未易企及者其聲震華夷名流古今光生草木豈偶然哉試論其文老蘇如天馬行空馳騁莫測風雲變態了無

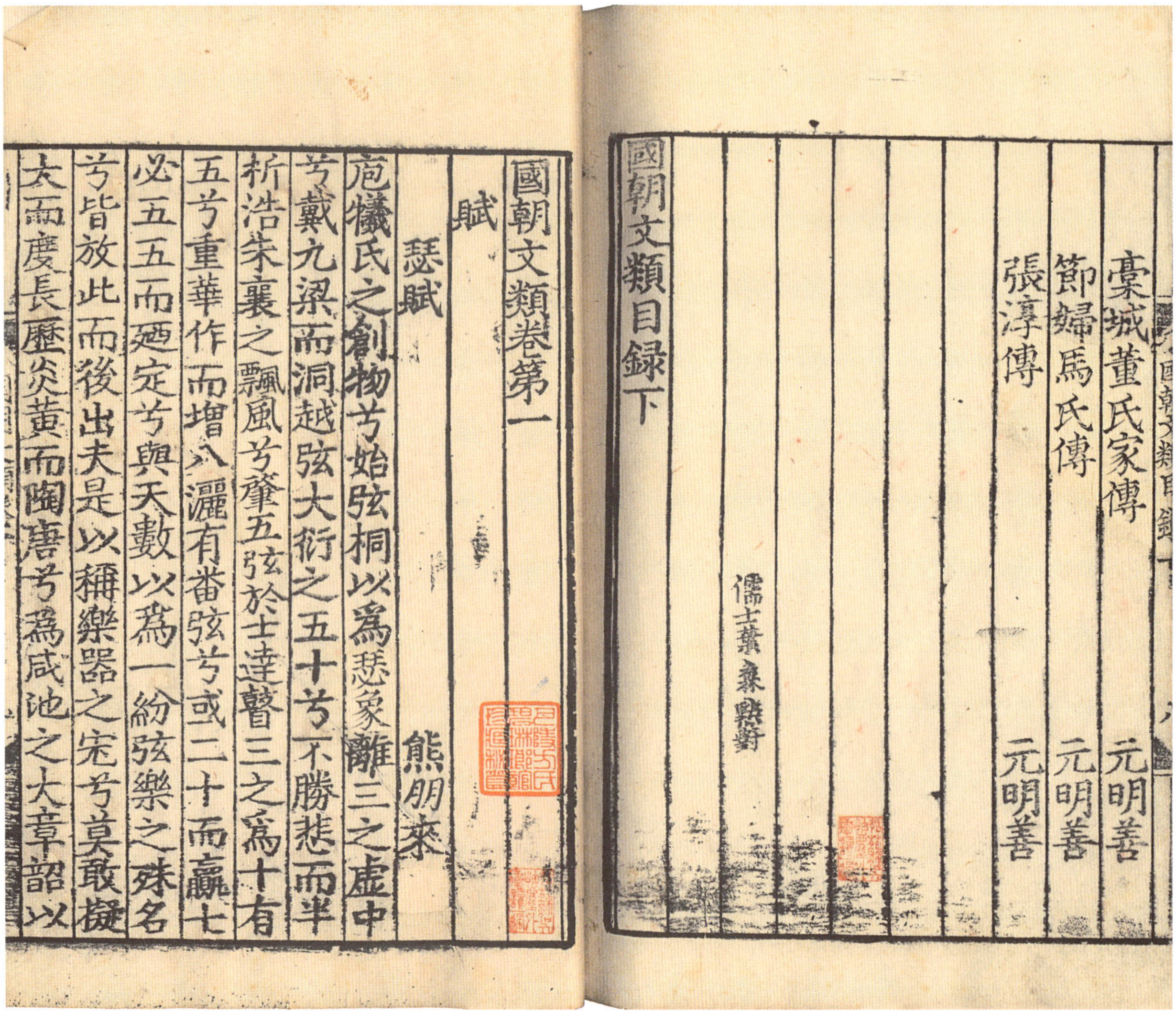

0151　國朝文類七十卷目録三卷　（元）蘇天爵輯　元至元至正西湖書院刻明修本　四十册

匡高21.2厘米，寬15.2厘米。半葉十行，行十九字，黑口，左右雙邊，雙對黑魚尾。鈐有“張之洞審定善槧精鈔書籍記”等藏書印。入選第四批《國家珍貴古籍名録》（名録號09992）。河北大學圖書館藏。

國朝文類序

庀文統事太史之職也史官放失而文學之士得
以備其辭焉古者自策書簡牘下及星曆卜祝之
事屬于太史故三墳五典八索九丘在焉書與易
皆是也而春秋出焉教于國都州里者詩禮樂而
已矣觀民風者采詩謠以知俗觀禮樂以知政亦
集于太史後之學者攷六藝之辭發而爲文章是
故文章稱西漢記事宗左氏司馬子長與世與變
其閒必有名者出焉

國初學士大夫祖述金人江左餘風車書大同風

施行奉此又奉
省府劄付仰委自本司副提舉陳登仕
不妨本職校勘繕寫監督刊雕疾早印
造完備更爲催取各工物價鈔就便
從實銷用具實用過數目開申奉此至
元四年八月十八日承奉
江浙等處行中書省劄付准
中書省咨禮部及太常禮儀院書籍損
缺差太祝陳承事賫咨到來於江南行
省所轄學校書院有板籍去處印造裝
褙起解以備檢尋無復闕文之意數內
坐到
國朝文類二部仰依上施行奉此照得近據
西湖書院申交劄到
國朝文類書板於本院安頓點視得內有補
嵌板面慮恐日後板木乾燥脱落卒難
修理有妨印造況中間文字刊寫差訛
如蒙規劃刊修可以傳久不悞觀覽申
乞施行續奉
省府劄付照勘到西湖書院典故書籍

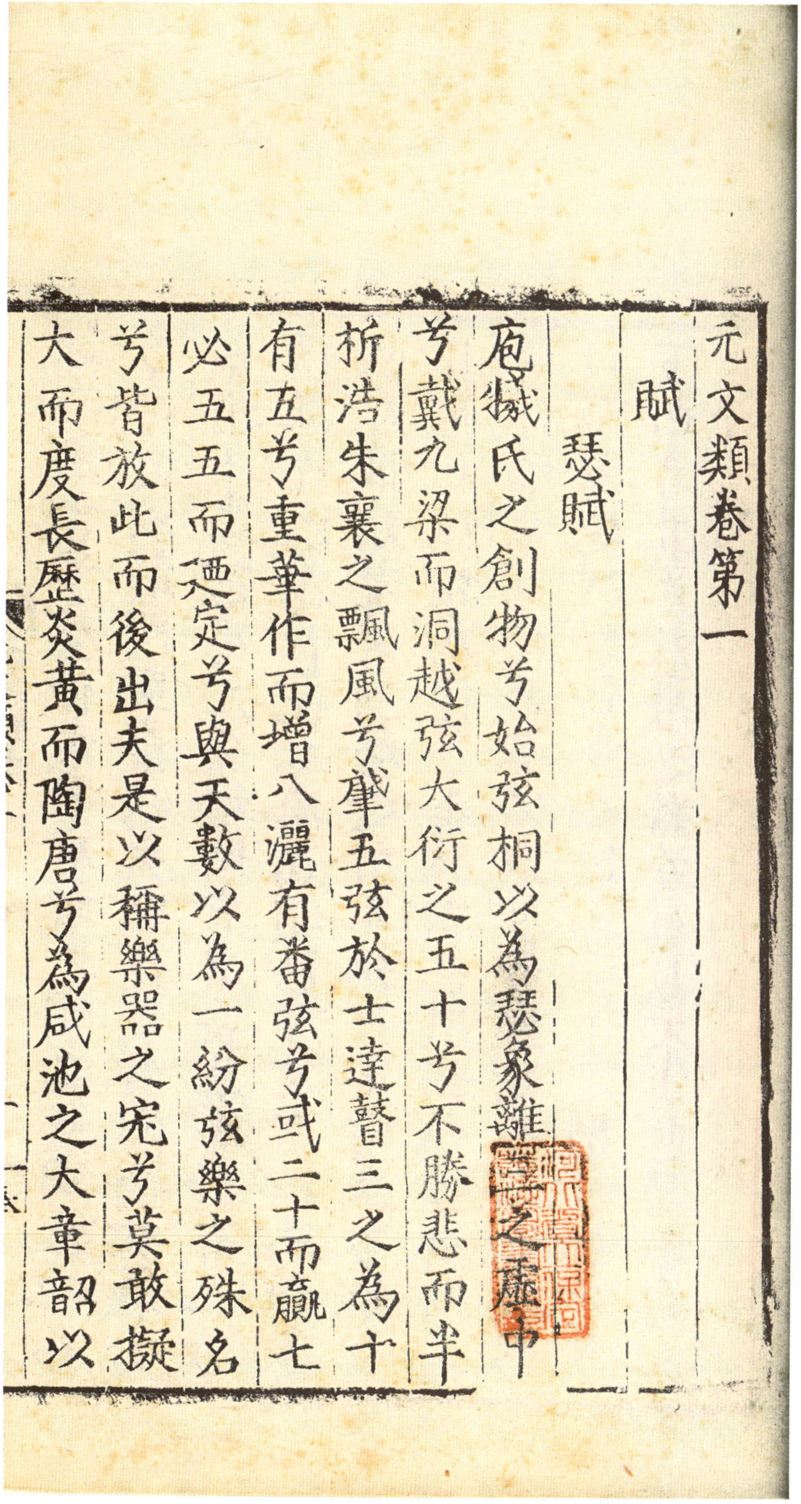

0152　元文類七十卷目録三卷　（元）蘇天爵輯　明嘉靖十六年（1537）晉藩刻本　三十二册

匡高21.3厘米，寬14.8厘米。半葉十行，行十九字，小字雙行同，白口，四周單邊，單黑魚尾。鈐有“蓮池書院收藏書籍印”“直隸圖書館收藏記”“河北省立保定蓮池圖書館印”等藏書印。保定市圖書館藏。

元文類序

庀文統事太史之職也史官放失而文學之士得以備其辭焉古者自策書簡牘下及星曆卜祝之事屬于太史故三墳五典八索九丘在焉書與易皆是也而春秋出焉教于國都州里者詩禮樂而已矣觀民風者采詩謠以知俗觀禮樂以知政亦集于太史後之學者攷六藝之辭發而為文章是故文章稱西漢記事宗左氏司馬子長與世與變其間必有名者出焉

國初學士大夫祖述金人江左餘風車書大同風

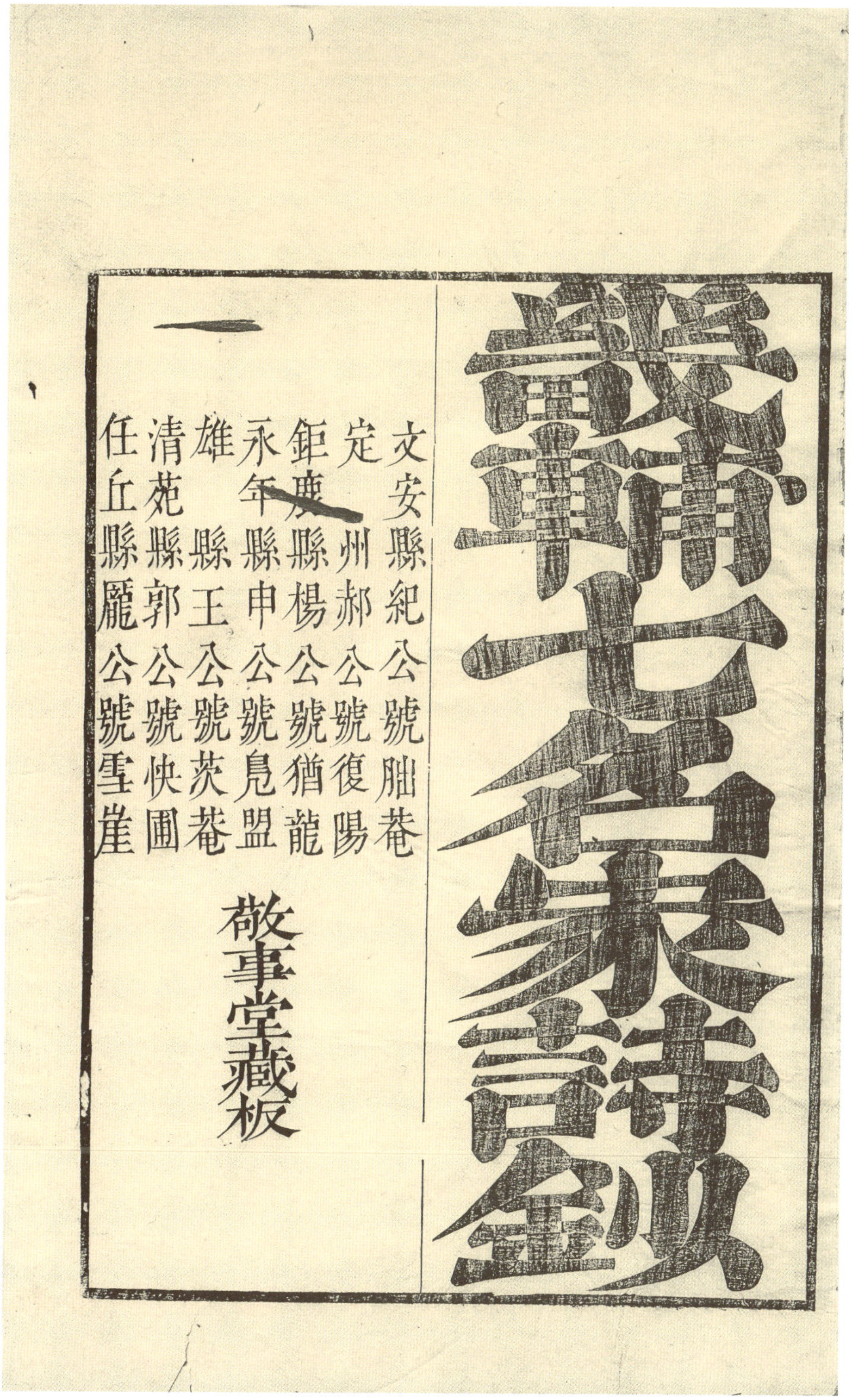

0153　畿輔七名家詩鈔四十六卷　（清）王企埥輯　清康熙敬事堂刻本　十册

匡高20厘米，寬14.5厘米。半葉十行，行二十一字，白口，左右雙邊，單黑魚尾。序前鈐有“蓮池書院收藏書籍印”“直隸圖書館收藏記”藏書印。保定市圖書館藏。

序

從來春月之詞不如忠孝是故揚風之義有本性情三百篇中總道子臣命友萬千劫裏全憑進退行藏少陵坎壈傷懷撫膺國事元亮河山觸緒回首家憂毋乃悽其暢發人倫苦況庶幾展也長留藝苑希聲但五柳之鴻儀箕裘未肖繄拾遺之燕翼鞴韉鮮舒誰倫美耶我深思矣知此可觀逸民之在昔即今當羨開府之光前言念逸民若茨菴先生於雄縣用昭開府惟茲遠鉅公

於豫章奉

茨菴先生傳

濟寧潘應賓撰

先生諱炘字濟似號曉巖別號茨菴其先有諱鑾者由小興州遷於雄遂家焉數傳而生袞爲同州學正袞生應遷以子貴贈朝議大夫應遷生喬棟以進士仕至湖廣督糧參議載明史忠義傳即先生父也先生聰慧過人讀書十行俱下善屬文灑灑千言立就高陽相國孫文正公渼所器異以孫女妻之隨參議公歷官閩浙一切政務多與參酌悉合機宜參議公大奇之以爲有經世才也先生亦厚自期許有頡頏管樂之意既而流寇陷武昌參議公殉城而死先生慟哭嘔血絶而復蘇遂

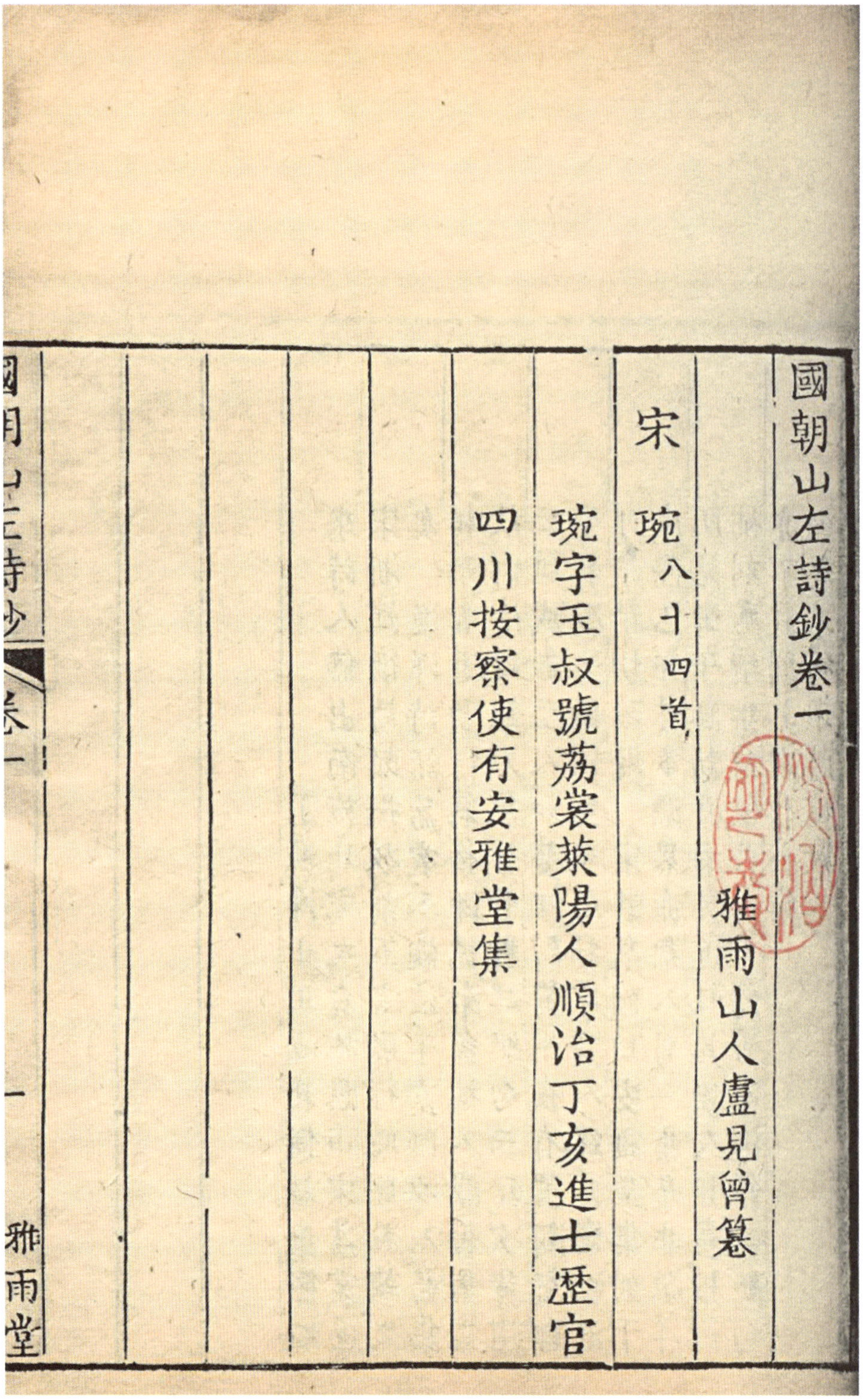
國朝山左詩鈔卷一

雅雨山人盧見曾纂

宋琬八十四首

琬字玉叔號荔裳萊陽人順治丁亥進士歷官

四川按察使有安雅堂集

國朝山左詩鈔 卷一 一 雅雨堂

0154　國朝山左詩鈔六十卷　（清）盧見曾纂　清乾隆刻本　二十册

匡高17.5厘米，寬14.5厘米。半葉十行，行二十一字，小字雙行同，白口，四周單邊，單黑魚尾。卷端鈐有“淡泊明志”藏書印。保定學院圖書館藏。

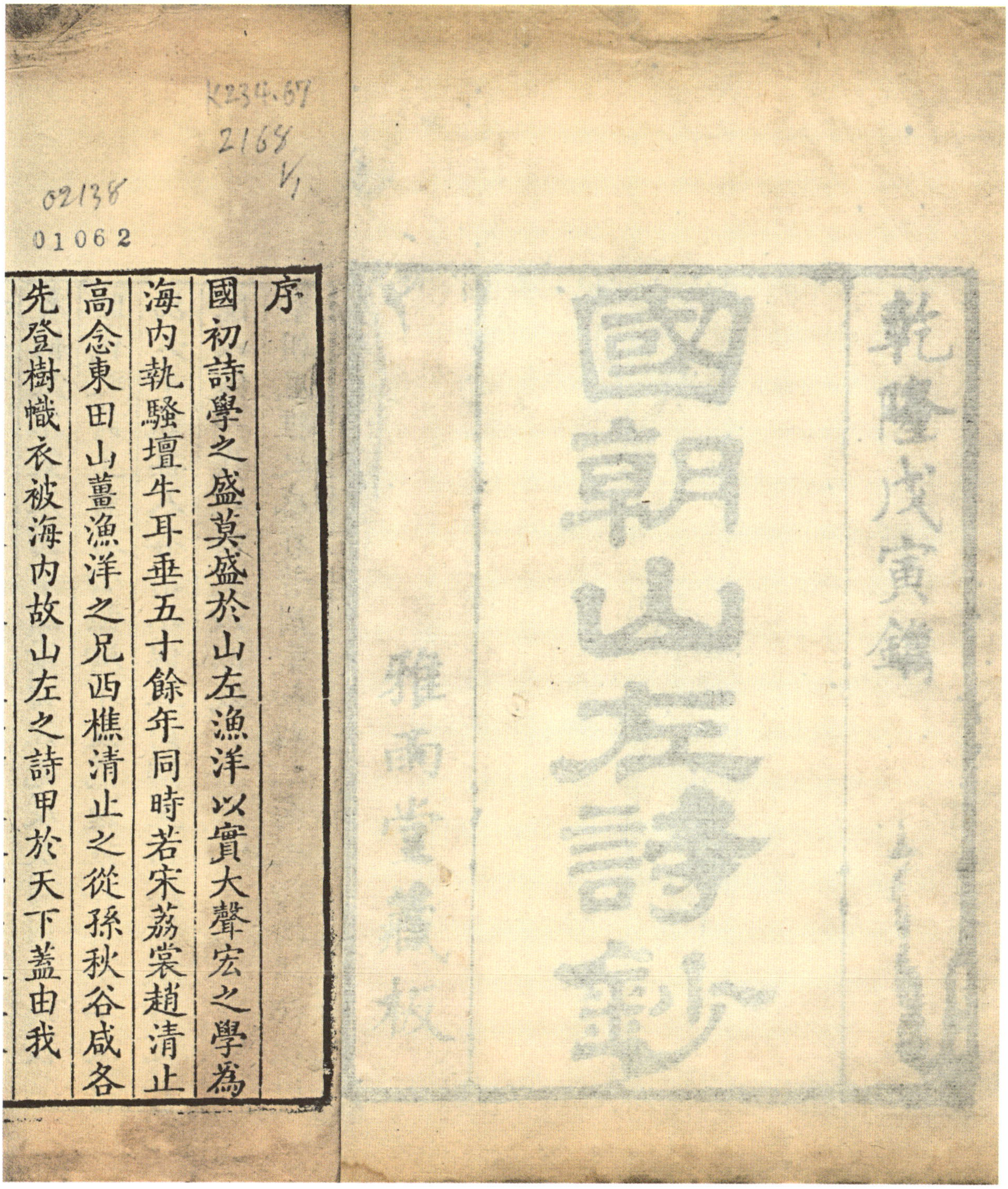

序
國初詩學之盛莫盛於山左漁洋以實大聲宏之學為
海內執騷壇牛耳垂五十餘年同時若宋荔裳趙清止
高念東田山薑漁洋之兄西樵清止之從孫秋谷咸各
先登樹幟衣被海內故山左之詩甲於天下蓋由我

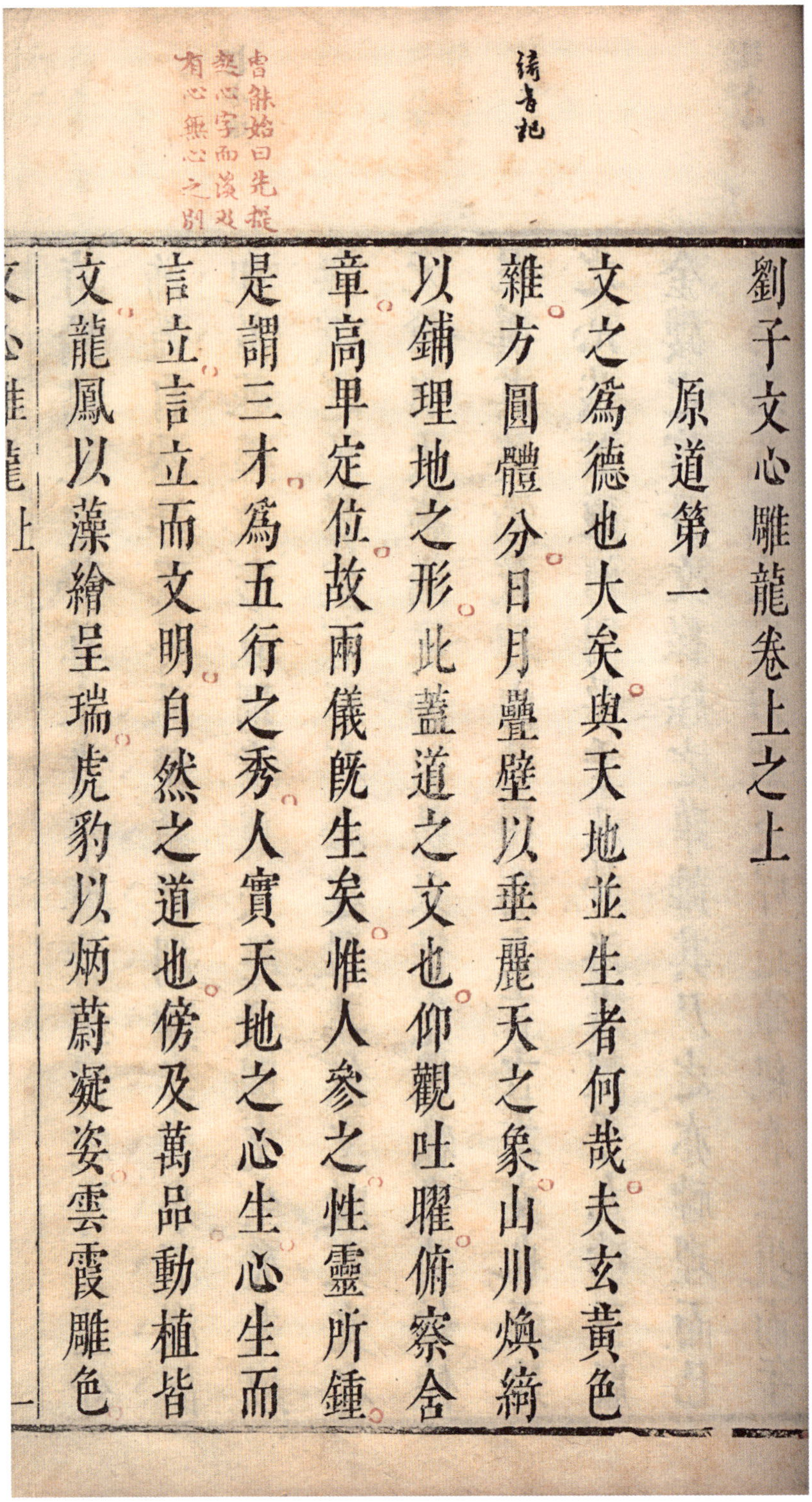

綺音起

曹能始曰先提起心字而後又有心無心之別

劉子文心雕龍卷上之上

原道第一

文之爲德也大矣與天地並生者何哉夫玄黃色雜方圓體分日月疊壁以垂麗天之象山川煥綺以鋪理地之形此蓋道之文也仰觀吐曜俯察含章高卑定位故兩儀既生矣惟人參之性靈所鍾是謂三才爲五行之秀人實天地之心生心生而言立言立而文明自然之道也傍及萬品動植皆文龍鳳以藻繪呈瑞虎豹以炳蔚凝姿雲霞雕色

文心雕龍上　一

0155　劉子文心雕龍二卷　（南朝梁）劉勰撰　（明）楊慎批評　注二卷　（明）梅慶生音注
明閔繩初刻五色套印本　六册

匡高21.3厘米，寬15.1厘米。半葉九行，行十九字，小字雙行同，白口，四周單邊。鈐有“大城劉氏地山堂世傳必讀書”等藏書印。河北博物院藏。

文心雕龍序

劉勰撰文心雕龍五十篇見於本傳文獻通考諸家評隲無稱焉文之一字最爲宋人所忌加以雕龍之號則目不閱此書矣黃魯直以作文者

惡也夫和欲扶
風雅之切如此

瓌奇詭

耀艷深華四字
无盡二篇妙處
故重圖之良日
体評楚辭幽秀
古艷亦以此何
相表裏予稍易
之云招䰟耀艷
而深華招隱幽
秀而古朗

書能始曰山水
循聲而得貌節
候披文而見時
此極真之也若
撵書祇偽惑矣

之英傑也觀其骨鯁所樹肌膚所樹雖取鎔經意
亦自鑄偉辭故騷經九章朗麗以哀志九歌九辯（宋玉作）
綺靡以傷情遠遊天問瓌詭而惠巧招䰟（宋玉作）招隱（淮南作）耀
艷而深華卜居標放言之志漁父寄獨往之才故
能氣往轢古辭來切今驚采絕艷難與並能矣自
九懷（王褒作）以下遽躡其跡而屈宋逸步莫之能追故其
敘情怨則鬱伊而易感述離居則愴怏而難懷論
山水則循聲而得貌言節候則披文而見時是以
枚（乘）賈（誼）追風以入麗馬（相如）揚（雄）沿波而得奇其衣被詞人

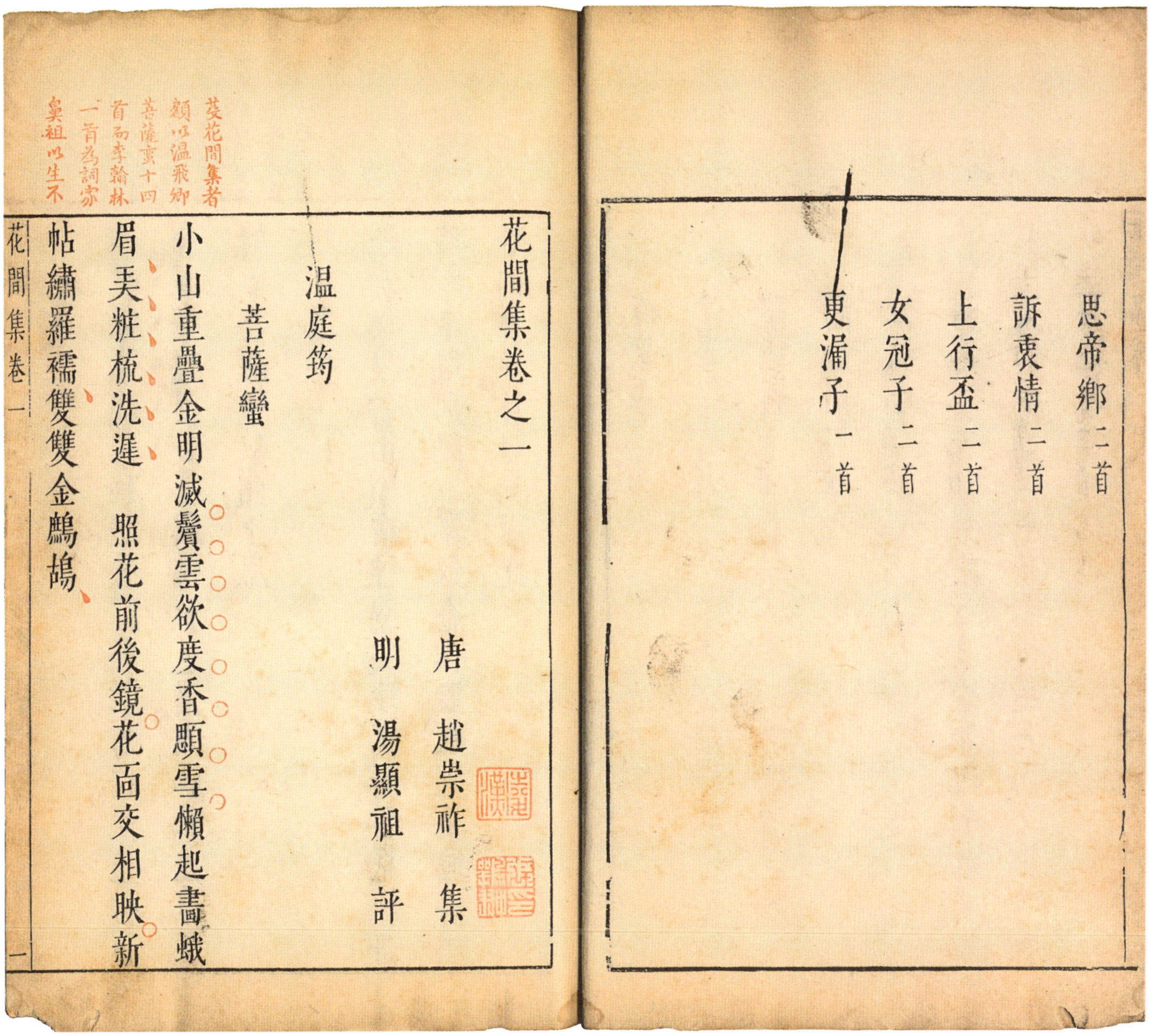

0156 花間集四卷 （後蜀）趙崇祚輯 （明）湯顯祖評 明刻朱墨套印本 四册

匡高20.4厘米，寬14.6厘米。半葉八行，行十八字，白口，四周單邊。河北大學圖書館藏。

花間集序

鏤玉雕瓊擬化工而迥巧裁花翦葉奪春豔以争鮮是以唱雲謠則金母詞清挹霞醴則穆王心醉名高

序　一

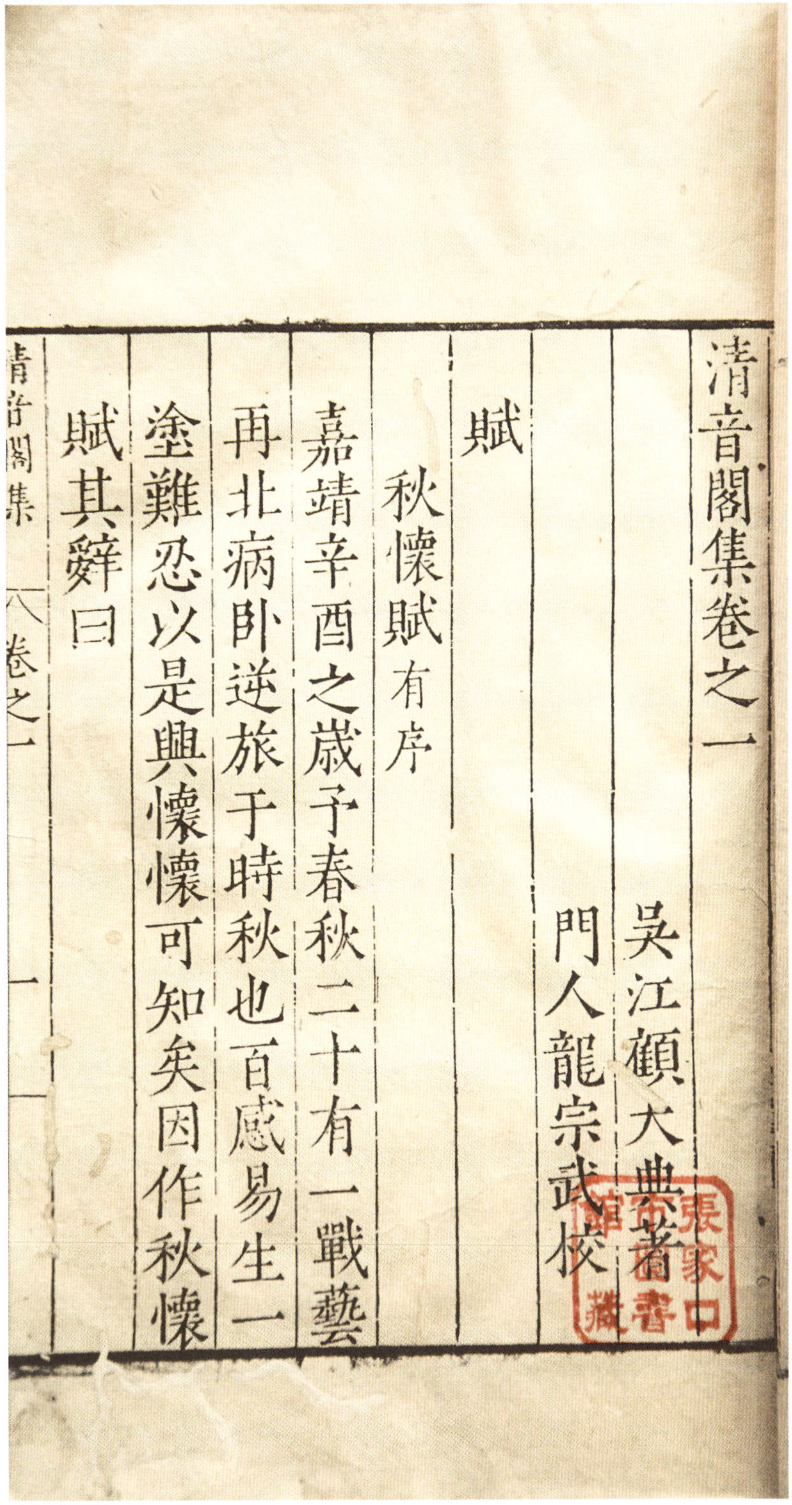
清音閣集卷之一
吴江顧大典著
門人龍宗武校
賦
秋懷賦有序
嘉靖辛酉之歲予春秋二十有一戰藝再北病卧逆旅于時秋也百感易生一塗難恐以是與懷懷可知矣因作秋懷賦其辭曰
清音閣集　卷之一　一

0157　清音閣集六卷　（明）顧大典著　（明）龍宗武校　明萬曆刻本　二册

匡高18.4厘米，寬14.3厘米。半葉九行，行字數不等，白口，左右雙邊，單白魚尾。入選第三批《國家珍貴古籍名録》（名録號09241）。張家口市圖書館藏。

顧司勳清音閣集序

南司勳氏顧君道行者素嗜詩自其大父中憲公以易起家尤長於詩昔韓嬰治詩乃以易授人蓋有兼之者綺歲舉進士性屛氣耽寂請爲儒官遂司教於會稽殆探奇禹穴積夢天姥矣尋遷栝州司理

清音閣集自叙

余先世業詩自大父中憲公以易起家余遂受易然時講業於諸伯仲間頗習聞三百篇之音渢渢乎若有所興起也因竊倣為詩年十歲藐孤曾擬作孤兒行見者輒惻然傷之稍長籍博士壹意工舉子業間有所寄興吟咏無能賡其截爾踰弱冠登進士

叢書部

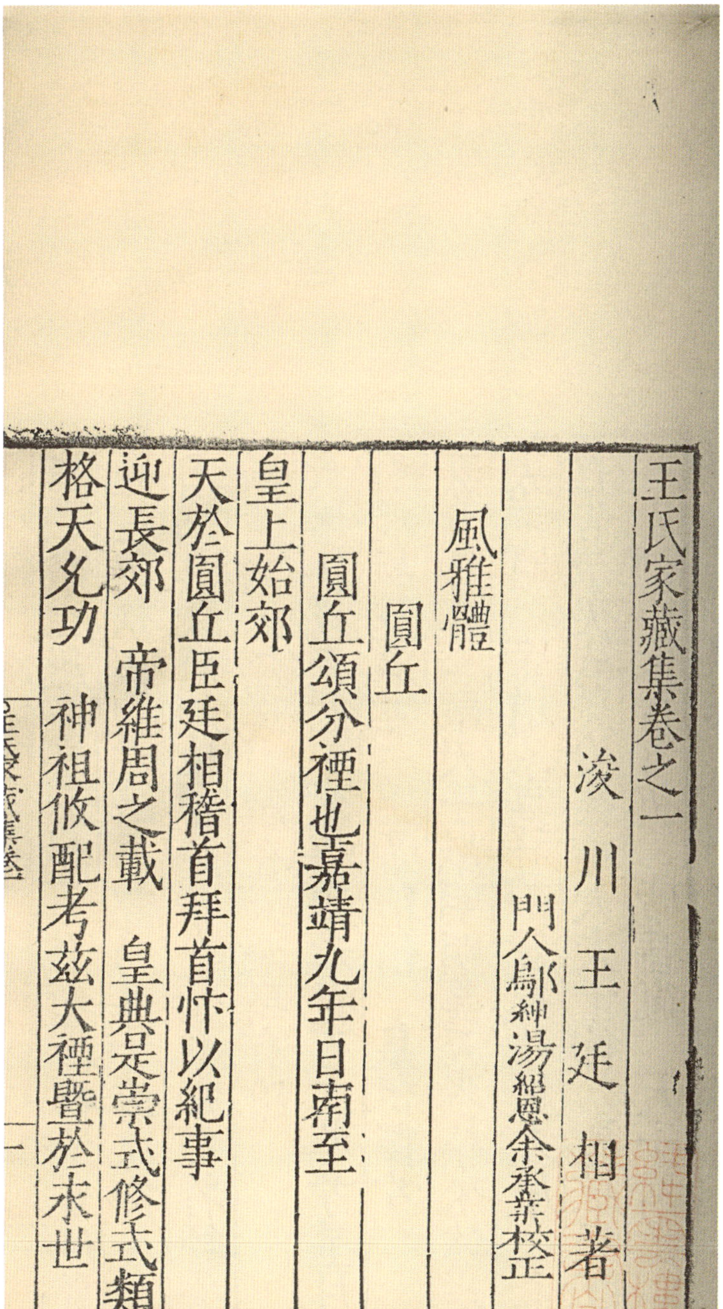
王氏家藏集卷之一

浚川王廷相著

門人鄢紳湯紹恩余承業校

風雅體

圓丘

圓丘頌分禮也嘉靖九年日南至

皇上始郊

天於圓丘臣廷相稽首拜首忭以紀事

迎長郊　帝維周之載　皇典是崇式修式類

格天允功　神祖攸配考茲大禮曁於末世

0158　王氏家藏集六十五卷　（明）王廷相撰　明嘉靖隆慶刻本　十六册

匡高17.8厘米，寬14.1厘米。半葉十行，行十八字，《喪禮備纂》兩卷爲十行，行二十字，白口，四周單邊。鈐有“絳雲樓藏書”印記。入選第三批《國家珍貴古籍名録》（名録號08646）。石家莊市圖書館收藏。

王氏家藏集序

上德忘言至教欲默然而立言而謂之不朽者何哉謂其貫道也謂其達政也是故道者言之實也政者言之幹也君子之言惟道與政而已矣其植也若挺其本其發也若揚其光夫不朽固宜中都古文獻之域也儀封浚川先生逖法姬秦冥探伊洛佛肩立言者之責蔚乎風雅之振響焉先生姓王氏裒諸詩若文凡若干卷題之曰王氏家藏集四方之士翕焉爭誦之或評之曰揚搉古今錯綜經傳郎百氏之有粹言並

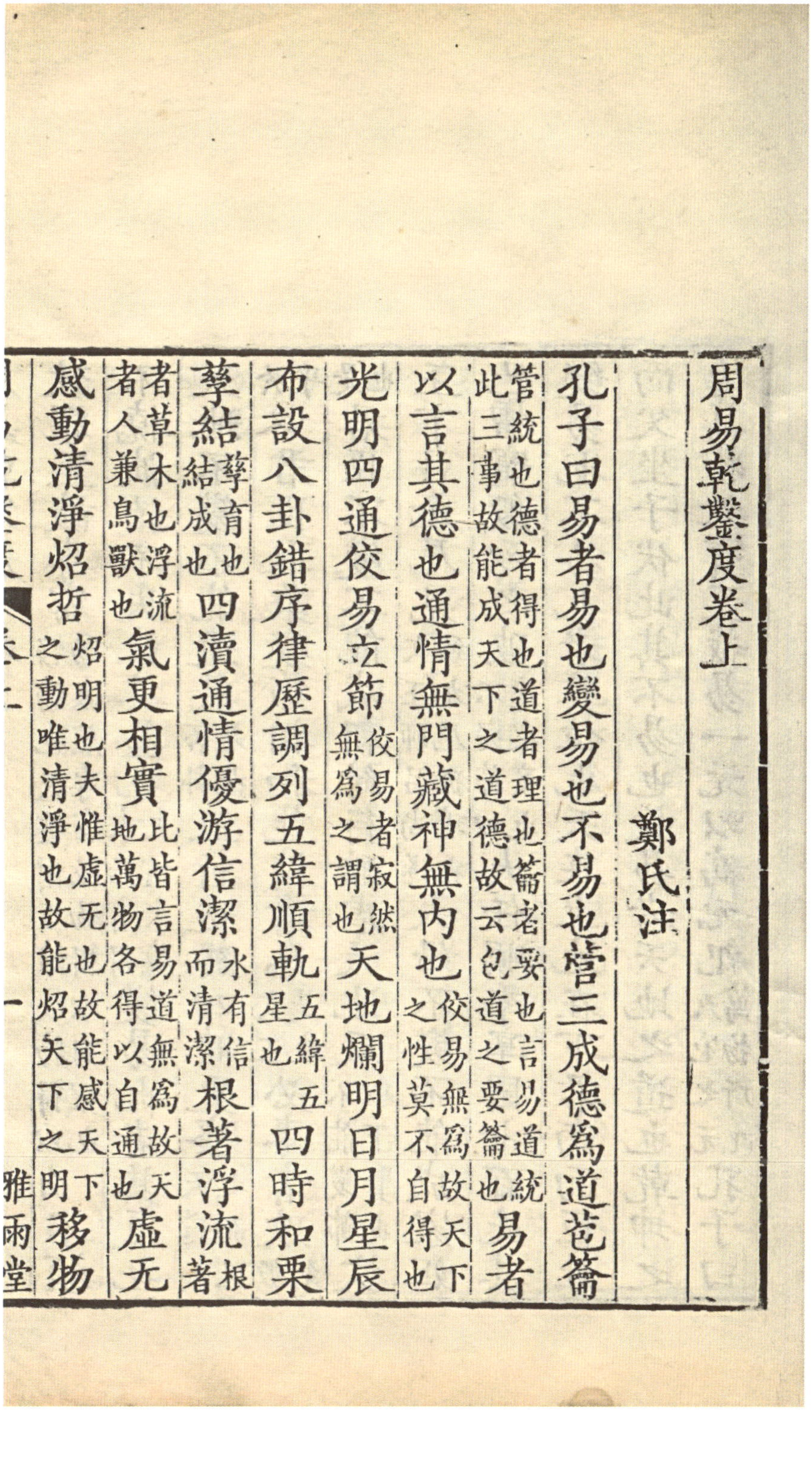
周易乾鑿度卷上　　鄭氏注

孔子曰易者易也變易也不易也管三成德爲道苞籥管統也德者得也道者理也籥者要也言易道統此三事故能成天下之道德故云包道之要籥也易者以言其德也通情無門藏神無内也佼易無爲故天下之性莫不自得也光明四通佼易立節佼易者寂然無爲之謂也天地爛明日月星辰布設八卦錯序律歷調列五緯順軌五緯五星也四時和粟孳結孳育也結成也四瀆通情優游信潔水有信而清潔根著浮流根著者草木也浮流者人兼鳥獸也氣更相實比皆言易道無爲故天地萬物各得以自通也虛无感動清淨炤哲炤明也夫惟虛无也故能感天下之動唯清淨也故能炤天下之明移物

周易乾鑿度　卷上　一　雅雨堂

0159　雅雨堂叢書一百三十八卷　（清）盧見曾輯　清乾隆二十一年（1756）刻本　二十四册

匡高18厘米，寬13.5厘米。半葉十行，行二十一字，小字雙行同，白口，四周單邊，單黑魚尾。保定學院圖書館藏。

乾隆丙子鐫

大戴禮

雅雨堂藏板

乾隆丙子鐫

高氏戰國策

雅雨堂藏板